LINGUISTICA TESTUALE COMPARATIVA

Études Romanes

Numéro 42

Rédaction: Hans Peter Lund

Institut d'Études Romanes
Université de Copenhague

Linguistica Testuale Comparativa

In memoriam
Maria-Elisabeth Conte

Atti del Convegno interannuale della Società di Linguistica Italiana
Copenaghen 5-7 febbraio 1998
a cura di Gunver Skytte e Francesco Sabatini
con la collaborazione di Marina Chini e Erling Strudsholm

Museum Tusculanum Press 1999

Gunver Skytte e Francesco Sabatini (a cura di):
Linguistica Testuale Comparativa

© Museum Tusculanum Press et les auteurs 1999
Mise en pages et imprimé par AKA PRINT A/S, Århus
ISBN 87-7289-526-8
ISSN 0109-1999

La photographie de Maria-Elisabeth Conte a été gracieusement mise à notre disposition par Amedeo Conte.

Publié avec le soutien financier du Conseil de recherche des lettres et sciences humaines du Danemark et de l'Institut d'Etudes Romanes de l'Université de Copenhague

Museum Tusculanums Forlag
Københavns Universitet
Njalsgade 92
DK 2300 København S

Indice

In memoriam Maria-Elisabeth Conte Gunver Skytte 7

Premessa Gunver Skytte 9

Les types de texte: une approche de psychologie cognitive
Pierre Coirier 11

Utilise donc altså! – Altså brug donc! Études comparatives de connecteurs et le réseau contrastif français-danois Henning Nølke 37

Alternative Emilio Manzotti 57

Proformas alusivas en lengua oral Pura Guil 89

Corrispondenze funzionali di well in italiano: analisi di un testo letterario e problemi generali Carla Bazzanella 99

L'extra-posizione a destra in italiano, con osservazioni sul francese Angela Ferrari .. 111

"Rigidità-esplicitezza" vs "elasticità-implicitezza": possibili parametri massimi per una tipologia dei testi Francesco Sabatini 141

Il titolo come strumento giornalistico: Strutture, funzioni e modalità di un tipo di testo esemplificate sulle forme del riuso linguistico in chiave comparativa Gudrun Held . 173

Testi sulla globalizzazione. Osservazioni su articoli comparabili in cinque lingue, tratti da dieci quotidiani Alessio Petralli 191

Sequenze testuali nella narrativa italiana degli anni Novanta
Maurizio Dardano 213

Un discorso antiegemonico: La Philosophie de l'Histoire di Voltaire. Per un'analisi del discorso storico Michele Metzeltin e Alexandra Kratschmer 231

Il discorso pubblicitario. Appunti per uno studio contrastivo
Paola Polito 249

Processi di testualizzazione in italiano L1 e L2: aspetti della coesione e gerarchizzazione di testi narrativi Marina Chini 263

Testi narrativi in apprendenti l'italiano come L2: resoconto di una ricerca in corso
Maria G. Lo Duca 281

Presentazione di una ricerca di linguistica testuale comparativa Gunver Skytte 295

Clause combining *in danese ed in italiano* Bente Lihn Jensen 305

Sintassi anaforica, deverbalizzazione e relazioni retoriche. Uno studio comparativo italo-danese Iørn Korzen 323

La portée sémantique des connecteurs pragmatiques de contraste. Le cas de au contraire et de par contre Corinne Rossari 343

Referenti testuali, specificità e disambiguazione
Gabriele Bersani Berselli 361

Costrutti fasali e la loro funzione testuale
Hanne Jansen e Erling Strudsholm 373

Maria-Elisabeth Conte

In Memoriam

Maria-Elisabeth Conte
(12.11.1935-6.3.1998)

Con grande impegno ed entusiasmo Maria-Elisabeth Conte aveva partecipato, come membro del comitato scientifico, all'organizzazione del convegno interannuale della Società di Linguistica Italiana a Copenaghen. Nonostante i gravi problemi di salute di cui soffriva fin dall'estate '97, era fermamente decisa a partecipare attivamente al convegno, ed era piena di idee e suggerimenti per le future prospettive di collaborazione europea che l'appuntamento di Copenaghen ci avrebbe offerto nel campo della linguistica testuale comparativa. Solo all'ultimo momento, lei mi ha comunicato tramite il marito Amedeo Conte che non sarebbe stata in grado di affrontare il faticoso viaggio in Danimarca.

Ai primi di marzo ci è giunto il doloroso annuncio della sua morte. Come un modesto gesto nei confronti di una personalità eccezionale sul piano scientifico e umano, abbiamo deciso di dedicare gli atti del convegno di Copenaghen alla memoria di Maria-Elisabeth Conte.

Carissima Maria-Elisabeth,
vorrei rievocare due tra i tanti piacevoli momenti passati insieme, contrassegnati allo stesso tempo dal tuo fervore scientifico e dalla tua irresistibile allegria umana. Il primo si svolge sotto i portici di Piazza della Vittoria a Pavia. Stavi prendendo il caffè in mezzo ai tuoi affezionati dottorandi, mentre sorridendo li invitavi a proporre argomenti relativi alla linguistica testuale comparativa, da trattare a Copenaghen. Mi ha impressionato il tuo modo di dialogare con i giovani, in un'atmosfera rilassata, con simpatia nei loro confronti e allo stesso tempo con il senso di responsabilità di una vera "Doktormutter".

L'altro episodio si svolge nel lungo viale che porta dalla Villa Medicea di Castello, sede dell'Accademia della Crusca, al caffè più vicino. Una bella mattinata nel dolce paesaggio toscano: tu (e vicino a te, come sempre, il tuo caro Amedeo), Francesco Sabatini ed io. Camminando con calma, abbiamo a poco a poco delimitato e deciso i punti del temario e gli obiettivi per il convegno di Copenaghen, soprattutto grazie alla tua lucida capacità di pianificazione e alla tua larga conoscenza del particolare campo di ricerca e dei lavori in corso.

Questi piccoli episodi, come tanti altri, testimoniano di un tratto fondamentale del tuo modo di esplicare la tua attività accademica, e cioè la tua grande disponibilità nei confronti degli altri.

Siamo in tanti, amici, colleghi ed allievi, in debito con te per averci illuminato come maestra, dotata di ingegno brillante, sui concetti più complessi della linguistica testuale e della pragmatica, come l'anafora, la deissi, la coerenza testuale, la modalità. Del lungo elenco delle tue pubblicazioni (che coprono una larga gamma di aree di ricerca, oltre a quelle già citate come la semantica, la storia della semiotica, la storia del pensiero linguistico) vorrei ricordare il volume Condizioni di coerenza, Firenze: La Nuova Italia, 1988, che raccoglie sette saggi rappresentativi della tua larghezza di vedute, della tua perspicacia nel dialogo disinvolto con i linguisti ed i filosofi del linguaggio più importanti di questo secolo, della tua chiarezza e precisione espressiva combinata con una brevità esemplare, dell'efficacia dell'esemplificazione (di una originalità incomparabile).

La tua scomparsa ha lasciato in noi immediatamente un vuoto, ma allo stesso tempo ci rendiamo conto con gratitudine che grazie alla ricca eredità spirituale che ci hai lasciato, rimarrai per noi, amici, colleghi ed allievi, una guida ideale e un "Wegweiser".

Gunver S.

Premessa

Nei giorni dal 5 al 7 febbraio 1998 si è tenuto a Copenaghen il convegno interannuale della Società di Linguistica Italiana sulla tematica *Linguistica testuale comparativa*.
Vorrei brevemente ricordare le idee e le iniziative che hanno portato all'organizzazione di questo convegno.
La Società di Linguistica Italiana ha sempre dimostrato grande disponibilità e apertura nei confronti degli italianisti stranieri dando spazio ad una numerosa presenza straniera p.es. in occasione dei congressi annuali, e riservando per tradizione la carica di vicepresidente a un collega straniero. Essendo passata a me tale carica dal 1996, ho desiderato approfittare dell'occasione per rinsaldare ulteriormente i legami già esistenti tra l'italianistica scandinava e quella italiana attraverso l'organizzazione di un convegno interannuale della SLI a Copenaghen.
La tematica che abbiamo scelto, cioè la linguistica testuale comparativa, è al centro di due progetti di ricerca degli italianisti danesi di Copenaghen: un progetto quinquennale, finanziato dal CNR danese, sull'uso delle lingue italiana e danese in chiave comparativa, a cui partecipano Bente Lihn Jensen e Iørn Korzen della Copenhagen Business School e la sottoscritta (coordinatrice del progetto), e un sottoprogetto di questo a cui hanno partecipato inoltre Hanne Jansen, Eva Skafte Jensen, Paola Polito e Erling Strudsholm, tutti dell'Università di Copenaghen. Quest'ultimo progetto che s'intitola *Mr. Bean in italiano e in danese*, parte da un'indagine empirica (sulla testualizzazione nelle due lingue in base a un film muto), che mira a stabilire un modello di base di tipo cognitivo-psicolinguistico per gli studi comparativi a livello testuale. I risultati di questa indagine sono già in fase di pubblicazione in edizione bilingue (Gunver Skytte et al. *Tekststrukturering på italiensk og dansk. Resultater af en komparativ undersøgelse/Strutturazione testuale in italiano e in danese. Risultati di una indagine comparativa*. Copenhagen: Museum Tusculanum Press).
Per le nostre ricerche ci siamo rallegrati di molti contatti all'estero con cui abbiamo potuto discutere vari aspetti della problematica. Decisivi per la composizione del comitato scientifico sono stati i miei contatti personali con i colleghi italiani Maria Elisabeth Conte e Francesco Sabatini. Ultimamente abbiamo assistito tutti e tre a un incontro di studio nel marzo del '97, organizzato con successo da Francesco Sabatini all'Accademia della Crusca sulla

tematica *Superficie del testo e tipologia testuale*, problematica centrale anche per gli studi comparativi.

Mentre le ricerche nel campo della linguistica contrastiva (a livello della frase) e nel campo della linguistica testuale (monolingue) già da anni presentano risultati notevoli, altrettanto non si può sostenere per quanto riguarda la linguistica testuale comparativa. Per questo, l'obiettivo centrale del convegno di Copenaghen è stato di fare il bilancio delle varie iniziative in corso relative a questo campo di ricerca nonché discutere gli approcci teorici e le questioni metodologiche pertinenti, al fine di stabilire e consolidare i contatti tra studiosi attivi nel campo.

La numerosa partecipazione da vari paesi europei e il numero elevato di contributi rappresentanti vari sottotemi e approcci metodologici alla tematica principale hanno pienamente dimostrato l'interesse per un'iniziativa del genere, ed è nostro desiderio che la pubblicazione degli atti possa contribuire ad un ulteriore svolgimento fecondo delle ricerche in corso nonché a rinforzare i contatti già stabiliti.

Nel corso del convegno abbiamo sentito fortemente la mancanza della voce di Maria-Elisabeth Conte, che con tanto entusiasmo e impegno professionale aveva partecipato all'organizzazione scientifica del convegno. Un mese più tardi ci è giunto il doloroso annuncio della sua morte. Il presente volume è dedicato alla sua memoria, in riconoscimento dell'apporto fondamentale e geniale di Maria-Elisabeth Conte alle ricerche nel campo della linguistica testuale.

A Francesco Sabatini, che in mia assenza si è gentilmente occupato della presidenza scientifica del convegno, vanno i miei vivi ringraziamenti. Esprimo la mia gratitudine a Hanne Jansen e Erling Strudsholm, i quali, al mio posto, con efficacia e bravura, hanno condotto a termine tutto il lavoro organizzativo.

Ringrazio tutti coloro che gentilmente hanno voluto contribuire alla realizzazione del convegno: Statens Humanistiske Forskningsråd (il CNR danese), l'Ambasciata d'Italia in Danimarca e l'Università di Copenaghen tramite la Facoltà di Lettere e Filosofia e l'Istituto di Filologia Romanza.

Per il contributo economico alla pubblicazione degli atti ringraziamo Statens Humanistiske Forskningsråd e l'Istituto di Filologia Romanza dell'Università di Copenaghen.

Gunver Skytte
Copenaghen, febbraio 1999

Les types de textes:
une approche de psychologie cognitive

Pierre Coirier
Poitiers

Lire ou rédiger un texte implique de conduire des opérations cognitives nombreuses, diverses, souvent complexes. Ces opérations relèvent de différents domaines: traitements liés au système de la langue, mais aussi aux caractéristiques du domaine de référence, mais encore à la prise en compte de la situation énonciative. L'hypothèse très générale que je soutiens ici, celle d'un traitement "typologique-fonctionnel" des textes, c'est que les traitements varient de façon non négligeable avec le type de texte considéré, et plus précisément avec la visée communicative des locuteurs, la fonction du texte. Raconter une histoire, expliquer un itinéraire ou un montage technique, enseigner une notion scientifique, cela suppose très certainement la mise en oeuvre de processus "généraux", identiques d'un type de texte à l'autre; mais cela requiert également des compétences langagières propres à chacune des visées communicatives considérées.

Une telle hypothèse resterait du domaine de la linguistique textuelle, voire de la sociolinguistique, si elle ne conduisait à prendre en compte ses conséquences les plus directes: lire ou écrire un texte d'un certain type demandera de la part du locuteur-scripteur des compétences particulières, tant au niveau du système de la langue qu'à celui des domaines de connaissances ou des contextes énonciatifs auxquels renvoie le message; il est même possible d'envisager ici des compétences typologiques d'ordre procédural: comment faire pour rédiger tel type de texte, qu'est-ce qui y est le plus important, par où commencer?

1. Compétence textuelle / compétence typologique
1.1. La dimension textuelle
En référence à la théorie de Halliday et Hasan (1976), la dimension textuelle du langage n'est pas définie seulement, ni même nécessairement, par

l'enchaînement des phrases, encore moins par une "grammaire" supraphrastique. Le texte est plutôt envisagé comme "unité de langage en usage". Les opérations liées au traitement de la cohésion et à l'établissement de la cohérence sont consubstantielles à la dimension textuelle; elles constituent l'indicateur le plus caractéristique de ce niveau. Mais envisager le texte comme unité langagière "en usage" c'est aussi envisager son articulation au contexte: contexte énonciatif, domaine de référence, contraintes de l'activité engagée et fonction du discours dans ce cadre (Bronckart et al., 1985; Bronckart, 1996). Il en résulte plusieurs conséquences.

- Le texte constitue un médium langagier spécifique de (re-)construction de représentations cognitives en vue de transmettre (ou de modifier) de l'information[1] dans des situations déterminées. La finalité de l'action langagière constituera donc un paramètre central des traitements.

Les représentations textuelles sont des représentations unitaires, cette unitarité reposant sur deux bases de nature différente: continuité référentielle (on parle du même objet), continuité énonciative (on s'adresse au même destinataire, avec le même but...).

On peut donc admettre qu'un certain nombre de processus de traitement soient relativement constants d'un type de texte à l'autre, et en particulier ceux qui relèvent des opérations sur le système de la langue (encore que ce ne soit pas toujours le cas). Mais nombre d'opérations seront, elles, assujetties aux contraintes typologiques, à la prise en compte de la visée communicative, en premier lieu.

1.2. Une typologie cognitive

Comme le note Adam (1985), il existe chez tout locuteur une compétence générale à l'enchaînement syntaxique des phrases et sémantique des propositions, une compétence générale à produire, comprendre, reconnaître "du texte". Mais il existe aussi une certaine capacité à reconnaître un texte (ou une zone de texte) comme argumentatif, narratif, descriptif... Une telle capacité peut alors être mise en oeuvre dans les stratégies de lecture et de production. C'est notamment le cas avec l'activation de schémas superstructuraux, tels le schéma narratif, qui vont guider les traitements, et assurer la cohérence-cohésion du texte comme totalité articulée et hiérarchisée.

Une typologie cognitivement pertinente[2] des textes suppose de respecter deux contraintes (Fayol, 1991):

Malgré la diversité des thèmes et des contenus il doit y avoir même(s) traitement(s) des textes appartenant à une même famille typologique;

Des textes de familles différentes donnent lieu à des traitements différents même si leur contenu subjectif est identique.

L'appartenance d'un texte à un type donné est susceptible d'intervenir sur nombre de processus, aussi bien aux niveaux les plus élevés dans la hiérarchie

Les types de textes: une approche de psychologie cognitive 13

des traitements qu'à des niveaux microstructuraux: convocation du schéma superstructural adéquat et donc hiérarchisation et organisation de l'information textuelle; recours à des schèmes cognitifs généraux (la causalité et les structures de but dans le récit, les structures logiques dans le texte scientifique, les scripts dans les descriptions d'évènements), activation des domaines de connaissance appropriés; identification ou production de marqueurs linguistiques (relativement) spécifiques (système des temps, déictiques, connecteurs...); mise en oeuvre enfin de stratégies attentionnelles et mnémoniques (plus ou moins) spécialisées.

1.3. Des critères de classement variés
On a proposé des typologies très diverses pour classer les textes. Petitjean (1989) décrit à cet égard quatre grandes familles:

- **Les typologies à base énonciative,** inspirées des travaux de Benvéniste (1966, 1970): elles se fondent sur l'analyse des rapports entre le locuteur, l'interlocuteur et l'ancrage spatio-temporel. Il y a ici centration sur les opérations linguistiques et les marqueurs par l'intermédiaire desquels la situation énonciative s'inscrit dans l'énoncé: pronoms personnels, déictiques, système des temps...

- **Les typologies à base communicative, ou fonctionnelle:** quelle est la fonction de l'information dans la situation de discours où cette information est produite? On se réfère ici à Jakobson (1963), qui distingue six fonctions principales: la fonction référentielle (expositive, informative); la fonction conative, centrée sur le destinataire (l'injonctif par exemple); la fonction phatique, visant au maintien de la communication (les marqueurs de continuité thématique dans le dialogue); la fonction métalinguistique, contrôlant l'usage du code de la communication; enfin la fonction poétique.

- **Les typologies situationnelles ou institutionnelles,** d'inspiration sociologique ou sociolinguistique, et qui vont conduire à distinguer le discours publicitaire, le discours religieux... L'approche de Bronckart (1985) que l'on examinera plus loin en détail, se rattache, au moins pour une part, à ce courant.

- **Les typologies fondées sur les structures cognitives mises en jeu.**
Celle de Werlich (1975) est l'une des plus souvent citées en psychologie. Il distingue cinq grands types de textes: le descriptif, lié à la perception de l'espace; le narratif, associé à la perception du temps; l'expositif, où entrent en jeu l'analyse et la synthèse des représentations conceptuelles; l'argumentatif, organisé autour des jugements et des prises de position; l'instructif, enfin,

qui concerne les prévisions. Ce type d'analyse est bien illustré par le modèle de Brewer (1980).

Sans sous-estimer les différences dans les soubassements théoriques des différentes typologies évoquées ci-dessus, une approche de psychologie cognitive dans ce domaine se doit d'intégrer, autant que faire se peut, un certain nombre de leurs concepts fondamentaux: aspects énonciatifs du discours et opérations linguistiques plus ou moins spécifiques qui les inscrivent dans les textes, finalité communicative du locuteur dans un contexte donné, paramètres contextuels déterminant les caractéristiques du message, et enfin (et surtout?) caractéristiques du domaine référentiel, contrôle plus ou moins fort de l'organisation du texte par la structure des objets qu'il évoque.

1.4. L'approche "typologique-fonctionnelle"
L'approche typologique-fonctionnelle que je soutiens ici conduit à postuler ce qui suit:
- Au niveau du texte, l'activité langagière s'inscrit dans un contexte déterminé, dont elle constitue un paramètre fondamental: l'interaction avec autrui s'exerce par le moyen du langage.
- Les formes, au sens large, de cette activité sont déterminées par ce contexte même; le but assigné au texte dans cette situation est le paramètre décisif: à un but donné vont correspondre des opérations langagières spécifiques, différentes d'un but à l'autre, et du même coup des types de textes eux-mêmes spécifiques.

A cette première définition, j'ajouterai deux considérations, reliées entre elles:
- Les opérations langagières ne portent pas sur le seul traitement des opérateurs linguistiques. Si l'on considère en particulier le rôle majeur de la cohérence dans le traitement des textes (ce qui ressort clairement des travaux sur les processus inférentiels), alors produire ou comprendre un texte fait intervenir bien d'autres opérations (activation des connaissances en mémoire, recours à des schémas cognitifs, prise en compte des paramètres de l'énonciation...).
- Ce qui distingue les différents types de textes, ce n'est pas seulement leur forme et/ou leur contenu explicite, mais aussi les opérations induites par la fonction du texte, le choix des moyens en quelque sorte, et les stratégies résultantes: type de planification référentielle, degré d'intervention des connaissances partagées... En d'autres termes, un texte de type donné fera l'objet de traitements cognitifs différents, selon la fonction qui lui est assignée.

L'articulation entre types de textes et types de traitements soulève enfin la question des ressources cognitives dont disposent les locuteurs pour réaliser les opérations requises. Certains types de textes seront plus difficiles à traiter que d'autres, à ce niveau, compte tenu notamment du degré d'expertise des

Les types de textes: une approche de psychologie cognitive

sujets sur les plans concernés. On aboutit alors au modèle schématique suivant:

Situation énonciative → but langagier → opérations langagières requises pour réaliser ce but → types de textes (forme linguistique et contenu) → types de traitements → ressources cognitives requises.

2. Fonction referentielle et fonction communicative
2.1. L'articulation du texte au domaine de référence

Une typologie des textes centrée sur les processus cognitifs ne saurait prendre en compte l'ensemble des critères évoqués précédemment, du moins sans les pondérer, sans les hiérarchiser. De ce point de vue, le choix doit faire une large place aux critères les plus fonctionnels: ceux qui rendent compte des différences de traitement les plus marquantes, dans la perspective avancée par Fayol (1991). Le type d'articulation entre le texte et son domaine de référence constitue alors un problème déterminant, sur deux plans:

- **Ce domaine est-il ou non organisé**, structuré par les représentations préconstruites de l'espace physico-social, indépendamment du texte? Une telle caractéristique différenciera des textes comme l'argumentation d'un côté, et la description de l'autre, avec des effets notables sur les processus de planification référentielle en production ou sur le recours aux connaissances extratextuelles en compréhension. Mac Cutchen (1987) oppose ainsi le narratif et l'argumentatif: dans le texte narratif, l'organisation textuelle repose (ou plutôt s'appuie) sur une structure référentielle linéaire, chronologique, et, surtout, externe à la narration. Dans le cas du texte argumentatif, le support référentiel (opinions et croyances) doit être géré par le sujet lui-même; il ne peut s'appuyer (en tout cas pas complètement) sur une organisation préétablie du domaine référentiel: l'organisation du texte est, selon les termes de Mac Cutchen, "self-sustained".

- **Quelle est la valeur "modale" du rapport texte-référent**, quelles sont les types d'activité cognitive requis dans chaque cas: s'agit-il d'apprécier la véracité des informations (descriptif), leur vraisemblance (argumentatif), leur intérêt (narratif), leur efficacité (instructionnel)? Juger de la vérité d'une proposition ne relève pas des mêmes traitements que décider de la nécessité d'une étape procédurale, ou de l'acceptabilité d'un argument. Il est clair que les opérations cognitives déclenchées (consciemment ou non) pourront varier d'un type de texte à l'autre: il importe peu que, dans le panier du Petit Chaperon Rouge, le pot de beurre soit salé ou non. Cela importerait davantage s'il s'agissait d'un texte instructionnel concernant l'art de faire du bon beurre, voire si le conte comportait une séquence descriptive sur les préférences gastronomiques de Messire Ysengrin. En d'autres termes, chaque type de texte implique tout à la fois la mise en oeuvre d'opérations psycholinguistiques générales, non spécifiques, mais en même temps le recours à des opérations (relativement) spécialisées, typologiques. La formule standard par laquelle débutent bien des contes, "Il était une fois, en un pays lointain...", n'est pas seulement un stéréotype stylistique, dont la fonction serait d'activer le schéma narratif du conte merveilleux. On doit aussi l'analyser comme "déclencheur typologique". Une fois = peu importe quand réellement, en un pays lointain = où vous voudrez. Une double instruction de traitement est ainsi donnée au lecteur: 1) vous n'avez pas besoin d'activer des connaissances spécifiques pour comprendre ce qui va suivre; et 2) suspendez toute opération de vériconditionnalité et ne considérez que l'intérêt, ou la cohérence.

D'une façon générale, les titres, les premiers mots du texte, voire même la mention d'une collection ou d'un éditeur, vont cibler un domaine de référence spécifique et inciter le lecteur à engager les traitements typologiques adéquats. Celui-ci n'abordera pas la lecture de "L'Humanité" ou de "Playboy" avec les mêmes idées en tête, si j'ose dire. On pourrait résumer l'idée de rapport modal entre le texte et son référent comme suit: étant donné le texte que j'aborde et son domaine de référence, quels sont les outils cognitifs dont j'aurai besoin?

2.2. Fonction communicative et fonction cognitive: le modèle de Brewer

L'importance du rapport modal texte-référent constitue un élément central dans le modèle de Brewer (1980). Il propose une classification psychologique des discours écrits basée sur le croisement de deux dimensions: la nature des structures cognitives sous-jacentes, d'une part, la force illocutoire, ou "discourse force", d'autre part. Les structures cognitives sous-jacentes permettent de distinguer trois types de base:

1. le descriptif, associé à la perception (visuelle, essentiellement) de scènes statiques;
2. le narratif, lié aux évènements se déroulant dans le temps, et reliés par des chaînes thématiques ou causales;
3. l'expositif/explicatif ("expository") où interviennent des processus logiques abstraits: induction, classification, comparaison.

La distinction de ces trois catégories s'appuie sur l'idée que chacune d'elles peut se traduire analogiquement dans d'autres registres de représentation: description → images, narration → mouvement, exposition → notation logique. Elle est aussi en rapport étroit avec ce que j'ai défini plus haut comme la relation modale entre le texte et son référent, la nature des opérations impliquées.

La seconde dimension de classement, la force illocutoire (Austin, 1962; Searle, 1972), définit l'interaction entre la visée communicative de l'auteur et

Les types de textes: une approche de psychologie cognitive

sa perception par le récepteur. Quatre fonctions de base sont ici définies: informer, distraire, convaincre, produire un effet esthétique.

Les deux dimensions, cognitive et illocutoire, sont indépendantes. Leur croisement produit 12 catégories (potentielles), sur le modèle suivant:
- la visée informative, dans le cas de la structure cognitive liée à la description, regroupera des textes comme les descriptions techniques, les documents botaniques, ou géographiques. Combinée à la structure cognitive de la narration, la même visée regroupera les articles de presse, les documents historiques, les biographies. Combinée enfin à la structure cognitive d'exposition, la visée informative regroupera les articles scientifiques, ou philosophiques, ainsi que les définitions abstraites. De plus, chacune des douze catégories pourra être caractérisée par la présence de marqueurs linguistiques spécifiques, ainsi les localisateurs spatiaux dans le discours descriptif (près, loin, à droite...), ou les connecteurs comme: "donc, puisque, si", dans le discours expositif.

Une troisième dimension est envisagée par Brewer: entre la structure cognitive de l'information d'un côté, et la forme linguistique de l'autre, il existe une marge non négligeable pour l'auteur: celle des différentes options dont il dispose pour présenter l'information, celle des stratégies rhétoriques (ici au sens de la "dispositio"). Dans le domaine de la narration, il peut décider de suivre ou non l'ordre des évènements, par exemple. Différents moyens sont ici disponibles: variations de l'ordre de surface, degré de spécification de l'information sous-jacente, degré de visibilité du narrateur dans le discours... Ces variations rhétoriques constituent un facteur critique au plan de la réception du message; elles interviennent en effet dans la re-construction par le lecteur du contenu informatif. Là encore, donc, il y aura variation des traitements.

Brewer note par ailleurs, et c'est un point important, que les textes ne sont en général pas homogènes sur le plan typologique. Quant aux structures cognitives, l'hétérogénéité peut concerner un paragraphe entier, quelques phrases, voire une phrase isolée. On trouvera par exemple souvent une structure descriptive emboîtée dans une structure narrative. De même il peut exister dans un même document plusieurs visées illocutoires. Les "Voyages de Gulliver" ont tout à la fois une visée distractive et une visée satirique. Au plan du récepteur, il peut y avoir effacement de l'une d'entre elles (la visée satirique de l'ouvrage de Swift, pour un enfant par exemple) (ce problème de l'hétérogénéité a été clairement théorisé par Adam, 1987, 1992).

3. Des traitements typologiques à des niveaux trés divers

Sans engager ici une analyse approfondie des opérations cognitives associées aux différents types de textes, il me paraît utile de proposer quelques illustrations.

3.1. La reconstruction du style

Dans le prolongement de l'expérience classique de Bartlett (1932), de nombreux travaux de psychologie cognitive ont montré le rôle de schémas sociaux, de scripts spécifiques gérant la compréhension et la production des textes (voir sur ce point la synthèse critique de Fayol & Monteil, 1988). Les recherches de Brewer et al. (Bock & Brewer, 1974; Brewer, 1975; Brewer & Hay, 1984) indiquent que le style particulier à tel ou tel genre de texte fonctionne comme un schéma de traitement. Dans les épreuves de mémorisation, on observe généralement un oubli rapide de la forme de surface du texte, manifesté notamment par la difficulté d'un rappel mot à mot. Dans de tels cas cependant, un schéma stylistique approprié peut conduire à la restitution du style originel: soit sous la forme d'intrusions de formules adéquates, soit sous la forme de réponses "pseudo-exactes".

Brewer et Hay (1984) ont utilisé des textes correspondant à cinq styles très caractéristiques: biblique, juridique, académique (manuels scolaires ou documents scientifiques), administratif, livres d'enfants. Chaque texte est présenté soit sous sa forme initiale, soit sous une forme standardisée dans laquelle on a supprimé les expressions stylistiquement typiques. Après deux lectures du texte on demande aux sujets un rappel mot à mot. D'une façon générale les sujets tendent à reproduire la forme sous laquelle le texte leur a été présenté, soit originelle, soit standardisée. L'analyse précise des types d'erreurs ou de "bonnes" réponses indique tout à la fois un effet de mémorisation (respect de la forme présentée) et un effet reconstructif: intrusion d'expressions stylistiquement adéquates reproduisant/imitant le style approprié. Ces erreurs reconstructives se produisent y compris dans le cas où l'on a proposé la forme standardisée, ce qui constitue l'argument majeur de Brewer et Hay.

3.2. L'identification des différents types de textes

Il existe peu de recherches sur la capacité à identifier les différents types de textes. Pourtant, si l'on considère que des schémas superstructuraux, des modèles typologiques, contrôlent la production et la compréhension, attester la présence de tels schémas chez les locuteurs constitue un objectif critique. Ainsi, dans une étude réalisée auprès d'enfants de 7 à 13 ans et d'adultes, Benoit et Fayol (1989) ont fait classer quatre types de textes:
- des textes *narratifs canoniques*, comportant une organisation chronologique causale, un évènement inattendu et une résolution;

Les types de textes: une approche de psychologie cognitive 19

- des textes *descriptifs*, simples juxtapositions d'évènements dans un même contexte spatial, mais sans ordre chronologique ou causal;
- des *argumentations* comportant un problème et sa solution;
- des "*non-textes*", c'est-à-dire des séquences de propositions non reliées.

Les auteurs observent un accroissement régulier dans la pertinence des regroupements réalisés: à 7 ans cette pertinence est nulle, à 13 ans elle est effective. Une analyse qualitative plus fine révèle les évolutions suivantes: 1) opposition rudimentaire entre textes et non textes, à 9 ans; 2) distinction entre descriptif d'un côté, et narratif + argumentatif de l'autre, à 11 ans; 3) l'argumentatif n'est isolé qu'à partir de 13 ans et l'identification de cette catégorie n'est nullement parfaite y compris chez l'adulte. Il est vrai que les textes argumentatifs utilisés par les auteurs sont plutôt des récits d'argumentation que des argumentations proprement dites; cela expliquerait d'ailleurs le fait que, dans les classements observés, les textes argumentatifs soient confondus préférentiellement avec les textes narratifs.

Une étude du même type (classements), réalisée par Coirier et Marchand (1994) conduit à des appréciations moins pessimistes. Les sujets, des enfants de 12 ans, doivent classer 16 petits textes dans 4 catégories: descriptif, narratif, explicatif et argumentatif. Si l'on prend comme critère le classement d'au moins 3 textes sur 4 dans la bonne catégorie, les performances sont assez élevées: 80% en descriptif, 77% en narratif, 80% en explicatif, et 72% en argumentatif. Il apparaît donc ici qu'à 12 ans sont mises en place des superstructures textuelles assez bien différenciées.

En ce qui concerne le texte argumentatif, on peut considérer qu'il existe une représentation prototypique identifiable, à tout le moins celle, minimale, de la structure d'étayage "justification → prise de position". Nous avons proposé (Golder & Coirier, 1994) à des élèves de 12 à 17 ans de produire des jugements d'argumentativité sur des textes courts; ces textes présentaient ou non chacune des caractéristiques supposées constituer la représentation prototypique, soit dans l'ordre:
- textes où n'apparaît aucune prise de position;
- textes avec prise de position, mais sans justification;
- textes avec prise de position et justification (structure minimale d'étayage);
- textes avec deux justifications connectées (structure complexe);
- textes avec justifications et marques de restrictions ou contre-arguments.

Les résultats observés convergent avec les précédents. En particulier, la structure argumentative minimale (prise de position + justification) constitue le critère décisif d'identification du texte argumentatif, et ce à partir de 12 ans. A cet âge, toutefois, la représentation n'est pas pleinement différenciée: il suffit que le texte comporte seulement une prise de position pour être qualifié d'argumentatif, ce type de réponse disparaissant à partir de 13 ans seulement. Les étapes ici définies sont en outre parallèles à celles observées en production écrite (Coirier & Golder, 1993).

3.3. Le contrôle typologique des traitements anaphoriques

Si l'on considère la hiérarchisation des différents niveaux de traitement d'un texte, les traitements anaphoriques se situent relativement bas dans l'échelle, comparativement à ceux qui viennent d'être évoqués. Leur caractère obligatoire, et sans doute largement automatique (cf. sur ce point Mac Koon et Ratcliff, 1992, ou Perfetti, 1993), pourrait conduire à penser qu'ils seront peu sensibles aux influences "contextuelles". Ce n'est pas le cas, cependant, comme on peut l'observer lorsqu'on examine les différents facteurs déterminant la plus ou moins grande saillance d'une information, et les effets de cette saillance dans le rétablissement des anaphores. Ainsi, les différents lieux décrits dans un texte n'auront pas même saillance si ce texte est une description spatiale, ou s'il constitue un récit. Le rétablissement des antécédents anaphoriques sera alors plus facile si ces antécédents correspondent aux informations rendues saillantes par le type de texte. Ainsi Morrow (1986) demande aux sujets de lire l'une ou l'autre des quatre phrases suivantes:

    a. Pendant que les serviteurs allaient à la *cuisine* les invités se rendaient dans le *séjour*;

    b. Les invités se rendaient dans le *séjour* pendant que les serviteurs allaient à la *cuisine*;

    c. Les serviteurs allaient à la *cuisine* pendant que les invités se rendaient dans le *séjour*;

    d. Pendant que les invités se rendaient dans le *séjour* les serviteurs allaient à la *cuisine*;

Le test porte sur le choix de l'antécédent anaphorique, cuisine ou séjour, dans la phrase suivante:

    e. <u>Ce lieu</u> était toujours plein d'activité.

La comparaison fait donc intervenir: 1) la fonction thématique du lieu (le séjour est syntaxiquement thématique en a et en b, la cuisine est thématique en c et en d; 2) la distance entre l'antécédent et l'anaphore: faible pour séjour en a et en c, forte en b et d (et inversement pour cuisine). Mais à ces facteurs s'en ajoute un troisième: avant l'une ou l'autre des quatre phrases, les sujets lisent une brève introduction qui rend proéminent soit le séjour, présenté comme le lieu central de vie de la famille (texte descriptif), soit les serviteurs, dont c'est alors l'histoire qu'on raconte (texte narratif).

Les résultats (le choix de l'antécédent) confirment le rôle, classique, du statut thématique et celui de la distance: le choix de l'antécédent "séjour", par exemple, croît dans l'ordre a > b = c > d. Surtout, ils confirment l'effet de proéminence lié au type de texte: choix plus fréquent de "séjour" avec l'introduction descriptive, de "cuisine" avec l'introduction narrative. Ainsi,

Les types de textes: une approche de psychologie cognitive 21

la question des "types de textes" ne se pose-t-elle pas seulement au niveau global, macro- ou super-structural (l'effet du schéma de récit, par exemple). Les traitements typologiques interviennent également à un niveau que l'on peut caractériser comme niveau textuel de base: celui de l'enchaînement minimal des phrases et de la cohésion.

En fin de compte, il apparaît que sont établies chez les locuteurs adultes, des compétences textuelles générales, non liées à un type de texte donné; l'exemple des traitements anaphoriques est ici caractéristique (le mode d'acquisition de ces compétences renvoie à un tout autre problème; cf. Espéret, 1989). Dans le même temps, le traitement d'un genre particulier de texte est susceptible de requérir des compétences elles-mêmes particulières, des compétences typologiques, intervenant à des niveaux variés, du plus élevé au plus local.

4. Schémas et superstructures textuelles

Dès 1932, les travaux de Bartlett ont montré que le rappel d'un texte de mémoire conduisait à des erreurs caractéristiques: nombreuses intrusions liées aux connaissances usuelles et tendant à (r)établir la cohérence narrative, reconstruction du style original, tendance avec le temps à la production d'un récit normalisé, stéréotypé. Ces erreurs sont imputables à l'intervention d'un schéma mental, dans lequel sont intégrées des connaissances qui permettent de reconstruire les données manquantes, d'une part, et qui tend d'autre part à accomoder les données mémorisées aux données standard inscrites dans la mémoire à long terme du sujet.

4.1. La notion de schéma

Cette notion de schéma a été systématisée dans les années 1970, avec notamment les travaux de Minsky (1975), et d'Anderson (1977). Le concept central dans la notion de schéma repose sur l'idée selon laquelle les connaissances stockées en mémoire ne constituent pas des ensembles disparates de données, mais sont au contraire organisées. Un schéma est en premier lieu une représentation cognitive regroupant les informations associées à la description d'un objet, d'une situation, d'un évènement. De plus il ne s'agit pas d'un simple regroupement: les schémas constituent des configurations organisées: éléments et relations entre éléments ne sont pas traitables séparément. Il existe différents modèles de schémas, mais tous visent à rendre compte des fonctions associées à l'organisation intégrative des représentations mentales en mémoire:
– assurer la cohérence du texte en permettant le rétablissement de l'information implicite,

- spécifier les relations qui contribuent à l'organisation structurale du texte;
- établir le degré d'importance relative d'une information donnée et identifier les éléments déviants, relativement aux connaissances usuelles;
- permettre au lecteur d'anticiper l'organisation ultérieure du texte, de prédire les éléments nécessaires à la continuité d'une séquence, et décider à quel moment il peut considérer l'information, ou le texte comme complet;
- fournir enfin au lecteur un dispositif stable, permettant le stockage, la récupération et éventuellement la reconstruction de l'information.

D'une façon générale les schémas exercent donc une action sur les processus suivants: encodage et intégration de l'information, stockage en mémoire, récupération, mais aussi pilotage des opérations liées à la production du langage, dans le cas des superstructures textuelles, comme on va le voir maintenant.

4.2. La notion de superstructure textuelle

Alors que des scripts (cf. Fayol & Monteil, 1988) ou des plans (Schank, 1975) organisent les connaissances relatives à l'environnement physique et social, les schémas de textes définissent, eux, nos connaissances sur la forme et l'organisation des textes. Pour Kintsch, Mandel et Kozminsky (1977) (p. 547) "les schémas de textes sont des structures générales de connaissances qui résument les conventions et les principes observés par une culture donnée dans la construction de types de textes spécifiques". La notion de superstructure a été développée plus précisément par van Dijk et Kintsch (1983):
- L'existence de superstructures textuelles spécifiques doit être mise en relation avec les objectifs de la communication. On postule ici l'existence de "macro-actes" de discours exerçant, à ce niveau, une fonction pragmatique similaire à celle des actes de langage (Austin, 1962; Searle, 1972).
- Ces macro-actes délimitent le discours à tenir en fonction du but visé: informer, convaincre, distraire...
- Ils activent des schémas de discours spécifiques, des "superstructures textuelles".
- Ces superstructures fonctionnent sur le modèle général des schémas: elles décrivent les constituants requis, l'ordre éventuel et la structure hiérarchique de ces constituants, pour un texte de type donné. Elles constituent par conséquent des *systèmes de règles typologiques* contrôlant la formation de la macrostructure du texte.

En situation de production, la disponibilité d'un modèle superstructural permettra une organisation appropriée du contenu à transmettre (Espéret & Passerault, 1991; Espéret & Piolat, 1991; Piolat, 1983, 1990). En compréhension, la superstructure a pour fonction de maintenir en mémoire, par exemple, une information minimale pour chaque constituant obligatoire de la superstructure. Elle peut intervenir enfin dans l'*allocation des ressources cog-*

Les types de textes: une approche de psychologie cognitive 23

nitives, puisqu'elle permet au sujet d'anticiper les informations requises par le schéma (Gaonac'h & Passerault, 1988; Graesser, Hoffman et Clark, 1980).

5. La représentation subjective du texte narratif

Le texte narratif est celui pour lequel la notion de superstructure a été le plus développé. Il a constitué longtemps un (le) prototype pour la psycholinguistique textuelle. La façon dont se construit sa représentation subjective chez l'enfant apporte une bonne illustration à l'approche typologique-fonctionnelle. On n'abordera pas ici l'ensemble, énorme, et largement diffusé des travaux dans ce domaine. Dans la perspective typologique-fonctionnelle, il convient plutôt de rappeler quelques éléments de la toute première définition d'une superstructure textuelle: la morphologie du conte de Propp (1928/1965).

5.1. Une signification "humaine"

Propp apporte en effet deux idées essentielles: 1) Les textes ne sont pas seulement des séquences linéaires de phrases; ils présentent "une structure", des relations entre "fonctions", et qui dit structure textuelle stable, dit aussi: schéma cognitif potentiel de traitement. 2) Les fonctions narratives sont des actions définies du point de vue de leur signification dans le déroulement de l'intrigue; elles sont toujours reliées à des comportements, à des réactions et à des motivations "humaines".

Les "grammaires d'histoire" (Mandler & Johnson, 1977; Stein & Glenn, 1979; Thorndyke, 1977) mettent également au premier plan cet aspect: le rôle déclencheur des motivations dans la séquence épisodique, ou encore dans la structure causale du récit. Stein et Glenn (1979) observent ainsi que les motivations, réactions émotionnelles des personnages, constituent la catégorie narrative jugée comme la plus importante par leurs sujets. Si donc, conformément à la proposition de Propp, la "signification humaine" du récit est prise en considération, et du même coup les ingrédients indispensables que sont les personnages et les évènements qui les motivent, alors il en résulte des caractéristiques décisives pour le texte narratif:

5.2. Des évènements non banals

"Pourquoi lirait-on une histoire, après tout?" (ma traduction du titre d'un article de Kintsch, 1980). Les évènements qui surviennent doivent intéresser le lecteur et il faut d'abord pour cela qu'il se passe quelque chose. Comme le note Labov (1978, p. 307): "dès qu'un évènement devient commun, qu'il cesse de violer une règle de comportement plus ou moins établie, il perd son caractère mémorable et le narrateur doit alors montrer que ce qu'il raconte n'est pas banal". Vers 5-6 ans, la cohérence des évènements successifs constitue un critère subjectif du récit (Applebee, 1978; Espéret & Gaonac'h, 1982). Mais il faut encore que ces évènements présentent un caractère remarquable, non prévisible ou du moins non banal, pour que les enfants de 4-5 ans disent: c'est une histoire (Espéret & Gaonac'h, 1982). En outre, les gens heureux n'ayant, comme on sait, pas d'histoire, l'évènement qui va déclencher le récit, la complication, est nécessairement négatif. L'analyse de 27 récits oraux recueillis par Espéret, Ballaire, Chauvineau, Gaonac'h et Arnaud (1981) auprès d'enfants de 11-12 ans, confirme cette caractéristique dans 24 cas sur 27: *morsure par un gros chien, disparition, être perdu dans les bois, être mangé*, représentent les principales complications produites par les sujets (Coirier, 1984).

5.3. Des personnages intéressants pour le lecteur
Le maintien de l'identité des personnages est un critère important du récit pour les enfants de 4-5 ans. Lorsqu'on leur demande si un résumé est la même histoire que celle qu'on leur a présentée antérieurement, ils déclarent: *"c'est la même histoire, oui il y a un chien"* (Fayol, 1978); ou même, plus directement encore: *"c'est une histoire, ça parle des mêmes personnages"* (Espéret, 1984). Mais il faut encore que ces personnages suscitent une émotion chez le lecteur, que celui-ci puisse partager ce qui arrive aux protagonistes. Parmi plusieurs définitions proposées en 6e, la plus fortement retenue par les élèves est: *"un récit on a plaisir à le lire"*, et, dans une mesure similaire: *"les actions des personnages provoquent un émotion"*, ou encore: *"il y a du suspense"* (Coirier, 1982). La représentation subjective du récit qui sous-tend de tels jugements n'est donc pas seulement représentation des constituants internes du texte narratif, des caractéristiques intrinsèques des évènements et des personnages; elle intègre aussi ce qui, dans ces caractéristiques, renvoie à la finalité communicative de ce type de texte, l'intérêt du lecteur.

5.4. Un schéma textuel adéquat: la dyade complication/résolution
A ce stade, on peut définir la représentation du récit par: évènements non banals, et négatifs, survenant à des personnages dont les réactions impliquent subjectivement le lecteur. Ces aspects peuvent se réaliser au moyen d'une structure minimale conduisant d'un état insatisfaisant pour le personnage central (complication) à la recherche d'une solution rétablissant un état satisfaisant (résolution). Il y a passage d'un état de déséquilibre à un état d'équilibre. C'est l'un des aspects du modèle avancé par Botvin et Sutton-Smith (1977). Ces auteurs analysent les productions d'enfants de 3 à 12 ans en proposant plusieurs étapes de complexification de la structure narrative minimale, la dyade ouverture-clôture. La narrativité se fonderait sur des unités structurales de base, les "plot-units", correspondant à des évènements minimaux, des actions réelles ou potentielles: partir, s'échapper, secourir, menacer,

interdire. Le développement effectif de la narrativité commence toutefois seulement avec la combinaison de deux plot-units opposées: partir/revenir, être menacé/être secouru... donc avec le passage du déséquilibre à l'équilibre.

La nature précise de ce schéma a été étudiée par Fayol (1980, 1985) à partir du modèle sémiologique de Greimas (1966). Les deux éléments constituant le schéma minimal se caractérisent non par une simple opposition, mais par une inversion prédicative du type: Jules est malheureux → Jules est heureux. Cette transformation est rendue possible par l'intervention d'une chaîne causale: Jules a rencontré Marie. Dans cette perspective, Fayol propose à des adultes différentes catégories de textes variant selon la nature des relations entre deux prédicats: pas d'opposition; inversion de contenu simple avec franchissement de frontière mais sans chaîne causale (quitter/arriver); inversion de contenu liée à une chaîne causale. Fayol observe que les jugements positifs de narrativité sont beaucoup plus fréquents pour la dernière catégorie.

5.5. Le modèle de Brewer

Brewer (1980), on l'a vu précédemment, propose une classification des types de discours où la finalité communicative ("discourse force"): informer, distraire, persuader, littéraire-esthétique est déterminante. Brewer et Lichtenstein (1982, p. 478) caractérisent alors les histoires comme "une sous-classe des narrations ayant comme finalité communicative primordiale la distraction". Cette finalité commande l'organisation du discours. La structure d'un type de texte donné, ses constituants essentiels, sa forme, ne relèvent alors pas simplement d'une convention ou d'un modèle socioculturel, d'un schéma acquis par habitude. **Ils représentent des instruments fonctionnels permettant de réaliser textuellement la finalité du discours.** Que cette relation puisse donner lieu à la constitution d'une norme socioculturelle acquise n'apparaît ici que comme la conséquence, indirecte, de la fonctionnalité de la relation.

Dans leur analyse du texte narratif, Brewer et Lichtenstein distinguent trois composantes, que l'on pourrait caractériser par les termes suivants: finalité, causalité, textualité:
- la compréhension des plans, c'est-à-dire la capacité des humains à interpréter les actions des autres en termes d'intentions, composante essentielle dans le récit (finalité)
- la compréhension narrative, c'est-à-dire la compréhension de l'agencement des actions et des évènements; (causalité)
- le schéma narratif, c'est-à-dire la connaissance des formes culturellement codées, pour les histoires, les articles de journaux, les textes historiques... (textualité).

Dans le cas du récit on aura donc les éléments suivants: des évènements surprenants et inattendus, des éléments produisant la curiosité, et du suspense; un évènement initial pouvant avoir des conséquences positives ou négatives pour un protagoniste et déclenchant l'implication du lecteur. L'intérêt du récit est alors lié à la surprise, à la curiosité et au suspense, ce que vérifient les données obtenues par les auteurs à partir de jugements subjectifs sur différentes histoires.

On retrouve des caractérisations similaires lorsqu'on demande aux sujets de décider si une définition donnée permet de distinguer un récit d'un texte quelconque (Coirier, 1982, 1984). Parmi les différents critères proposés, sont retenus au premier chef par au moins les deux tiers des adultes: le récit comporte des personnages, personnages éprouvant des émotions, émotions que partage le lecteur. En outre le héros, personnage central, est confronté à un obstacle, une situation difficile qu'il doit, ou veut surmonter. Enfin, ce qui compte dans une histoire, c'est que ça intéresse le lecteur, une histoire on la lit pour se distraire... Une analyse factorielle réalisée à partir de ces mêmes données permet de dégager deux axes principaux. Le premier est fortement saturé par la finalité communicative: suspense pour le lecteur, fonction distractive, sensibilité aux réactions émotives des protagonistes, à un pôle. A l'autre pôle, on trouve les définitions correspondant à la caractérisation de cette fonction: notion d'obstacle, évènements particuliers ou imprévisibles, éléments de clôture du récit. La représentation subjective du récit intègre les deux dimensions caractéristiques du texte narratif:
- La finalité communicative et les propriétés spécifiques qui en découlent sur le plan du rapport au lecteur: les évènements et les réactions des personnages doivent le concerner.
- La réalisation de cette finalité communicative au moyen de dispositifs appropriés: la transformation d'un état initial défavorable en un état plus favorable, utilisant pour ce faire des plans adéquats.

Le récit appartient bien, de ce point de vue, à la catégorie des textes impliquant des plans humains finalisés, à la réserve près, mais elle est décisive, qu'il faut que ces plans présentent un intérêt spécifique pour le lecteur: intérêt cognitif ou intérêt émotionnel, pour reprendre la distinction de Kintsch (1980), importe assez peu, sinon dans la mesure où ces deux types d'intérêt sont susceptibles de déclencher des modalités différentes de traitement du référent.

6. Les textes argumentatifs
Les textes argumentatifs présentent, tout comme le récit, des caractéristiques instructives pour l'approche typologique-fonctionnelle.

6.1. Une visée communicative spécifique
Charolles (1980) définit l'argumentation comme un type particulier de communication: qui prend place dans une situation qu'elle transforme en situa-

Les types de textes: une approche de psychologie cognitive 27

tion argumentative, qui engage des participants: agent et patient, qui porte sur un objet ou un domaine problématique, et qui a pour visée l'adhésion du destinataire à la thèse du locuteur. Il est alors possible de situer l'argumentation au point d'intersection de trois champs voisins: la persuasion, l'explication, la démonstration. Essayons de définir ce qu'elle a de commun avec ces trois champs et comment elle s'en différencie.

6.1.1. Argumentation et persuasion: La conduite de persuasion (par exemple les textes publicitaires) vise à faire agir, à obtenir... en utilisant tous les moyens du bord. L'argumentation vise à faire croire, penser... en utilisant des moyens rationnels (Perelman, 1983). On pourrait encore exprimer cette distinction sous l'angle de l'opposition pragmatique entre visées illocutoire et perlocutoire. Menacer sa mère d'une crise de nerfs pour obtenir un jouet relève de la persuasion, et non de l'argumentation, si l'on considère qu'une telle conduite ne produit pas véritablement de modification des représentations du destinataire.

6.1.2. Argumentation et explication: Le discours argumentatif porte sur un objet ou un domaine problématique, discutable et reconnu comme tel (implicitement ou explicitement). Il n'y a pas lieu d'argumenter s'il n'y a pas de désaccord (Antaki & Leudar, 1990; Charolles, 1980; Stein & Miller, 1993). Dans le cas de l'explication, l'objet du discours n'est pas contesté, mais seulement à "faire comprendre": il y a un obstacle lié à une information insuffisante ou trop complexe, et non pas à des points de vue divergents (Apotheloz, Brandt & Quiroz (1992). La frontière n'est pas toujours évidente, et les opérations linguistiques ne diffèrent pas très fortement d'un type de discours à l'autre, sinon justement les opérations les plus spécifiquement argumentatives, comme les opérations de réfutation, ou celles d'engagement énonciatif (Coirier, 1992).

6.1.3. Argumentation et démonstration (Grize, 1990): Démontrer suppose de recourir aux règles du raisonnement formel, à la logique ou en tout cas (et c'est là un point critique) à des enchaînements institutionnellement spécifiés; dans l'argumentation, tout argument devient valide: lorsqu'il est accepté par l'interlocuteur. L'argumentation peut certes recourir à la logique formelle, ou aux savoirs reconnus, mais le plus souvent elle s'étaye sur des croyances "supposées" partagées, quelle que soit la nature de ces croyances (Coquin-Viennot & Coirier, 1992).

6.2. Une structure minimale très particulière
6.2.1. Le "claim backing": La plupart des spécialistes considèrent que l'argumentation minimale est caractérisée par la relation "prise de position → jus-

tification", la structure du "claim-backing" de Toulmin (1958), ou encore la structure d'étayage de Grize et al. (1985). Une telle structure est en effet observable, en production écrite, avant 13-14 ans (Coirier & Golder, 1993), et bien longtemps avant dans les situations orales (Stein & Trabasso, 1982).

6.2.2. Accréditer: Mais la relation d'étayage présente une nature très particulière. Apotheloz et Mieville (1989) en proposent la définition suivante: *"...étayer est une fonction consistant, pour un segment de discours donné (...) à accréditer, rendre plus vraisemblable, renforcer, etc. le contenu asserté dans un autre segment du discours."* Les relations d'étayage seront donc très diverses: logiques, analogiques, téléologiques, fondées sur l'autorité ou l'exemple, etc. Il en découle qu'elles ne sauraient en aucun cas être définies à l'avance, et hors contexte, même si l'on peut tenter de proposer quelques grandes catégories, à l'exemple des travaux cités précédemment. Il en résulte aussi qu'il n'existe pas de marqueur linguistique véritablement spécifique de l'étayage, même pas les connecteurs dits argumentatifs (mis à part les formes concessives qui caractérisent la contre-argumentation); le contenu des énoncés constitue le seul critère généralement exploitable.

6.2.3. Présenter des arguments "recevables": Après tout, un argument est acceptable: s'il est accepté! Mais les conditions de cette acceptabilité ne sont pas indifférentes. Le caractère plus ou moins recevable d'une raison se fonde généralement sur des "topoï", c'est-à-dire sur des "relations implicitement admises dans une communauté et permettant de garantir tel ou tel mouvement argumentatif" (Ducrot, 1980). Ainsi, le topoï: "plus la chaleur augmente, plus la promenade est agréable" autorisera-t-il le mouvement argumentatif: "il fait 15° et même peut être 16, une promenade serait agréable". Mais à un topoï donné il est bien rare qu'on ne puisse opposer un autre topoï, présenté comme supérieur. Ainsi on pourrait avoir: "plus il fait chaud, plus on a besoin de se rafraîchir, allons donc plutôt à la piscine". Il n'est donc pas étonnant d'observer que d'une communauté à l'autre, et surtout d'un âge à l'autre, la "recevabilité" des raisons présentées pour supporter une prise de position, varie de façon systématique (Miller, 1987). On passera par exemple, entre 11 et 18 ans, des formes égocentriques comme: "*l'école le mercredi, ce serait mieux car ça me permettrait...*", à des formes plus collectives: "*... ça nous permettrait...*", puis, mais seulement vers 18 ans, à une forme plus complexe du type: "*ça nous permettrait... car moi je...*" (Coirier & Marchand, 1994; Golder, 1992; Marchand, 1993).

Les types de textes: une approche de psychologie cognitive 29

6.3. Un domaine de référence: mou
Pour Grize (1982, 1990) l'argumentation est "un raisonnement mis en discours", une schématisation logico-discursive, et elle se distingue du raisonnement formel sur des points essentiels.

6.3.1. Des "objets mous": L'argumentation porte sur des objets naturels, et non sur des variables ou des classes, il n'y a donc pas de valeur de vérité des propositions. Les objets du discours sont "non strictement définis au départ" mais construits progressivement dans et par le discours lui même. Ces objets sont d'autant plus mous qu'il s'agit souvent de notions idéologiques plus ou moins pré-construites (la démocratie, la justice...), et qui relèvent de l'opinion et de la croyance. Non définis au départ et donc pas nécessairement inscrits dans un savoir partagé, ils feront l'objet d'un processus argumentatif central de négociation discursive: "*la justice dont vous parlez, c'est la justice sociale?*", "*les criminels, oui mais seulement les grands criminels...*".

6.3.2. Des règles d'enchaînement elles-mêmes "molles", fondées sur ce qui est supposé recevable. Alors que la logique formelle explicite comment on passe du vrai au vrai par des règles hypothético-déductives, l'argumentation est une logique du "vraisemblable".

6.3.3. Enfin, l'argumentation est *une logique avec des sujets*, des énonciateurs, qui vont donc le plus souvent s'engager (et engager les autres) dans leur discours: soit très directement (Je pense que... Vous prétendez que...), soit indirectement, par l'usage du lexique subjectif, ou de certaines modalités stylistiques (l'ironie, les pseudo-questions...), soit même en masquant complètement l'énonciateur, lequel n'est alors repérable, s'il l'est, que par le contenu du discours.
Il résulte de cet ensemble de caractéristiques trois aspects essentiels:
– le rôle fondamental de l'implicite;
– le rôle de la représentation de l'auditoire: qu'est-il prêt à reconnaître comme "faits", et à accepter comme règles d'enchaînement?
– le rôle de la négociation discursive.

6.4. Le domaine de la polyphonie
6.4.1. L'argumentation est, par excellence, le domaine de la polyphonie, si l'on retient l'idée de Bakhtine (1981) selon laquelle l'argumentation est *un discours à plusieurs voix*, toujours plus ou moins un dialogue, fut-ce avec soi-même. C'est d'ailleurs l'une des principales raisons (Coirier, 1996) pour lesquelles la rédaction de textes argumentatifs pose des problèmes spécifiques au plan de la linguistique textuelle: transcrire une représentation mentale intégrant des énonciateurs multiples, dans une forme textuelle monologale,

et donc recourir à des plans de texte et à des modes de structuration impliquant l'usage d'outils linguistiques complexes: organisateurs, connecteurs, syntaxe et procédures thématiques élaborées. Un exemple caractéristique: les connecteurs adversatifs sont probablement les seuls qu'on ne puisse enlever d'un texte sans entraîner d'incohérence majeure.

6.4.2. Les opérations de négociation discursive: La dimension polyphonique trouve son expression dans diverses opérations linguistiques, en premier lieu toutes celles qui caractérisent d'une part la prise en compte des interlocuteurs potentiels, des types, et des niveaux d'engagement énonciatif (croire/ penser/savoir/affirmer/admettre...), et d'autre part les opérations de négociation discursive. C'est ce qu'illustre un travail de Golder (1992), en permettant de distinguer deux types de coopérativité dialogale: une coopérativité "uniquement dialogale": respect des tours de parole et maintien du thème; et une coopérativité "argumentative": il n'y a pas seulement reprise thématique, mais articulation effective aux énoncés de l'interlocuteur par spécification, réfutation, etc.

6.4.3. Qu'est-ce qui est plus fort qu'un t(urc)opoi? Deux t(urc)opoi? D'une façon générale, il est possible de considérer que la plupart des opérations argumentatives relèvent de la polyphonie: il n'y a pas d'argumentation s'il n'y a pas reconnaissance d'un désaccord potentiel, si l'autre n'est pas reconnu comme interlocuteur "convaincable", et à quoi bon étayer des jugements qui ne seraient pas contestés? Les opérations de négociation discursive (modulation des jugements, contre-argumentation...) ne sont jamais que la traduction effective dans le discours de cette opération fondamentale: il est possible de penser, ou de croire, différemment.

6.4.4. Caractérisation typologique des textes argumentatifs élaborés: Les analyses précédentes conduisent à caractériser les textes argumentatifs élaborés par la mise en oeuvre des opérations typologiques décrites ci-dessus, et donc par la présence des formes et des marqueurs linguistiques qui leur sont associés:

Reconnaissance du domaine comme domaine de l'opinion et des jugements de valeur, reconnaissance d'une diversité possible d'opinions
→ formes axiologiques et déontiques, verbes de préférence, lexique subjectif...
Structure minimale d'étayage
→ connecteurs (éventuellement), connexions inférentielles...

Les types de textes: une approche de psychologie cognitive 31

Engagement énonciatif du locuteur et des interlocuteurs potentiels, prise de position
→ Expressions d'attitude propositionnelle (je crois que, selon certains, il me semble que, vous prétendez que...)
Utilisation d'arguments recevables, basés sur des valeurs supposées communes (topoi)
→ contenu et forme (je/nous/ tout le monde) des arguments et des jugements, explicitation des "warrants";
Procédures de négociation discursive
→ modulation des jugements: spécifications, restrictions, quantifications, modalisations... et surtout contre-arguments (polyphonie).

La validité psychologique des opérations ci-dessus est maintenant attestée par un nombre non négligeable d'observations. Elle est manifestée par quatre catégories de données empiriques (Coirier et al. 1990; Coirier & Golder, 1993; Espéret et al., 1987; Golder, 1990; Golder & Coirier, 1994; Marchand, 1993, Passerault & Coirier, 1989):
– la trace linguistique systématiquement croissante de ces opérations dans les protocoles argumentatifs recueillis, lorsqu'on compare les populations d'âge croissant (7–8 ans à adultes);
– leur variation systématique en fonction des paramètres contextuels pertinents (dialogue/monologue; consignes argumentative/explicative; domaine référentiel formel/naturel; etc.);
– leur rôle dans l'identification d'un texte comme texte argumentatif;
– leur relative stabilité dans la comparaison des protocoles d'un même locuteur, sur deux thèmes argumentatifs différents.
Enfin, et bien que les traces linguistiques n'en soient pas fréquentes, l'opération la plus différenciatrice est aussi celle qui exprime le plus directement la dimension polyphonique du discours: la mention d'une source énonciative autre que le locuteur lui-même ("certains disent que...", "vous prétendez que...", on soutient parfois que"...). Cette opération est presque totalement absente chez les plus jeunes locuteurs, alors qu'elle apparaît dans un tiers des cas chez les plus âgés.

7. Superstructures textuelles et fonction typologique: quelques points essentiels

La narration et l'argumentation ne constituent qu'un exemple parmi d'autres de textes où l'on peut envisager une analyse typologique-fonctionnelle. Il semble toutefois qu'au-delà des caractéristiques particulières à la

narration ou à l'argumentation, on puisse appliquer le même genre d'analyse à l'ensemble des types de textes, en se fondant sur les propositions suivantes:
1) Les superstructures textuelles fonctionnent à l'instar des autres schémas cognitifs, dont elles ne représentent qu'un cas particulier: elles constituent des structures mentales intégratives, comprenant tout à la fois des connaissances (voire des croyances) relatives à la façon dont sont (doivent être) organisés les textes, et en particulier les textes d'un type donné; elles comportent des instructions gérant les décisions du lecteur ou du scripteur quant aux constituants requis par une structure textuelle particulière, ainsi que des règles sur les dispositifs sémantiques, et plus généralement linguistiques, requis.
2) Les types de textes relèvent sans doute de formes socioculturelles acquises plus ou moins précocement, et plus ou moins normatives. Mais, et cela me paraît tout aussi important, chacun d'eux peut être assimilé à une procédure spécifique, permettant de traduire une intention communicative déterminée.
3) L'analyse des opérations cognitives impliquées dans la compréhension ou la production d'un (type de) texte donné ne saurait en aucun cas se réduire à la dimension linguistique: la production ou la compréhension des textes doit être envisagée sous l'angle des rapports entre texte et contexte. Il est également clair que l'organisation du texte est, sinon assujettie, du moins fortement dépendante de l'organisation du domaine auquel réfère ce texte et des structures cognitives qui y sont impliquées.
4) La finalité du discours, la "discourse force" de Brewer, ou les macro-actes de van Dijk et Kintsch (1983), représentent le point central dans la commande des formes typologiques du texte, le lieu à partir duquel seront sélectionnés les outils cognitifs et linguistiques appropriés, les instruments typologiques susceptibles de réaliser telle ou telle finalité dans le discours. Dans cette perspective, les superstructures textuelles combinent différents types de schémas, incorporent différents types d'information, concernant:
– l'organisation conventionnelle, typologique du texte,
– son organisation fonctionnelle, la réalisation de sa visée communicative,
– les structures mentales à mettre en oeuvre étant donné un certain domaine référentiel,
– les stratégies de traitement appropriées.

Notes
1. Dans un sens très large du terme, incluant les aspects émotifs par exemple.
2. Cognitivement pertinente est à entendre ici comme: pertinente au plan des processus psychologiques.

Bibliographie

Adam, J.M. (1985). Quels types de textes? *Le français dans le Monde*, *192*, 39-43.
Adam, J.M. (1987). Types de séquences textuelles élémentaires. *Pratiques*, *56*, 54-79.
Adam, J.M. (1992). *Les textes: types et prototypes – Récit, description, argumentation et dialogue*. Paris: Nathan.
Anderson, R.C. (1977). The notion of schemata and the educational enterprise: General discussion of the conference. In R.C. Anderson, R.J. Spiro & W.E. Montague (Eds.), *Schooling and the acquisition of knowledge*. Hillsdale, N.J.: Lawrence Erlbaum.
Antaki, C., & Leudar, I. (1990). Claim-backing and other explanatory genres in talk. *Journal of Language and Social Psychology*, *9*, 279-292.
Apotheloz, D., Brandt, P.Y., & Quiroz, G. (1992). Champ et effet de la négation argumentative: contre-argumentation et mise en cause. *Argumentation*, *6*, 99-113.
Apotheloz, D., & Mieville, P. (1989). Cohérence et discours argumenté. In M. Charolles (Ed.), *The resolution of discourse*. Hamburg: Buske Verlag.
Applebee, A.N. (1978). *The child's concept of story: age two to seventeen*. Chicago: The University of Chicago Press (cité par Fayol, 1985).
Austin, J.L.(1962). *How to do things with words*. Oxford: Oxford University Press.
Bakhtine, M. (1981). La structure de l'énoncé. In T. Todorov, *Bakhtine. Le principe dialogique*. Paris: Editions du Seuil.
Bartlett, F.C. (1932). *Remembering: a study in experimental and social psychology*. Cambridge, England: Cambridge University Press.
Benoit, J., & Fayol, M. (1989). Le développement de la catégorisation des types de textes. *Pratiques*, *62*, 71-85.
Benveniste, E. (1966). *Problèmes de linguistique générale*. Paris: Gallimard.
Benveniste, E. (1970). L'appareil formel de l'énonciation, *Langage*, *17*, 12-18.
Bock, K.J., & Brewer, W.F. (1974). Reconstructive recall in sentences with alternative surface structures. *Journal of Experimental Psychology*, *103*, 837-843.
Botvin, G.J., & Sutton-Smith, B. (1977). The development of structural complexity in children's fantasy narratives. *Developmental Psychology*, *13*, 377-388.
Brewer, W.F. (1975). Memory for ideas: Synonym and substitution. *Memory and Cognition*, *3*, 458-464.
Brewer, W.F. (1980). Literary theory, rhetoric, and stylistics: implications for psychology. In R.J. Spiro, B.C. Bruce & W.F. Brewer (Eds.), *Theoretical Issues in Reading Comprehension*. Hillsdale, NJ: Erlbaum
Brewer, W.F., & Hay, A.E. (1984). Reconstructive recall of linguistic style. *Journal of Verbal Learning and Verbal Behavior 23*, 237-249.
Brewer, W.F., & Lichtenstein, E.H. (1982). Stories are to entertain: a structural-affect theory of stories. *Journal of Pragmatics*, *6*, 473-486.
Bronckart, J.P., Bain, D., Schneuwly, B., Davaud, C., & Pasquier, A. (1985). *Le fonctionnement des discours: un modèle psychologique et une méthode d'analyse*. Neuchâtel: Delachaux et Niestlé.
Bronckart, J.P. (1996). *Activité langagière, textes et discours - Pour un interactionisme sociodiscursif*. Lausanne: Delachaux et Niestlé.

Charolles, M. (1980). Les formes directes et indirectes de l'argumentation. *Pratiques, 28,* 7-43.
Coirier, P. (1982). La représentation du récit: éléments d'un schéma narratif de base. *Psychologie et Pédagogie, 12,* 1-23.
Coirier, P. (1984). Un récit, on le lit pour se distraire, Poitiers *(unpublished paper).*
Coirier, P. (1992). *The textual setting of natural reasoning: explanation or argumentation operations?* Vth Conference of the European Society for Cognitive Psychology, Paris, 12-16 september.
Coirier, P. (1996). Composing argumentative texts: textual and/or cognitive factors. In R. Rijlaarsdam, H. van den Berg & M. Couzijn (Eds.), *Current Trends in Writing Research: What is writing? Theories, Models and Methodology.* Amsterdam: Amsterdam University Press
Coirier, P., Coquin-Viennot, D., Golder, C., & Passerault, J.M. (1990). Le traitement du discours argumentatif: recherches en production et en compréhension. *Archives de Psychologie, 58,* 315-348.
Coirier, P., & Golder, C. (1993). Writing argumentative text: a developmental study of the acquisition of supporting structures. *European Journal of Psychology of Education, 2,* 169-181.
Coirier, P., & Marchand, E. (1994). Writing argumentative texts: a typological and structural approach. In G. Eigler & T. Jechle (Eds.), *Writing: Current Trends in European Research* (pp. 163-181). Freiburg: Hochschul Verlag.
Coquin-Viennot, D., & Coirier, P. (1992). The discursive structures of argumentation: effects of the type of referential space. *European Journal of Psychology of Education, 3,* 219-229.
Ducrot, O. (1980). *Les échelles argumentatives.* Paris, Les Editions de Minuit.
Espéret, E. (1984). Processus de production: génèse et rôle du schéma narratif dans la conduite de récit. In M. Moscato & G. Piérault-Le Bonniec (Eds.), *L'ontogénèse des processus psycholinguistiques et leur actualisation.* Rouen : Presses Universitaires de Rouen.
Espéret, E. (1989). De l'acquisition du langage à la construction des conduites langagières. In G. Netchine-Grynberg (Eds.), *Développement et fonctionnement cognitifs chez l'enfant.* Paris: Presses Universitaires de France.
Espéret, E., Ballaire, M.F, Chauvineau, J., Gaonac'h, D., & Arnaud, P. (1981). Genèse de la conduite de récit. *Rapport technique,* Université de Poitiers.
Espéret, E., Coirier, P., Coquin, D., & Passerault, J.M. (1987). L'implication du locuteur dans son discours: discours argumentatifs formel et naturel. *Argumentation, 1,* 149-168.
Espéret, E., & Gaonac'h, D. (1982). Représentation du schéma narratif et conduite de récit: étude génétique. Paper presented at the *International Symposium on Text Processing,* Fribourg.
Espéret, E., & Passerault, J.M. (1991). *On-line study of planning processes in writing texts on a digitalizing tablet. Methodological and Theoretical Issue.* 4th EARLI Conference. Turku (Finland), Août.

Espéret, E., & Piolat, A. (1991). Production: planning and control. In G. Denhière & J.P. Rossi (Eds.), *Texts and Text Processing*. Amsterdam: North Holland.
Fayol, M. (1978). Les conservations narratives chez l'enfant. *Enfances, 31*, 247-259.
Fayol, M. (1980). A propos de la clôture des récits: Eléments pour une approche expérimentale du problème. *Psychologie Française, 25 (2)*, 139-147.
Fayol, M. (1985). *Le récit et sa construction*. Neuchâtel, Paris: Delachaux & Niestlé.
Fayol, M. (1991). Text typologies: a cognitive approach. In G. Denhière et J.P. Rossi (Eds). *Text an Text Processing*, North Holland, Amsterdam.
Fayol, M., & Monteil, J.M. (1988). The notion of script: From general to developmental and social psychology. *European Bulletin of Cognitive Psychology, 8*, 335-361.
Gaonac'h, D., & Passerault, J.M. (1988). *Le traitement des ruptures textuelles dans la gestion de l'activité de lecture*. Communication au Colloque S.F.P. "Automatisme et contrôle", Dijon, Janvier.
Golder, C. (1990). *Mise en place de la conduite de dialogue argumentatif*. Thèse de Psychologie, Université de Poitiers.
Golder, C. (1992). Justification et négociation en situation monogérée et polygérée dans les discours argumentatifs. *Enfance, 46*, 99-112.
Golder, C., & Coirier, P. (1994). Argumentative text writing: developmental trends. *Discourse Processes, 18*, 2, 187-210.
Graesser, A.C., Hoffman, N.L., & Clark, L.F. (1980). Structural components of reading time. *Journal of Verbal Learning and Verbal Behavior, 19*, 135-151.
Greimas, A.J. (1966). *Sémantique structurale*. Paris: Larousse.
Grize, J.B. (1982). *De la logique à l'argumentation*, Genève: Droz.
Grize, J.B. (1990). *Logique et langage*. Paris, Ophrys.
Grize, J.B., & Collectif (IRPEAC, CACES, CNRS) (1985). Problèmes et méthodes d'une analyse de textes articulant organisation cognitive, argumentation et représentations sociales. *Travaux du Centre de recherches Sémiologiques de Neuchâtel, n° 49*.
Halliday, M.A.K., & Hasan, R. (1976). *Cohesion in English*. London: Longman.
Jakobson, R; (1963). *Essais de linguistique générale*. Paris: Editions de Minuit.
Kintsch, W. (1980). Learning from text, levels of comprehension, or: Why anyone would read a story anyway. *Poetics, 1980, 20*, 87-98.
Kintsch, W., Mandel, T.S., & Kozminsky, E. (1977). Summarizing Scrambled stories. *Memory and Cognition, 5*, 547-552.
Labov, W. (1978). *Le parler ordinaire*. Paris: Editions de Minuit
Mac Cutchen, D. (1987). Children's discourse skill: form and modality requirements of schooled writing. *Discourse Processes, 10*, 267-286.
Mac Koon, G., & Ratcliff, R. (1992). Inference during reading. *Psychological Review, vol. 99. n°3*, 440-466.
Mandler, J.M., & Johnson, N.S. (1977). Remembrance of things parsed: story structure and recall. *Cognitive Psychology, 9*, 11-151.

Marchand, E. (1993). *Le développement des compétences textuelles et argumentatives de 11 à 17 ans*. Mémoire de recherche de DEA. Université de Poitiers, Juin.
Miller, M. (1987). Culture and collective argumentation. *Argumentation, 1,* 127-154.
Minsky, M. (1975). A framework for representing knowledge. In P. H. Winston (Ed.), *The Psychology of Computer Vision*. New York: Mac Graw Hill.
Morrow, D.G. (1986). Places as referents in discourse. *Journal of Memory and Language, 25,* 676-690.
Passerault, J.M., & Coirier P. (1989). Le marquage de l'implication discursive dans les discours argumentatifs: les effets de l'interlocuteur. *Revue de Phonétique Appliquée, 90,* 35-47.
Perelman, C. (1983). Logique formelle et argumentation. In P. Bange et al. (Eds.), *Logique, argumentation, conversation*. Berne, Peter Lang.
Perfetti, C.A. (1993). Why inferences might be restricted. *Discourse Processes, 16,* 181-192.
Petitjean, A. (1989) Les typologies textuelles. *Pratiques, 62,* 86-125.
Piolat, A. (1983). Localisation syntaxique des pauses et planification du discours. *L'Année Psychologique, 83,* 377-394.
Piolat, A. (1990). *Vers l'amélioration de la rédaction de texte*. Habilitation à diriger des recherches. Université de Provence.
Propp, V. (1928/1965). *Morphologie du conte*. Paris: Editions du Seuil.
Schank, R.C. (1975). The structure of episodes in memory. In D.G. Bobrow & A. Collins (Eds.), *Representation and understanding, studies in cognitive science*. New York: Academic Press.
Schneuwly, B. (1988). *Le langage écrit chez l'enfant*. Neuchâtel: Delachaux et Niestlé.
Searle, J.R. (1972). *Les actes de langage*. Paris: Hermann.
Stein, N.L., & Glenn, C.G. (1979). An analysis of story comprehension in elementary school children. In R.O. Freedle (Ed.). *New directions in discourse processing*. Norwood: Ablex.
Stein, N., & Miller, C.A. (1993). A theory of argumentative understanding: relationships among position preference, judgments of goodness, memory and reasoning. *Argumentation 7,* 183-204.
Stein, N., & Trabasso, T. (1982). Children's understanding of stories: a basis for moral judgment and dilemna resolution. In C. Brainerd & M. Pressley (Eds.), *Verbal processes in children: progress in cognitive development research*. New York: Springer Verlag.
Thorndyke, P.W. (1977). Cognitive structures in comprehension and memory of narrative discourse. *Cognitive Psychology, 9,* 77-110.
Toulmin, S.E. (1958). *The uses of argument*. Cambridge: Cambridge University Press.
Van Dijk, T.A., & Kintsch, W. (1983). *Strategies of discourse comprehension*. New York: Academic Press.
Werlich, E. (1975). *Typologie der Texte. Entwurf eines Textlinguistischen Modells zur Grundlegung einer Textgrammatik*. Heidelberg: Quelle und Meyer.

Utilise donc *altså!* — Altså brug dog *donc!*
Études comparatives de connecteurs et le réseau contrastif français-danois

Henning Nølke
Aarhus

Introduction

Depuis une vingtaine d'années les recherches en linguistique ont été caractérisées par un intérêt croissant pour l'étude de phénomènes qui dépassent le cadre de la phrase. La linguistique textuelle s'est développée. Pendant la même période une autre évolution s'est manifestée parallèlement, à savoir une renaissance de la linguistique comparative. En appliquant les acquis de la linguistique moderne, on s'est (re)mis à faire des études comparatives systématiques. Très récemment, on a pu assister à la confluence de ces deux courants: la linguistique textuelle comparative a vu le jour.

Cet article s'inscrit dans cette nouvelle approche. Son but immédiat est de rapporter une expérience qu'une collègue et moi avons menée avec un groupe d'étudiants de quatrième et de cinquième année universitaire. Il s'agissait de traduire et de retraduire (français-danois-français) quelques morceaux de textes contenant un grand nombre de connecteurs. Mais je voudrais surtout soumettre à la discussion un certain nombre de problèmes à l'égard desquels la linguistique comparative textuelle ne peut guère éviter de prendre position. Ainsi, je voudrais notamment discuter des problèmes théoriques, méthodologiques et pratiques liés à l'approche choisie, ainsi que de la valeur et de l'utilité des résultats de cette expérience.

Afin de mieux situer ce petit travail, je dirai d'abord deux mots sur mes sources d'inspiration, après quoi j'exposerai quelques réflexions méthodologiques et théoriques. En effet, si l'on désire se fixer un cadre de travail aussi rigoureux que possible, les études comparatives – et peut-être notamment les études comparatives des connecteurs – posent des problèmes de méthode et de théorie particuliers et tout à fait intéressants. La notion même de connecteur n'est pas évidente. C'est pourquoi je discuterai brièvement, dans la troisième section, des difficultés qu'on rencontre à préciser ce qu'on entend par connecteurs avant d'entamer leur étude. Puis dans la quatrième section, je présenterai le modèle heuristique que j'appellerai le réseau contrastif, et je discuterai de son statut et de son utilisation dans les recherches comparatives, après quoi je rapporterai l'expérience que j'ai faite avec nos étudiants. Enfin je discuterai brièvement de ce que peuvent apporter les résultats de notre petite expérience aux études du connecteur français *donc*.

1. Pourquoi et comment? Un prélude

Pour les recherches comparatives, c'est dans une très large mesure (mais pas uniquement) dans l'enseignement qu'on trouve son inspiration. En tant qu'enseignants, nous savons tous combien il est important d'être capable non seulement de faire les bonnes corrections mais aussi d'*expliquer* la nécessité des corrections que nous faisons. Pour ce faire, nous renvoyons aux manuels de grammaire et aux dictionnaires qui, se fondant sur beaucoup d'années de recherches en linguistique, posent des règles syntaxiques et – dans une certaine mesure – des règles sémantiques pour la langue étrangère. Néanmoins, nous connaissons probablement tous – comme enseignants ainsi que comme étudiants – la situation où le professeur dit: «Bien, ce que tu as fait est correct grammaticalement, mais un Français (un Italien, etc.) ne dirait jamais comme ça». Le bon enseignant donne alors un nombre de «bons conseils» basés sur son expérience et son intuition, mais la plupart du temps ces «règles» restent non systématiques, et il s'ensuit que leur valeur pédagogique reste douteuse: tout simplement par manque d'explication.
– Pourquoi est-ce ainsi?
– Qu'est-ce qui ne marche pas?
– Qu'est-ce qui nous manque?
Nous devrions évidemment étudier à fond un grand nombre de phénomènes qui gouvernent les *conditions* de l'emploi de la langue, mais il s'avère que beaucoup de ces conditions se reflètent dans la langue même, et notamment dans son déploiement dans les textes. *La linguistique textuelle comparative est donc tout indiquée pour nous aider à résoudre ces problèmes pédagogiques.*

L'emploi des connecteurs pourra servir d'illustration. En effet, les connecteurs posent toujours des problèmes dans le transfert d'une langue à une autre. Considérons un exemple inspiré de l'enseignement, où on trouve, dans la version danoise, un connecteur qui est absent dans la version française (des exemples du contraire abondent également):

(Contexte: La répulsion des Français à l'égard des bidonvilles est due au choc visuel qu'ils provoquent.)
TEXTE ORIGINAL:

Peu esthétiques, ils sont visibles du chemin de fer ou de l'autoroute et troublent la conscience.
TRADUCTION DANOISE (proposée par une étudiante, quatrième année universitaire):
De er ikke særlig æstetiske, **men** kan ses fra jernbanen og motorvejen og giver os dårlig samvittighed
Littéralement:
Ils ne sont pas très esthétiques, **mais** peuvent être vus depuis le chemin de fer et de l'autoroute et nous donnent mauvaise conscience.

Cet exemple donne lieu à deux remarques. Premièrement on peut constater une tendance générale qui consiste à ajouter des connecteurs lors de la traduction pour spécifier les relations «logiques». Pourquoi? Deux hypothèses se présentent à l'esprit. Puisqu'on maîtrise beaucoup moins bien les inférences implicites dans une langue étrangère, on peut sentir un besoin d'expliciter les relations connexionnelles[1]. Mais cette tendance pourrait aussi s'expliquer partiellement par des différences syntaxiques. Ainsi, le danois ne permet pas ici l'attribut détaché. Deuxièmement on remarquera que *mais* ne serait guère possible dans le texte français de départ. On peut tirer de cette observation une conclusion importante: il n'y a pas de correspondance simple entre le *mais* français et le *men* danois (bien que tout le monde semble le penser).

On pourrait mentionner de nombreux exemples comme celui-là puisés à l'inépuisable source d'inspiration que constitue l'enseignement.

Le problème qui se pose est alors: comment «expliquer» ces observations? On voit que les «explications» sont multiples: pragmatiques au sens large de ce terme, aussi bien que linguistiques même au sens le plus restreint, ce qui pose des problèmes méthodologiques et théoriques non négligeables.

Dans cette situation, quelle méthode choisir? Quelle théorie choisir? Je voudrais insister sur l'importance qu'a l'objectif qu'on se fixe. En effet, *tout dépend de cet objectif*. Des méthodes et approches différentes sont pertinentes selon le but des études, qui peut concerner:
• la rédaction de dictionnaires monolingues ou bilingues;
• la traduction: en théorie et en pratique;
• le perfectionnement de la production linguistique;
• la didactique des langues;
• l'amélioration des manuels de grammaire pour étrangers;
• la linguistique informatique;
etc.

Quoi qu'il en soit, on peut conclure qu'il y a toutes sortes de sources d'inspiration et de données pour la linguistique textuelle comparative. On peut mentionner:

- les fautes commises par les élèves;
- les textes authentiques avec leurs traductions;
- les dictionnaires.

Or comment exploiter ces données dans les recherches? C'est là qu'intervient le modèle heuristique que je voudrais proposer et que j'appellerai *le réseau contrastif*. Mais avant de présenter ce modèle, je voudrais discuter brièvement des deux questions fondamentales suivantes:
- qu'est-ce que la linguistique comparative?
- comment faire de la linguistique comparative?

2. L'approche comparative: méthode et théorie

Pour la discussion de l'approche comparative, je prends mon point de départ dans deux définitions proposées par J. Normann Jørgensen et présentées ici dans une forme légèrement modifiée[2]:

Def 1: The topic of *contrastive linguistics* is the production and arrangement of information of corresponding phenomena in two or more languages, plus the succeeding contrastive analysis.

Def 2: *Contrastive analysis* involves comparison of corresponding phenomena in two or more languages with the purpose of giving a precise description of differences and similarities between these languages with regard to the phenomena under consideration.

Ces deux définitions mettent déjà en évidence quelques-uns des problèmes centraux de la linguistique comparative, notamment le *problème de l'équivalence*: comment préciser la signification de «corresponding phenomena»? J'y reviendrai.

Un problème important et épineux en linguistique comparative est d'éviter les raisonnements circulaires. Pour ce faire, toute analyse comparative doit, dans la situation idéale, procéder en trois étapes successives:

Modèle en trois étapes pour l'analyse comparative

1. Analyse indépendante dans chaque langue (prise séparément), mais en ayant recours exactement au même cadre conceptuel.

2. Comparaison systématique.

3. (Si nécessaire), dérivation de règles et/ou de principes plus généraux (Traduit de Nølke 1991: 202)

En effet, au niveau des principes, il est primordial que la première analyse des phénomènes se fasse, dans chaque langue, en totale indépendance de leurs occurrences dans d'autres langues. C'est seulement ainsi que nous pouvons être sûrs de ne pas avoir fait des raisonnements circulaires. Par là, le potentiel explicatif est assuré et on peut même, comme une sorte d'effet accessoire, faire des progrès dans le travail non comparatif. Le cadre conceptuel sera emprunté à la théorisation linguistique. Ainsi, l'analyse comparative peut exploiter – et devrait exploiter – des analyses intra-linguistiques qui existent déjà; sans pour autant être liée à quelque école linguistique particulière, bien sûr. Il n'y a aucun doute que la linguistique phrastique aussi bien que la linguistique textuelle proprement dite pourra servir.

Dans la deuxième étape, la comparaison systématique, le cadre conceptuel fonctionnera comme une sorte de *tertium comparationis*[3]. Le problème crucial dans la deuxième étape est de décider quels sont les éléments à comparer dans les langues analysées. Nous voilà de retour à la question sus-mentionnée: *quels phénomènes «correspondent»*? C'est toute la problématique de l'équivalence qui réapparaît. Il me semble aller de soi que cette question ne peut être soumise à une discussion sensée qu'au moment où le cadre conceptuel a été établi. Nous reviendrons là-dessus lors des analyses concrètes (sections 4 et 5). Ceci est le modèle idéal pour l'analyse comparative. Il est *adirectionnel* (ou *non directionnel*) au sens de Fabricius-Hansen (1981). Il présuppose (c'est son utopie) que «tout» le spectre linguistique a été soumis à des analyses. Or en pratique, le problème de l'équivalence se présente même avant que nous puissions entamer les analyses de la première étape; il est déjà là au moment de la sélection du domaine empirique à étudier.

Dans certains cas il peut être possible de choisir quelques équivalents entre deux langues dès le niveau pré-théorique, ce qui nous permet d'exécuter une analyse «adirectionnelle» approximative selon le modèle idéal. Dans d'autres cas, on ne peut arriver à ce point qu'avec des difficultés considérables, et on doit recourir à une analyse intra-linguistique préliminaire d'une des deux langues afin d'utiliser ensuite les résultats de cette analyse pour la désignation des équivalents dans l'autre (ou les autres) langue(s).

Cependant, dans la plupart des cas, nous sommes obligés d'avoir recours à une *analyse directionnelle*. C'est ce qu'on voit par exemple dans l'analyse de *Mr Bean* dont discute Gunver Skytte dans son article de 1997. Ainsi, Skytte constate explicitement que (dans ma traduction):

> «Les matériaux empiriques disponibles indiquent qu'on obtiendra des résultats plus intéressants en appliquant une procédure dans laquelle les aspects monolingues seront étudiés en même temps que les aspects interlinguistiques et en relation avec eux.» (Skytte 1997:161)

En effet, pour ce qui est des questions initiales telles que:

- quel cadre conceptuel appliquer?
- quels phénomènes comparer?
- comment les comparer?

les décisions concrètes dépendent, nous l'avons vu, des buts spécifiques des analyses. Cependant, quels que soient les choix faits, il est toujours essentiel de tendre à la cohérence théorique. Ni d'un point de vue théorique, ni d'un point de vue pratique il n'est judicieux d'appliquer des théories séparées et souvent incompatibles pour les aspects particuliers que l'on désire traiter. A mon avis, pour chercher à éviter ces «dangers», on devra toujours tenter d'ancrer autant que possible ses analyses dans la forme linguistique. Rien ne laisse penser que ce principe fondamental ne soit pas aussi important en linguistique textuelle qu'en linguistique phrastique.

Tous les connecteurs ne sont pas difficiles à traiter par l'étude contrastive, heureusement. En guise d'illustration de connecteurs «faciles» on peut citer *grâce à* versus *à cause de* étudiés par Anne Ellerup Nielsen (1994). Le fonctionnement de ces connecteurs ressemble en effet beaucoup au fonctionnement de leurs homologues danois. Cela est vrai également pour quelques connecteurs «fondamentaux» comme *mais*, *et* et *ou*; mais il y a des pièges. Il suffit de rappeler l'exemple authentique de *mais* présenté dans la première section.

En revanche, il y a aussi des connecteurs qui sont très difficiles à traiter dans cette perspective. L'exemple de *enfin* en est une illustration: nous n'avons pas vraiment d'équivalent en danois – mais nous avons quelques «faux amis» (voir Nølke 1991).

3. Qu'est-ce qu'un connecteur et comment étudier les connecteurs?

Le problème fondamental pour l'étude comparative des connecteurs réside peut-être dans le fait que 'connecteur' est une notion fonctionnelle. Ou en d'autres termes, si les connecteurs forment une classe, cette classe est définie fonctionnellement. Un corollaire en est que les rapports aux classes des mots, à la syntaxe, etc., ne sont pas évidents.

Béatrice Lamiroy présente cette petite liste d'exemples (1994:185):
a. ADVERBS: *pourtant, donc*
   [however, therefore]
b. CONJUNCTIONS: *mais, de sorte que*
   [but, so that]
c. NOUN (PHRASE)S: *somme toute*
   [lit. sum total, all in all]
d. VERB (PHRASE)S: *cela dit, tout compte fait*
   [lit. this said, however; lit. all bill made, after all]

e. PREPOSITION(AL PHRASE)S: *par contre, en revanche*
   [lit. by against, however; lit. in revenge, however]
f. IDIOMATIC EXPRESSIONS: *tant qu'à faire, comme quoi*
   [lit. so much as to do, while you are at it; lit. like what, from where it shows that]

Et Corinne Rossari (1996a) discute plus spécifiquement des problèmes que pose aux études comparatives l'existence des locutions adverbiales fonctionnant comme connecteurs.

Dans ces conditions, comment définir où préciser ce qu'on entend par connecteur? Et comment délimiter notre domaine de recherche? Pour commencer, on peut dire avec Tesnière (1959) qu'un connecteur établit une relation de dépendance. Mais cela dit, on peut étudier les connecteurs à de multiples points de vue, qui, bien sûr, se chevauchent[4].

On peut étudier les *aspects grammaticaux*. Ainsi, on pourra faire des classifications selon les catégories grammaticales (conjonctions, adverbes, locutions (adverbiales), etc.) ou selon les fonctions grammaticales (types d'adverbiaux, p.ex., cf. Nølke 1990). Et on pourra examiner la morphosyntaxe des connecteurs, notamment la structure interne des multiples locutions qui fonctionnent comme connecteurs (*dans le but de* vs *dans ce but*, etc.) et sa dépendance du contexte. L'importance que joue la position syntaxique serait un autre sujet important à aborder. Ainsi, j'ai étudié ailleurs (par exemple Nølke 1994: 207ss.) l'importance que la position des adverbes de phrase peut avoir pour la cohésion textuelle. Ainsi, pour expliquer le choix de position dans les exemples suivants:

a. Peut-être que Pierre a vendu sa voiture.
b. Pierre, peut-être, a vendu sa voiture.
c. Pierre a peut-être vendu sa voiture.
d. Pierre a vendu sa voiture, peut-être.
e. Pierre a vendu peut-être sa voiture.

il faut recourir aux effets de structuration textuelle[5]. Nul doute que la position des connecteurs est susceptible d'influer sur leur fonctionnement. Autant que je sache, ce genre d'étude reste encore à faire de manière systématique. On doit cependant mentionner ici l'article de Rossari et Jayez (1996), qui met bien en évidence le rôle que joue la position de *donc* – ces auteurs distinguent notamment positions initiale et médiane – pour le fonctionnement textuel de ce connecteur.

Puis on pourrait s'intéresser aux *fonctions sémantico-structurales*. La fonction fondamentale d'un connecteur est de relier deux éléments sémantiques pour créer la structure *p CON q*. On pourra alors étudier (par exemple) la nature des arguments *p* et *q* qui peuvent relever de l'acte de parole, de l'acte illocutoire, de l'énoncé, de l'attitude propositionnelle, etc[6]. *Donc* semble être très souple de ce point de vue. En effet, ceux qui se prononcent sur son incidence[7] ne tombent pas toujours d'accord. Ainsi, certains affirment que *donc* porte sur l'énoncé, d'autres que ce connecteur porte sur l'énonciation. Autrefois il y avait même ceux qui pensaient qu'il portait sur le contenu propositionnel, au moins dans certains de ses emplois, analyse plutôt abandonnée aujourd'hui. On pourrait également partir d'un examen de la cohérence textuelle. Les connecteurs fonctionnent en effet comme des moyens cohésifs qui indiquent différentes formes de cohésion. Là, il serait intéressant d'étudier les relations connexionnelles et leur nature, et notamment le rapport entre anaphores et connecteurs. Une autre étude qui reste à faire de manière systématique serait un examen des différents emplois et de la fréquence inégale dans différents contextes et dans différents genres. Quelques travaux laissent entendre qu'il existe certaines relations systématiques à ce niveau. Ainsi Anne Ellerup Nielsen a montré que *grâce à* est le connecteur favori de la publicité d'image (Nielsen 1994: 106), et les travaux de Francesco Sabatini dévoilent nettement que certains genres (p.ex. textes juridiques) intègrent très peu de connecteurs alors que d'autres en contiennent en abondance. Cela est notamment vrai des genres du type argumentatif (Sabatini 1990).

Enfin, il pourrait être intéressant d'étudier *certaines catégories voisines*, telles que les adverbiaux de phrase (*peut-être, sérieusement,..*)[8], les particules discursives (*eh bien, et alors, tiens!*)[9] et les particules d'atténuation (cf. Weydt 1969) qui sont tellement fréquentes en allemand et encore plus en danois. On en a un exemple français dans un énoncé tel que *J'ai droit à la parole, peut-être!* (cf. Nølke 1993: 167ss.).

Devant cet éventail diversifié, on doit se demander: quelles sont les approches indiquées pour l'étude contrastive? La réponse est simple: on ne pourra pas le savoir préalablement. Voilà pourquoi l'approche modulaire s'impose. En effet, un avantage très important de l'approche modulaire est qu'elle offre la possibilité d'exploiter les théories existantes. Une approche modulaire est tout banalement une approche qui a recours à un modèle théorique contenant un certain nombre de sous-systèmes autonomes appelés modules, où chaque module est chargé du traitement d'une problématique restreinte. Les modules particuliers peuvent se composer de théories développées pour le modèle global ou bien de théories déjà existantes mais adaptées à ce modèle[10].

4. Le réseau contrastif

C'est le moment de présenter le modèle heuristique annoncé: le réseau contrastif. Je me suis servi de ce modèle à deux reprises pour collecter des données concernant le connecteur français *donc* et ses équivalents danois. Je présenterai ici le résultat de la première expérience afin de pouvoir discuter d'abord du statut du modèle et de son emploi dans les recherches comparatives. Ensuite, dans la section suivante, je présenterai et discuterai les résultats de la deuxième expérience que j'ai faite pour cette contribution.

Considérons la figure suivante:

Réseau contrastif 1

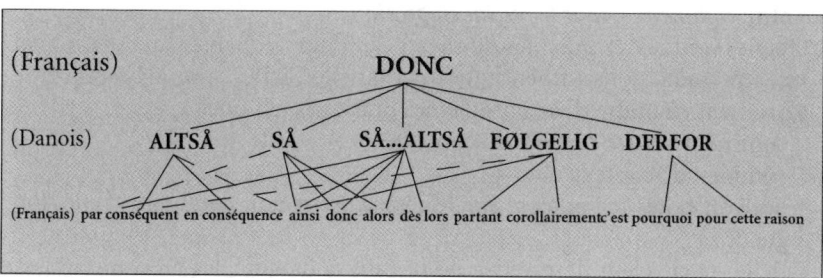

La forme du réseau est assez simple. Dans la première ligne, on met le connecteur étudié, en l'occurrence *donc*. Dans la deuxième ligne, on met les équivalents danois attestés de *donc*, et dans la troisième ligne, enfin, les équivalents français attestés de chacun des éléments de la deuxième ligne et attachés à ceux-ci par des flèches montrant les transitions. Il est évident que ce tableau donne matière à réflexion. On remarquera en particulier, que la troisième ligne renferme des connecteurs qui à première vue semblent être assez loin de *donc*: on ne voit pas facilement de synonymie, et on n'aurait peut-être pas pensé à faire intégrer ces éléments dans une analyse monolingue de *donc*.

Ce modèle soulève de nombreuses questions théoriques, méthodologiques et pratiques.

Premièrement, *quel est le statut théorique du réseau?* Question qui entraîne des questions telles que:
- quelle est la valeur scientifique d'un tel réseau?
- comment l'utiliser?
- le réseau sera-t-il à considérer comme faisant partie des données? et comment?

Ces données semblent d'ailleurs mettre un point d'interrogation à l'emploi répandu des champs sémantiques et à la notion même de *types* de connecteurs. Au moins, ils mettent en relief la complexité de leur fonctionnement.

Puis il y a des questions concernant la *formulation du réseau*:
- doit-on pondérer les flèches? Quelles sont les transitions les plus probables ou les plus «trafiquées»?
- doit-on ajouter des étiquettes aux mots noyau (type de contexte, genre, etc.)?

– comment?
  – avec combien de détails?
- Que faire avec les correspondances syntaxiques où l'équivalent est une structure syntaxique ou une locution complexe (comme par exemple *il s'ensuit que...* que je n'ai pas noté, mais qui figure dans mon corpus)?

Et enfin: *comment établir le réseau en pratique?*
- Quelles sont les sources des données? On pourrait penser aux dictionnaires, aux traductions authentiques (par qui?) ou faites pour le besoin, etc.
- Comment résoudre divers problèmes pratiques tels que:
  – comment rendre compte du contexte?
  – combien de contexte faut-il?
  – doit-on noter le contexte sur le réseau, et si oui, comment (type, longueur...)
- Quelle est la valeur descriptive du réseau: sa fiabilité, les préconditions de sa création (par exemple la dépendance des sources), etc.?
- Quel est le rendement des résultats, et comment peut-on les utiliser? (On pourrait songer à l'utilité pour la lexicographie, pour la théorie de la traduction, etc.)
- Quelles sont les limites? (Par exemple, le modèle ne fonctionne que pour l'écrit).

Que de questions! Que de problèmes! Au lieu de répondre à toutes ces questions, je me contenterai de signaler que pour moi, en tout cas, le réseau a été très utile – précisément comme *outil heuristique*. Il organise et inspire, également si on se centre – comme c'est grosso modo mon cas – sur une seule langue.

5. La deuxième expérience

Pour me pourvoir en données pour cette deuxième expérience j'ai fait faire des traductions aux étudiants. Avec une collègue[11], j'ai donné des mini-textes pour traduction à un petit groupe d'étudiants. Puis un deuxième groupe a retraduit, et ainsi de suite. Les textes étaient tous du type 'raisonnement politique' et étaient notamment caractérisés par le fait qu'ils contenaient beaucoup de connecteurs. Nos informateurs (traducteurs) venaient de l'École des Hautes Études Commerciales d'Aarhus, institution spécialisée dans la formation de traducteurs. Ils étaient tous de quatrième ou de cinquième année universitaire. Nous avons établi 5 groupes – A, B, C, D et E – et dans une première étape, chaque membre de chaque groupe a traduit en danois un petit texte français renfermant une ou plusieurs occurrences de *donc*. Nous n'avons pas révélé aux étudiants l'objectif précis de l'expérience, mais nous les avons priés de faire particulièrement attention aux connecteurs (il y en avait beaucoup d'autres aussi). Dans une deuxième étape les traductions faites par le groupe A ont été données au groupe B, les traductions du groupe B au groupe C, et ainsi de suite – pour traduction du danois en français. Cette procédure a été répétée jusqu'à ce que tous les groupes aient travaillé avec tous les textes, ce qui a donné trois versions françaises (y compris l'originale) et deux versions danoises de chaque texte[12]. Pour chaque occurrence de *donc* dans le texte original, j'ai ainsi pu tracer quelques chaînes, ce qui m'a permis de créer pour chaque occurrence un mini-réseau contrastif. En combinant ces mini-réseaux j'ai pu établir *Le réseau contrastif (2)* que voici:

Réseau contrastif 2

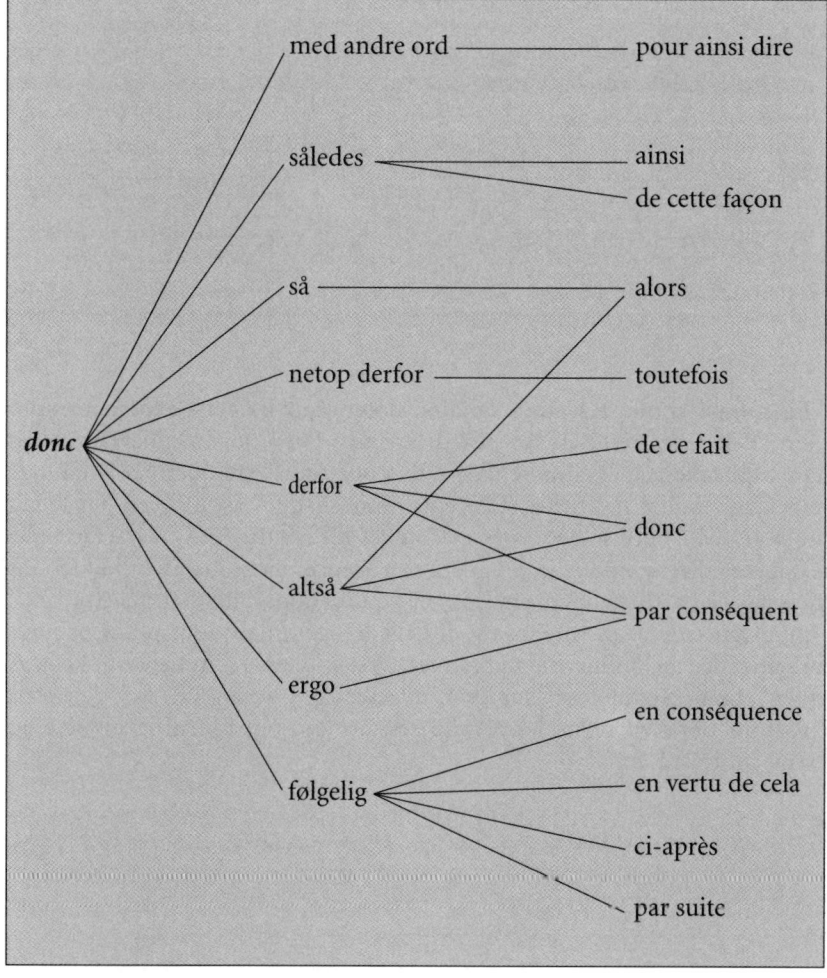

Il ne ressort pas du réseau que j'ai fait faire deux parcours consécutifs. Cela s'explique par le fait que le réseau n'est censé montrer que les équivalents de *donc*. L'étape menant de la deuxième à la troisième version française (en passant par la deuxième version danoise) n'a été prise en compte que dans les cas où la deuxième version contenait le connecteur *donc*. Ainsi dans la chaîne suivante, seule la première étape a été retenue:

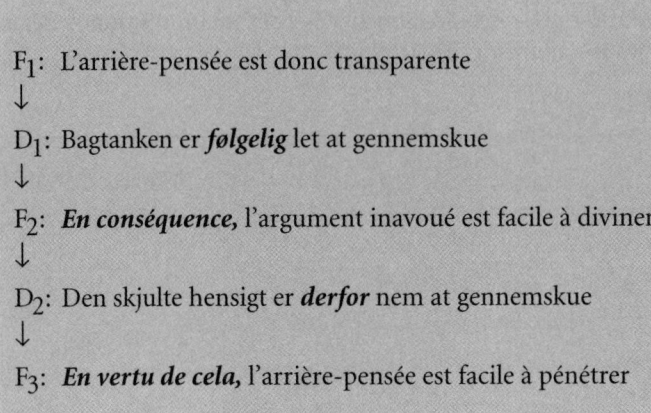

F_1: L'arrière-pensée est donc transparente
↓
D_1: Bagtanken er *følgelig* let at gennemskue
↓
F_2: *En conséquence,* l'argument inavoué est facile à diviner
↓
D_2: Den skjulte hensigt er *derfor* nem at gennemskue
↓
F_3: *En vertu de cela,* l'arrière-pensée est facile à pénétrer

En comparant les réseaux 1 et 2, on notera que les deux expériences ont donné lieu à des résultats un peu divergents. On peut imaginer au moins deux explications à ces différences. Elles pourront s'expliquer par le fait que nous avons utilisé des textes différents pour chaque cas, ou bien par le fait que nous avons utilisé des types de sources différents. Ainsi je m'étais servi de sources diverses pour la première expérience: dictionnaires, traductions faites par des traducteurs professionnels, traductions faites par des étudiants. L'importance de ce paramètre est difficile à juger, mais nous pouvons nous faire une idée de l'influence du premier, c'est-à-dire de l'influence des cotextes, en jetant un coup d'œil sur les mini-réseaux.

Passons donc en revue les 6 mini-réseaux qui ont fourni la matière au réseau contrastif 2:

Mini-réseau 1

...s'il y a problème, s'il y a des divergences d'interprétation de ces accords sur un certain nombre de points, eh bien que cela soit traité sérieusement, dans une rencontre entre les responsables des deux partis, le parti communiste avait proposé cette rencontre, le parti socialiste est d'accord pour cette rencontre, elle aura *donc* lieu certainement dans les proches semaines.

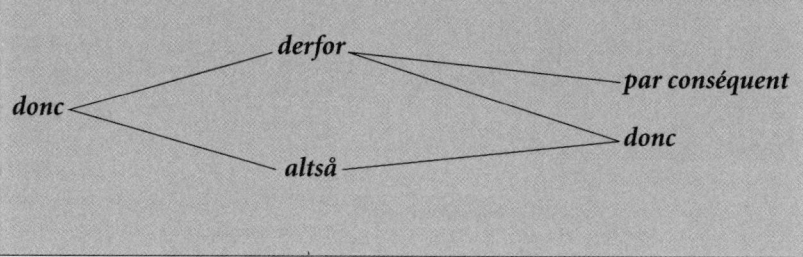

Ce mini-réseau est simple et ne présente pas de surprise. Les deux traductions danoises figurent dans tous les dictionnaires, et l'équivalent français qui apparaît dans la deuxième version française est normalement considéré comme presque synomyme de *donc*.

Mini-réseau 2

...l'assemblée nationale et le sénat ont voté l'abolition de la peine de mort, nous aurions pu penser qu'une peine de substitution incompressible aurait été proposée à la représentation nationale par le gouvernement, ceci n'a pas eu lieu, je crois *donc* qu'il est indispensable d'abord de voir le problème de la peine incompressible.

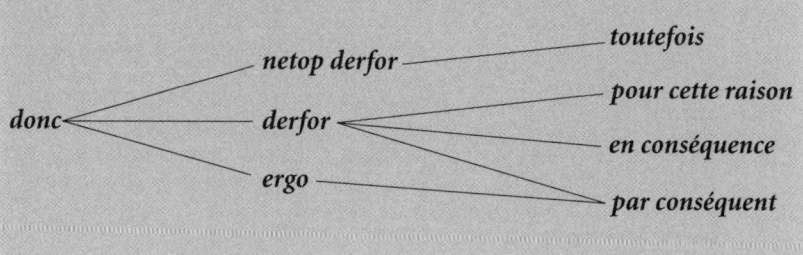

Ce réseau est plus intéressant. Comment se fait-il que *toutefois* puisse apparaître? Il est évident qu'un glissement de sens a eu lieu lors des deux transferts opérés. A cause du contexte un des traducteurs a choisi de restreindre la relation causale à l'aide de l'adverbe *netop* qui (ici) signifie *précisément*. Dans la retraduction, le traducteur a retenu cette restriction et a laissé sous-entendue la valeur causale, ce qui l'a amené à utiliser *toutefois*.

Mini-réseau 3

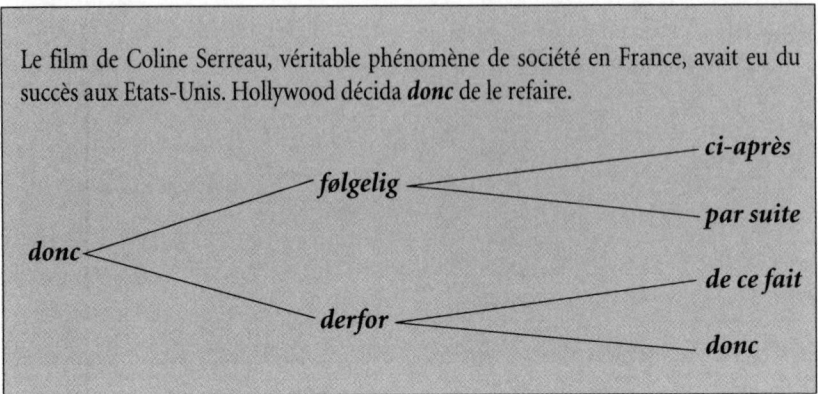

Dans le mini-réseau 3 nous assistons à un autre type de glissement de sens, à savoir d'une valeur causale vers une valeur temporelle. En effet, l'adverbe danois *følgelig* renferme une nuance de 'suite' (le verbe *følge* qui forme la racine de l'adverbe signifie 'suivre') et oscille entre une valeur consécutive et une valeur de suite temporelle. Le contexte dans (3) actualise cette ambiguïté, et le deuxième traducteur a opté pour la variante temporelle.

Utilise donc altså! — Altså brug dog donc!

Mini-réseau 4

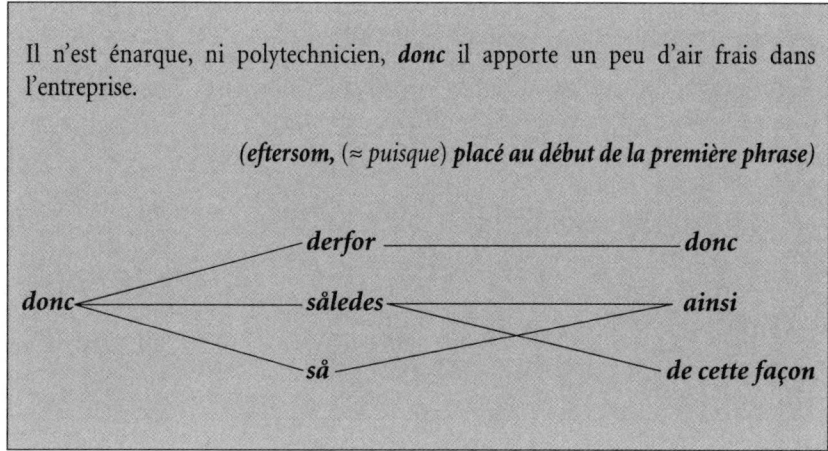

Ici, nous notons l'intrusion d'une nuance de manière qui est due à la valeur de l'adverbe *således* qui oscille entre une valeur causale et une valeur de manière. C'est à peu près la même ambiguïté qu'on trouve dans *ainsi*.

Mini-réseau 5

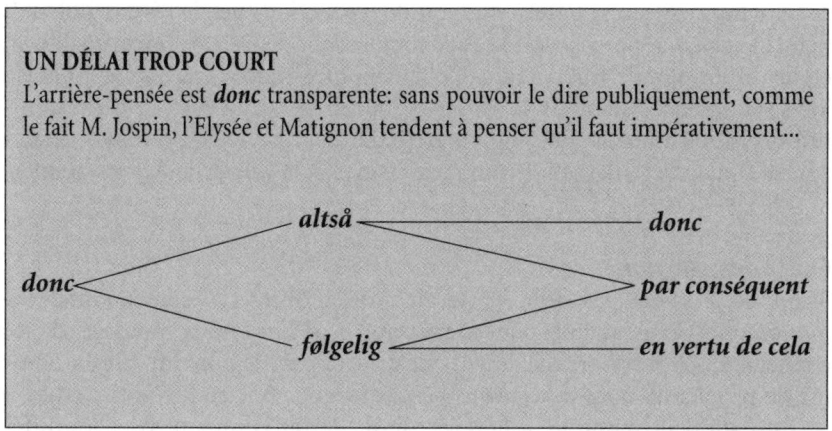

L'adverbe *altså* est probablement le connecteur danois qui est le plus près de *donc*. Aussi trouve-t-on souvent le chemin '*donc-altså-donc*'. Or le mini-réseau 5 dévoile aussi une petite surprise: *en vertu de cela*. Je pense que cette traduction s'explique par un désir de créativité et doit être considérée comme une faute. L'exemple montre cependant combien il est difficile de tracer la ligne de démarcation entre traductions fautives et traductions acceptables.

Mini-réseau 6

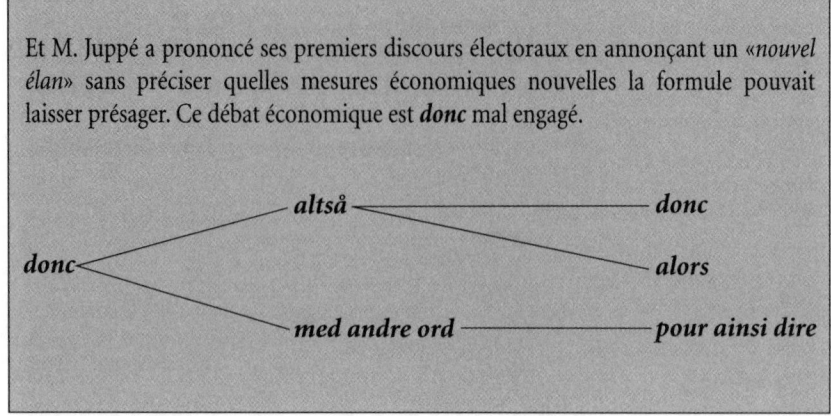

Et M. Juppé a prononcé ses premiers discours électoraux en annonçant un *«nouvel élan»* sans préciser quelles mesures économiques nouvelles la formule pouvait laisser présager. Ce débat économique est *donc* mal engagé.

Dans cet exemple *donc* a reçu une lecture énonciative et a été traduit par *med andre ord*, littéralement *avec d'autres mots*. Encore une fois, c'est le contexte qui rend possible cette interprétation.

En comparant les six mini-réseaux avec le réseau 2 qui représente leur combinaison, on remarquera que chaque mini-réseau ne comporte que quelques-uns des éléments du réseau global. Il faut souligner à ce propos que chaque mini-réseau se base sur autant de traductions que le réseau global. Il s'ensuit qu'il y a, pour chaque cas particulier, un consensus remarquable au cœur du groupe de traducteurs. Ce fait montre clairement que le contexte joue un rôle décisif pour le choix d'équivalents, et l'ensemble de mini-réseaux nous fournit ainsi des matériaux très précieux pour des études approfondies de l'interaction entre le contexte et la valeur des connecteurs.

6. Etudes sur *donc*

Si on ne le savait pas déjà, le réseau nous montre clairement l'intérêt – monolinguistique autant que comparatif – d'une étude poussée de ce connecteur. Or il ressort également que cette approche pose un certain nombre de problèmes dont nous avons passé quelques-uns en revue ci-dessus. Il faut notamment répondre à la question de savoir comment trier les différents emplois. Peut-on accepter l'existence d'un seul *donc* polysémique ou est-il préférable de prévoir l'existence de plusieurs *donc*? Nous retombons là sur toute la problématique désormais classique d'analyses polysémiques versus analyses homonymiques.

Cependant, selon les principes méthodologiques discutés dans la seconde section, il faut commencer par un examen indépendant de chaque langue. Cela veut dire que le réseau ne pourra pas entrer explicitement dans la première étape de l'étude. Mais il pourra dès cette première étape, nous suggérer beaucoup d'idées, par exemple relatives aux rapports à établir entre position en surface, contexte et valeur sémantique. S'il n'offre pas d'explication, en revanche il donne beaucoup d'inspiration. Puis, dans une étape ultérieure, le réseau pourra fonctionner comme une sorte de moyen de contrôle des analyses effectuées dans la première étape.

Si j'ai pris *donc* comme exemple pour cette expérience, cela n'est pas dû au hasard. En effet, depuis plus de quinze ans, ce connecteur a fait l'objet de nombreuses études, y compris, récemment, d'études comparatives. Il s'ensuit qu'on peut comparer nos données fournies par le réseau contrastif avec les résultats de ces recherches. Il ne sera pas question d'entreprendre ce travail ici – voire de faire un compte rendu de ces recherches en vue de les commenter ou de les juger[13]. Je me contenterai de signaler le fait qu'elles ont toutes comparé *donc* à d'autres connecteurs supposés voisins. Il est aussi caractéristique de ces recherches que la discussion continue quant aux propriétés à attribuer à ce connecteur.

Il me semble que le réseau contrastif pourra fournir de nouvelles données intéressantes qui pourraient alimenter ce débat. En effet, il est susceptible de donner des indications quant aux connecteurs voisins: quels connecteurs doit-on prendre en compte? Quels sont les contextes qui provoquent l'alternance? Etc.

Enfin, tout porte à penser que des analyses, qui systématiquement tiennent compte des données du type fourni par le réseau contrastif, pourront s'avérer très utiles pour l'enseignement de cette partie difficile – et souvent peu traitée – de la grammaire (textuelle). Par là, ce genre d'analyses pourront aider à améliorer la production textuelle – même pour les "native speakers".

Conclusion(s)

La linguistique textuelle comparative est caractérisée par sa diversité et sa richesse; et par les possibilités qu'elle engendre. Le défi est énorme – on peut presque parler d'une science encore à l'état d'embryon. Elle cherche ses méthodes et elle est toujours à la recherche de son épistémologie. Mais si l'enjeu est ambitieux, le rendement est prometteur. En effet, ses résultats sont susceptibles de s'avérer utiles dans un certain nombre de domaines très diversifiés.

Les recherches comparatives en linguistique textuelle sont forcément orientées vers les recherches appliquées. Le type d'études discuté dans le présent article est néanmoins à considérer comme faisant partie des recherches de base; mais recherches de base qui envisagent des applications possibles. On devrait en effet pouvoir exploiter les résultats dans plusieurs domaines pratiques:

- pour rédiger les dictionnaires monolingues ou bilingues;
- pour la traduction: en théorie et en pratique;
- pour perfectionner la production linguistique;
- pour la didactique des langues;
- pour améliorer les manuels de grammaire (pour étrangers ainsi que pour francophones);
- en linguistique informatique;

etc.

Or pour que la recherche puisse servir ces objectifs il y a quelques impératifs méthodologiques à observer. En effet, quelle que soit la méthode que nous désirons appliquer, nous ne devrons jamais oublier de nous conformer aux trois principes les plus fondamentaux, à savoir les principes de:
- la base *empirique solide:* les analyses doivent toujours être ancrées dans la forme linguistique;
- *la rigueur:* on doit appliquer un cadre théorique cohérent et éviter le recours aux théories séparées et souvent incompatibles pour l'étude d'aspects particuliers;
- *la consistance:* on doit toujours s'efforcer d'observer autant que possible le modèle en trois étapes présenté dans la section 2.

(traduit de Nølke 1991: 227)

Ce sont là les principes essentiels pour le développement d'une approche sérieuse, valable et utile en linguistique comparative textuelle.

Notes

1. Cette observation cadre bien avec quelques résultats obtenus dans une approche cognitive. Tout porte à penser que les textes qui renvoient à un univers préconstruit (p.ex. les textes descriptifs) contiennent nettement moins de connecteurs que les textes qui construisent leur univers (p.ex. les textes argumentatifs). Voir Coirier (ce volume). Or toutes choses égales d'ailleurs, l'étranger connaît moins bien que le natif l'univers invoqué.
2. Voir aussi Nølke (1991) où cette problématique fait l'objet d'une discussion plus approfondie.
3. Ainsi le tertium comparationis n'est-il pas quelque langage formel (à strictement parler), et cette approche n'implique aucune préférence pour des aspects particuliers de la description linguistique. Le *sens* (ou la *signification*), par exemple, n'acquiert aucun statut privilégié, ainsi que c'est souvent le cas dans les études comparatives.
4. En pratique, le plus souvent on se concentre sur un seul aspect, ce qui est évidemment tout à fait légitime, si toutefois on n'oublie pas de préciser le but des recherches. C'est peut-être cet aspect qui parfois fait défaut.

Utilise donc altså! — Altså brug dog donc!

5. Ainsi, la position dans b. sera choisie dans un contexte où le thème (*Pierre*) sera contrasté avec le thème de la phrase suivante: *Pierre, peut-être, a vendu sa voiture, mais je suis certain que Marie n'a pas vendu la sienne.*
6. Voir p.ex. Rossari & Jayez (1996) ou Rossari (ce volume).
7. Ou plus précisément sur la *perspective de sa portée*, cf. Nølke (1994: 101ss.).
8. Les adverbes de phrase ont en effet souvent une fonction connective, ce qui a amené certains auteurs à les traiter comme des connecteurs. On peut cependant montrer que cette fonction est toujours secondaire dans leur cas. C'est pourquoi j'ai proposé ailleurs de distinguer *connecteurs synthétiques* et *connecteurs analytiques* (Nølke 1993: ch.II).
9. Certains mots et locutions ont outre la fonction de connecteur une fonction de particule discursive. Maj-Britt Mosegaard Hansen, qui étudie la langue parlée, allègue même que c'est là la fonction fondamentale de *donc* (et de *alors*), les fonctions connectives de ces mots étant dérivées (Hansen 1997).
10. Il y a un danger inhérent à toute approche modulaire: on risque de tomber dans le marécage de l'éclectisme où tout est permis. Pour éviter les solutions *ad hoc* et la surcapacité théorique qui est une menace constante, il faudra observer un certain nombre de principes et de contraintes méthodologiques. Pour une discussion approfondie des vertus et des problèmes de l'approche modulaire, voir Nølke (1994).
11. Je remercie cordialement ma collègue Ulla Bidstrup, qui m'a beaucoup aidé à mener à bien cette expérience. Merci également à nos étudiants qui ont accepté de traduire et de retraduire les textes que nous leur avons présentés.
12. Selon le design, on aurait dû avoir une troisième version danoise, mais les groupes n'ont pas bien fonctionné dans cette dernière étape, dont j'ai fait abstraction dans mon traitement des résultats.
13. Voir notamment les travaux de Rossari mais aussi ceux de Ferrari & Rossari, de Rossari & Jayez, de Moeschler, et de Zenone.

Bibliographie

Coirier, Pierre (ce volume): Les types de texte: une approche de psychologie cognitive.

Fabricius-Hansen, Cathrine (1981): "Om såkaldt direktional og adirektional kontrastering", in: *Kontrastiv Lingvistik i Norden*, Copenhague: Nordiske Forskerkurser. (28-33).

Ferrari, Angela & Corinne Rossari (1994): «De *donc* à *dunque* et *quindi*: les connexions par raisonnement inférentiel», *Cahiers de Linguistique Française* 15, Genève. (7-49).

Hansen, Maj-Britt Mosegaard (1997): «*Alors* et *donc* in spoken French: A reanalysis», *Journal of Pragmatics* 28. (153-187).

Jørgensen, J. Normann (1982): *Contrastive Linguistics*. Anglica et Americana 15. Université de Copenhague.

Lamiroy, Béatrice (1994): «Pragmatic connectives and L2 acquisition: The case of French and Dutch», *Pragmatics* Vol.4, No.2, IPrA. (183-201).

Moeschler, Jacques (1989): *La modélisation du dialogue*. Paris: Hermès.

Nielsen, Anne Ellerup (1994): «L'argumentation articulée par *grâce à*», *Actes du XII*ᵉ *Congrès des Romanistes Scandinaves*. (395-406).
Nølke, Henning (1990): «Les adverbes contextuels: problèmes de classification.» *Langue Française 88*. (12-27).
Nølke, Henning (1991): «Contrastive Pragmatic Linguistics.» In: K.M. Lauridsen & O. Lauridsen (éds.): *Contrastive linguistics*. Aarhus: The Aarhus School of Business. (199-236).
Nølke, Henning (1993): *Le regard du locuteur. Pour une linguistique des traces énonciatives*. Paris: Kimé.
Nølke, Henning (1994): *Linguistique modulaire: de la forme au sens*. Louvain/Paris: Peeters.
Nølke, Henning (1995): «Contrastive and argumentative linguistic analysis of the French connectors *donc* and *car*.» *Leuvense bijdragen 84.3*. (313-328).
Rossari, Corinne (1994): *Les opérations de reformulation. Analyse du processus et des marques dans une perspective contrastive français-italien*. Berne: Peter Lang.
Rossari, Corinne (1996a): «Considérations sur la méthodologie contrastive français-italien. A propos de locutions adverbiales fonctionnant comme connecteurs.» In: Maj-Britt Mosegaard Hansen & Gunver Skytte (éds.): *Le discours: Cohérence et Connexion*. Études Romanes 35. (55-68).
Rossari, Corinne (1996b): «Les marques de la consécution: propriétés communes et distinctives à la lumière de *donc, de ce fait*, et *et il en résulte que*.» In: Claude Muller (éd): *Dépendance et intégration syntaxique. Subordination, coordination, connexion*. Tübingen: Max Niemeyer Verlag. (271-283).
Rossari, Corinne & Jacques Jayez (1996): «*Donc* et les consécutifs. Des systèmes de contraintes différentiels.» *Lingvisticæ Investigationes XX:1*. (117-143).
Rossari, Corinne (ce volume): La portée sémantique des connecteurs pragmatiques de contraste. Le cas de *au contraire* et de *par contre*.
Sabatini, Francesco (1990): *La comunicazione e gli usi della lingua*. Torino: Loescher.
Skytte, Gunver (1997): «Konnexion og diskursmarkering i komparativt perspektiv. Teoretiske og metodiske overvejelser.» *Ny forskning i grammatik* 4. (159-170).
Tesnière, Lucien (1959): *Eléments de syntaxe structurale*. Klincksieck: Paris.
Weydt, Harald (1969): *Abtönungspartikel*. Berlin: Verlag Gehlen.
Zenone, Anna (1982): «La consécution sans contradiction: *donc, par conséquent, alors, ainsi, aussi*», *Cahiers de Linguistique Française* 4+5. (107-141 + 189-214).

Alternative

Emilio Manzotti
Ginevra

> Se tu hai lo intendimento,
> rispondi immantinente;
> *altrimenti* sia la tua mano
> messa sopra la tua bocca
> [*Tesoro*, volgar.]

0. Introduzione

Presento qui alcuni fatti e alcune ipotesi sull'impiego in italiano contemporaneo della locuzione disgiuntiva *o altrimenti*, e subordinatamente delle locuzioni analoghe *o invece, o se no; o anche, o forse, o magari; o almeno, o anche solo*; e simili. Si tratta, naturalmente, di locuzioni composte dalla congiunzione disgiuntiva *o* e da un avverbio o avverbiale — *altrimenti, invece, se no, anche*, ecc. L'elemento avverbiale ha l'effetto generico di separare i due 'poli' o 'termini' *p* e *q* dell'alternativa[1], cui attribuisce in vario modo un peso diverso, presentando il secondo su di un altro piano rispetto al primo, come 'più remoto', ad esempio, come succede con *altrimenti, invece* e *se no*, perché subordinato al non sussistere del primo[2]. In generale, la presenza dell'avverbio restringe l'impiego di queste locuzioni in molte delle configurazioni semantiche di *p* e *q* che sono possibili per la semplice congiunzione disgiuntiva (non posso ad esempio usare *o invece* al posto di *o* in una alternativa di minaccia come *Smettila o me ne vado*); così come restringe la sostituzione alla *o* di un'altra variante, semplice o correlativa, della disgiunzione: *oppure, o...o, sia,..sia*, ecc. Sono condizioni poco note e complicate, su cui vale la pena di soffermarci a riflettere — anche perché consentono tra l'altro di far luce sulla semantica lessicale dei singoli avverbi. Ma l'ipotesi specifica che vorrei esplorare, una ipotesi che permette di schizzare un quadro semantico differenziale, è quella della 'scalarità' delle locuzioni disgiuntive elencate sopra, e in generale di tutte le congiunzioni disgiuntive: ovvia scalarità intrinseca di certe locuzioni che pongono su piani diversi i due termini dell'alternativa (cfr. *o anche solo*); meno ovvia scalarità reciproca in termini di 'forza disgiuntiva' od 'oppositiva', alcune o tutte le congiunzioni disgiuntive disponendosi in punti diversi di una scala di forza.

1. Il significato della congiunzione «o»
1.1. Significato/Significati di «o»

Converrà iniziare dall'inizio, ricordando che cosa normalmente si assume a proposito della semantica di *o*.

1.1.1. *Il punto di vista logico.* Da un punto di vista logico elementare, la vulgata dei manuali è che:

(*i*) ha senso, da una parte, definire due tipi di disgiunzione (anche se la cosa, logicamente, non è molto produttiva, tanto che poi nella pratica, dei due tipi, ne viene usato solamente uno), due tipi distinti da due diverse tavole di verità: la DISGIUNZIONE INCLUSIVA (che è vera quando almeno una delle due proposizioni è vera, e che quindi è vera in particolare quando le due proposizioni sono entrambe vere), e la DISGIUNZIONE ESCLUSIVA, che è vera se e solo se una, ma non l'altra, delle proposizioni è vera;

(*ii*) da un'altra parte:

  (*a*) nelle lingue naturali esistono espressioni per esprimere la disgiunzione;

  (*b*) certe di tali espressioni sono ambigue tra un valore inclusivo e un valore esclusivo;

  e ancora:

  (*c*) certe espressioni disgiuntive delle lingue naturali esprimono (tendenzialmente) un valore inclusivo, certe altre tendenzialmente un valore esclusivo.

Vediamo un paio di esempi dei diversi punti di (*ii*), tenendo presente, nel giudizio che potremo dare di essi, che non si tratta di accurate analisi empiriche, ma di intuizioni funzionali ad altra cosa. Per quel che riguarda (*a*) e (*b*), il recente manuale di Mondadori e D'Agostino (1997: 31) afferma che il «modo più comune per formare in italiano la *disgiunzione* di due proposizioni [...] consiste nell'inserire tra esse la parola *oppure*»[3] e che inoltre «A volte, affermando *P oppure Q* intendiamo affermare *non solo* che almeno una tra *P* e *Q* è vera *ma anche* che non lo sono entrambe». Dunque *oppure*, o perlomeno il costrutto *P oppure Q* risulterebbe secondo D'Agostino e Mondadori ambiguo tra i due valori inclusivo ed esclusivo. Una opinione analoga (che di nuovo, quindi, esemplifica (*ii-b*)) è quella sostenuta per il fr. *ou*, e naturalmente estendibile all'it. *o*, in un manualetto logico-filosofico di anni fa (Gex 1956: 63-65): «Il est facile de se rendre compte [...] que le mot *ou* est ambigu et peut avoir deux significations différentes, d'où résultent deux types de disjonctions». Il terzo e più interessante parere sulla disgiunzione ci viene dal manuale di quella gamma di logici e linguisti che si nasconde, appunto, sotto lo pseudonimo collettivo di Gamut. Dopo aver introdotto la tavola di verità per «∨», essi (Gamut 1991: 32-33) affermano che «<u>in natural language *or* generally means *and /or*</u>», cioè <u>è tendenzialmente inclusivo</u>, constatano che la costruzione correlativa *either...or* ha valore esclusivo, così come — il che è meno ovvio — la congiunzione subordinante *unless* (abbiamo dunque un doppio esempio di (*ii-c*)), e aggiungono (un esempio di (*ii-b*)) che *or* può essere usato anche esclusivamente, per quanto non sia facile trovare esempi 'puri' di questo uso — in tal caso *or*, sostituibile come si è già visto con *either...or*, viene usualmente realizzato con «extra emphasis». Il *caveat* sulla difficoltà a reperire 'veri' esempi di impiego esclusivo di *or* allude al fatto che vengono spesso dati come esempi di impiego esclusivo degli enunciati in cui le proposizioni disgiunte si escludono a vicenda[4], cioè sono contraddittorie, come accade quando una è la negazione dell'altra: *It is raining or it isn't raining*. In quel caso, continuano gli autori,

> there would be no difference in the truth value wether the *or* were inclusive or not, since it cannot both rain and not rain. What we need is an example of the form *A or B* in which there is a real possibility that both *A* and *B* hold: this eventuality is excluded by the exclusive disjunction [Gamut (1991: 33)].

Un enunciato del genere sarebbe qualcosa del tipo di *Andiamo al mare il pomeriggio o andiamo al cinema la sera*, che significativamente viene presentato nella sua versione con *either...or* (forse per la non-perspicuità grafica della versione con enfasi): *Either we are going to see a film tonight, or we are going to the beach this afternoon*, e successivamente (e ciò spiega l'ordine adottato per le proposizioni) in quella con *unless* ("a meno che", "tranne che/se"): *We are going to see a film tonight, unless we are going to the beach this afternoon*.

1.1.2. Il punto di vista linguistico. Si è dunque esposto il punto di vista logico. Scelto ora il punto di vista complementare, quello linguistico, esaminiamo che cosa generalmente viene ammesso, sulla semantica della disgiunzione, e in particolare di *o*, da alcuni strumenti rappresentativi, grammatiche di riferimento e lessici. Prezioso risulterà in particolare lo sforzo definitorio di certa lessicografia, classica o recente. Cercheremo quindi di orientarci entro i diversi approcci alla coordinazione che sono riconoscibili negli studi degli ultimi venti-trenta anni, adottando per il séguito (anche se schematicamente, senza argomentarla *comme il faut*) una posizione che permetta di capire meglio il funzionamento delle locuzioni composte di cui ci occupiamo.

1.1.2.1. Le grammatiche. È sorprendente che, mentre non si trovano facilmente nelle grammatiche istanze di *o* inclusivo, è per contro molto diffusa la concezione — simmetrica di quella 'inclusivista' dei logici — di un *o* tendenzialmente esclusivo con possibilità marginali di interpretazione inclusiva. La versione correlativa (*o...o, either...or, entweder...oder*) sarebbe dal canto suo rigorosamente esclusiva. E' la concezione, si badi, dell'autorevole *Comprehensive Grammar of the English Language*:
> Typically, *or* is EXCLUSIVE [...] even when both alternatives are clearly possible, as in *You can boil yourself an egg* or *(else) you can make some sandwiches* [...]. The meaning of *or* in such cases can be strengthened by the conjunct *else* or *alternatively*. / There can also occur, however, an INCLUSIVE interpretation of *or* [...]. The inclusive meaning is clearly signalled where a third clause is added to make it explicit, as in [...]*You can boil an egg, (or) you can make some sandwiches, or you can do both* [Quirk *et al.* 1985: 932-33].
> *Either...or* emphasizes the EXCLUSIVE meaning of *or* [Quirk *et al.* 1985: 936].

Ed è anche la concezione adottata nel I volume della *Grande grammatica di consultazione* dall'estensore del capitolo sulle strutture coordinate (cfr. Scorretti 1988: 259-60) e quindi dal curatore e dai 'revisori':
> Nel linguaggio d'ogni giorno le disgiunzioni sono normalmente intese come esclusive, pur conservando spesso un certo margine di ambiguità,

come nel caso di *Se vai da Giovanni o da Andrea, dovresti farti dare tutto il materiale che sono in grado di darti*, un esempio che è appunto glossato, per esplicitarne il «margine di ambiguità» con «... da Giovanni, da Andrea o da entrambi...». «Alcuni tipi di frasi» — si aggiunge — «come gli annunci ufficiali o i testi giuridici, ammettono l'interpretazione inclusiva come normale» (cfr. *Se possedete una radio o una televisione potete vincere ricchi premi, Chiunque diffonda notizie false o tendenziose, o comunque atte a turbare l'ordine pubblico...*). Infine, «O iniziale [cioè il costrutto correlativo *o...o*] esclude ogni possibilità di interpretazione inclusiva» (cfr. *O la borsa o la vita, O si vince o si perde*).

Per quanto non sia del tutto chiaro se alla disgiunzione venga davvero attribuito un solo valore o piuttosto due valori tra loro sbilanciati (uno più centrale dell'altro); né come, nel primo caso, il secondario valore inclusivo venga derivato da quello primario; né ancora in che senso vada intesa la 'esclusività' — malgrado tutto ciò, concezioni come quelle esemplificate ci sembrano tendenzialmente moniste e significativamente antilogiche. Esse tendono cioè ad attribuire ai connettivi delle lingue naturali un valore unitario che non molto ha a che vedere con quello dei loro corrispettivi logici. Di questo tipo è tutto sommato anche la posizione di chi, come Engel (1988), o come Buscha (1989), distingue sì due accezioni della disgiunzione, ma collocandole all'interno di un valore unico superordinato. Riporto qui il paragrafo pertinente di Engel (1988: 744):

Alternative 61

> Der Konjunktor *oder* signalisiert (inklusiven oder exklusiven) Gegensatz:
> *Dieser Platz ist für Behinderte oder Rentner vorgesehen.*
> (Auch jemand, der zugleich Behinderter und Rentner ist, darf diesen Platz benutzen)
> *Sie wollten dir das Haus aus- oder umbauen*
> (Es können auch Baumaßnahmen gemeint sein, die sowohl als Umbau wie als Ausbau zu verstehen sind)
> *Der Wagen kann mit Dieselmotor oder mit Benzinmotor geliefert werden*
> (Es gibt keine Autos, die zugleich durch Benzin- und durch Dieselmotor angetrieben werden; mindestens darf unterstellt werden, daß an solche Fahrzeuge nicht gedacht ist)
> *Er ist schwer krank, oder er simuliert meisterhaft*
> (Nur einer der beiden Sachverhalte kann zutreffen).

1.1.2.2. *I dizionari*. Apparentemente più vicina alle concezioni 'logiche' in termini di ambiguità tra i valori esclusivo e inclusivo è la pratica dei lessicografi, inclini per mestiere, com'è giusto, a moltiplicare le accezioni, a distinguere più che a unificare. Fermiamoci su quattro esempi relativi a *o* e ad *oppure* in quattro diversi vocabolari, più o meno recenti: sono le voci relative ad *o* e ad *oppure* nel *VLI* (il *Vocabolario della lingua italiana* curato per l'Istituto della Enciclopedia Italiana da Aldo Duro), nel *DISC*, nel Palazzi-Folena[5] e nel Devoto-Oli:

> [VLI, *sv o*] Pur essendo comunem. designata come congiunzione "disgiuntiva", ha tre usi notevolmente diversi, potendo disgiungere termini che si escludono a vicenda, <u>con valore cioè esclusivo</u> (corrispondente al lat. *aut*), come nella frase *scherzi o fai sul serio?*; oppure proporre un'alternativa tra due o più termini (corrispondentemente al lat. *vel*), talora <u>con valore inclusivo</u>, come nella frase *di solito, la sera leggo o guardo la televisione* (dove non è escluso il caso in cui si faccia l'una o l'altra cosa); o, infine, introdurre un secondo termine che è spiegazione o precisazione del primo, <u>con valore quindi esplicativo</u> (con valore di "ossia", "e cioè", "o per meglio dire" e sim.), come nella frase *l'elettricità animale o bioelettricità*.
> [Palazzi-Folena, *sv o*] 1. Collega due o più espressioni della stessa categoria grammaticale, che perlopiù si escludono l'un l'altra, <u>per esprimere incompatibilità o alternativa</u>: *brutto o bello fa lo stesso, la vuole al sangue o ben cotta?*; anche ripetuto davanti al primo termine: *o lui o nessuno* || <u>con valore inclusivo</u>: *se vuoi trovarmi devi venire di lunedì o di martedì*. 2. <u>nel significato di "se no", "altrimenti", connette una frase imperativa e una dichiarativa</u>: *la smetta o chiamo un vigile!* 3. <u>per indicare equivalenza, intersostituibilità di due o più espressioni</u>; ovvero, ossia: *musica o arte dei suoni*.
> [Devoto-Oli, *sv o*] Congiunzione disgiuntiva [...], impiegata in forma semplice (*prendere o lasciare*) o correlativa (*o bere o affogare*), che <u>rafforza l'opposizione fra i termini della scelta</u> — L'opposizione può lasciare posto all'<u>indifferenza</u> sul piano del significato (*laureato o studente non importa*) o addirittura concretarsi in <u>equivalenza</u> su quello del lessico (*l'antropologia o studio dell'uomo*) — Ecc.
> [DISC, *sv o*] — 1. <u>Con valore disgiuntivo-esclusivo</u> (che esclude vicendevolmente i termini di un'alternativa) coordina due o più frasi o due o più elementi di una stessa frase: *resti o parti?; prendere o lasciare; ora o mai più;* spesso anteposto per

enfasi anche al primo membro (ma non nelle frasi interrogativa): *o la borsa o la vita!*; *o la va o la spacca*; *o di qua o di là*; se il secondo termine dell'alternativa esprime l'esatto contrario del primo, può essere rappresentato da *o no, o meno* [..], evitando la ripetizione del verbo: *ti interessa o no?*; *che ti piaccia o no, lo devi fare*; *che tu ci creda o meno, è la verità*; nelle interrogative indirette che esprimono un'alternativa, introduce il secondo termine (il primo è sempre introdotto da *se*): *non so se andare via o rimanere.*[...] 2. Con valore disgiuntivo-inclusivo (che include o non esclude necessariamente i termini di un'alternativa in una serie di possibilità), coordina due o più frasi o due elementi di una stessa frase, talore anche seguito da *magari* o *almeno* per esprimere un'alternativa messa in subordine S oppure, ovvero: *mi piacerebbe una città come Ancona o Perugia*; *ti scriverò o ti telefonerò*; *la sera leggo o guardo la televisione*; *"Questa o quella per me pari sono"* (Rigoletto). 3 Con valore esplicativo, introduce un termine equivalente S cioè, ossia, ovvero, vale a dire: *la semiologia, o scienza dei segni, offre validi strumenti anche alla critica letteraria*; *il Lago Maggiore o Verbano*
◊ In funzione di congiunzione testuale (con usi analoghi a quelli di *oppure*) 1. Con il sign. di "altrimenti", "sennò", preceduta da una pausa forte, indica un'alternativa, di solito preferibile, a quanto detto in precedenza: *telefoniamogli; o aspettiamo e vediamo cosa succede*; *non risponde perché starà riposando; o magari sarà uscito* 2. Con il sign. di "in caso contrario" collega un'esortazione o una minaccia e l'enunciazione di una conseguenza negativa che si avrebbe in caso di disobbedienza: *affrettiamoci, o non troveremo più posto*; *taci, o la pagherai cara!*; *fermati o sparo!*; «*"ma il matrimonio non si farà, o..." e qui una buona bestemmia, "o chi lo farà non se ne pentirà, perché non ne avrà tempo"*» (Manzoni) —

[VLI, sv *oppure*] Forma rafforzata della congiunzione *o*, con più forte valore disgiuntivo: *lo compri subito, oppure vuoi ripensarci?*; spesso col senso di "se no; in caso contrario": *dovrà smetter di dare fastidio, oppure se ne pentirà*; anche in principio di frase, per introdurre un'ipotesi diversa, per affacciare un'altra proposta, e sim.: *oppure, sai come si potrebbe fare?* [...]
[Palazzi-Folena, sv *oppure*] 1. o invece: *basta la delega, oppure bisogna recarsi di persona?* 2. o anche: *puoi trovarlo in quel negozio oppure in quello di fronte* 3. *devi allenarti con assiduità, oppure non ce la farai.*
[Devoto-Oli, sv *oppure*] Forma rinforzata della congiunzione disgiuntiva *o*: *vuoi venire oppure no?*, *vuoi venire o no?*; il rafforzamento consiste nel considerare una operazione di riflessione e confronto che nella forma semplice è assente ♦ Con valore conclusivo, 'se no', 'altrimenti': *o decidi ora, oppure sarà troppo tardi.*
[DISC, sv *oppure*] — ◊1. O, ovvero, o anche, con valore disgiuntivo-copulativo, che non esclude necessariamente l'alternativa: *puoi venire tu oppure tuo fratello*; *scrivigli una lettera o un biglietto oppure telefonagli o cercalo di persona* 2. O, ovvero, o invece, con valore disgiuntivo-esclusivo, che esclude vicendevolmente i termini di un'alternativa: *hai diritto a una sola bevanda: vino oppure birra*; *decidi se andiamo al cinema oppure facciamo venire gli amici a casa*; *ci fermiamo qui oppure preferisci proseguire?*
◊1. Con il sign. di "altrimenti", "sennò", preceduta da una pausa forte, indica un'alternativa, di solito preferibile, a quanto detto in precedenza: *telefoniamogli, oppure aspettiamo e vediamo cosa succede.* 2. Con il sign. di "in caso contrario" collega un'esortazione o una minaccia e l'enunciazione di una conseguenza negativa

Alternative 63

che si avrebbe in caso di disobbedienza: *affrettiamoci, oppure non troveremo più posto; taci, oppure la pagherai cara!*; per maggiore enfasi, con ellissi dell'intera seconda frase: «*Il moro, imbestialito da questo tono, si alzò in piedi, [...] dicendo "O lei sta zitto, oppure..."*» (Moravia) —

Certo i dizionari appaiono concordi (con una eventuale eccezione) ad individuare per le congiunzioni *o* e *oppure* gli impieghi o valori riassunti nella tavola sinottica qui sotto (nel *DISC* interviene l'ulteriore dicotomia tra 'congiunzioni standard' e 'congiunzioni testuali'):

O	OPPURE
1) *esclusivo*	1) *esclusivo*
2) *inclusivo (o alternativo)*	2) *inclusivo*
3) *esplicativo o d'equivalenza*[6]	
4) *di ulteriore ipotesi o alternativa*	4) *di ulteriore ipotesi o alternativa*
5) *di conseguenza negativa*	5) *di conseguenza negativa*

La ricchezza classificatoria è però attenuata in varia misura e maniera da formulazioni o disposizioni grafiche che sembrano alludere a gerarchie tra i valori, o magari all'esistenza di un valore unitario. Si pensi solo, nel *DISC*, ai qualificativi giustapposti («disgiuntivo-esclusivo» e «disgiuntivo-inclusivo» o «disgiuntivo-copulativo» (!)) e nel Palazzi-Folena all'apparire del valore inclusivo all'interno dell'accezione 'esclusiva'. Il più avanzato in questa direzione, forse perché il più ellittico e cauto sembra essere, una volta che ne sia stata compresa la formulazione a dir poco compatta, il dizionario di Giacomo Devoto, il quale, interpretato e tradotto in termini accessibili, sembra sostenere i due punti *a*) e *b*) seguenti:

a) la congiunzione *o* esprime una scelta tra due termini che vengono presentati come in qualche modo opposti (l'affermazione è deducibile via presupposizione da quel che viene espressamente affermato nel punto seguente); l'opposizione introdotta dalla congiunzione (e non fattuale!) tra i due termini ammette gradi/sfumature diversi, e può ridursi alla semplice distinzione dei significanti;

b) la costruzione correlativa *o...o* esprime una opposizione più forte (rispetto alla *o*) tra i due termini della disgiunzione. Essa, se si preferisce, 'rafforza' la *o*.

Questa concezione unitaria della disgiunzione in quanto 'scelta' è dominante nella voce lessicale dedicata ad *oder* — a mio avviso la più rigorosamente elaborata (dal punto di vista linguistico) in cui mi sia sino ad ora imbattuto — nel secondo volume dello *Handwörterbuch der deutschen Gegenwartssprache*[7]; dizionario del resto cui lo studio lessicografico di Lang (1989) rimanda per un esemplare (secondo l'autore; ma si veda per la referenza di 'autore' la chiusa della nota precedente) trattamento della voce «*UND*». Ne riporto qui sotto, schematicamente, le suddivisioni:

[*oder*] gibt an, daß das in den Gliedern Benannte in bezug auf den gegebenen Kontext zur Wahl gestellt ist:
  I. nebenordnend; verbindet syntaktisch gleichartige, aber in ihrer Bedeutung unterschiedliche, einander grundsätzlich od. situationsbedingt ausschließende Wörter, Wortgruppen u. Sätze:
    1. kennzeichnet einander auschließende Alternativen
      1.1. *möchten Sie Tee oder möchten Sie Kaffee?*
      1.2. bei antonymischen Gliedern
      1.3. in Verbindung mit vorangehendem *entweder*
      1.4. in Verbindung mit *ob*
    2. kennzeichnet gleichermaßen gültige Auswahleinheiten
      2.1. *möchten Sie Tee oder Kaffee oder sonst ein Getränk — oder ein anderes Getränk?*
      2.2. austauschbar durch *und*
  II. in Verbindungen, die nicht als nebenordnend wie in I., sondern als gleichbedeutend mit Satzgefügen und anderen Konstruktionen interpretiert werden
    1. das erste Glied der Verbindung entspricht einem negierten Konditionalsatz
      1.1. wenn das erste Glied der Verbindung ein Imperativsatz, das zweite ein Aussagesatz ist
      1.2. wenn das erste Glied ein nominales Satzfragment, das zweite ein Aussagesatz ist: *noch ein Bier oder ich verdurste*
    2. angefügt an einen (meist *doch* enthaltenden) Aussagesatz, gleichbedeutend einer Vergewisserungsfrage
    3. als Glied der mehrteiligen Konj. *ob...oder*

Complessivamente, a leggere con un po' di buona volontà tra le righe delle grammatiche e dei dizionari, ed a lasciarsi guidare dai suggerimenti di Devoto e dalle più esplicite prese di posizione dello *Handwörterbuch*, si fa luce nella lessicografia sotto lo spessore della dicotomia *reçue* di esclusività e inclusività l'idea di una disgiunzione che non ha niente a che vedere con il connettivo logico «∨»: una disgiunzione essenzialmente oppositiva ed elettiva. 'OPPOSIZIONE', 'SCELTA' ne sarebbero così i tratti essenziali. E' questa posizione, brevemente presentata e discussa nel paragrafo seguente, che vorrei adottare nel seguito.

1.2. La congiunzione «o» come indicatore di scelta tra opposti. Gradi di forza oppositiva

Negli studi di semantica e di pragmatica sono state sostenute, come è ben noto, opinioni divergenti e a volte contraddittorie sul significato dei connettivi 'logici', e della *o* in particolare, nelle lingue naturali[8]. Una posizione molto autorevole è quella, di ascendenza griceana, che è stata elaborata ad esempio da Gazdar (1979) e che è stata ripresa da Levinson nel suo manuale di pragmatica (Levinson 1983), trasformandosi così di fatto in *vulgata* dei corsi introduttivi universitari. Si tratta di una concezione 'minimalista' e 'riduzionista': 'minimalista' perché cerca di ridurre al minimo il significato lessicale dei connettivi, depurandolo di tutto quello che potrebbe essere visto come effetto del contesto o di principi generali semantici e pragmatici (in partic. le implicature scalari); 'riduzionista' perché riduce il significato (minimale) dei connettivi al loro valore logico: nel nostro caso, al valore verofunzionale della disgiunzione (inclusiva) della logica. Una variante (terminologica) di questa concezione è ad es. l'analisi del fr. *ou* proposta da Benoît de Cornulier[9], secondo cui:

a   *ou* non è ambiguo tra un valore esclusivo ed uno inclusivo;
b   nel significato complessivo che *ou* assume in un concreto enunciato si deve distinguere tra:
   b_1) un valore proprio molto ridotto (= un 'significato minimale', *sens minimal*), una sorta di invariante semantico;
   b_2) l'arricchimento contestuale per 'effetti di significato' (= *effets de sens*), che risulta cioè in un 'significato forte' (*sens fort*) prodotto dall'interazione del 'significato minimale', della informazione contestuale, e di principi pragmatici generali. Questo 'significato forte' potrà di volta in volta essere inclusivo, o esclusivo, o magari nessuno dei due.

Quel che si può obiettare a concezioni di questo genere è la loro superficialità (o sbrigatività o rozzezza) semantica: perché mai equiparare senz'altro, senza una analisi approfondita di altre possibilità, il 'significato minimale' della disgiunzione *o* a quello di un connettivo logico «∨», che, storicamente, è stato costruito per schematizzazioni/astrazioni a partire da certi concreti impieghi di determinate unità lessicali? Una analisi minuziosa del reale contributo semantico dei connettivi mi sembra un presupposto indispensabile di ogni teorizzazione. L'idea che qui si adotta — a cui in parte si è alluso alla fine del paragrafo precedente — è dunque quella di una specificità semantica, in particolare di una specificità non-logica, della congiunzione *o* e delle sue compagne[10]. Questa idea condivide con gli approcci griceani riassunti sopra il principio fondamentale della minimalità, del riservare alla semantica ciò che *solum* è suo, e non conseguenza del contesto o di principi generali della interazione linguistica. Essa si distingue dagli approcci griceani descritti per come circoscrive il significato minimale. E' giusto ricordare che quanto sto proponendo non è una grande novità: un rinvio che si impone è a Lang (1977), (1989) e (1991), così come ai diversi volumi di Oswald Ducrot. Ma una prima inequivocabile dichiarazione programmatica appare a mia cono-

scenza in alcune pagine dello studio sulla coordinazione del funzionalista Simon Dik (Dik 1968: 274-76), di cui ricordo qui tre passi:
- (*i*) I deny that the semantic value of *or* etc. can be described in terms of truth and falsity [...], (*ii*) I doubt if the contrast between 'exclusive' and 'inclusive' disjunction is any more than marginally relevant to natural language in any other interpretation, (*iii*) I deny that the contrast between *aut* and *vel* parallels the logical contrast between exclusive and inclusive disjunction[11] [Dik 1968: 274]
- ... these coordinators always seem to offer an alternative, and they only differ in the manner in which this alternative is presented. An expression like M_1 *or* M_2 always indicates that there is an alternative or choice between M_1 and M_2, and never implies that M_1 and M_2 should be taken in combination. If we want to express by linguistic means that either M_1 or M_2 or both M_1 and M_2 can be the case, then we have to use some such expression as is used here, or to resort to somewhat artificial turns like M_1 *and/or* M_2 [Dik 1968: 275]
- It is clear [...] that such contrasts as these [= quelli tra *or* e *either ...or*, o tra *vel* e *aut*] cannot be equated with the exclusive-inclusive distinction of logic, since they do not involve the alternative as such, but a further aspect concerning the manner in which the alternative should be taken [Dik 1968: 277].

In breve, il significato minimale di *o* mi sembra dover consistere (oltre alla posizione, come per la *e*, di un '*common integrator*'; cfr. ad es. Lang (1991)), di una almeno delle seguenti componenti, che mi limito qui ad elencare, senza occuparmi dei loro rapporti gerarchici:
1) una ipoteticità o potenzialità conferita ai due stati di cose che *o* collega (una frase dichiarativa di tipo non generico[12] contenente una disgiunzione tende in effetti a veicolare una ipotesi; cfr. l'assertività di *E' arrivata ieri* rispetto alla ipoteticità — parziale, certo, cioè relativa al solo circostante temporale) di *E' arrivata ieri o l'altro ieri*);
2) una opposizione (cfr. il componente «*Gegensatz*» di Engel 1988) tra i due stati di cose (o termini); si pensi, a rendere più plausibile questa proposta, a come sia in genere possibile esplicitare (e rafforzare — cfr. sotto) l'opposizione tra i due disgiunti mediante l'avverbio *invece*: *Portale un libro, o dei fiori invece*;
3) una scelta (cfr. il componente «*choice*» di Lang 1991: 620) tra i termini elencati, scelta che nella prospettiva del locutore si impone, per quanto possa essere rifiutata, ma che è potenziale, che viene proposta senza ancora essere stata effettuata[13]. Del tutto escluso è che i due disgiunti intervengano congiuntamente in una predicazione: cfr. la chiara inaccettabilità di **Gianna o Maria assieme ci riusciranno senz'altro* (diverso è il caso dell'accettabile *Gianna, o Maria, o Gianna e Maria assieme ci riusciranno*).

Così da una parte la disgiunzione *o* viene ad esser prossima alla opposizione semplice, che non possiede necessariamente un componente di scelta (cfr.

Alternative 67

l'opposizione senza scelta di *Lei è gentile, sua sorella per contro mica tanto*, e le opposizioni con scelta di *Posso aspettarti giù nel parcheggio, o invece / al contrario / per contro nella hall d'ingresso*), e dall'altra alla sostituzione, che implica certo opposizione e scelta, ma scelta 'effettuata', non più potenziale (cfr. la scelta effettuata di *Alla fine, invece di andare a camminare, abbiamo fatto un giro in bicicletta*, che si contrappone alla scelta non effettuata (secondo varie modalità) di *Potevamo / Potremmo andare a camminare o andare a fare un giro in bicicletta*).

Insomma, la congiunzione *o* non è basicamente né esclusiva né inclusiva, ma piuttosto un introduttore neutro di 'alternative', cioè di ipotesi, di possibilità, ecc. divergenti che vengono variamente proposte alla scelta. Tra queste alternative, in particolare, può essere compresa quella che prevede l'occorrenza congiunta delle due alternative precedentemente contrapposte, come accade nello schema «x o y o (x e y)»[14].

Di più assumeremo, sviluppando una osservazione di Gamut (1991: 33) cui si è già accennato sopra (l'effetto 'esclusivo' di una «extra emphasis» sull'ingl. *or*), e osservazioni[15] nello stesso senso della *Comprehensive Grammar* (il 'rafforzamento' che gli avverbi *else* e *alternatively* operano su *or*, e l'"enfatizzatizzazione' del significato esclusivo di *or* che è propria al costrutto *either...or*), che:

    4) la 'forza oppositiva' della disgiunzione è un concetto scalare, e ammette quindi gradi, a seconda della specifica congiunzione scelta (cfr. *o* rispetto a *oppure* ed a *o...o*), a seconda della presenza o assenza di particolari avverbi frasali (*altrimenti, invece*, ecc.) nel secondo disgiunto, e a seconda dell'assenza o presenza di enfasi (e di altri tratti soprasegmentali) e della sua intensità.

Si badi che parlo qui di forza oppositiva della disgiunzione, e non specificamente della *o*: si tratta di una proprietà che in sé compete al costrutto $Cong_{disg}$ $(X_1, X_2,.., X_n)$ nella sua globalità, e che può essere modificata in direzioni opposte da uno dei fattori che si è detto (semplice *o* + enfasi, correlazione *o...o* deenfatizzata, ecc. — un buon esempio sono le diverse risposte possibili alla domanda *Quante bici avrà?*, vale a dire: *a) Mah, non so, due o tre*; *b) DUE O TRE*, pronunciato con enfasi e in tono categorico; *c) O due o tre*; *d) O DUE O TRE*, come prima con enfasi ecc.; *e) Mah, non so, o due o tre*[16]; ecc.). È vero però che in quanto disgiunzione la *o* è più in basso sulla scala rispetto ad *oppure*, a *o altrimenti*, ecc., un fatto che come si è visto solo raramente i lessici segnalano.

L'ultima componente di significato che menziono è sotto l'etichetta, sorprendente dopo tutto quel che si è detto, della 'esclusività', una esclusività intesa tuttavia 'esternamente', e non tra i due termini dell'alternativa. Sostengo cioè che:

5) in corrispondenza ad un grado sufficiente di forza oppositiva la disgiunzione costruita sulla correlazione *o...o*, ma anche sulla semplice *o*, diventa esclusiva, vale a dire esclude che vi siano o che abbia senso pensare ad altre alternative diverse da quelle esplicitamente nominate nella disgiunzione.

Mi pare indiscutibile che dopo una affermazione categorica come (1)[17] l'aggiunta di una terza possibilità (*Potremmo anche andare domattina*) come in (2) sia molto strana, tanto da suggerire nel soggetto perlomeno una instabilità decisionale[18]. Del tutto naturale, invece, è l'aggiunta di una nuova possibilità dopo una disgiunzione (non enfatica) basata sulla semplice *o*: cfr. (3). Analogamente opposti (cfr. (4) e (5)) sono gli effetti di una continuazione con *magari anche quattro* in corrispondenza alle due risposte della domanda (già introdotta sopra) *Quante bici avrà?*:

(1) O andiamo questo pomeriggio o andiamo stasera
(2) ??O andiamo questo pomeriggio o andiamo stasera. Potremmo però anche andare domattina
(3) Potremmo andare questo pomeriggio o stasera. Potremmo però anche andare domattina
(4) Quante bici avrà? — Mah, due o tre, magari anche quattro
(5) Quante bici avrà? — ??O due o tre, magari anche quattro.

Ho collegato la nozione esterna di 'esclusività' ad un grado sufficientemente elevato di forza oppositiva, come quello, ad esempio, espresso lessicalmente dal costrutto correlativo *o...o*. È vero tuttavia che un certo ammontare di 'esclusività' è inerente anche alla versione più debole della disgiunzione: esclusività che può stavolta essere smentita o corretta, come negli esempi precedenti. Anche l'esclusività è comunque una nozione scalare.

1.3. Due peculiarità della disgiunzione
Si è detto che le assunzioni precedenti verranno qui accettate senza discussione sulla scorta (certo una ragione non conclusiva) della loro plausibilità. Meritano tuttavia un cenno due peculiarità di comportamento della disgiunzione che paiono in vario modo accordarsi alle componenti di 'opposizione' e di 'scelta'.

1.3.1. La caduta dell'articolo davanti ai disgiunti. Si tratta in primo luogo di un fenomeno di ellissi dell'articolo in strutture coordinate i cui congiunti possano essere visti come legati strettamente, come una unità — ad esempio perché accade che essi siano stati tematizzati assieme in precedenza. Così si può passare da (1) alla versione (2) con riduzione degli articoli, che rispetto a (1) richiede, come è ovvio, maggiore notorietà contestuale dei congiunti:

(1) Ti ho portato il libro e il disco
(2) Ti ho portato libro e disco

Una simile riduzione degli articoli (determinativi) dovrebbe in linea di principio essere incompatibile con ogni elemento che tenga separati, o che divarichi, i due congiunti, impedendo di vederli come una endiadi. È così in effetti per *anche*, che rende inaccettabile (1):
    (3)   *Ti ho portato libro e anche disco

Un tale effetto divaricante dei congiunti dovrebbe avere la componente oppositiva che abbiamo ipotizzata sopra per la disgiunzione *o*. Per controllare la previsione occorre scegliere un esempio opportuno, in cui la tematizzazione della disgiunzione dia senso. Di questo tipo è l'esempio (4), che attesta in effetti il comportamento atteso: mentre (5) è perfettamente accettabile, (6) è chiaramente escluso:
    (4)   Spero che riesca a trovare il libro e il disco
    (5)   Spero che riesca a trovare libro e disco
    (6)   Spero che riesca a trovare *libro o disco.

È vero, certo, che la situazione è più intricata di come la si è descritta, e che ad esempio l'inaccettabilità di (7) non è del tutto sicura, mentre (8) mostra una disgiunzione 'nuda' perfettamente accettabile. Si noterà comunque che in (8), con buona pace della concordanza al singolare, il sintagma «libro o disco» non è un referenziale, ma il residuo di una subordinata concessiva («Libro o disco che sia, ...»), cioè un sintagma predicativo (come in *L'articolo è diventato libro | un libro*) e soprattutto che esso non viene inteso come tematizzato, ma piuttosto come equivalente di «un libro o un disco» di (9). Se (10) è accettabile, esso non può essere considerato equivalente a (8).
    (7)   ??Puoi comperare o libro o disco, non tutti e due
    (8)   Libro o disco$_{(,)}$ fa lo stesso, basta che non arriviamo senza niente
    (9)   Un libro o un disco$_{(,)}$ fa lo stesso, ...
    (10)   Il libro o il disco$_{(,)}$ fa lo stesso...

1.3.2. *L'interpretazione di «anche»*. L'avverbio *anche* ha notoriamente una interpretazione additiva, la quale aggiunge ad entità entità. In (1) *anche*, che opera sul SN «un disco», presuppone che un'altra entità del tipo 'acquisto culturale' sia stata coinvolta in quanto oggetto della predicazione 'comperare' ed asserisce che «un disco» viene ad aggiungersi alla precedente entità:
    (1)   Ha comperato anche un disco.

L'aggiunta, oltre che contestuale o a cavallo di enunciati successivi, può anche farsi entro uno stesso sintagma coordinativo, come in (2), in cui *anche*, che non è ridondante rispetto alla coordinazione, presenta il secondo congiunto come 'ulteriore' rispetto al primo:
    (2)   Ha comperato un libro e anche un disco

Ora, l'interpretazione additiva in senso stretto — nella quale ad elemento si aggiunge elemento — non risulta più disponibile con la disgiunzione, come

del resto era facilmente deducibile dai tratti semantici precedenti: (3) non può voler dire che qualcuno ha comperato due cose:
(3)   Avrà comperato un libro o anche un disco
(si noti per contro che un ipotetico valore di base 'inclusivo' di *o*, su cui l'avverbio additivo può rincarare, avrebbe dovuto condurre ad una lettura additiva). In un enunciato come (3), che è ad ogni modo accettabile, l'avverbio *anche* assume un valore di 'aggiunta di ipotesi, di scelta', esattamente come accade nella locuzione *anche solo* di (4), che prende in considerazione, oltre ad altre eventualità, una ulteriore eventualità di grado più basso sopra una determinata scala:
(4)   Potresti comperarti anche solo la giacca.
Del resto disgiunzione e *anche solo* compaiono frequentemente combinate:
(5)   Potresti comperarti qualcosa o anche solo dare un'occhiata.

2. Le locuzioni disgiuntive composte

Stabilita o resa plausibile l'ipotesi della scalarità, in vari sensi del termine, delle alternative, si venga ora all'esame di singole locuzioni disgiuntive composte, e in primo luogo di *o altrimenti*, su cui più in dettaglio (per ragioni di spazio) si concentrerà la nostra attenzione. Le altre locuzioni verranno in séguito brevemente caratterizzate nella loro differenzialità.

2.1. «O», «altrimenti» e «o altrimenti»

2.1.1. *Il significato di "altrimenti".* Cominciamo con l'esaminare l'apporto alla locuzione *o altrimenti* della sua componente avverbiale *altrimenti* (etimologicamente *altera mente* "con altra mente"). *Altrimenti*, si sa, può funzionare da normale avverbio modale negativo (che quindi esige la modalizzabilità del predicato: cfr. l'inaccettabile **È dispari altrimenti* rispetto all'accettabile *Lei parla altrimenti* o all'altrettanto accettabile *È dispari, altrimenti* con *altrimenti* avverbio frasale), e vale allora, come in (1), "in altro modo":
(1)   Io glielo avrei detto altrimenti.
Più precisamente, in (1) *altrimenti*, comparativo e sostitutivo, rimanda ad una modalità m_0 'diversa', di regola già presente nel testo o nel contesto, alla quale *altrimenti* (confronta *e*) sostituisce una modalità m_x non specifica estratta dall'insieme $\{\neg m_0\}$ delle modalità diverse da m_0. Chi asserisce (1), insomma, assume l'accessibilità nel contesto dell'enunciazione di un altro stato di cose p_0 del tipo 'dire' (= "la cosa è stata detta nel modo m_0", realizzato con altri attanti, e che differisce dall'attuale stato di cose p (= "la cosa è stata detta nel modo m_x") per la modalità della esecuzione.

Questo carattere anaforico di *altrimenti* si muta nel suo simmetrico cataforico quando *altrimenti* è utilizzato, entro un circostante modale, nella

Alternative 71

locuzione congiuntiva *altrimenti da|che*, la quale funziona da introduttore appunto della modalità respinta m_0:
- (2) Puoi tentare di convincerla anche altrimenti che con delle minacce
- (3) Io glielo avrei detto altrimenti da come hai fatto tu.

In (2) e in (3) la modalità respinta m_0 è rappresentata rispettivamente dall'avverbiale di modo (un SP) *con delle minacce* e dalla frase *come hai fatto tu*, o meglio, dalla sua modalità pronominalizzata e topicalizzata (quindi m_0 è qui implicita, e si ha una doppia comparazione: *altrimenti + come*). Globalmente, comunque, *altrimenti da|che* con quel che segue è ancora un avverbiale di modo comparativo e sostitutivo, con comparazione realizzata stavolta sintatticamente, a destra[19]. Si noti che *altrimenti da|che* si comporta, per quanto riguarda la presenza nella proposizione della modalità effettiva m_x, in maniera complementare rispetto a *invece che*. Mentre *altrimenti* esclude la modalità effettiva (si veda l'inaccettabilità di (2')), *invece* la richiede necessariamente (si vedano i giudizi di accettabilità su (2") e (2''')):
- (2') *Puoi tentare di convincerla gentilmente altrimenti che con delle minacce
- (2") Puoi tentare di convincerla gentilmente invece che con delle minacce
- (2''') *Puoi tentare di convincerla invece che con delle minacce

Oltre che come normale avverbio, *altrimenti* appare correntemente in italiano come avverbio di frase a funzione connettiva — e qui le cose, mi sembra, si complicano. Per cominciare, un impiego tipico è (4):
- (4) Diglielo, altrimenti si arrabbia.

In (4) compare un consiglio, seguito, a rinforzo, da una conseguenza notevole, indesiderabile per l'interlocutore, del non accogliere il consiglio. *Altrimenti* equivale dunque ad una protasi di periodo ipotetico "se non fai *p*", "se non glielo dici". Lo schema logico di (4) è qualcosa (con valore ovvio dei simboli) del tipo:

$$!p; \neg p \to q$$

L'enunciato (4) ammette anche una versione 'dell'impossibilità' quando *p* sia un dato di fatto, come in *Gliel'ho detto*. *Altrimenti* evoca allora "cosa sarebbe successo se..."; cfr. (4'):
- (4') Gliel'ho detto, altrimenti si sarebbe arrabbiata,

a cui compete lo schema logico

$$p; \neg p \to q$$

Altrettanto caratteristico è l'impiego (5) di *altrimenti*:
- (5) Cammina un po' più in fretta, altrimenti arriviamo in ritardo,

nel quale stavolta non è tutto *p* ad essere respinto, ma (come sopra per l'impiego interno alla frase come avverbio modale) solo una sua parte, la modalità «un po' più in fretta» (che corrisponde alla m_0 di prima); e ciò anzi anche quando la modalità non è esplicitata, come in (5'), che tende ad essere inteso come equivalente a (5)[20]:

(5')   Cammina, altrimenti arriviamo in ritardo.

Si constata dunque, in (4), in (4') e in (5), che *altrimenti*, coadiuvato se necessario dalla morfologia verbale, è in grado di annullare, in tutto o in parte, il primo stato di cose *p*; in suo luogo *altrimenti* evoca una configurazione in cui *p* appunto non sussiste — il che permette d'esaminare "cosa allora succederebbe", e in particolare (ma non solo[21]) quali sarebbero le conseguenze del non-sussistere di *p*.

Una simile facoltà di 'annullare' in generale *p* senza che *p* debba per questo comportare necessariamente dei segnali di defattualizzazione (facoltà che non è tuttavia illimitata) mi sembra chiaramente distinguere *altrimenti* da *o*. È vero che *o* (ma non il più forte *oppure*) può effettivamente introdurre, come in (4"), certe conseguenze della negazione di *p*:

(4")   Diglielo, o si arrabbia,

ma ciò è ammesso solo quando *p* non è un fatto. Se *p* è un fatto, il risultato non è più accettabile[22]; cfr. (4'''):

(4''')   ??Glielo ha detto, o si sarebbe arrabbiata

(l'impiego di *o* è escluso, del resto, anche per introdurre le conseguenze di una risposta negativa ad una domanda, come nel caso di *Ce la fai? — *o | ??o altrimenti | altrimenti ti aiuto*). Insomma, la disgiunzione *o* riesce anch'essa in certe condizioni a prescindere da *p* così come *altrimenti*, ma lo fa in altro modo: mentre *altrimenti* evoca in modo esplicito un 'mondo possibile' in cui *p* non sussiste, *o* presenta lo stato di cose *p* e lo stato di cose *q* conseguente al non sussistere di *p* come in certo modo contemporanei ed equivalenti, indipendentemente, per così dire, dalla storia di *q*. La disgiunzione *o* viene cioè ad equiparare, mediante una sorta di cortocircuito semantico necessitato dalla sua specifica semantica, la conseguenza di ¬ *p* ad una alternativa di *p*, una alternativa che come tale deve possedere la stessa 'validità' di *p* — e ciò spiega appunto l'appena osservata impossibilità di realizzazioni controfattuali del tipo di (4'''). Simmetrico, ma rispondente allo stesso schema semantico, sarà, come vedremo tra un istante, il comportamento dell'avverbio *altrimenti* come introduttore di alternative, vale a dire quando esso sembra assumere il ruolo caratteristico della disgiunzione.

Abbiamo esaminato, dunque, gli impieghi di *altrimenti* avverbio di frase in cui *altrimenti* apre, ipotizzando il non-realizzarsi di *p*, uno spazio di possibilità, per introdurre quindi una conseguenza di ¬ *p* (o l'incombere di conseguenze non verbalizzate[23]); di una particolare accezione 'digressiva' di questi impieghi diremo più avanti. Abbiamo quindi constatato le sottili ma effettive differenze rispetto alla disgiunzione *o* nella stessa configurazione semantica. Vediamo ora un'altra classe di impieghi di *altrimenti*, nei quali l'avverbio si comporta a prima vista da semplice introduttore di alternative. Si consideri l'enunciato (6), grosso modo equivalente in apparenza a (6'), cioè ad una normale disgiunzione più o meno forte, e difficilmente distinguibile, oltretutto, da (6"), in cui avverbio e congiunzione sono cumulati[24]:

(6)   Ci potremmo vedere martedì a pranzo; altrimenti, venerdì sera
(6') Ci potremmo vedere martedì a pranzo o | oppure venerdì sera
(6") Ci potremmo vedere martedì a pranzo o altrimenti venerdì sera.

Un'altra simile terna di enunciati tra di loro molto vicini è quella di (7), (7'), (6"), tipicamente dopo battute o situazioni che hanno mostrato la non attuabilità di una prima proposta:

(7)   (Regalale) Il disco della Kashkashian, altrimenti
(7') O | Oppure (regalale) il disco della Kashkashian
(7') O (regalale) il disco della Kashkashian, altrimenti.

Non c'è dubbio che nei due casi *altrimenti* accompagni una alternativa dello stesso livello di una precedente, esplicita o meno, e non la conseguenza del non sussistere di uno stato di cose. Del resto, si può sostituire qui *altrimenti* mediante *invece* (cfr. *Ci potremmo vedere martedì a pranzo o invece venerdì sera*) — purché naturalmente esso sia combinato con la *o* (cfr. in caso contrario: **Ci potremmo vedere martedì a pranzo; invece, venerdì sera*), cosa che non era possibile con *altrimenti* introduttore di conseguenze: cfr. *Diglielo, o altrimenti | *o invece si arrabbia*).

Vi sono tuttavia delle differenze, rispetto alla disgiunzione *o*. In primo luogo il fatto indiscutibile che quando *altrimenti* è da solo (cioè senza *o*) la seconda alternativa deve essere separata intonativamente dalla prima. Essa è veicolata da un enunciato indipendente dal primo in una sorta di *afterthought*. È così in (6) — e naturalmente in (7) — e non è così in (8), agrammaticale, a differenza di (8'):

(8)   *Possiamo venire in treno altrimenti in macchina
(8') Possiamo venire in treno o in macchina

Va nella stessa direzione una peculiarità di comportamento dell'avverbio *allora* — il quale segnala che all'interno dello spazio di possibilità aperto da *altrimenti* ci si muove verso una conseguenza o conclusione[25]. *Allora*, aggiunto alla fine di (5), può riferirsi solo alla seconda alternativa; aggiunto alla fine di (5') — senza pausa, beninteso, — o di (7) si riferisce necessariamente alla disgiunzione nella sua totalità.

Dunque, *altrimenti*, anche quando introduce alternative e non conseguenze, non è in grado di presentarle contemporaneamente, ma lo deve fare attraverso la tappa necessaria dell'annullamento della prima alternativa.

Potremo così in definitiva assumere che nei due impieghi visti l'avverbio di frase *altrimenti* è grosso modo equivalente a *se no*: esso annulla un precedente stato di cose *p*, ipotetico o fattuale che esso sia, e apre nella frase in cui è inserito, nella quale funge da circostanza condizionale ("considerando le cose in altro modo", "se le cose vanno | fossero andate in altro modo"[26]), la possibilità di prendere in esame stati di cose alternativi rispetto a *p*, o conseguenze del non sussistere di *p*.

Quanto ai rapporti tra *altrimenti* e la disgiunzione *o*, in linea di principio potremo ritenere che quando *p* non è assunto come un dato di fatto, *altrimenti* può essere sostituito dalla disgiunzione *o*, che equipara in quanto alternative stati di cose eventualmente disomogenei logicamente (uno la conseguenza dell'altro). *Altrimenti* è insomma una condizione (quasi) sufficiente per l'inserzione di *o*, mentre il viceversa, come vedremo in dettaglio, non è vero.

Nelle stesse condizioni, *altrimenti* può essere combinato con *o*[27], arricchendosi la semantica 'alternativa' della *o* — che permane dominante, anche quando *q* è logicamente una conseguenza di *p* — della componente 'controfattuale' apportata da *altrimenti*. *Altrimenti* funge da elemento divaricante, distanziante dei membri della disgiunzione, appunto perché presenta sia l'alternativa sia la conseguenza come subordinate al non sussistere del primo stato di cose. La disgiunzione risulta sbilanciata, e in certo senso 'più forte'.

2.1.2. *Restrizioni sull'impiego di «altrimenti» e sulla sostituibilità «o»|«altrimenti»*. Si è più o meno affermato sopra che a prescindere da una determinata classe di impieghi *o* può sempre sostituire od accompagnarsi[28] ad *altrimenti*, e si è anticipato che il viceversa in genere non vale. Vogliamo ora esaminare più in dettaglio i fatti relativi e le loro ragioni, il che consentirà di capire meglio il funzionamento di *altrimenti* e in generale delle alternative.

2.1.2.1. Per cominciare, osserviamo che dalla precedente caratterizzazione del funzionamento di *altrimenti* si è tentati di dedurre la scarsa appropriatezza di *altrimenti* in richieste del tipo di (1)

(1)   Prendimi un giornale, (o) altrimenti una rivista.

in cui è poco plausibile l'indisponibilità del primo tipo di oggetto richiesto, indisponibilità che appunto giustificherebbe l'introduzione mediante *altrimenti* di un oggetto sostitutivo. Una tale richiesta sarebbe cioè mal compatibile con la semantica di *altrimenti*, la quale richiede che (sia possibile che) la prima alternativa non si verifichi. Si confronti per contro la perfetta naturalezza di una richiesta come (2), in cui la disponibilità, dovunque, dell'«Appellation Contrôlée "Saint-Chinian"» non è evidente:

(2)   Prendi una bottiglia di Saint-Chinian, (o) altrimenti un vino qualunque di quelle parti, ad esempio un Minervois.

Degno di nota è comunque che in (1) *altrimenti* tenda ad essere (ri)interpretato — specie in presenza della disgiunzione *o*, ma anche col semplice *altrimenti* — come annullatore della prima alternativa '*ad libitum* dell'interlocutore'. Interviene insomma ad inflettere l'interpretazione e ad assicurare l'accettabilità di (1) una forma di attenuazione della richiesta disgiuntiva,

analogamente a quel che, forse con maggior naturalezza, accade in una offerta o proposta come (1'):
(1') Vuoi un giornale (o) altrimenti una rivista?

2.1.2.2. Più interessanti di questi casi di variazione del tipo di annullamento operato da *altrimenti* sono per noi tuttavia altre classi di contesti e di funzioni, e in primo luogo le approssimazioni. Una delle funzioni caratteristiche della disgiunzione, in effetti, consiste nell'introdurre in generale una esitazione (cfr. *Sarà stata Silvia o Claudia*) e in particolare una 'esitazione numerica', e in particolare ancora una valutazione approssimata della cardinalità di un insieme. È così negli enunciati (3) — in cui si osserverà l'ulteriore approssimazione operata dall'articolo indeterminativo — e (4):
(3) Saranno stati (un) dieci o dodici
(4) Davanti al commissariato c'erano 5 o 6 macchine.

Ora, in simili esempi numerici, a differenza di quelli identificativi (in cui *altrimenti* è del tutto normale: cfr. *Sarà stata Silvia o altrimenti Claudia*), la sostituzione di *o* con *altrimenti*, o comunque la sua presenza accanto a *o*, pare del tutto esclusa; cfr.:
(3') *Saranno stati (un) dieci, altrimenti dodici
(3") *Saranno stati dieci o altrimenti dodici
(4') *Davanti al commissariato c'erano 5 o altrimenti 6 macchine
(4") *Davanti al commissariato c'erano 5, altrimenti 6 macchine

Non diverso del resto è il comportamento di *invece* (cfr. *...o invece dodici, *...o invece sei*). La ragione è la stessa per *altrimenti*, per *invece* e per altri avverbi divaricanti. L'approssimazione numerica non oppone in effetti una cardinalità ad un'altra — un «dieci» contro un «dodici», come a rigore sarebbe anche possibile[29] — ma individua complessivamente un ordine di grandezza: i due (pseudo)disgiunti non sono autonomi, non sono sostituibili l'uno all'altro.

2.1.2.3. Un'altra classe di non impieghi di *altrimenti*, solo e combinato con *o*, è costituita dalle disgiunzioni in cui il secondo disgiunto si limita ad incrementare il grado del primo, come accade in (5) e (6):
(5) È grande come lei, o più grande ancora
(6) *È grande come lei, o altrimenti | altrimenti più grande ancora.

Esempi di questo tipo mostrano una contrapposizione solo parziale dei disgiunti. Il primo termine viene cioè parzialmente conservato nel secondo, che differisce da esso solo nel grado. Ciò, di nuovo, è incompatibile con la semantica di *altrimenti*, che annulla, e eventualmente sostituisce del tutto, non solo in parte.

Più in generale, pongono problemi all'impiego di *altrimenti* le disgiunzioni correttive e le disgiunzioni semi-parafrastiche. Sono 'correttive' le disgiunzioni il cui secondo termine (preceduto eventualmente da *meglio*, *per meglio dire*, ecc., cioè da locuzioni che impongono lessicalmente la lettura correttiva, la quale altrimenti nasce dal confronto e dalla somiglianza dei disgiunti) corregge migliorandolo il termine precedente, che confina così nel ruolo subordinato di prima approssimazione, di prima formulazione (magari volutamente) superficiale. Grosso modo, la correzione può operare sui contenuti, nel senso che ad esempio ad un primo suggerimento viene affiancato un suggerimento valutato come migliore — cfr. (7)[30] — oppure sulla formulazione, come nell'ironico (8) o in (9):

(7) Portale un libro, o meglio un disco
(8) È venuto con sua moglie, o per meglio dire con la 'sua signora'
(9) Il mountain bike, o per meglio dire rampichino, non è una bici da corsa.

Ad esaminare gli enunciati corrispondenti con *altrimenti* si rileva un interessante *pattern* di accettabilità: da una parte (cfr. la serie (7'), (8'), (9')) l'esclusione di *altrimenti* interno alla correzione:

(7') *Portale un libro, o meglio, altrimenti, un disco
(8') *È venuto con sua moglie, o per meglio dire, altrimenti, con la 'sua signora'
(9') *Il mountain bike, o per meglio dire, altrimenti, rampichino, non è una bici da corsa;

dall'altra la piena accettabilità (cfr. (7")) di *altrimenti* superordinato alla correzione, se questa opera sui contenuti, e per contro la sua inaccettabilità (cfr. (8") e (9")) quando la correzione, per quanto subordinata ad *altrimenti*, agisce esclusivamente sui significanti:

(7") Portale un libro, (o) altrimenti, meglio, un disco
(8") ??È venuto con sua moglie, o, altrimenti, per meglio dire, con la «sua signora»
(9") ??Il mountain bike, o altrimenti, per meglio dire, rampichino, non è una bici da corsa.

Disgiunzioni semi-parafrastiche sono quelle tra alternative a debole grado di opposizione, che contestualmente appaiono quasi equivalenti. Ciò o perché i termini disgiunti sono molto prossimi, tanto da sfiorare la variazione sinonimica; o perché la loro differenza viene (in parte) neutralizzata dal fatto di comparire nel campo della negazione. Enunciati dei due tipi sono nell'ordine (10) e (11):

(10) Non si accettano scuse o giustificazioni
(11) Non voglio una Golf o una Tipo,

che in effetti mostrano il comportamento annunciato, e che, del pari rifiutano come era prevedibile la disgiunzione forte *oppure*:

(10') ??Non si accettano scuse o altrimenti giustificazioni | oppure giustificazioni;

(11') ??Non voglio una Golf o altrimenti una Tipo | oppure una Tipo.

A debole grado di opposizione sono anche le disgiunzioni che potremmo dire 'cumulative' (o se si preferisce 'inclusive'), nelle quali la *o* può essere sostituita dalla *e* perché collega argomenti che rendono entrambi vera la predicazione[31]. Anche in esse la presenza di *altrimenti* pregiudica in parte almeno l'accettabilità. Eccone una realizzazione come soggetto e un'altra come oggetto diretto:

(12) Le domande incomplete, o pervenute dopo la scadenza | ??o altrimenti pervenute dopo la scadenza non saranno prese in considerazione

(13) Non prenderemo in considerazione domande incomplete o pervenute dopo la scadenza | ??o altrimenti pervenute dopo la scadenza

2.1.2.4. Una ulteriore e composita classe di impieghi problematici per *altrimenti* è costituita da domande su almeno uno dei disgiunti. Esaminiamone brevemente due sottoclassi, e, per cominciare, quella esemplificata da (14), una ipotesi attenuata sulla identità di una persona:

(14) Mi sbaglio, o quella là è la Silvia?
(15) *Mi sbaglio, o altrimenti quella là è la Silvia?
(16) *Mi sbaglio, altrimenti quella là è la Silvia?

In (14) la congiunzione *o* non può essere accompagnata o sostituita da *altrimenti*: (15) e (16) sono inaccettabili, come del resto lo sono le disgiunzioni forti *oppure* e *o...o*:

(17) ??Mi sbaglio, oppure quella là è la Silvia?
(18) ??O mi sbaglio, o quella là è la Silvia?

Per giustificare i dati, si potrebbe argomentare che la domanda (14), in quanto 'retorica', suggerisce in realtà il contrario della proposizione «Mi sbaglio», di modo che *altrimenti*, applicandosi a «Non mi sbaglio», genererebbe qualcosa di incongruente con la situazione («Nel caso che mi sbagli, quella là è la Silvia»). Ma la vera ragione dell'inaccettabilità di (15) e di (16), così come di quella di (17-19), va cercata, credo, non nella semantica specifica di *altrimenti*, quanto nel fatto che (14) non è una vera alternativa, ma una pseudoalternativa. I due termini sono su un piano diverso, perché il primo funziona da attenuatore della forza dell'ipotesi, il che lo priva del carattere d'una ipotesi autonoma contrapposta alla seguente. Tant'è vero che anche la disgiunzione 'forte' segnalata da *oppure* o da *o...o* risulta male appropriata alla semantica di (14). In (14) non ci sono insomma due stati di cose contrapponibili. Ne risulta che in (14) *altrimenti* non può venire inserito perché risulta vuoto il dominio a cui esso si applica: non vi è uno stato di cose effettivamente accessibile da sostituire.

La seconda classe problematica per l'impiego di *altrimenti* è quella esemplificata in (19) da una parte e dagli inaccettabili (20)-(20') dall'altra:

(19) Hai sete o hai fame?
(20) ⁇Hai sete? Altrimenti hai fame?
(20') ⁇Hai sete o altrimenti hai fame?

mentre l'ipotesi sul passato (21) è perfettamente normale:

(21) Avrà avuto sete o altrimenti fame (è per questo che si è fermato).

Una domanda non retorica come (19), destinata a conoscere i desideri dell'interlocutore, risulta incompatibile con la semantica di *altrimenti*, che subordina ciò che qui dovrebbe rimanere sullo stesso piano per funzionare effettivamente come doppia interrogativa simultanea. In altri termini: si può impiegare *altrimenti* in una proposta alternativa condizionata, la cui seconda parte assume valore solo quando la prima non può essere realizzata (cfr. (22)); e si può analogamente impiegare *altrimenti* in interrogative come (23) (nella quale le alternative possono escludersi reciprocamente) e (24):

(22) Potresti portarla a giocare nel parco, o altrimenti andare con lei in piscina
(23) Lo vuoi adesso o altrimenti stasera?
(24) Vuoi che comperiamo quelle pesche lì o altrimenti un melone?

Ma non si può inserire *altrimenti* là dove il tipo pragmatico di domanda richiede che le alternative siano offerte contemporaneamente. La stessa ragione è responsabile, a ben considerare, della totale inaccettabilità mostrata a volte da *altrimenti* entro la struttura correlativa *o...o*, che di per sé non esclude affatto la sua presenza; cfr. (25)-(27):

(25) O lei o me | O me o lei
(25') *O lei o altrimenti me | *O me o altrimenti lei
(26) O vieni subito o altrimenti vado da solo
(27) Abbiamo quasi deciso: o prendiamo questo o altrimenti prendiamo quello.

2.2. «Altrimenti» e gli altri segnali di alternativa

L'esame di *altrimenti* ha permesso di far luce, in parte almeno, sulla intricata semantica della disgiunzione e in particolare di individuare sue possibilità di 'modalizzazione' e di variazione ed incremento di forza. In questo paragrafo, schematicamente, raccoglieremo e completeremo i risultati ottenuti.

Ricordato che già la 'forza' di una disgiunzione, cioè il grado di opposizione che si attribuisce ai disgiunti, è una grandezza scalare in funzione della scelta lessicale (*o, oppure, o...o*, ecc.) e del rilievo fonetico, ulteriori 'luoghi' di intervento, scalare o meno, sulla disgiunzione sono individuabili nei punti (A)-(D) seguenti:

(A) il grado rispettivo dei disgiunti nei confronti della predicazione. Il secondo disgiunto[32] potrà così esser qualificato differenzialmente dagli usuali avverbi di grado *solamente, semplicemente, addirittura*, ecc.

Alternative

(1)   Falle un bel regalo, o mandale almeno un mazzo di fiori
(2)   La tratterà con freddezza, o addirittura non le rivolgerà la parola.

Come è in generale vero per la scalarità, il grado superiore può consistere nel 'cumulo' del referente del primo congiunto con altro referente, come accade in (3); ed inoltre al grado potrà venire associato un verso di variazione sulla scala (verso che per *almeno* — cfr. (1) sopra — è positivo):

(3)   Secondo lei, la piccola o addirittura tutte e due sono dell'altro.

(*B*) il grado di possibilità o probabilità rispettivo dei congiunti. Intervengono qui a modificare il secondo congiunto (cfr. sopra), necessariamente separato dal primo (si tratta dunque di strutture 'a due tempi'[33]), gli avverbi *forse, magari, eventualmente, più probabilmente*, ecc.; e in modo particolare *anche* additivo di ipotesi. Essi presentano in vario modo il secondo congiunto come 'alternativa eventuale' del primo, e sono quindi incompatibili con le interrogative disgiuntive (cfr. *Vieni in macchina con noi o anche con loro?* rispetto alla ipotesi di *Potrebbe esserci andata con Maria, o anche con Gianna*; si veda comunque quel che s'è detto sopra per *altrimenti* nelle interrogative). Alcuni esempi sono raccolti in (4):

(4)   Potrebbe arrivare domani, o anche | forse | magari | eventualmente | più probabilmente[34] dopodomani.

Si riterrà che mentre *forse* e *magari* esprimono una ipoteticità 'generale', 'neutra' (che nel caso di *magari* può conservare una traccia di ottatività e quindi di preferenza da parte del locutore), *anche* si limita a rigore ad introdurre una componente di aggiunta, cioè ad esplicitare che ad una prima alternativa può essere aggiunta una seconda. Rispetto alla semplice aggiunta inducibile dalla struttura sintattica di «*p; o q*», in *p; o anche q*, l'avverbio *anche* esprime lessicalmente che ad uno stato di cose (o entità) viene affiancato come alternativa un secondo stato di cose (entità). Ne risulta, rispetto all'aggiunta sintattica, un maggior grado di 'ipoteticità', quasi che l'aggiunta fosse modalizzata ipoteticamente — il che permette dunque di associare *anche* a *forse* e *magari*.

Forse e *magari*, dal canto loro, non focalizzano l'aggiunta ma misurano isolatamente il grado di probabilità della seconda alternativa. Vero è però che più comune risulta il loro impiego come modificatori della aggiunta, vale a dire davanti ad *anche*: cfr.

(5)   Potrebbe arrivare domani, o forse anche | magari anche dopodomani.

Eventualmente, infine, che ha un impiego molto più ristretto di *forse* (cfr. *Forse* | [?]*Eventualmente è già arrivata, Forse* | [?]*Eventualmente hai ragione*), combina l'ipoteticità con una idea di condizione, quasi a dire "se le cose vanno in un certo modo", o più specificamente "se è necessario": si pensi alla netta differenza tra *Forse potrebbe darti una mano lui* e *Eventualmente potrebbe darti una mano lui*, entrambi accettabili, ma con una netta sfumatura nel secondo di ipoteticità condizionata: "nel caso fosse necessario". In (4) sopra *eventualmente* compare col suo valore più elementare di "se le cose vanno in un certo modo".

(C) il grado (di nuovo) della opposizione tra i congiunti, al di là della sua espressione lessicale (*o, oppure, o...o*) o fonetica. Intervengono qui gli avverbi *invece, per contro, al contrario*, e analoghi. *Invece* a prima vista sembra molto simile ad *altrimenti*: cfr.
 (6) Portale un libro, o altrimenti | invece dei fiori.
Ma subito si osserva che, se si toglie la disgiunzione *o*, l'avverbio *invece* non è più in grado (a meno di ricorrere ad una nuova battuta[35]) di introdurre la seconda alternativa, come riesce a fare *altrimenti*, che questa sia una conseguenza del non sussistere della prima o una alternativa in senso proprio:
 (7) Usciamo, altrimenti | *invece si fa tardi
 (8) Portale un libro, altrimenti | *invece dei fiori.
Ma anche quando è accompagnato da *o*, *invece* non riesce in nessun modo ad introdurre una alternativa-conseguenza:
 (9) *Usciamo, o invece si fa tardi.
Ciò che l'avverbio *invece* esprime nelle strutture disgiuntive è l'esistenza tra *p* e *q* di un rapporto che definirei di 'opposizione sostitutiva', esattamente come nei suoi impieghi avverbiali del tipo di (10) e di (11), che sono preclusi ad *altrimenti* e che in generale non hanno nulla a che vedere con la disgiunzione:
 (10) È gentile. Invece | *Altrimenti sua sorella no
 (11) Lei non lo sa ancora; invece gli altri lo sanno tutti.
È ragionevole quindi aggregare *invece* all'àmbito dei modificatori della forza oppositiva tra disgiunti, alla stessa stregua di *per contro* e *al contrario* (quest'ultimo certo di impiego ristretto ad opposizioni 'forti'). Si badi tuttavia che l''opposizione sostitutiva' non è la stessa cosa della opposizione in senso stretto. Essa è a rigore una opposizione che deriva dal fatto che tra due stati di cose (entità) sussiste un rapporto di sostituzione (uno di essi può stare al posto dell'altro) — e che può essere estesa a casi di chiara opposizione tra predicazioni che sussistono entrambe (cfr. (10)) solo a patto di potervi indurre una componente di controaspettativa (in (10) qualcosa del tipo "ci si poteva aspettare che anche la sorella lo fosse"), vale a dire di sostituzione di un determinato stato di cose allo stato di cose che ci si aspettava. Così *invece* sarà accettabile, alla stregua di *altrimenti*, in una disgiunzione che (nei normali contesti d'impiego) è a basso tenore oppositivo, mentre in essa *per contro* e *al contrario* appariranno incongrui — *al contrario*, come s'era detto, più ancora di *per contro*[36].
 (12) Vuoi del te o del caffé?
 (12') Vuoi del te o invece | o altrimenti del caffé?

Alternative 81

(12") Vuoi del te o ??per contro | *o al contrario del caffé?

Si ritorni ora un istante al confronto tra *invece* da una parte e *altrimenti* dall'altra, riprendendo la coppia di esempi (10) e (11) sopra:

(10) È gentile. Invece | *Altrimenti sua sorella no
(11) Lei non lo sa ancora; invece gli altri lo sanno tutti.

In (10), si era implicitamente ragionato, l'avverbio *altrimenti* non è accettabile perché le due proposizioni (opposte) che esso dovrebbe collegare non possono essere intese come una la conseguenza della negazione dell'altra, e ciò in particolare (oltre che per l'ovvia assenza di un legame implicativo tra $\neg p$ e q — ma a questa si potrebbe magari ovviare) perché non vi è nella seconda proposizione una marca di controfattualità. In (10'), in effetti, ci sarebbero per contro tutte le condizioni sintattico-semantiche per ipotizzare un (implausibile) rapporto di solidarietà tra l'essere gentili' di due sorelle:

(10')È gentile. ??Altrimenti sua sorella non lo sarebbe.

Che dire ora di (11)? — in cui sopra si era appositamente evitata (per non dover subito fare i conti con un imbarazzante giudizio di accettabilità) la variante con *altrimenti*. A ripetere il ragionamento appena sviluppato per (10) — e a priori niente lo impedisce — si dovrebbe concludere che (11') con l'opportuna marca di controfattualità sulla seconda proposizione è stavolta perfettamente accettabile, appunto perché è disponibile un plausibilissimo legame controfattuale tra $\neg p$ e q: «Se lei lo avesse già saputo, lo saprebbero anche tutti gli altri». La versione (11") priva di marca di controfattualità su q dovrebbe come prima, prevedibilmente, rimanere inaccettabile

(11') Lei non lo sa ancora; altrimenti gli altri lo saprebbero tutti
(11") Lei non lo sa ancora; altrimenti gli altri lo sanno tutti.

Il dato nuovo e rilevante per la semantica di *altrimenti*, è che (11") è sì inaccettabile in una lettura equivalente a quella di (11'), nella quale al solito *altrimenti* dovrebbe riprendere ed annullare la prima proposizione ("Se per contro lo sapesse già, ..."); ma che è sorprendentemente accettabile in un'altra lettura: una lettura caratterizzabile come 'digressiva', e grosso modo parafrasabile con «per il resto», «per quanto riguarda gli elementi non considerati»[37]. In questa nuova lettura *altrimenti* non annulla più la prima proposizione, ma semplicemente la accantona, imponendo in una sorta di deriva tematica il passaggio a un nuovo argomento dello stesso tipo del primo, ma logicamente indipendente da esso. Allo stesso modo di *altrimenti* si trova poi a funzionare *se no*:

(11'") Lei non lo sa ancora; se no gli altri lo sanno tutti.

Il fatto che le due proposizioni p e q siano ora trattate da *altrimenti* (e da *se no*) come irrelate, indipendenti, si manifesta anche nell'inaccettabilità della versione (12):

(12) *Lei non lo sa ancora; o altrimenti | o se no gli altri lo sanno tutti.

e cioè nell'assenza di valore digressivo per *altrimenti* e *se no* in combinazione con *o*.

Riassumendo, riterremo per *altrimenti* i tre impieghi distinti (ma prossimi) caratterizzabili (nell'ordine inverso alla loro introduzione) come: (I) digressivo; (II) opzionale e (III) ipotetico-negativo (o controfattuale) ed esemplificati rispettivamente da (13), da (14) e da (15)|(15')[39]:

(13 = 11") Lei non lo sa ancora; altrimenti gli altri lo sanno tutti
(14) Ci potremmo vedere martedì a pranzo; altrimenti, venerdì sera
(15) Diglielo, altrimenti si arrabbia
(15') Gliel'ho detto, altrimenti si sarebbe arrabbiata.

Già s'è detto di come il valore opzionale (II) di *altrimenti* non sia altro che una particolare manifestazione del valore (III) ipotetico-negativo: (II) presenta quale conseguenza del non sussistere di p un sostituto dello stesso p. L'emergenza di un 'nuovo' valore digressivo (I) consente ora di ripensare e delimitare con maggiore precisione il significato 'centrale' di *altrimenti* avverbio di frase. Si osservi anzitutto che in (I) *altrimenti*, se non ipotizza come in (III) il non-sussistere di p, tuttavia esattamente come in (III) e in (II) prescinde da p aprendo uno 'spazio di possibilità' (sono i termini utilizzati sopra in § 2.1.1.) entro il quale, o meglio grazie al quale si possono prendere in considerazione altri stati di cose variamente (e più o meno) correlati al primo. Il contributo semantico 'centrale' di *altrimenti*, il denominatore comune a tutti i suoi impieghi va proprio visto, come credo, nella capacità di 'mettere tra parentesi' un precedente stato di cose e di aprire un nuovo 'spazio di possibilità'. Il 'mettere tra parentesi' può realizzarsi in una versione forte (= assumere $\neg p$) e in una versione debole (lasciar sussistere p ma escluderlo dal nuovo universo di discorso). A sua volta, nello 'spazio di possibilità' così aperto si potranno introdurre stati di cose q collegati logicamente a $\neg p$ (sue conseguenze), ed in particolare dei sostituti di p; oppure, come nell'impiego digressivo, stati di cose appartenenti ad un altro àmbito tematico.

In questo senso il valore digressivo ci appare, anziché derivato dagli altri, più prossimo al valore centrale di *altrimenti*, una sua realizzazione 'pura', senza l'arricchimento semantico indotto dai particolari legami logici sussistenti tra p o $\neg p$ e q. L'averlo elencato sopra in ordine inverso alla sua introduzione intendeva appunto alludere a questa sua presunta prossimità o identità col valore centrale di *altrimenti*.

Tornando ora ad *invece*, e agli altri avverbi di opposizione, constatata una prevedibile variazione di naturalezza in enunciati quali (16)-(18):

(16) Potrei venire domani, o dopodomani
(16') ?Potrei venire domani, o invece dopodomani
(16") ??Potrei venire domani, o per contro dopodomani
(16''') ?Potrei venire domani, o al contrario dopodomani

Alternative 83

(16) Preferisci la carne o il pesce?
(16') ⁽?⁾Preferisci la carne o invece il pesce?
(16") ?Preferisci la carne o per contro il pesce?
(16"') ʾPreferisci la carne o al contrario il pesce?
(17) Può scegliere di lavorare tutto il giorno o solo mezza giornata
(17') Può scegliere di lavorare tutto il giorno o invece solo mezza giornata
(17") ⁽?⁾Può scegliere di lavorare tutto il giorno o per contro solo mezza giornata
(17"') ?Può scegliere di lavorare tutto il giorno o al contrario solo mezza giornata,

riterremo senza troppo indugiare sui dettagli della dimostrazione che questi avverbi costituiscono con la disgiunzione *o* una (mini)scala di forza oppositiva crescente:

$$o > o\ invece > o\ per\ contro > o\ al\ contrario.$$

in parallelo a quella di

$$o > o\ oppure > o...o$$

a cui ci si è più volte riferiti. I rapporti tra le due scale, e in generale tra gli avverbi *invece*, *per contro*, e *al contrario* e le disgiunzioni forti *oppure* e *o...o*, non sono particolarmente perspicui. Credo che le due scale non siano a ben guardare commisurabili, perché si fondano almeno in parte su criteri disomogenei: è praticamente impossibile giudicare della maggiore o minore forza d'opposizione tra i rispettivi disgiunti in (18) e (18'), appunto perché le operazioni logiche coinvolte sono diverse:

(18) Portale un disco oppure un libro
(18') Portale un disco o invece un libro.

Limitiamoci ad osservare che la sostituzione di *oppure* ad *o* sembra bloccare l'impiego di *invece*:

(18") ??Portale un disco oppure invece un libro.

(D) l'ultimo luogo (che menzioniamo) di intervento scalare è il legame logico, di dipendenza o meno, tra i disgiunti. Secondo quel che si è detto sopra, *altrimenti* presenta il secondo disgiunto come se fosse 'di grado superiore' rispetto al primo, subordinato cioè al non-sussistere di questo: una conseguenza insomma della sua indisponibilità. Il secondo disgiunto viene così a sostituire il primo. Ma, mentre la sostituzione espressa da *invece* è per così dire 'libera', e in certa misura simmetrica e quindi invertibile, quella espressa da *altrimenti* è una sostituzione 'vincolata' o 'condizionata'.

La subordinazione logica del secondo disgiunto prodotta da *altrimenti* comporta un allontanamento — una 'divaricazione', come si era detto — delle due alternative. E ciò non è privo di conseguenze scalari. Da una parte è vero che *altrimenti*, che possiede una componente centrale di 'ipoteticità' (= se ¬ p...), è prossimo ad *anche* aggiuntivo, di cui può essere considerato la versione negativa: *anche* aggiunge una seconda alternativa conservando la prima, *altrimenti* aggiunge una seconda alternativa eliminando la prima: cfr. (19) e (19'):

    (19)   Potrebbe arrivare domani, o anche dopodomani
    (19')   Potrebbe arrivare domani, o altrimenti dopodomani.

Ma d'altra parte *altrimenti* è però prossimo ad *invece*, perché insiste sul fatto che i due stati di cose *p* e *q* veicolati dai disgiunti non possono cooccorrere. Come *invece*, allora, *altrimenti* induce tra i disgiunti una relazione di opposizione, la cui forza è più elevata di quella della semplice *o*. Ne consegue la ulteriore (mini)scala

$$o > o\ altrimenti$$

parallela alle due scale menzionate sopra. Vi si trova rispecchiata l'intuizione della superiore forza oppositiva tra i disgiunti di (20') rispetto a quelli di (20):

    (20)   Potrebbe arrivare domani o dopodomani
    (20')   Potrebbe arrivare domani o altrimenti dopodomani.

Anche *altrimenti*, dunque, partecipa in certa misura alla scalarità generalizzata che caratterizza la semantica delle alternative.

Note

1. O semplicemente 'alternative', come anche diremo, secondo l'ormai usuale estensione d'impiego.
2. *O* è «seguito da *magari* o *almeno*» — afferma il *Dizionario Italiano* di F. Sabatini e V. Coletti — «per esprimere un'alternativa messa in subordine».
3. È pur vero che la maggior parte degli autori, in accordo coi dati di frequenza, vede piuttosto il corrispettivo naturale del connettivo logico ∨ nella congiunzione *o*; cfr. ad esempio Bencivenga (1984: 36): «Il connettivo italiano cui ∨ si avvicina maggiormente è "o"».
4. Un bell'esempio di questo è nel già citato Gex (1956): «Lorsque nous affirmons: "tout nombre entier est pair ou impair", "les serpents de mer existent ou n'existent pas", nous avons affaire à une *disjonction exclusive*, telle qu'il n'est pas possible que les deux propositions constituantes soient vraies à la fois: un nombre entier ne peut être en même temps pair et impair, un animal ne peut à la fois exister et ne pas exister» (p. 64).
5. Gli aspetti linguistici sono curati da Carla Marello, Diego Marconi e Michele A. Cortelazzo.
6. Può essere interessante rilevare che il *Dizionario delle lingue italiana e inglese* (Firenze, I Grandi Dizionari Sansoni, 1985), sv OR individua una particolare accezione 'correttiva' della equivalenza (riproducibile in it. da *o meglio, o per meglio dire, ovvero, ossia, cioè*), come nell'es. *His ideas, or lack of ideas, cost him the job*.

7. Ad opera di un collettivo di linguisti diretto da Günter Kempcke, Berlin, Akademie-Verlag, 1984. Le voci relative alle congiunzioni — quella citata sopra di *oder*, in particolare - sono state stese da E. Lang.
8. Un panorama, non so quanto perspicuo, è fornito dal *Dictionnaire Encyclopédique de Pragmatique* (Moeschler e Reboul 1994: 189 ss.).
9. Cfr. de Cornulier (1985), in partic. i capp. I *Introduction à l'analyse dérivationnelle du sens* (§§ 1 «Introduction» e 2 «Ou et son sosie«) e III «*Ou* asymétrique et les questions alternatives».
10. Per una applicazione alla semantica della congiunzione *e* si veda Ferrari (in stampa).
11. Sulla differenza tra lat. *vel* e *aut* si vedano, con le ulteriori osservazioni di Dik (pp. 275-76), e con le voci lessicografiche ivi citate, anche Hofmann e Szantyr (1972 [1965[1]], 498 sgg.), Traina e Bertotti (1985: 328 sgg.) e Paoli (1957 [1948[1]], pp. 406 sgg.). Particolarmente degna di nota, in Dik, così come in Bertotti e Traina (cfr. p. 328: «Due o più concetti distinti o opposti si disgiungono con *aut* "o altrimenti" [...]. Ma se la distinzione o l'opposizione è indifferente o irrilevante per chi parla, si usa *vel* "o se vuoi")» e naturalmente in Hofmann e Szantyr (per cui — p. 498 — *aut* esprime «una disgiunzione obiettiva o dipendente solo dal giudizio del locutore, mentre *vel* lascia la scelta all'interlocutore»), è l'intuizione che lat. *aut* non sia di per sé necessariamente esclusivo nel senso logico. Un ulteriore esempio di *aut* non esclusivo, e comunque fortemente attenuato, è quello della *Proserpina* ovidiana (*Met.* V 392 «ludit et aut violas aut candida lilia carpit»).
12. Cfr. altrimenti il carattere non ipotetico di un esempio come *Medicinali o indumenti sarebbero estremamente utili*. Ma la situazione è passabilmente complicata.
13. È curioso che col verbo 'scegliere' alternino a congiungere gli oggetti della scelta la *e* e la *o* a seconda del tipo di rezione: cfr. *Scegli tra questo e|*o quello*, *Scegli questo e|o quello*? Nel secondo enunciato anche la *e* è accettabile, ma non ha lo stesso valore della *o*: non disgiunge le entità tra cui si esercita la scelta, ma congiunge le entità risultato della scelta.
14. Una notevole realizzazione, con rilievo grafico sulla congiunzione interna all'ultima alternativa, è in un passo di Wilkie Collins, *Hide-And-Seek or The Mystery of Mary Grice*, New York, Harper & Brothers Publishers, 1893, pp. 49-50:
    There was this low-speaking, mildly-infirm, and perpetually-snuffling engraver, who, on being asked to mention what he most admired in her, answered that he thought it was her hair, «which was of such a nice light brown color; or, perhaps it might be the pleasant way in which she carried her head, or, perhaps, her shoulders — or, perhaps, her head *and* shoulders, both together. Not that his opinion was good for much in tasty matters of this kind, for which reason he begged to apologize for expressing it at all».
15. Cfr. i passi citati sopra.
16. Che per alcuni può essere di accettabilità problematica.
17. La numerazione degli esempi è interna ai singoli paragrafi.

18. La celebre apertura del *Tristram Shandy* («either x or y, or indeed both of them»):
    I wish either my father or my mother, or indeed both of them, as they were in duty both equally bound to it, had minded what they were about when they begot me.
    sarà allora forse da intendere come voluta infrazione del principio. Ma si noti, in essa, l'asseverativo *indeed* a sorreggere l'introduzione 'abusiva' di una terza alternativa.
19. Rimane aperto il problema di quale tipo di costituente possa essere retto da *altrimenti che*: si veda ad esempio il variare dell'accettabilità negli esempi: *Io glielo avrei detto altrimenti che con un tono arrogante / minacciandola / *minacciosamente / ?in fretta / ecc.*
20. Che in un caso *altrimenti* elimini la sola modalità, e in un altro tutto lo stato di cose dipende, come è ovvio, dalla natura di q e del legame $\neg p \to q$.
21. Perché si potrebbero ad esempio prendere in considerazione, come vedremo, delle alternative di *p*.
22. E ciò anche quando la disgiunzione *o* è coadiuvata da *altrimenti*: cfr. *?Glielo ha detto, o altrimenti si sarebbe arrabbiata*. È vero comunque che anche la naturalezza di (4') sopra — *Glielo ha detto, altrimenti si sarebbe arrabbiata* — è accresciuta dalla presenza su *p* di un 'segnale di possibilità' di $\neg p$, del tipo ad esempio dell'avverbiale *per fortuna*: cfr. *Per fortuna glielo ha detto, altrimenti si sarebbe arrabbiata*.
23. Cosa che la disgiunzione *o* (prevedibilmente) e *oppure* (meno prevedibilmente) non sono in grado di fare: si confrontino *Ma fallo però. Altrimenti...* |*O... | *Oppure...*
24. Più problematica è invece la combinazione di *altrimenti* e di *oppure*: *?Ci potremmo vedere martedì a pranzo oppure altrimenti venerdì sera*, e ciò anche quando i due connettivi non sono a contatto (come in *?Ci potremmo vedere martedì a pranzo oppure venerdì sera, altrimenti*, o nella variante dell'esempio (7") sotto: *Oppure il disco della Kashkashian, altrimenti*).
25. A differenza di *altrimenti*, *allora* in italiano ha qualche problema ad accompagnare *o* per introdurre la seconda alternativa: cfr. *?Portale dei fiori o allora un disco*. La piena accettabilità è ristabilita da una pausa, che viene intesa dialogicamente, come un prender atto del rifiuto dell'interlocutore: *Portale dei fiori — o allora un disco*. L'avverbio *allora*, insomma, richiede come è naturale, visto che tira delle conseguenze, che la prima alternativa sia stata indipendentemente respinta.
26. Si noti il permanere rispetto a *se no* di una prospettiva modale come negli impieghi d'avverbio modale in senso stretto: *altrimenti* introduce 'un altro modo' di essere del mondo. Un'altra differenza tra *altrimenti* e *se no* potrebbe essere individuata in termini di 'forza oppositiva' indotta tra i congiunti, più elevata per *se no* (si pensi, a sostegno dell'intuizione, alla diversa naturalezza di *altrimenti* e *se no* entro il campo della negazione — la quale in certa misura neutralizza l'opposizione tra i congiunti: *Non regalarle al solito un libro o un disco | un libro o ?altrimenti un disco |*o se no un disco*).

27. Cfr. (6") sopra (in cui, si noterà, non vi è pausa tra *p* e *q*) o un esempio come (9), che completa la serie (4) sopra:
    (9)   Diglielo, o si arrabbia, altrimenti.
28. Una osservazione nello stesso senso, limitata agli impieghi 'opzionali' — in cui cioè *altrimenti* introduce alternative — e attenuata dal quantificatore *talora*, è presente nel *DISC*, *sv.* ALTRIMENTI, nella seconda accezione del valore di 'congiunzione testuale': «Con significato opzionale, "oppure", "in alternativa", "sennò" (*talora preceduta da o*): *puoi regalargli un libro d'arte, altrimenti una stampa antica, vieni pure domani mattina, o altrimenti nel pomeriggio*».
29. Si pensi al tentativo d'indovinare il numero di rose di un *bouquet*: *Le ha regalato delle rose: saranno state nove, o undici, o altrimenti dodici.*
30. E per contro la devianza di (7') che situa la correzione sul piano delle parole:
    (7')   ?Portale un libro, o per meglio dire un disco.
31. Un sottotipo particolare è costituito dalle disgiunzioni la cui seconda alternativa include, generalizzandola, la prima. Cfr. (a) e (b):
    (a)   Qui ci starebbero bene delle rose o comunque | in generale | * altrimenti dei fiori
    (b)   Le bibite o comunque | in generale | *altrimenti le consumazioni vanno pagate subito.
    Altrimenti è qui totalmente escluso, come mostrano (a') e (b'):
    (a')   *Qui ci starebbero bene delle rose o altrimenti (in generale) dei fiori
    (b')   *Le bibite o altrimenti (in generale) le consumazioni vanno pagate subito.
32. E mai il primo: si tratta con tutta probabilità di un principio valido in generale per tutte le strutture coordinate. Un eventuale avverbio scalare anteposto al primo congiunto o disgiunto tende ad operare su tutta la struttura anche in presenza di una pausa tra i due costituenti: si pensi a come viene normalmente inteso un enunciato quale *Portale semplicemente un libro, o un disco.*
33. Cfr. l'inaccettabilità di versioni senza pausa come *Comprale un libro* ?*o forse un disco* | ?*o anche un disco*, ecc.
34. Si noterà che l'attribuzione di probabilità deve necessariamente essere comparativa.
35. Cfr. allora: A: — *Portale un libro.* B: — *Dei fiori, invece!* (ma per contro rimane inaccettabile A: — *Usciamo.* B: — **Si fa tardi, invece*).
36. Si è liberi, fino ad un certo punto, di contrapporre le alternative di una disgiunzione, ma è anche vero che il loro contenuto si presta in minore o maggiore misura all'opposizione.
37. La parafrasi è del *DISC sv* RESTO.
38. Che riprendono enunciati già analizzati in questo paragrafo e nei precedenti

Bibliografia

Bencivenga, Ermanno (1984), *Il primo libro di logica. Introduzione ai metodi della logica contemporanea*, Torino, Boringhieri («Testi e manuali della scienza contemporanea — Serie di logica matematica»).

Buscha, Joachim (1989), *Lexikon deutscher Konjunktionen*, Leipzig, VEB Verlag Enzyklopädie.

Cornulier, Benoît de (1985), *Effets de sens*, Paris, Les Editions de Minuit.

Dik, Simon C. (1968), *Coordination. Its implications for the theory of general linguistics*, Amsterdam, North-Holland.

Engel, Ulrich (1988), *Deutsche Grammatik*, Heidelberg, Groos.

Ferrari, Angela (in stampa), «Un'(altra) ipotesi sul significato del connettivo *e*», *Studi italiani di linguistica teorica e applicata*.

Gamut, L.T.F. (1991), *Logic, Language, and Meaning*, vol. I: *Introduction to Logic*, Chicago e London, The University of Chicago Press.

Gazdar, Gerald (1979), PRAGMATICS. *Implicature, presupposition, and logical form*, New York ecc., Academic Press.

Hofmann, J.B., e Anton Szantyr (1972 [1965[1]]), «Disjunktive Partikeln», in ID., *Lateinische Syntax und Stilistik*, München, Beck, pp. 498-504.

Jennings, R.E. (1994), *The Genealogy of Disjunctions*, New York e Oxford, Oxford University Press.

Lang, Ewald (1977), *Semantik der koordinativen Verknüpfung*, Berlin, Akademie-Verlag (= *studia grammatica* XIV).

Lang, Ewald (1989), «Probleme der Beschreibung von Konjunktionen im allgemeinen einsprachigen Wörterbuch», in F. J. Hausmann *et al.* (a c. di), WÖRTERBÜCHER — DICTIONARIES — DICTIONNAIRES. *Ein internationales Handbuch der zeitgenössischen Forschung | An International Handbook of Contemporary Research*, vol. I, Berlin e New York, de Gruyter, pp. 862-68.

Lang, Ewald (1991), «Koordinierende Konjunktionen», in Arnim von Stechow e Dieter Wunderlich (a c. di), SEMANTIK|SEMANTICS. *Ein internationales Handbuch der zeitgenössischen Forschung | An International Handbook of Contemporary Research*, Berlin e New York, de Gruyter, pp. 597-623.

Levinson, Stephen C. (1983), *Pragmatics*, Cambridge, Cambridge Univ. Press.

Mondadori, Marco, e Marcello D'Agostino (1987), *Logica*, Milano, Bruno Mondadori («Sintesi»).

Moeschler, Jacques, e Anne Reboul (1994), *Dictionnaire encyclopédique de pragmatique*, Paris, Editions du Seuil.

Paoli, Ugo Enrico (1957[2] [1948[1]]), «Congiunzioni disgiuntive», in ID., *Scriver latino. Guida al comporre e a tradurre in lingua latina*, Milano-Messina, Principato, pp. 406-9.

Quirk, Randolph, *et al.* (1985), *A Comprehensive Grammar of the English Language*, London e New York, Longman.

Scorretti, Mauro (1988), «Le strutture coordinate», in Lorenzo Renzi (a c. di), *Grande grammatica italiana di consultazione*, vol. I, Bologna, Il Mulino, pp. 227-70.

Traina, Alfonso, e Tullio Bertotti (1985), *Sintassi normativa della lingua latina*, Bologna, Cappelli.

Proformas alusivas en lengua oral

Pura Guil
Madrid

1. Aunque es posible que en todo elemento lingüístico quepa señalar, en un mayor o menor grado, algún rasgo de ambigüedad, vaguedad, indeterminación o genericidad, estas zonas de penumbra no parecen constituir un obstáculo en nuestro uso de la lengua, puesto que producimos e interpretamos textos en un modo, al menos, aceptablemente eficiente. Más aún, la irreductible imprecisión del lenguaje natural no sólo no nos impide la comunicación cotidiana, sino que nos la facilita aportando ductilidad y ahorro de energías.

En estas zonas de penumbra hay que situar, sin duda, a las que he denominado, en el título de esta comunicación, *proformas alusivas*: *proformas* por su carácter sustitutivo, *alusivas* por la indeterminación de su remisión. Más exactamente se trata de usos alusivos de ciertas proformas y, aunque estos usos pueden ser desempeñados por muy diversas expresiones, mi interés recae en aquellas cuyo valor fundamental es el cualitativo o caracterizador, como ejemplifican los siguientes fragmentos:

(1) [...] un etarra, uno de ETA, que... que ha puesto no sé cuántas mil bombas y **tal**, que era del comando in- itinerante... [...] (COREC)
(2) [...] tutt'al piú si va nei paesi civilizzati qua in Europa per imparare la lingua e- /// e **cosí** /// ma:: [...] Bianconi (1980: 185)

Ambos elementos, **tal** y *cosí*, junto a las funciones *standard* habitualmente descritas por las gramáticas, ofrecen la posibilidad de un uso alusivo, característico, en italiano y castellano, de la lengua oral espontánea, de registro informal. Como puede observarse, en (1) y (2), excluida una interpretación deíctica *ad oculos*, en el cotexto inmediato no aparece un elemento pleno cualitativo al que se pueda decir sustituyan estas proformas. Aunque no resulte posible una recuperación exacta de la información a la que remiten, no presentan, sin embargo, gran dificultad de interpretación, como me ha sido confirmado por los informantes a los que he consultado – españoles, por resultarme más accesibles – quienes han coincidido en que en (1) *y tal* remite a otras acciones típicas de un terrorista etarra, como pueden ser "que pega tiros en la nuca de sus víctimas o que asesina indiscriminadamente". Y es de suponer que resultados parecidos se obtendrían de una consulta similar de (2) a informantes italianos: se está remitiendo indeterminadamente a otras finalidades típicas de un viaje a Europa (p. ej. "per fare del turismo, per passare le vacanze o per lavorare").

También parece posible suplir con aceptable aproximación la información aludida con *queste cose qua* en (3), donde el hablante B trata de confirmar que el hiperónimo "materiale inventariabile" comprende entidades semejantes en características a las que enumera:

(3) A: *cioè il materiale inventariabile non si può spendere per missioni ah soldi per il materiale inventariabile*
B: *e quindi insomma <?> macchine da scrivere*
A: *sì sì*
B: **queste cose qua** *fotocopiatrici eventualmente*
A: *sì sì sì sì va bene* (LIP, NA4)

o bien en (4) donde *y eso* puede entenderse que remita a entidades indeterminadas pero que, como el agua de colonia, son objetos típicos de regalo:

(4) A: *Muy detallista ¿eh? porque...* [tío Jesús] *se acordaba del santo... a mí me regalaba colonia* **y eso**, *lo que no hacían... los padres.* (COREC)

Por no disponer de los conocimientos compartidos por los interagentes, bastante más difícil nos resulta parafrasear la característica a la que se alude con *così* en (5), aunque no parece constituir un problema para el interlocutor, al igual que ocurre en (6) con la misma proforma[1]:

(5) [se están proponiendo posibles planes para pasar la tarde]
A: *quarta possibilità nella quale per la quale propendo io invece e' casa di mio cugino con gente* **così** # *mi sembra più tranquillo*
B: *mh*
A: *tu cosa vuoi fare?*
B: *<?> me va benissimo*
A: *mh quinta possibilità stiamo a casa e ci vediamo la televisione* [LIP, RA1)

(6) B: *tu m'hai detto che la tua amica Paola e'_*
A: *me l'ha detto Francesca che è amica di Paola*
B: *allora è Francesca che è amica di Paola?*
A: *sì sì Francesca è amica di Paola io*
B: *<?>*
A: *la conosco ma non* **così**
B: *solo che Francesca mo' starà a scuola?* (LIP, NA3)

Ocurrencias similares se dan en castellano, como por ejemplo en (7). El emisor, que se dedica a montar barcos dentro de botellas, habla del tipo de botella representado por el ejemplar a la vista, sin que pueda identificarse con exactitud la cualidad a la que remite *tal*:

(7)   A: *[...] en principio es pieza única, ya no la vuelvo a hacer pero vamos, es que además ni borracho. ¿Por qué? Pues porque no merece la pena por las... lo labrada que está la botella, es decir, yo antes cuando entraba a los bares veía esta botella: "¡Qué bonita, para meter un barco, qué* **tal**!*" porque yo creía que iba a quedar así, y entonces cuando ya me he da<(d)>o cuenta ha sido cuando ya está termina<(d)>o.* (COREC)

En (8) la atención está concentrada en narrar la confusión de un líquido corrector de errores con un esmalte de uñas, mientras que la proforma adverbial *así* alude a la simple presencia en clase, es decir, a lo que podría considerarse la forma normal de *estar en clase*, aunque, precisamente por ello, difícilmente caracterizable. El grupo *no sé qué*, con valor indefinido, que se utiliza a continuación, reitera esta pintura con trazos gruesos del fondo de los hechos narrados:

(8)   A: *Apoteósico. Está...mira, Fátima, la de atrás estaba... está como una chota también. Bueno pues tenía un bote de "Typex",* [...] *y está* **así** *en clase,* **no sé qué** *y se levanta y se pone: "Ay, ¿me dejas a ver qué pinta uñas blanco tienes?"* [...] (COREC)

Dada su heterogeneidad y dependencia contextual, no estoy en condiciones de indicar qué elementos pueden ser empleados de este modo, pero se trata de un uso peculiar de proformas nominales, adjetivales, adverbiales o sustitutivas de frases, que remiten cualitativamente a entidades, propiedades, acciones o eventos que se considera forman parte del conocimiento general o específico compartido con el interlocutor.

Me interesa subrayar que este uso alusivo, que no permite una identificación certera, es considerado por el emisor 'suficiente' para sus intenciones comunicativas, aunque, como todas las proformas, por su limitada intensión y amplia extensión, pueden también ser empleadas simplemente para sustituir un término preciso que no se recuerda momentáneamente, como muestra (9), resolviendo a continuación especificativamente la expresión:

(9)   A: *niente io sto_ sto molto bene sono un po'_* **così** *un po'_ # abbattuta dalla tesi devo dire [...]* (LIP, RA1)

En cambio, un uso diverso del alusivo, es aquel en el que algunas de estas proformas se emplean como fórmula de remisión ficticia, a título a menudo ejemplificativo, como en la ocurrencia de *tal dei tali* en (10), donde la repetición de la onomatopeya *ta* cumple el mismo papel:

(10)   A: *lui quando ti dice # XYZ hai telefonato alla XYZ al* **tal dei tali** *il numero* **ta ta ta ta ta** *in serie* **ta ta ta** *senza l'agenda davanti quello è lavorare* (LIP, MA26)

o en castellano:

(11) A: *[...] la información pésima. Lo mismo te dicen, eh... llega por la vía tal y luego te rectifican a... y tiene que andar la gente corriendo. No informan...* (COREC)

Si aceptamos como uso prototípico aquel en el que estas proformas envían anafórica o deícticamente a informaciones efectivamente presentes en el cotexto o contexto, su uso alusivo mostraría un alejamiento del prototipo, situándose en una zona difusa, mientras que más periféricos aún serían otros usos, con las consiguientes neutralizaciones e incluso cambio de función, como p.ej. cuando se convierten en muletilla o tic, o bien realizan una remisión ficticia, como en (10) y (11).

2. Si, atendiendo a los fragmentos anteriores, consideramos las más o menos plausibles recuperaciones parafrásticas de la información a la que parecen remitir, puede observarse que estas proformas, usadas en modo alusivo y situadas en general en fin de secuencia, muestran una doble composición: intra y extratextual.

Por una parte, establecen un vínculo endofórico implícito con otros elementos textuales, sin que se dé ni correferencia ni identidad de sentido, sino sólo una vaga relación de semejanza o afinidad cualitativa con la información extratextual a la que, por otra parte, remiten estas proformas.

A falta de otra denominación más específica, me inclino a pensar que estamos ante un caso especial de la llamada "anáfora implícita" (tipo "*Una casa...la puerta*"), en el que la relación con el antecedente es cualitativa y el elemento anafórico no está constituido por una expresión plena semánticamente. La activación textual del antecedente promueve la "comprensión" de la entidad, propiedad o evento a los que envía la proforma, apoyándose en la afinidad cualitativa compartida según los estereotipos y expectativas habituales.

A título de hipótesis explicativa, cabe pensar que, en la actividad de producción, ante la inherente imprecisión del lenguaje natural, el hablante, inseguro de que se produzca una adecuada comprensión de la correspondiente representación mental que está queriendo transmitir, la refuerza discursivamente. En el texto en curso explicita sólo una parte de los elementos que integran esa representación, precisamente aquellos que, de manera más o menos elaborada, ha elegido como más relevantes (*figura*), y alude a continuación a la existencia de otros elementos cualitativamente afines pertenecientes al mismo esquema cognitivo o dominio de conocimiento activado. Estos elementos quedan así en un segundo plano (*fondo*), ahorrando al hablante el esfuerzo de su enumeración o de descender a un nivel más detallado de especificidad, pero siempre en la confianza de que el destinatario de su discurso sabrá o podrá comprenderlos apropiadamente supliendo la información que falta. Y en este sentido, pueden interpretarse como señales que establecen o confirman comunión de conocimientos con el interlocutor.

Esta explicación resulta, a mi juicio, coherente con otras posibles de adoptarse enfoques diferentes. Por ejemplo, el fenómeno podría igualmente ser interpretado, o bien como el resultado de un choque entre la Máxima de la Cantidad y la Máxima de Modo ("evite la prolijidad") (Grice: 1978), o bien, desde la Teoría de la Relevancia (Sperber & Wilson: 1993), como una incitación a ampliar el "contexto", reforzando los efectos cognitivos ya producidos por la información precedente, y contribuyendo así al intento de alcanzar la relevancia óptima, es decir, el máximo impacto cognoscitivo con el menor esfuerzo de procesamiento.

Sin embargo, por parte del destinatario, cabe también suponer que se ha de aplicar algún tipo de mecanismo regulador que bien automatice o bien simplemente no tome en consideración todas estas proformas, máxime si las juzga como no intencionales. Es de esperar que se limitará a aquellas que le resulte indispensable elaborar, en el grado adecuado, para reestablecer la coherencia textual. De otro modo, y especialmente en los casos de proliferación de su uso, generar todas las inferencias que parece así solicitarle su interlocutor, podría llevar al destinatario a una no deseada "explosión inferencial".

Pero si bien este mecanismo regulador es hipotizable que actúe de forma más o menos automática en contextos de uso de la lengua materna, puede hacerlo de modo diferente en situaciones de empleo de una lengua extranjera, al menos en los estadios iniciales de aprendizaje. En estas situaciones los procesos de tratamiento de bajo nivel (superficie lingüística) están menos automatizados y son más costosos y, en caso de una abundante presencia de estas proformas, puede producirse una aún mayor concentración de la atención en dichos niveles bajos, mermando así notoriamente el contingente de recursos cognitivos aplicables a los niveles de tratamiento más altos y, como consecuencia, reducir el grado de eficacia en la realización de la actividad de comprensión (Cfr. Coirier-Gaonac'h-Passerault 1996).

3. En otro orden de cosas, habría que recordar que, Sornicola (1981: 149-167), tratando de la pronominalización en la lengua oral, subraya la casuística existente y formula una distinción entre aquellos casos que pueden considerarse *standard* y aquellos otros que podrían explicarse como efecto de código restringido.

Por su parte, Bianconi encuentra, en un grupo de los textos que integran su *corpus*, un uso frecuentísimo de las que denomina "formule riassuntive o conclusive", que considera indicio de la genericidad del discurso y, junto con otros fenómenos, caracterizan un tipo de lengua que, a su juicio, "è la spia di un'evidente confusione cognitiva, fatta di luoghi comuni e capace quindi di esprimersi soltanto attraverso le frasi fatte e le formule stereotipate" (1980: 180).

Otro enfoque del fenómeno aporta Berretta (1994: 245-46 y n.3) al examinar la textualidad del "parlato" como nivel en el que se manifiestan preponderantemente los efectos del canal. Respecto a su posible fragmentariedad temática, señala que "non a caso emerge piú nettamente in tipi di testo in cui la cooperazione dell'ascoltatore è scarsa, come le interviste effettuate per la raccolta di testi orali", remitiendo expresamente a los trabajos citados de Sornicola y Bianconi[2].

Posiblemente el uso, y en muchos casos abuso, de este tipo de proformas que solicitan o cuentan con una cooperación que el interlocutor difícilmente puede colmar estrictamente, sea imputable a carencias expresivas, de elaboración conceptual o, simplemente, a falta de práctica en la gestión de interacciones con interlocutores no habituales. Todos ellos son factores con una incidencia relativa determinable caso a caso. Lo que me parece importante señalar es que este uso alusivo no es exclusivo de hablantes con un nivel socio-cultural bajo, sino que se da también en usuarios supuestamente cultivados. Habría que pensar entonces en unos límites de tolerancia del fenómeno variables en razón de la frecuencia de uso y del tipo de texto y de interacción.

Su genericidad semántica otorga a estas proformas una amplia polifuncionalidad: desde la *standard* de sustitución efectiva de elementos textuales o contextuales, a la remisión alusiva a informaciones que quedan en la penumbra de un segundo plano, o a su empleo como *jolly* o comodín sustituto del término adecuado, y todo ello facilita el que puedan ser pragmáticamente aprovechadas como estrategia de cortesía atenuadora (Bazzanella 1990, 1995), evitadora (eufemismo) (Galli de' Paratesi 1969) o de reticencia (Prandi 1990).

4. Quisiera señalar, por último, una cuestión relativa al uso alusivo, esta vez con tintes contrastivos.

Creo que puede considerarse alusiva una fórmula tan *standard* como *etcétera*, en castellano, o *eccetera*, en italiano: empleadas tras una secuencia textual remiten de forma no específica a informaciones heterogéneas pero que guardan una afinidad con las ya mencionadas.

Según los datos del LIP, *Lessico di frequenza dell'italiano parlato* (De Mauro-Mancini-Vedovelli-Voghera 1993), *eccetera* alcanza un número total de ocurrencias de 229 en todo el *corpus*, formado por cerca de 500.000 palabras, mientras que de otras fórmulas en principio equivalentes la mayor frecuencia corresponde a *così via*, con 10 ocurrencias[3].

El *COREC*, Corpus oral de referencia del español contemporáneo (Marcos Marín 1992), no ofrece datos estadísticos, pero en su directorio de textos orales conversacionales, integrado por cerca de 270.000 palabras, he podido encontrar sólo 9 ocurrencias de *etcétera*, mientras que otras fórmulas similares, como por ejemplo *y tal*, aparecen con enorme abundancia.

En consecuencia, cabe suponer que las funciones que el italiano oral atribuye mayoritariamente a *eccetera*, el castellano oral las distribuye entre diversas expresiones, fundamentalmente *y tal*[4]. Lo que resulta confirmado por los textos.

En ambas lenguas, tras una progresión enumerativa de elementos heterogéneos pero afines, pueden aparecer estas proformas remitiendo alusivamente a otros elementos, que se estiman análogos, pero que en realidad son *nuevos* informativamente y, por tanto, no recuperables. Véase, por ejemplo, (12), donde el interlocutor ha expresado previamente su necesidad de comprar una impresora:

(12) C: *c'è tutto un sistema_ adesso offre la Macintosh di bo' non so quanti computer schermi cose in rete* **eccetera** *per cui la stampante viene gratis laser venti milioni ventuno* (LIP, RA2)

o en (13), donde un pintor trata de explicar el tipo de pintura que realiza:

(13) *[...] porque yo realmente trabajo con... con materias, materias... más o menos inusuales, inusuales hace treinta años, ahora ya son absolutamente normales, trabajo con cartones, con telas con... con resinas, con arenas* **y tal**. *Hago una pintura materia, que empecé a hacer en mil noveci-,..., exactamente en mil novecientos cincuenta y ocho, o sea, hace treinta... y tantos años ya.* (COREC)

Pero también son utilizadas tras mencionar sólo otra información semejante, sin haber formulado una progresión enumerativa, como muestran (14) y (15):

(14) B: *però questi conti io l'ho fatti_ tre anni fa ma c'ho tutte le ricevute impacchettate per anni* **eccetera** *e sono corretti il conto è giusto insomma* (LIP, FA10)

(15) A: *Yo creo que es un problema de disciplina, más rigidez o menos, pero yo no creo que tenga que ver con la expresión de sentimientos. O sea, hay niños que dan mucha guerra* **y tal** *y que sus padres_ y que son incapaces de expresar sentimientos porque sus padres jamás se los expresan a ellos* (COREC)

Como puede observarse, todos estos ejemplos muestran una construcción informativa en diversos planos de relieve. Con respecto a las secuencias anteriores o posteriores, portadoras del mayor peso informativo y concentración de atención, aquellas otras en las que se integran estas proformas cumplen un papel subsidiario, de apoyo, por lo que resulta fácil liquidarlas con una *coda* que alude a la existencia de "más de lo mismo" en un plano situado todavía más en el fondo.

Aunque no dispongo de datos cuantificados, una simple ojeada al *corpus* castellano utilizado permite percibir que, aunque el LIP tiene casi el doble de su tamaño, sin embargo es extraordinariamente superior el número de ocurrencias de *y tal* (y otras fórmulas similares) con función alusiva, respecto al de *eccetera*.

Esta llamativa diferencia seria explicable, además de por una mayor frecuencia de los usos que acabo de ejemplificar, por la incidencia de otro empleo que parece privativo del castellano oral espontáneo informal ya que no lo encuentro representado en el *corpus* italiano[5].

Como es sabido, un rasgo común de la modalidad oral consiste en su inclinación a citar, con mayor o menor fidelidad, fragmentos de otro discurso ajeno o propio. Pues bien, en algunos pasajes textuales, sobre todo en aquellos en los que se narra descriptivamente anécdotas personales, el castellano parece presentar una mayor tendencia que el italiano a referir el discurso propio o ajeno directamente en lugar de mediante el estilo indirecto. Pero además, esta formulación en discurso directo aparece típicamente acompañada, en posición de cierre, por *y tal* u otra expresión equivalente, como se muestra en:

(16) *[...] y nos compramos... vino una... una hermana de Andrés a Barcelona, porque dijimos: "Vamos a traerla para que vea Barcelona..."* **y tal** *¿sabes? y...y entonces pues nos trajo...trajo un jamón y, bueno, mientras duró el jamón... <risa>* (COREC)

(17) *[...] como va siempre tan mona, siempre la digo: "Ay, qué mona, qué blusa"* **y tal**, *dice: "Hija, a tu disposición. Ya sabes, cuando quieras". Siempre dice eso, siempre.* (COREC)

o en (18) con una variante amplificada, indicativa de pluralidad:

(18) *[...] Y... y dice Marta: "Pues ¿sabes de dónde vengo? De pa- de pagar un aire acondicionado, de aquí al lado y es que es muy amigo de Isidro y nos lo han puesto a buen precio", dice "y, ¡oy!, majísimo, una maravilla, no te puedes imaginar, un aparato muy mono"* **y tal y cual**, *y había estado toda la tarde ese señor enseñándola y dice "pero, vamos, ya lo habían visto Pepe y Isidro", por lo visto han comprado uno para Torremolinos y otro, Isidro, para aquí. No sé quién lo habrá comprado, claro.[...]* (COREC)

Como puede advertirse el procedimiento de contrucción del texto a diversos niveles es análogo al observado en (12), (13), (14) y (15), sólo que aquí el detalle del segundo plano está constituido por la reproducción de un discurso diverso, al que se le añade una *coda* alusiva a la existencia de otros fragmentos similares.

La aparente contradicción que implica la utilización de una proforma con un valor altamente genérico tras secuencias muy específicas, resulta explicable si consideramos la dificultad e incluso imposibilidad que se le plantea al hablante de mantener el nivel de detalle al que ha descendido sin perder el hilo conductor del discurso, lo que resuelve precisamente con la simple alusión a la existencia de otras informaciones similares a las que acaba de mencionar de forma "desplegada" (Jansen, en prensa).

Ya en 1958, a Werner Beinhauer, en su *Spanische Umgangssprache*, le llama la atención la predilección del castellano coloquial por la enumeración y el detalle. Observación interpretable en sentido contrastivo, puesto que en su estudio dice seguir la pauta marcada por su maestro Leo Spitzer en su obra referida al italiano (p.12).

Por su parte, el que denominaré "Grupo de Copenhague" (Jansen, H. et al. 1997: 50), en su investigación contrastivo textual danés-italiano, advierte una mayor preocupación en los textos daneses por la descripción del detalle, mientras que en los italianos "è invece prevalente *la preoccupazione interpretativa e formale* nel resoconto del contenuto, a scapito dei dettagli".

Llegados a este punto, la pregunta que cabría formularse sería ¿la diferencia apreciada en frecuencia de uso de estas proformas alusivas en castellano e italiano orales puede considerarse un indicio de que estamos ante dos tendencias textualizadoras diversas determinadas culturalmente? Su contestación exige, sin duda, no sólo la utilización de *corpora* plenamente equivalentes, sino también un grado mayor de elaboración y verificación que el aportado por el presente estudio que, ello no obstante, apunta hacia una respuesta verosímilmente positiva.

Notas

1. Aunque en este caso, (6), cabe la posibilidad de que con *così* se esté parangonando dos grados de conocimiento, significado recuperable con 'ma non così come la conosce Paola'.
2. Respecto a Bianconi (1980), Berretta indica precisamente las páginas (181-187) que recogen las transcripciones del grupo de textos objeto del juicio antes reseñado.
3. En la lista de frecuencias de las formas polirremáticas, se registran las siguientes frecuencias: *così via* 10, *via di seguito* 3, *e così via* 2, *e via di seguito* 1, *e via dicendo* 1, *via dicendo* 1, *e compagnia bella* 2, *compagnia bella* 1.
4. Obsérvese la asimilación sufrida por *eccetera*, frente a la simple aglutinación gráfica de *etcétera* -aparte, naturalmente, de las correspondientes evoluciones de /c/-, indicios de vías de transmisión no parejas.
5. He limitado su búsqueda a los textos del tipo A, "scambio comunicativo bidirezionale con presa di parola libera faccia a faccia".

Bibliografía

Bazzanella Carla, 1990, *Phatic connectives as interactional cues in contemporary spoken Italian*. "Journal of Pragmatics" 14: 629-647.
Bazzanella Carla, 1995, *I segnali discorsivi*. En: L. Renzi / G. Salvi / A. Cardinaletti (eds.). *Grande grammatica italiana di consultazione*. Vol. III. Bologna, Il Mulino: 225-257.
Beinhauer Werner, 1963 [1958], *El español coloquial*. Madrid, Gredos.
Berretta Monica, 1994, *Il parlato italiano contemporaneo*. En: L. Serianni / P. Trifone (eds.). *Storia della lingua italiana*. Vol. II. *Scritto e parlato*. Torino, Einaudi: 239-270.
Bianconi Sandro, 1980, *Lingua matrigna*. Bologna, Il Mulino.
Coirier Pierre / Gaonac'h Daniel / Passerault Jean-Michel, 1996, *Psycholinguistique textuelle. Approche cognitive de la compréhension et de la production des textes*. Paris, A. Colin.
De Mauro Tullio / Mancini Federico / Vedovelli Massimo / Voghera Miriam, 1993, LIP, *Lessico di frequenza dell'italiano parlato*. Milano, Etaslibri.
Galli de' Paratesi Nora, 1969, *Le brutte parole*. Torino, Giappichelli.
Grice H. Paul, 1978 [1967], *Logica e conversazione*. En: M. Sbisà (ed.). *Gli atti linguistici*. Milano, Feltrinelli: 199-219.
Jansen Hanne (1998), *Densità informazionale. Parametro fondamentale nel confronto di testi parlati e testi scritti*. En *Italica Matritensia Atti del IV Convegno SILFI*. Firenze, F. Cesati pp. 241-258.
Jansen Hanne / Jensen Bente Lihn / Jensen Eva Skafte / Korzen Iørn / Polito Paola / Skytte Gunver / Strudsholm Erling, 1997, *Testi paralleli scritti e orali, in italiano e in danese. Strategie narrative*. "Cuadernos de Filología Italiana" 4: 41-63.
Marcos Marín Francisco, 1992, [COREC] *Corpus oral de referencia del español contemporáneo*. Madrid, Universidad Autónoma Madrid (ftp://lola.lllf.uam.es /pub/corpus/oral).
Prandi Michele, 1990, *Una figura testuale del silenzio: la reticenza*. En: M-E. Conte / A. Giacalone Ramat / P. Ramat (eds.). *Dimensioni della linguistica*. Milano, F. Angeli: 217-239.
Sornicola Rosanna, 1981, *Sul parlato*. Bologna, Il Mulino.
Sperber Dan / Wilson Deirdre, 1993 [1986], *La pertinenza*. Milano, Anabasi.

Corrispondenze funzionali di well in italiano: analisi di un testo letterario e problemi generali

Carla Bazzanella
Torino

Generalità dei segnali discorsivi
E' ormai vasta la letteratura sui segnali discorsivi[1], un fenomeno assai complesso e pienamente accettato nella linguistica 'tradizionale' solo nell'ultimo decennio. Definiamoli come nel capitolo della *Grande Grammatica italiana di consultazione* a cura di L. Renzi/G. Salvi/A. Cardinaletti, (Vol. III, 225):

> "I segnali discorsivi sono quegli elementi che, svuotandosi in parte del loro significato originario, assumono dei valori aggiuntivi che servono a sottolineare la strutturazione del discorso, a connettere elementi frasali, interfrasali, extrafrasali e a esplicitare la collocazione dell'enunciato in una dimensione interpersonale, sottolineando la struttura interattiva della conversazione." (Bazzanella, 1995).

Possiamo individuare una convergenza di massima degli studiosi (sia pure nella differenziazione del trattamento, oltre che sulla terminologia) su due funzioni fondamentali che questi elementi svolgono nel discorso – **coesiva/ demarcativa** ed **interazionale** – favorendo così una diffusa classificazione bipartita: segnali discorsivi rispettivamente "**metatestuali**" ed **interattivi** (o altre specificazioni equivalenti). Risultano così intrecciati almeno due ordini di livelli: da una parte il livello linguistico (testuale e metatestuale), dall'altra quello modale, relativo sia all'atteggiamento proposizionale che dell'interazione in corso e degli specifici valori contestuali.

Un elemento caratterizzante dei segnali discorsivi è la loro **polifunzionalità**, che apparirà tra l'altro particolarmente evidente dall'analisi dello specifico segnale discorsivo che qui tratteremo (v. 2)[2] – l'inglese **well** –, e dalle diverse traduzioni in italiano (v. 3). Si intende con polifunzionalità il fatto che i segnali discorsivi possano svolgere più funzioni[3], talvolta contemporaneamente nello stesso enunciato. In base all'intonazione ed al contesto può variare infatti il valore assunto da uno specifico segnale discorsivo; la cosiddetta "discourse-boundness" dei segnali discorsivi motiva quindi, e contemporaneamente giustifica, quella che è stata definita, ad es. da Kroon (1995, 97) la loro "versatility".

Un altro carattere generale che serve ad individuare questa classe particolare (estremamente eterogenea dal punto di vista grammaticale, ma omogenea dal punto di vista funzionale) è **l'esteriorità rispetto al contenuto proposizionale**[4], come dimostra l'analisi (Bazzanella 1995), presentata nella *Grande Grammatica* (III vol, 228-229) delle proprietà sintattiche relative a interrogabilità, sostituzione tramite pro-forme, eliminabilità:

"Analogamente agli avverbi frasali, non possono essere interrogati, non è possibile cioè formulare una domanda che abbia come risposta un segnale discorsivo (es.(15a)), né possono essere inseriti in domande alternative (es.(15b)):

(15)   a. A. Le strutture, *voglio dire*, sono antiquate.
          B. Sono antiquate le strutture?
          A. * *Voglio dire.*
    b. * Le strutture sono antiquate, *voglio dire* o no?

Non possono essere sostituiti da pro-forme (le quali rimandano al contenuto proposizionale); ad es. in una frase come (16) *lo stesso* non puo' rimandare a *voglio dire*:

(16)   *I servizi, *voglio dire*, scarseggiano, e lo stesso (*voglio dire*) le infrastrutture.

I segnali discorsivi non vengono ripresi nelle frasi-eco, come nella seconda battuta di A in (18), e cadono nel discorso indiretto (es. 19b), come mostra l'agrammaticalità di(19c):

(18)   A: Non sanno orientarsi sulla pagina scritta.
          B: Mancano, *sai*, delle capacità di base.
          A: Mancano delle capacità di base.
(19)   A: Mi ha detto: "*Guardi*, così non si va più avanti."
          B: Mi ha detto che così non si può più andare avanti.
          c: *Mi ha detto che *guardi* così non si può più andare avanti."

Il fatto che in generale i segnali discorsivi non contribuiscano al contenuto proposizionale viene tra l'altro confermato, nel nostro caso specifico (l'uso di *well* in un testo letterario: *Brothers and Sisters*, di Ivy Compton Burnett) dalla cancellazione nel 39% dei casi, nella traduzione italiana (a cura di A. Micchettoni *Fratelli e sorelle*, Garzanti Milano 1982), che verrà analizzato in 4.

Corrispondenze funzionali di well in italiano 101

Come si sostiene a proposito della parafrasi: "L'eliminazione dei segnali discorsivi non incide a livello semantico; nel caso di una parafrasi si perdono infatti i valori di tipo emotivo o interattivo (presenti in (a), in cui l'uso ampio di segnali discorsivi sottolinea il rapporto con l'interlocutore e la richiesta di comprensione, ed assenti in (b)), ma il contenuto proposizionale non subisce modificazioni:

    a. Scusa, sai, ma non ce la faccio proprio, *capisci*.
    b. [Parafrasi:] Il parlante si scusa, ma non può soddisfare la richiesta.

(Bazzanella 1995, 229)

Per quanto riguarda la **scelta del testo,** vorrei notare che si tratta di un testo scritto, ma con alta frequenza di dialoghi (dal punto di vista letterario, anzi la 'dialogicità' dei testi di questo autore è risaputa): le facili dicotomie parlato/ scritto e le conseguenti attribuzioni di un dato fenomeno ad uno dei due canali sono per altro state già messe in discussione e superate dalla maggior parte degli studiosi[5].

Le funzioni di *well*
Molti studiosi si sono occupati in specifico di *well* come segnale discorsivo.

Accenni limitati si trovano in:
- Lakoff 1973 osserva che *well* precede le risposte considerate parzialmente o del tutto insufficienti dal parlante stesso;
- Sacks, Schegloff, Jefferson, nel loro famoso articolo del 1974, notano come *well* si trovi spesso all'inizio del turno;
- Labov e Fanshel 1977 suggeriscono che *well* può spostare l'argomento del discorso verso *topics* condivisi dai parlanti;
- Nei dati di Wootton 1981 *well* precede un rifiuto dei genitori alle richieste dei bambini;
- Per Owen 1983 *well* può precedere una risposta in cui viene cancellata la presupposizione della domanda precedente, oppure viene rifiutata un'offerta, o non viene esaudita una richiesta. Owen 1983 ne sottolinea inoltre la funzione per mitigare una minaccia della faccia;
- Pomerantz 1984 trova *well*, in alternanza con *yes but* (o il silenzio), come premessa ad un dissenso;
- Schiffrin 1987 concorda con Pomerantz nel dire che *well* è sostanzialmente un *response marker*, e viene usato all'inizio di risposte che in qualche modo non assecondano la coerenza richiesta.
- Più specifici gli studi di Svartvik 1980, Owen 1981, Carlson 1984, Jucker 1993, Schiffrin 1985, Watts 1986 e 1989; limitate ad ambiti particolari le ricerche di Greasley 1994[6] e Ziccolella 1998[7].

Senza passare in rassegna le varie posizioni particolari, presentiamo lo schema generale di Svartvik 1980, che viene in parte seguito anche dagli altri, e che condensa le diverse possibili funzioni di *well* in *qualifier* (iniziale) e *frame* (interfrasale): "As a qualifier, *well* is closely connected with previous and/or following discourse context, serving as a link between the two. [...] Unlike the qualifier, which is typically initially and linked to turn-taking, *well* in its framing function normally occurs non-initially, embedded in discourse" Svartvik (1980, 173-174).

Come *qualifier*, semplificando:
- può segnalare accordo;
- può rafforzare;
- può introdurre una risposta incompleta.

Come *frame:*
- può chiudere un discorso precedente;
- può spostare il *topic* del discorso;
- può introdurre una spiegazione, un chiarimento, un discorso diretto, una correzione.

Svartvik (1980,176) però non manca di sottolineare che: "The basic use of *well* should be seen as a sharing device, highlighting what is perhaps the primary distinguishing feature of informal conversation: [...] to maintain (or establish) social relationships[...]"

Riassumendo, rispetto ai due tipi sopra delineati di macro-funzioni dei segnali discorsivi in generale – metatestuale ed interazionale – *well* riassume spesso entrambe le funzioni, partendo dal valore basico di accordo[8], e 'sensibilizzandosi' quindi al contesto interazionale ed al cotesto linguistico[9].

Una proposta infine che unifica il trattamento dei diversi usi di *well*[10] è quella di Jucker 1993, nel quadro della *Relevance theory* (cfr. Sperber e Wilson 1986), secondo cui: "The discourse marker *well* indicates that the addressee has to reconstruct the background against which he can process the upcoming utterance." Jucker (1993, 438).

Un'analisi degli studi relativi ai diretti corrispondenti francesi *bon, ben, bien, eh bien*, per quanto interessante anche per i risvolti contrastivi, non può essere trattata in questa sede. Si rimanda agli studi, ad es., di Hansen 1996a e b, Sirdar-Iskandar 1980.

Le occorrenze di *well* in *Brothers and Sisters*, di Ivy Compton Burnett

Caratteristiche formali

Prendiamo in considerazione ora alcuni dati formali relativi alla posizione di *well* nell'enunciato, alla "collocazione" con altri segnali discorsivi, con i tipi di enunciato in cui è inserito nel testo qui in esame.

Per quanto riguarda la **posizione**:
come prevedibile (v. 2), *well* occorre, nell'alta maggioranza degli enunciati, ad inizio di turno: 69,7%; nel 30% dei casi le occorrenze sono interne, mentre solo una (pari a 0,3%) è finale[11].

Notiamo che tipicamente la posizione iniziale di *well* è seguita da una virgola, corrispondente alla pausa dell'orale, da cui traspare tra l'altro il livello diverso a cui si situa *well* rispetto al contenuto proposizionale dell'enunciato che segue (v. 1).

Per quanto riguarda la **collocazione con altri segnali discorsivi** sono presenti 43 co-occorrenze. Di queste, le più frequenti sono con *oh* (12), *so* (8), *now* (6), *you know* (3)[12].

Troviamo solo 2 occorrenze con *then* e *yes*; 1 sola occorrenza con *really*; 1 sola, raddoppiata con *no+yes* (*No, well, yes*), e *no+but* (*No, well, but*).

Incrociando la co-occorrenza con la posizione, rimane prevalente, ma ridimensionata (27/43) la posizione iniziale di *well*.

Anche l'analisi strutturale del **contesto** d'uso in relazione al tipo di enunciato conferma le previsioni: forte maggioranza del contesto dichiarativo (86%), seguito a distanza da quello interrogativo (10,8%), e da quello esclamativo (3,2%).

Caratteristiche funzionali

Per quanto riguarda le funzioni di *well* in questo testo specifico, applicando la classificazione proposta (Bazzanella 1995) nel terzo volume della *Grande Grammatica* a cura di Renzi, Salvi, Cardinaletti (pur con tutti i limiti ivi espressi relativi all'applicazione di uno schema rigido ad un fenomeno così 'sfuggente'), risultano i seguenti dati percentuali:

meccanismi di presa di turno	37,6
indicatori di mitigazione	16,3
richiesta di attenzione	15,6
indicatori di rafforzamento o autoconferma	13
segnali di cambio di *topic*	10,5
fenomeni di esitazione	4
indicatori di riformulazione o autocorrezione	3

Il dato emergente è l'utilizzo di *well* come segnale di presa di turno (più di un terzo delle occorrenze complessive; v. un esempio in (1), pp. 33/42), in quella funzione generale di *frame* che è stato messo in rilievo anche negli studi precedentemente citati (v. 2).

(1) She was sewing by the window, a spare little, middle aged woman, with her large, kind eyes and questioning nose much as they had been in her youth. "*Well*, how is it all going today?"

Oltre alla prevalenza della funzione di presa di turno (che permetterà tra l'altro l'elevato numero di cancellazioni, come vedremo in 4), è evidente anche la pluralità di funzioni, su cui era stata attirata l'attenzione inizialmente, considerandola caratteristica essenziale dei segnali discorsivi (v. 1), e che apparirà ancora più evidente dalla varietà di traduzioni italiane di *well* (v. 4).

Problemi contrastivi

Ai problemi generali della traduzione (che non verranno discussi in questa sede), nel caso di segnali discorsivi si aggiungono dei problemi specifici, correlati a questo tipo particolare di produzione linguistica. Notiamo come la perdita – sia pure parziale – del valore semantico (cfr. la definizione in 1) comporti una impossibilità del mantenimento della corrispondenza semantica dalla L1 alla L2 di quel determinato elemento linguistico.

Pensiamo ad un segnale discorsivo frequentemente usato nell'italiano parlato d'oggi (un'altra caratteristica generale è infatti la rapida variabilità diacronica nelle preferenze d'uso), in particolare – ma non esclusivamente – dai giovani: "non esiste". In nessun caso potrebbe essere accettabile in un'altra lingua un corrispettivo semantico di "non esiste", anche in una conversazione quotidiana[13].

La corrispondenza dovrà quindi necessariamente porsi sul piano funzionale, e su questo piano, forse più che su altri piani a cui normalmente va l'attenzione, si giocherà una traduzione pragmaticamente adeguata.

Nel caso specifico, la traduzione in italiano a cura di A. Micchettoni delle varie occorrenze di *well* si dimostra particolarmente sensibile a questa problematica (non sappiamo quanto consapevolmente, o quanto guidato da una 'sensibilità stilistica di mestiere'): oltre ai casi di cancellazione (nel 39% dei casi[14]), ed al semplice corrispettivo semantico *bene* (usato nell' 11,5% dei casi), troviamo ben **46 diverse corrispondenze funzionali** (pari al 49,5% dei casi).

Queste diverse corrispondenze si distribuiscono tra occorrenze relativamente alte (come *ebbene, allora* con frequenze relative tra il 4 e il 6%), altre relativamente frequenti (come *cara, salve*), ad una sola occorrenza assoluta (dal rango 20 al 47 con produzioni diversissime, come si può notare nella tabella qui sotto riprodotta).

Tabella 1. **Corrispondenze italiane delle occorrenze di *well* in *Brothers and Sisters***

Cancellazione	39%
Corrispettivo semantico *bene*	11,5%
46 diverse corrispondenze funzionali	49,5%
16-13 occorrenze:	*ebbene, allora, dunque, e*
12-8 occorrenze:	*be', ma, ecco*
6-4 occorrenze:	*va bene, cara, salve*
3-2 occorrenze:	*certo, eccomi miei cari, ora, già*
1 sola occorrenza:	*ben tornato, Che dite?, brava, come vedi, d'accordo, avanti, insomma, in verità, quanto a noi, comunque, oh ...sai, e così, benissimo, eccoci, adesso, ma certo, ma bene, per me, ma via, oh sì, e adesso, però, ma ora, cioè, veramente, infatti, mah.*

Questa varietà altissima di scelte sembra sottolineare da una parte le diverse potenzialità funzionali di *well* (dai puri fatismi, che possono essere cancellati, o tradotti con *salve* o *mia cara*, alle corrispondenze con segnali discorsivi di accordo e conferma (*d'accordo, certo, già*), perplessità (*mah*), od opposizione (*ma*)), e dall'altra l'esigenza di individuare, per il traduttore, quel lessema o quel sintagma che meglio riescono a riprodurre, nel contesto specifico, il valore in gioco prevalente rispetto ad altre (potenziali) componenti. La difficoltà del traduttore consiste proprio nella necessità di scegliere **una** soluzione, e quindi di compromettersi in qualche modo, eliminando le altre possibili letture. Le stesse frequentissime cancellazioni di *well*, in particolare in posizione iniziale, nella funzione corrispondente alle prese di turno (v. 1a, che riportiamo con la traduzione italiana dell'enunciato in cui occorre *well*), indicano un giudizio di ridondanza da parte del traduttore[15], che può non essere condiviso: ad esempio, si potrebbe in questo caso specifico notare la mancanza di una componente fàtica.

(1a) "*Well*, how is it all going today?" "Come vanno le cose oggi?"

Il 'peso testuale e contestuale' sarebbe responsabile di un processo di "*risemantizzazione contestuale*"[16], che permette anche l'apparentemente paradossale "doppia funzione" di *well* a livello interazionale: *well* infatti può segnalare sia accordo che disaccordo.

Un esempio, tra i diversi (13%; v. 3.2) in cui *well* indica conferma o rafforzamento in altri, è riportato come (2), e corrisponde alle pp. 97/130. Si noti anche il rafforzamento successivo operato da *indeed* proposizionale in inglese, ma non in italiano[17].

Per quanto riguarda la perplessità/disaccordo, già gli studi citati in 2 sottolineavano la frequente funzione di *well* come introduttore di una risposta 'dispreferenziale'. L'esempio riportato in (3), corrispondente alle pp. 46/61, mette in rilievo la difficoltà di Latimer a disconfermare l'enunciato del padre, che non solo gode di una forte autorità, ma utilizza una *tag-question* per rendere ancora più scontato l'accordo, e più difficile/disatteso il disaccordo. *Well* iniziale in (3) assolve così una funzione di 'primo allineamento' come "ripetizione dialogica"[18], o il frequente "sì, ma" che utilizziamo nelle conversazioni quotidiane, in cui cerchiamo di non evidenziare il conflitto.

(2) "Don't? why, what is the matter with all of you? Oh, you find it upsetting, do you? *Well*, it is enough to knock you all out; it is indeed."

"Non dirlo? Che cosa vi succede? Ah, lo trovate emozionante, vero? *Certo*, basterebbe a mettervi tutti fuori combattimento; sicuro."

(3) "And Tilly says she will never like any one as much as him, even though she marries somebody else. And Latimer says the same, don't you Latimer?"

"*Well*, not quite the same, Father"

[...] "*Be'*, non proprio lo stesso, papà."

Cenni conclusivi

Da questa analisi delle corrispondenze funzionali di *well* in uno specifico testo letterario, sono risultate alcune conferme alle generalità dei segnali discorsivi (polifunzionalità, esteriorità al contenuto proposizionale, valore modale, v. 1), e, rispetto al segnale specifico, una possibilità molto variegata di funzioni e quindi di rese differenziate nella L2.

Abbiamo visto come l'analisi – e la conseguente traduzione – di un segnale discorsivo non si può porre su un semplice piano semantico, di corrispondenza lessicale rigida L1-L2, ma – a partire da un nucleo basico che resterà comunque in gioco – il valore specifico dovrà essere calcolato in base ad una pluralità di livelli in gioco[19], pensando il significato linguistico in termini inferenziali e non di equivalenza, così come ha proposto recentemente Violi (1997, 212): "le parole funzionano come *dispositivi inferenziali e abduttivi*, elementi che attivano inferenze possibili e in questo modo guidano l'interpretazione testuale. Il significato lessicale non è costituito da un sistema di correlazioni fisse, ma da un insieme, variamente regolato, di inferenze possibili, che esibiscono gradi diversi di cogenza e probabilità, imponendo vincoli di differente forza sui processi interpretativi."

Centrale in questo insieme di inferenze possibili è – come sempre – il **ruolo del contesto**, sia linguistico che extralinguistico. Su questa relazione già nel 1977 Maria Elisabeth Conte aveva attirato l'attenzione: "La coerenza di un testo non è indipendente dal contesto pragmatico in cui il testo viene prodotto e percepito."

Note

1. Cfr., tra i lavori più recenti: Fraser 1996, Galhano Rodriguezs 1996, Kroon 1995, Lenk 1997. Per una prima trattazione, cfr. Bazzanella 1985, 1986, 1990.
2. Crediamo infatti che "the interplay between theory-driven and data-driven investigation" (Kroon 1995, 2) sia la metodologia migliore.
3. Come giustamente mette in rilievo Kroon (1995, 43), si tratta in questo caso di polifunzionalità interna ("their apparent variety of modal uses (category-internal polyfunctionality)"), che si aggiunge a quella esterna, cross-categoriale ("their property of having one or more uses that are commoner for other grammatical categories (e.g. adverbs or conjunctions; so-called cross-categorial polyfunctionality)".
4. In altri termini è il fenomeno a cui si riferisce Hansen (1996a,106) quando definisce i *discourse markers* come "non propositional linguistic items".
5. Cfr. ad es. Biber 1991, Bazzanella 1994.
6. Greasley (1994,483) riporta l'uso di *well* durante il gioco dello *snooker* (una specie di biliardo), caratterizzato quindi dall'assenza di un precedente contesto verbale: "Analysis of the snooker commentaries has shown that *well* was used in the following circumstances: (i) after an error had occurred in the play: where the commentary addressed the resultant positional consequences, (ii) where a positional problem of apparent concern was addressed, (iii) after a surprisingly good shot, (iv) after an unexpected observation."
7. Lo studio di Ziccolella 1998, relativo all'ambito specifico del tribunale, mette in rilievo tra l'altro la funzione sia anaforica che cataforica di *well*, "*simoultaneously both backward and forward looking*".
8. "[...] nella letteratura sui connettivi si è soliti distinguere tra valore di base, inerentemente associato al connettivo, e valore d'impiego" Ferrari (1995,37).
9. Già Humboldt (1993,243) metteva in rilievo come "solo la connessione del discorso svela la funzione cui sono di volta in volta destinate" le particelle connettive del birmano.
10. Per Jucker (1993,438) i diversi usi di *well* possono essere così riassunti: "The discourse marker *well* has distinct uses but they can all be related to one core

meaning. Four main uses can be distinguished. (1) It can be used as a marker of insufficiency, indicating some problems on the content level of the current or the preceding utterance. (2) It can be used as a face-threat mitigator, indicating some problems on the interpersonal level. (3) It can be used as frame marking device indicating a topic change or introducing direct reported speech, and (4) it can be used as a delay device."
Un'altra rassegna riassuntiva viene proposta da Greasley 1994, indicando ancora una volta, fosse necessario, quanto sia difficile una classificazione rigida di questi usi: "[...] the particle *well* has been accounted for in terms of marking an 'insufficiency in response' (Lakoff), signalling a 'face-threatening act' (Owen) or a 'disprefered response' (Levinson; Pomerantz), to mark a 'response which is not fully consonant with prior coherence options' (Schiffrin), to indicate 'acceptance/qualification' of a previous dialogue move/ situation (Wierzbicka; Carlson)."

11. Per essere precisi, la posizione di *well* in questo specifico esempio è finale solo se consideriamo l'unità turno, ma se consideriamo l'unità enunciato, anche questa occorrenza è da computare come iniziale (come nota Carlson, *well* può essere usato come battuta a sé): "Do you remember who was standing in this doorway an hour ago? *Well*?" p. 143.
12. In questo caso, ed in altri simili, vengono riportati i dati assoluti, in quanto più significativi delle percentuali.
13. Almeno finché non venga introdotto in una trasmissione televisiva di particolare successo, come sembra sia stato il caso per l'italiano, con "Avanzi".
14. I dati sono tratti dalla tesi di laurea di Antonella Boniperti, Università di Torino, a.a. 1990-1991.
15. Questo atteggiamento del traduttore è d'altra parte congruente con i dati presentati da Watts 1989 relativi alla discrepanza tra il frequente uso di *well* e la valutazione negativa dei parlanti stessi.
16. "Con questa espressione intendo riferirmi a tutti quei casi in cui vengono attribuiti alcuni tratti semantici a qualcosa che in sé non li possiede, ma che li viene ad acquisire grazie al suo particolare inserimento contestuale" Violi (1997,150).
17. Si tratta qui anche della applicabilità ai segnali discorsivi del gradiente di continuità tipico delle modalizzazioni (cfr. ad es. Kroon 1995,374).
18. Anche la ripetizione dialogica può segnalare sia accordo che disaccordo, ed i gradi intermedi (cfr. Bazzanella 1996).
19. V. ad es. la proposta di Kroon (1995,58), che distingue tra "representational, presentational, and interactional levels of discourse" e l' "approccio multidimensionale.

Bibliografia

Bazzanella Carla, 1985 L'uso dei connettivi nel parlato: alcune proposte. In A. Franchi De Bellis-L. Savoia (ed.), Sintassi e morfologia della lingua italiana d'uso. Teorie e applicazioni descrittive, Roma, Bulzoni: 83-94.

Bazzanella Carla, 1986 I connettivi di correzione nel parlato: usi metatestuali e fatici. In K. Lichem-E. Mara-S. Knaller (a cura di) Parallela 2. Aspetti della sintassi dell'italiano contemporaneo, Gunter Narr Verlag: 35-45.

Bazzanella Carla, 1990 Phatic connectives as interactional cues in contemporary spoken Italian. Journal of Pragmatics 14,4:629-647.

Bazzanella Carla, 1994 Le facce del parlare. Un approccio pragmatico all'italiano parlato, Firenze/Roma, La Nuova Italia.

Bazzanella Carla, 1995 I segnali discorsivi. In L. Renzi/G. Salvi/A. Cardinaletti, a cura di, Grande grammatica italiana di consultazione, vol. III, Bologna, Il Mulino: 225-257.

Bazzanella Carla, 1996 Introduction. In C. Bazzanella (ed.) Repetition in Dialogue. Niemeyer. Tübingen, pp. VII-XVII.

Carlson Lauri 1984, *Well* in dialogue games, Amsterdam, Benjamins.

Conte, Maria Elisabeth 1977 Introduzione. In M.E. Conte, a cura di, La linguistica testuale. Milano, Feltrinelli: 11-50.

Ferrari Angela 1995 Connessioni. Uno studio integrato della subordinazione avverbiale. Genève, Slaktine.

Fraser Bruce 1996 Pragmatic markers. Pragmatics 6,2:167-190.

Galhano Rodrigues Isabel Maria 1996 Suinais conversacionais de alternancia de vez. Tese de Mestrado em Linguistica Portuguesa Descritiva, Faculdade de Letras do Porto.

Greasley Peter 1994 An investigation into the use of the particle *well*: Commentaries on a game of snooker. Journal of Pragmatics 22, 477-494.

Kroon Caroline, 1995 Discourse particles in Latin. A study of *nam, enim, autem, vero,* and *at*. Amsterdam, Giebven.

Hansen, Maj-Britt Mosegaard 1996a Some common discourse particles in spoken French. In M. Mosegaard Hansen e G. Skytte (eds.) Le discours: cohérence et connexion, Etudes Romanes 35 Copenhagen, 105-149.

Hansen Maj-Britt Mosegaard 1996b 'Eh bien': marker of comparison and contrast. In E.Engberg-Pedersen et al. (eds.) Content, expression, structure. Studies in Danish Functional Grammar, Amsterdam, Benjamins.

Humboldt, von W. 1993 La diversità delle lingue, Roma-Bari, Laterza.

Jucker Andreas H.1993 The discourse marker *well*: A relevance-theoretical account. Journal of Pragmatics 19, 435-452.

Labov William e Fanshel David 1977 Therapeutic discourse. Psychiatry as conversation Orlando, Academic Press.

Lakoff Robin1973 Questionable answers and answerable questions. In B.B. Kachru, et al. (eds.) Issues in linguistics, Urbaa, University of Illinois Press: 453-467.

Lenk Uta 1997 Discourse Markers, Berlin, Narr.

Owen Marion 1981 Conversational units and the use of "Welll...". In P. Werth (ed.) Conversation and discourse. Structure and interpretation, London, Croom-Helm: 155-178.

Owen Marion 1983 Apologies and remedial interchanges. Berlin, Mouton.

Pomerantz Anita 1984 Agreeing and disagreeing with assessments: some features of preferred/dispreferred turn shapes. In J. Atkinson e J. Heritage (eds.) Structures of social action: Studies in conversation analysis, Cambridge, Cambridge University Press: 57-101.

Sacks, H., Schegloff, E., Jefferson, G. 1974 A simplest systematics for the organization of turn-taking for conversation, "Language" 50,4: 696-735.

Schiffrin Deborah 1985 Conversational coherence: the role of *well*, "Language" 61: 640-667.

Schiffrin Deborah 1987 Discourse markers. Cambridge, Cambridge University Press.

Sperber Dan e Deirdre Wilson 1986 Relevance. Communication and cognition. Oxford, Blackwell.

Svartvik Jan 1980 *Well* in conversation. In S. Greenbaum et al. (eds.) Studies in English linguistics for Randolph Quirk, London, Longman:167-177.

Violi Patrizia 1997 Significato ed esperienza, Milano, Bompiani.

Watts Richard 1986 Relevance in conversational moves: a reappraisal of *well*. "Studia Anglica Posnaniensia", 19: 37-59.

Watts Richard 1989 Taking the pitcher to the *well*: Native speakers'perception of their use of discourse markers in conversation, "Journal of Pragmatics" 13: 203-237.

Wierzbicka Anna 1976 Particles and linguistic relativity. International Review of Slavic Linguistics 1, 167-177.

Wootton A. 1981 The management of grantings and rejections by parents in request sentences. Semiotica 37:59-89.

Ziccolella S. 1998 Turn initial components in courtroom talk: "Allright" and "Well". In Cmejrkova' et al. Dialoganalyse VI, Niemeyer Tübingen.

L'extra-posizione a destra in italiano, con osservazioni sul francese

Angela Ferrari
Ginevra e Neuchâtel

1. L'extra-posizione a destra*

Affrontare 'l'extra-posizione a destra' in un'ottica contrastiva, nella fattispecie italiano-francese, è un'impresa complessa, poiché il confronto coinvolge anche l'organizzazione prosodica post-lessicale dell'enunciato, vale a dire un aspetto della struttura linguistica, come si sa, difficile da cogliere e *a fortiori* da paragonare, tanto più quando ci si occupa essenzialmente dello scritto, le cui peculiarità sovrasegmentali vanno ricostruite a partire da tenui indizi ortografici e dal contesto d'enunciazione. A ciò si aggiunge un altro tipo di difficoltà. Come suggeriscono etichette quali 'dislocazione a destra', 'segmentazione (a destra)', 'emarginazione (a destra)', *'antitopic'* e 'ripensamento', le quali a seconda degli autori sono e non sono coestensive, la distribuzione a destra di un costituente rispetto alla sua posizione usuale nasconde un paradigma di configurazioni anche molto diverse, sia dal punto di vista sintattico e prosodico sia dal punto di vista interpretativo[1].

Ancor più che per gli altri fenomeni, in questo caso l'analisi interlinguistica presuppone dunque un lavoro intralinguistico, pena il rischio di accostare configurazioni italiane e francesi che, pur presentandosi come assimilabili, di fatto non lo sono. Di qui, l'articolazione del contributo, che, nato come confronto tra italiano e francese, si è trasformato in un'analisi dell'extra-posizione a destra in italiano, conclusa da alcune considerazioni sulla sua traduzione in francese.

Dal punto di vista della 'forma', il tipo di costrutto in esame colloca un costituente a destra rispetto alla sua posizione normale, e ciò in una dimensione morfosintattica e/o prosodica[2]. Dal punto di vista del 'significato', esso ha da una parte la peculiarità di condividere, tendenzialmente, le stesse condizioni di verità della versione con intonazione unitaria e ordine canonico dei costituenti; e dall'altra esso si presenta come marcato quanto alla sua articolazione informativa, vale a dire riguardo agli statuti cognitivi che vengono attribuiti al (a parti del) suo contenuto, e che sono normalmente colti con concetti come 'topic', 'comment', 'attivo', 'semiattivo', 'inattivo', ecc[3]. Il che equivale a dire che mentre le strutture sintatticamente canoniche con intonazione unitaria sono aperte a tutto il ventaglio possibile di configurazioni informative – tra le quali seleziona il contesto d'enunciazione -, l'extra-posizione a destra opta per una di esse, restringendo così le condizioni d'impiego dell'enunciato.

La marcatezza informativa di questo ipertipo di struttura, come si è già suggerito, si realizza in modi diversi, caratterizzati ognuno da particolari proprietà sintattiche e prosodiche. Più precisamente si possono riconoscere (almeno) le configurazioni seguenti:

(a) l'aggiunta *a posteriori*
(b) la doppia rematizzazione
(c) il valore presentativo
(d) l'articolazione *topic attivo-comment*, con appendice
(e) l'articolazione *comment-topic*.

Delle prime tre strutture informative diremo in breve, descrivendone, senza argomentare, le proprietà di fondo, e semplicemente accennando ai problemi che ancora restano aperti. Le ultime due, che si possono chiamare 'dislocazioni a destra', saranno affrontate in modo più attento, e saranno l'oggetto delle considerazioni contrastive che concludono il lavoro.

In tutti i casi, le distinzioni proposte si sono fondate *in primis* su proprietà di tipo informativo, di cui si è colto in seguito il riflesso sintattico e prosodico. La scelta non è casuale: mentre le opposizioni informative sono discrete ed univoche, le distinzioni sintattiche e prosodiche sono 'sottocodificate' e sembrano essere piuttosto dell'ordine della continuità – in parte per la loro reale natura, ma sicuramente anche perché l'analisi prosodica si basa essenzialmente sulla intuizione -.

2. L'aggiunta *a posteriori*, la doppia rematizzazione e il valore presentativo

2.1. L'aggiunta a posteriori

La configurazione con dislocazione a destra a cui diamo il nome di aggiunta *a posteriori* può essere esemplificata con il seguente slogan pubblicitario:

(1) Con il tempo va via, con Oil of Olaz ritorna. La tua luminosità

Essa è il risultato di un'operazione comunicativa articolata in due atti linguistici: il locutore compie un primo atto linguistico grazie al quale veicola una particolare informazione; ad esso, in un secondo momento, ne accosta un altro la cui funzione sta nel completare informativamente quello precedente. L'aggiunta a posteriori può rispondere a (almeno) due tipi di esigenza. La prima, che si concretizza tipicamente nella interazione faccia a faccia, può essere messa in relazione "con una carenza di progettazione del discorso, di pianificazione comunicativa, in virtù della quale il locutore aggiungerebbe, alla fine della frase, un costituente che rappresenta un importante frammento di informazione e per il quale avrebbe inserito nella frase un 'segnaposto' provvisorio nella forma di un pronome (in attesa, poniamo, di richiamare alla memoria per esteso il nome di un determinato referente, o ritenendo in un primo tempo una proforma sufficiente per la recuperabilità del referente e poi ravvedendosi, o per altre motivazioni pragmatiche ancora)". Si tratta, a rigore, di un movimento di riformulazione, come mostra il fatto che il contenuto del secondo atto linguistico può essere integrato entro modalizzazioni illocutive o epistemiche quali "sto parlando di", "penso a", o "voglio dire":

(2) All'inizio ci ho provato, continua la Monica, che ci credete. Voglio dire, a fare la moglie. (Campo).

A questa configurazione si attribuisce normalmente il nome di 'ripensamento', o *'afterthought'* (*cfr* tra le voci italiane Berruto (1986), e più recentemente Sala Gallini (1996), da cui si è citato).

La seconda motivazione dell'aggiunta a posteriori, tipica ma non esclusiva dello scritto, risiede nella volontà di attribuire un forte rilievo informativo al contenuto extra-posto. Come illustra l'esempio:

(3) Ieri sera il presidente ha parlato. Troppo.

la *mise en relief* risulta dalla scelta di fare di un costituente virtualmente integrabile nell'unità sintattica di partenza l'oggetto senza residui informativi di un atto linguistico autonomo. Nel caso in cui, come in (1), il contenuto extra-posto è un argomento della proposizione precedente, questo effetto comunicativo assume contorni peculiari, che rafforzano la salienza del contenuto aggiunto. Anzitutto, il referente extra-posto viene ad avere un valore presentativo: *si sta parlando di/è in gioco la tua luminosità*; in secondo luogo, esso è calato in un movimento contraddittorio: entro un unico movimento testuale, lo stesso referente è presentato la prima volta come dato, o (quasi) sinonimicamente *attivo* (*cfr infra*), e la seconda come nuovo, o *inattivo*. Lo indica la lingua che dapprima opta per una forma pronominale, eventualmente ridotta a zero dal punto di vista fonologico, ricorrendo poi ad una forma lessicale piena sorretta, come si è detto, da una struttura presentativa implicita.

Dal punto di vista prosodico, la configurazione del tipo aggiunta *a posteriori* ha la peculiarità di distribuirsi all'interno di due enunciati fonologici, vale a dire due unità provviste di un contorno intonativo conclusivo, marcato cioè come conclusivo di un particolare atto illocutivo[4]. Sintatticamente, l'elemento extra-posto non sembra essere sottoposto a particolari restrizioni intrinseche o relazionali: si possono aggiungere argomenti, elementi circostanziali, avverbi di frase, avverbi *tout court*, aggettivi, ed addirittura determinanti, ai quali l'aggiunta retroattribuisce un valore quantificativo:

(4) L'anno scorso ha letto un libro. (Dico bene) Uno.

2.2. La doppia rematizzazione
Dai lavori della Scuola di Praga in poi, si assume in genere che in assenza di prominenze tonali e accentuali marcate il dinamismo comunicativo delle unità sintattico-semantiche, vale a dire (in una delle possibili definizioni, adottata per esempio in Sperber e Wilson (1986)) l'insieme degli effetti cognitivi prodotti da esse nella mente dell'interlocutore, aumenti gradualmente a mano a mano che si procede linearmente verso la conclusione dell'enunciato. Così, in un esempio quale:

(5) Ha ancora la fissa della mamma a quarant'anni

è il contenuto del sintagma circostanziale *a quarant'anni* a presentare il grado più elevato di dinamismo comunicativo, cioè ad essere rematico, se scegliamo di chiamare tema e rema i due estremi della scala. Infatti (5) è adeguato in un'argomentazione orientata verso la conclusione *ci sono persone che non evolvono proprio*; mentre non lo è in combinazione con l'enunciato *certo che malgrado i suoi quarant'anni è rimasto un bambino*, il quale attribuisce all'indicazione temporale natura tematica.

Ora, questo crescendo iscritto nella sintassi non è, con tutta evidenza, consono con l'obbiettivo di chi intenda attribuire pari peso all'ultimo e al penultimo costituente. Extra-porre a destra il costituente finale diventa allora un mezzo per ottenere quest'ultimo effetto informativo, per fare cioè in modo che anche il penultimo costituente venga ad avere, non fosse che provvisoriamente[5], lo statuto di elemento finale e dunque di elemento rematico in senso stretto (a prescindere da quanto segue). A questa strategia informativa si può dare il nome di 'doppia rematizzazione', in quanto essa permette di presentare contemporaneamente due unità come indipendenti e, se si può dire, altrettanto rematiche, come conferma la parafrasi dell'esempio seguente:

(6) Io ho conosciuto dei tipi che se sono innamorati scappano. Oppure quelli che hanno ancora la fissa della mamma, a quarant'anni (Campo),

che va costruita in due tempi: *figurati che ho conosciuto tipi che hanno ancora la fissa della mamma, e ciò anche/addirittura a quarant'anni.*

L'extra-posizione a destra in italiano

In questo tipo di extra-posizione a destra, l'ultimo costituente è preceduto da una leggera frattura prosodica, che non raggiunge, a differenza della precedente, il grado di vero e proprio stacco intonativo: con la terminologia di Nespor (1993), siamo piuttosto nell'ambito del confine di sintagma fonologico, l'unità prosodica immediatamente inferiore al sintagma intonativo. Dal punto di vista sintattico e semantico, la situazione è più complessa e richiederebbe un'analisi approfondita per la quale non vi è spazio in questa sede. I problemi sono essenzialmente due. Da una parte, la doppia rematizzazione sembra non poter interessare i costituenti sintatticamente argomentali, i quali, calati in un sintagma fonologico conclusivo, tendono a prediligere una interpretazione topicale, o presentativa quando essi hanno lo statuto di soggetto (*cfr infra*). Dall'altra, con costituenti non argomentali questo tipo di extra-posizione a destra sembra autorizzare anche una lettura non rematica; così, nei due casi seguenti:

(7) Ho giocato a carte tutta la sera, con Giorgio

(8) Giorgio non mi ha accompagnata, purtroppo;

le informazioni "con Giorgio" e "purtroppo" potrebbero collocarsi sullo sfondo comunicativo, *i.e.* nello spazio tematico dell'enunciato: la funzione di discrimine spetta presumibilmente all'altezza tonale e alla forza fonoespiratoria, che nello scritto vengono ricostruite per inferenza contestuale.

2.3. Il valore presentativo

L'extra-posizione morfologica e sintattica di un costituente referenziale può essere associata ad un fascio di strutture informative, di cui sono rappresentativi gli esempi seguenti:

(9) Gliel'ho dato a lui

(10) *Ha votato contro anche la senatrice Ersilia Salvato,* contro il documento di presidente e segretario del suo partito, Armando Cossutta e Fausto Bertinotti. Contro la crisi. (*Il Corriere della Sera*)

In questi casi, la collocazione a destra non ha (anche) un fondamento prosodico, in quanto l'enunciato è caratterizzato da un contorno intonativo fortemente unitario; la marcatezza 'formale' è esclusivamente di natura sintattica: il costituente finale è considerato extra-posto o perché, come nel caso del soggetto, non occupa la posizione preverbale, o perché, pur avendo la sua distribuzione usuale, è duplicato da una forma pronominale che lo precede. La funzione informativa di questo tipo di struttura sta nell'introdurre (o reintrodurre con un altro statuto) entro l'universo del discorso una entità referenziale per così dire 'nuova': la struttura ha cioè un 'valore presentativo'.

Malgrado la sua apparente semplicità, la configurazione in esame solleva problemi delicati quali (in un crescendo di complessità) il fenomeno della grammaticalizzazione, questioni legate al registro linguistico e il comportamento del soggetto: problemi a cui, ancora una volta, ci si limiterà ad accennare.

Per la questione della grammaticalizzazione, illustrata dagli enunciati sotto (11):

(11) (a) Non ci vuole molto a capire che non sta bene
 (b) Ne ho abbastanza dei tuoi giuramenti
 (c) Non ne posso più di questa vita,

si rinvia a Sala Gallini (1996). L'idea centrale è che in italiano vi siano costruzioni la cui extra-posizione a destra sia solo un'apparenza, in quanto (in genere) non presentano una alternativa senza anticipazione pronominale. Il clitico si trova di fatto ad essere incorporato nella forma verbale, *i.e.* grammaticalizzato: di modo che questi costrutti dal punto di vista informativo si comportano esattamente come le strutture sintatticamente canoniche; a meno di controindicazioni prosodiche, essi non presentano cioè alcuna marcatezza informativa.

La problematica del registro, legata al fenomeno tanto interessante quanto delicato della 'normalità' delle strutture marcate, riguarda esempi come (9). I quali sembrano possedere analisi informative diverse in funzione del tipo di lingua entro il quale vengono considerate, nella fattispecie l'italiano popolare – nella cui realizzazione genuina il clitico *gli* viene sostituito dal tuttofare *ci* – e l'italiano neostandard. Come indica tutta una serie di argomenti, all'interno del registro popolare l'enunciato:

(9') Gliel'/Ce l'ho dato a lui

è informativamente non marcato, il che equivale a dire che entro questo particolare registro esso si presenta come grammaticalizzato. Nell'italiano standard, la stessa struttura può essere analizzata sia come canonica dal punto di vista informativo, nel qual caso la marcatezza prende essenzialmente la forma di una 'caduta' lungo l'asse diafasico; sia come informativamente marcata: rispetto all'alternativa senza clitico d'anticipazione, essa veicolerebbe un significato identificativo. Il pronome *gli* fungerebbe allora da variabile topicale, attivando la presupposizione "c'è qualcuno a cui l'ho dato", saturata poi dal significato asserito[6].

Come mostra l'esempio (10), il valore presentativo può applicarsi anche al soggetto, nel qual caso siamo senz'altro di fronte ad una extra-posizione a destra: il costituente soggettuale, pur essendo intonativamente integrato e non anticipato da un clitico, occupa infatti una posizione sintattica a destra rispetto alla posizione richiesta dal sistema linguistico. L'analisi non può tuttavia essere automaticamente estesa a tutte le configurazioni *VS*. Qui, basti osservare che essa non può essere mantenuta quando la posposizione del soggetto è indotta da altre proprietà sintattiche, quali ad esempio la struttura interrogativa di costituente:

(12) Con chi è uscito Giorgio?

Occorrerebbe inoltre discutere in modo attento il caso di quei verbi che, come *arrivare, telefonare,* ecc., sono sentiti come pragmaticamente più naturali quando precedono il soggetto. Il problema, ci pare, è più sintattico che non informativo. Da quest'ultimo punto di vista, il valore permane presentativo: esso è più usuale dell'alternativa *topic-comment* perché i verbi *arrivare, telefonare,* ecc. denotano un evento deitticamente orientato e inerentemente presentativo. Per quanto riguarda la sintassi, è in gioco la marcatezza del costrutto: si può continuare a sostenere che la posizione canonica del soggetto sia quella preverbale? l'analisi è la stessa sia per i verbi presentativi ergativi che per quelli non ergativi?[7]

3. L'articolazione *topic attivo-comment*, con appendice
3.1. L'analisi usuale
Si assume in genere[8] che l'extra-posizione a destra illustrata dai due testi seguenti:

(13) Le due Olghe andavano all'ospedale e io andavo dalla Milly. Ho cominciato a farle domande su Ralph, volevo sapere che traffici aveva. Lei si scocciava, un giorno mi fa: *lascialo in pace, Ralph.* E' un tipo in gamba, lascialo fare, pensa un po' a te. (Campo)

(14) Ci stavamo litigando una bambolina cinese, presente quelle bamboline di ceramica, tutte colorate...
No.
Dai, quelle che portano fortuna, ci sono bamboline per l'amore, per i soldi, per la salute, le solite cose...
Ahà, e *ti ha portato davvero dei soldi la bambolina?* (Campo)

attribuisca al referente del costituente emarginato (a) la funzione informativa di *topic*, vale a dire (nell'accezione scelta) del referente attorno al quale la proposizione veicola informazione pertinente, e (b) con la terminologia di Chafe (1987) e (1994), uno statuto cognitivo *attivo*, o in altri termini dato, vale a dire di referente presente all'attenzione dell'interlocutore nel momento immediatamente precedente il momento della enunciazione.

Ma l'analisi non è del tutto soddisfacente. Le proprietà informative invocate sono infatti condivise da costruzioni che non possono essere ricondotte all'extra-posizione a destra: anche anticipazioni sintattiche quali la 'dislocazione a sinistra', l'*'hanging topic'* e l''anteposizione anaforica' hanno la funzione di segnalare in modo trasparente il confine tra il *topic* e il *comment*;

inoltre, la datità non è una proprietà notevole del *topic*, quanto piuttosto, come dice Lambrecht (1994), la sua caratteristica cognitiva preferenziale. Questo spiega, presumibilmente, perché chi si confina entro questa analisi debba poi collocare la peculiarità interpretativa della extra-posizione a destra in uno spazio che va al di là della lingua in senso stretto: si tratta di un'ipotesi formulata esplicitamente in Lambrecht (1981), in cui si sostiene che la marcatezza della configurazione in esame non è di natura informativa (nel senso inteso qui) ma di natura 'stilistica'. Più concretamente si è parlato ad esempio di specificità di registro, presentando l'extra-posizione a destra come tipica del parlato, di cui è mimesi quando compare nello scritto (*cfr* tra l'altro Berretta (1994)); di una marcatezza (solo) emotiva (per esempio Nølke (1997)); di effetti interattivi come la familiarità o l'ammiccamento (*cfr* Berruto (1986), e i rinvii *ivi* indicati); di fenomeni legati alla *dispositio* : "Esso (= il meccanismo della dislocazione a destra) ha luogo in particolare quando la frase è abruptiva, cioè inizia un discorso, e l'ordine riflette le assunzioni del parlante" (Benincà *et al.* (1988)).

Ora, se non si può negare che questi fenomeni extralinguistici, o 'stilistici' che dir si voglia, siano senz'altro indotti dalla extra-posizione a destra, sembra difficile sostenere che essi non provengano inferenzialmente da peculiarità interpretative intralinguistiche, e dunque stabili. Qualora fossero legati alla sola combinazione tra la topicalità e la datità, essi dovrebbero accompagnare anche altre strutture marcate e non, tra le quali addirittura il costrutto canonico con *topic* pronominale. L'ipotesi più plausibile è che anche la struttura illustrata da (13) e (14), come i tipi di extra-posizione a destra descritti nel capoverso precedente, abbia una sua specificità informativa.

3.2. L'extraposizione a destra deenfatica e la sua natura informativa

Il costrutto in esame, che più si avvicina alla configurazione che viene usualmente chiamata 'dislocazione a destra', ha una doppia proprietà prosodica. Anzitutto, l'elemento a destra è calato in un sintagma intonativo distinto da quello in cui è calata la base della struttura[9], il che si manifesta in un cambiamento repentino, *i.e.* non graduale, dell'altezza tonale, unito eventualmente ad una modifica dell'intensità e della velocità della fonazione, e ad una leggera pausa (*cfr* Wunderli (1987)); in secondo luogo, il costituente conclusivo si realizza con una prosodia marcatamente deenfatica, che si traduce in un abbassamento sensibile del livello tonale rispetto a quello su cui è pronunciata la base, unito ad una intonazione tendenzialmente 'piatta'. Dal punto di vista sintattico, questo tipo di struttura interessa prototipicamente gli argomenti sintattici del verbo, i quali, quando sono interni, sono anticipati da un pronome atono.

Alla dislocazione a destra deenfatica è associata una struttura informativa che, nell'ordine, veicola un *topic* presentato come cognitivamente attivo, il quale è seguito dal suo *comment* e 'modificato' dal contenuto di una appendice provvista di basso dinamismo comunicativo[10]. L'analisi è intuitivamente confermata da un esempio quale (15), in cui l'elemento extra-posto è un oggetto indiretto:

(15) Non lo avrebbe ucciso? Non gli avrebbe spaccato la testa, a quel cane?
(Uhlman),

e risulta, più precisamente, dalla seguente concatenazione di idee.

La base del costrutto (vale a dire il costrutto meno l'elemento dislocato) è una unità linguistica completa, provvista di un'autonoma articolazione *topic-comment*, in cui il *topic* viene presentato dalla forma pronominale che lo identifica come cognitivamente *attivo*. Basti, per confermarlo, andare al paradigma di enunciati sotto (16), in particolare ai punti (c) e (d), e paragonare la distribuzione del *topic*:

(16) (a) A quel cane [= *topic*] spaccherei la testa
    (b) A quel cane [= *topic*] gli spaccherei la testa
    (c) Gli [= *topic*] spaccherei la testa
    (d) Gli [= *topic*] spaccherei la testa, a quel cane[11].

Ma se è così, se cioè il *topic attivo* della dislocazione deenfatica è veicolato dal pronome inserito nella base del costrutto, qual è lo statuto informativo dell'elemento extra-posto?

Dato che una stessa entità è evocata dapprima con un pronome e in seguito con un sintagma lessicale, si potrebbe pensare ad un movimento del tipo 'catafora narrativa', vale a dire ad un fenomeno affine a quello illustrato da (17):

(17) L'hanno arrestato ieri sera. Salvatore Rossi è stato tradito da una telefonata all'amica.

Ma l'idea è inadeguata. Tra pronome e *NP* pieno dislocato non vi è un legame di coreferenza testuale (su cui si veda, tra gli altri, Conte (1988) e la rassegna in Ducrot (1996)), non si tratta di due espressioni che designano indipendentemente due referenti che risultano essere la stessa entità. Se così fosse, il contenuto emarginato dovrebbe essere informativamente, e dunque anche testualmente, autonomo rispetto al contenuto della base. Il che è contraddetto anzitutto dalla sua non autonomia prosodica: un costituente deenfatico non può esaurire un atto informativo; in secondo luogo, dalla sua forte dipendenza sintattica, di cui è sintomo la difficoltà ad estrarlo dalla frase in cui è collocato:

(18) (a) Maria, i film che la appassionano sono i film d'amore
    (b) *I film che la appassionano sono i film d'amore, Maria
    (c) I film che la appassionano, Maria, sono i film d'amore;

così come (si veda per es. Larsson (1979)) il fatto che il costituente emarginato a destra non può restare senza preposizione reggente:

(19) (a) A Maria, non le parlo più
(b) Maria, non le parlo più
(c) Non le parlo più, a Maria
(d) *Non le parlo più, Maria.

Più che un *topic* in senso stretto, il costituente deenfatico sembra piuttosto un tipo particolare di apposizione parentetica, la cui peculiarità informativa sta, come è noto, nell'essere provvista di un basso dinamismo comunicativo. Come questa, l'elemento dislocato è infatti deenfatico[12]; si inserisce in una struttura sintattica già di per sé completa mantenendo tuttavia un legame con il sintagma modificato; e, intuitivamente, esso ha la funzione che la tradizione grammaticale attribuisce all'apposizione: "l'apposizione è un nome che si colloca accanto a un altro nome per meglio descriverlo e determinarlo" (Serianni (1989: 97)). In fondo, l'emarginazione deenfatica potrebbe essere vista come una strategia sintattica e prosodica creata dalla lingua per sopperire all'impossibile contiguità di un pronome atono e della sua apposizione: a riprova (ma *cfr* anche *infra*) il fatto che la dislocazione non deve necessariamente manifestarsi nell'estrema destra dell'enunciato:

(20) Glieli ha dati, i soldi, senza alcuna ritrosia

(21) Sappiamo che qualche mese prima l'adolescente William punta i piedi e dichiara che non ha nessuna intenzione di fare il re: "Fare il re è noioso", dice alla mamma sconcertata che secondo alcuni addirittura sognerebbe di vederlo sul trono scavalcando lo stesso Carlo. E aggiunge, *William,* che la monarchia può essere un peso insopportabile, può ledere i diritti degli individui: non quelli dei sudditi, quelli dei re. (*La Repubblica*)

Ecco dunque prender forma, globalmente, l'analisi informativa annunciata sopra: la dislocazione a destra deenfatica veicola un'articolazione *topic attivo-comment* associata alla base, a cui si aggiunge un'appendice legata al *topic*, che la prosodia colloca sullo sfondo comunicativo.

Trattare l'elemento extra-posto come un'apposizione parentetica permette, si noterà, di prevedere che della dislocazione deenfatica esista anche una versione con *topic* pronominale tonico, come conferma il seguente esempio di registro popolare, tratto da Berruto (1986):

(22) Lui è stato ferito quel tenente lì,

o ancora lo scambio:

(23) A: Ma di Lola cosa ne pensi?
B: Lei è proprio una cara persona, Lola[13].

Dal punto di vista informativo, la peculiarità di quest'ultima configurazione sta nell'attribuire al *topic* un rilievo comunicativo (o una focalizzazione comunicativa, con i termini di Nølke), giustificato tipicamente, ma non necessariamente, da un obbiettivo contrastivo. Ciò lascia prevedere che questa 'pseudodislocazione a destra' non condividerà tutti gli impieghi pragmatici e testuali della versione con pronome *topicale* atono. In particolare, sarà difficile incontrare l'effetto di promozione del referente allo statuto *attivo*, in quanto l'interpretazione inferenziale si rivelerebbe particolarmente complessa: oltre a fingere una datità che di fatto non c'è, l'interpretante deve inventarsi anche una spiegazione per l'aumento di dinamismo comunicativo segnalato dal pronome libero. Questa idea va, con tutta evidenza, misurata con gli altri possibili impieghi della struttura, il che conduce ad interrogare la differenza tra la pseudo-dislocazione a destra e la versione con apposizione contigua, che la 'tonicità' del pronome autorizza: qual è cioè la differenza tra le seguenti coppie di enunciati:

(24) (a) Lui è stato ferito quel tenente lì
     (b) Lui, quel tenente lì, è stato ferito
     (a) Lei è proprio una cara persona, Lola
     (b) Lei, Lola, è proprio una cara persona.

L'analisi attribuita alla dislocazione a destra deenfatica (prototipica, con *topic* atono) permette di spiegare perché essa abbia le funzioni pragmatico-testuali che le vengono normalmente riconosciute, più altre funzioni ancora. Per discuterle, distinguiamo, alla stregua di Lambrecht (1981), il caso in cui il locutore considera il referente topicale come effettivamente attivo nella mente dell'interlocutore dal caso in cui egli non lo ritiene tale.

3.3. Le funzioni pragmatico-testuali della dislocazione deenfatica
Malgrado la scelta del pronome qualifichi univocamente il *topic* come *attivo*, la dislocazione deenfatica viene utilizzata anche quando il locutore sa che il referente non è *attivo* per l'interlocutore, vale a dire o *accessibile* (= recuperabile con inferenze facili) o *inattivo*. Si pensi a enunciazioni ritualizzate come:

(25) Lo vuole un caffè?

a *incipit* testuali quali:

(26) Avrà un addio da regina, Lady D. (*La Repubblica*)

o ancora a certi richiami pubblicitari, come quello menzionato in Berruto (1986):

(27) Gustateli qui i croissant caldi.

In questi casi, la funzione della dislocazione a destra sta nel promuovere un referente *non attivo* allo statuto *attivo*, nel mettere in scena una datità che di fatto non c'è. E ciò senza produrre *impasses* interpretative o richiedere costi elaborativi troppo elevati, come succederebbe invece se si attribuisse lo stesso compito ad una struttura canonica con *topic* pronominale: nella dislocazione il referente topicale è infatti nominato anche da un NP lessicale; e senza creare effetti retorici quali la sospensione temporanea della interpretazione, come si verifica con la catafora narrativa o, in modo diverso, con l'aggiunta *a posteriori*: l'extra-posizione si risolve infatti entro uno stesso ed unico enunciato.

La naturalezza con cui la dislocazione a destra realizza questo tipo di funzione spiega presumibilmente perché essa venga considerata come una struttura marcata per la datità, quando, a ragion di logica, questa proprietà spetta con maggior diritto alla frase canonica con *topic* pronominale non riecheggiato in coda. Alla stessa funzione si può inoltre ricondurre anche l'effetto interattivo di confidenzialità invocato da più parti: la messa in scena di una datità fittizia porta con sé una sorta di 'egocentrismo' comunicativo (concetto, anche se utilizzato in altro modo, già in Berruto (1986), e prima ancora in Sornicola (1983)), che può essere ottimisticamente interpretato come volontà di condivisione e dunque di confidenza.

Il secondo caso, quello in cui il locutore considera il *topic* della struttura extra-posta come effettivamente *attivo*, ha più facce interpretative, non sempre facili da distinguere e che possono manifestarsi anche cumulativamente.

(a) Quando l'elemento extra-posto attribuisce al *topic* una caratterizzazione intensionale nuova rispetto a quella veicolata dal co-testo, esso può semplicemente essere impiegato, come le apposizioni 'classiche' per proporre un'altra descrizione del referente *topicale*, per esempio assiologica, come in (15).

Vi sono poi funzioni pragmatiche e testuali della dislocazione deenfatica che si applicano indifferentemente a elementi intensionalmente dati e a elementi intensionalmente nuovi, con qualche preferenza di cui si dirà quando è pertinente.

(b) Il costituente extra-posto può servire a selezionare tra più referenti tutti attivi e potenzialmente *topicali* quello prescelto dal locutore; così, se nei due seguenti enunciati "il libro" e "Sergio" sono entrambi *topic* virtuali, la prima struttura opta per "il libro", mentre la seconda per "Sergio":

(28) Gliel'ho dato, il libro

(29) Gliel'ho dato, a Sergio.

Una manifestazione linguistica per certi aspetti analoga a quella di (28)/(29) è illustrata dal testo seguente:

(30) Tre bicchieri di bianco, era davvero troppo. Non gli succedeva quasi mai, solo alla nascita dei suoi figli. Ne aveva otto, di figli, aspettava il nono (Simenon).

In casi come questi, la dislocazione deenfatica mette in evidenza, spesso con intento ironico, una forzatura a livello della progressione tematica in corso: a causa della sua funzione di post-modificatore di *alla nascita*, il referente del sintagma *dei suoi figli* non si presenta infatti come il candidato 'ideale' per la tematizzazione successiva; senza contare la somiglianza/contrasto della quantificazione attribuita a "bicchieri di vino" e "figli".

(c) Vi sono testi, o conversazioni, in cui uno stesso referente funge da *topic* in più enunciati, a volte paragrafi, o scambi conversazionali, interi. La lessicalizzazione deenfatica può servire allora a riconfermare o ricordare la funzione *topicale*, come succede nel testo seguente riguardo all'enunciato *E a me la darebbe, la lenza?*:

(31) "Richards", disse, tremando di rabbia, "può darmi la sua lenza in modo che io possa prendere un po' di pesce per i miei amici?"
Richards non rispose, ma sorrise, si leccò le dita e li guardò come se non li avesse mai visti prima. Van Thal ripeté la domanda.
Richards si leccò nuovamente le dita e ruttò sonoramente. Poi, stendendosi sulla sabbia come se volesse dormire disse: "No. *Se la faccia da solo la lenza*".
"Mi può prestare la sua?" ripeté Van Thal, aggiungendo piuttosto fiaccamente: "Qui non c'è proprietà privata. Tutto appartiene alla comunità".
"Perché non cerca di prenderla, se appartiene alla comunità?" disse Richards con uno sbadiglio.
"Senta, Richards, vuol darmela per favore?"
Richards restò zitto per un po'; poi, molto lentamente, come se fosse già semiaddormentato, disse: "No. Ch'io sia dannato se gliela do. Penso che un po' di digiuno vi farà bene".
"*E a me la darebbe, la lenza?*" chiese a un tratto la ragazza. Richards si aprì un occhio con l'indice della mano destra e guardò la ragazza.
"Sì, forse sì", disse, "se mi dà un bacio" (Uhlman).

In questi casi, si noterà, la dislocazione a destra può essere sia una mimesi del parlato, sia una scelta del (solo) narratore che mira a facilitare l'interpretazione del dialogo.

(d) L'elemento emarginato può avere anche una funzione polifonica, nel senso che permette al locutore di citare un'espressione referenziale formulata *in primis* dall'interlocutore diretto o da una terza persona. A seconda del contesto d'enunciazione, questa strategia discorsiva può produrre due effetti contraddittori già rilevati da Terracini (1961) nella prosa pirandelliana: da una parte "una connotazione ironica, un senso di distacco, di lontananza", come si verifica nell'enunciato *se la faccia da solo la lenza* dell'esempio precedente; dall'altra, una forte partecipazione al dire altrui, che imprime "al discorso una calda nota appassionata".

(e) Vi sono casi in cui la funzione della dislocazione a destra non può essere ricondotta alle operazioni polifoniche e referenziali illustrate nei punti precedenti. Si tratta dei movimenti testuali in cui l'elemento extra-posto denota una entità che il cotesto ha appena introdotto in modo univoco e per così dire 'topicalizzabile', come quello che incontriamo nel testo seguente:

(32) Scusate se vi abbiamo nuovamente disturbato – dice il primogenito del sequestrato, Carlo – ma abbiamo assolutamente bisogno di far giungere questo messaggio a chi tiene prigioniero nostro padre. *Chiede scusa, Carlo Soffiantini*, perché sa che piace poco al "pianeta informazione" essere imbavagliato e poi "imbeccato" a comando: proprio lui aveva chiesto (e ottenuto) il silenzio stampa già il giorno dopo il sequestro e sempre lui lo interrompe per leggere un messaggio (*Il Corriere della Sera*).

Perché scegliere configurazioni di questo tipo? Perché non optare cioè per l'alternativa con la (sola) forma pronominale, o eventualmente per la ripetizione lessicale in posizione canonica?

Emerge qui il concetto di 'sintassi emotiva' che, come si mostra in Sornicola (1983), viene costantemente associato alla dislocazione a destra 'segmentata', prima e dopo Bally. Tipicamente legata al carattere inaspettato del fatto evocato o al giudizio assiologico veicolato esplicitamente, l'espressione del coinvolgimento emotivo risulta nel nostro caso dalla combinazione di due fenomeni: da una parte l'insistenza sul referente topicale, dovuta alla ripetizione lessicale a breve termine; dall'altra, l'enfatizzazione comunicativa del *comment*, la quale risulta dallo scarto tonale e accentuale tra l'elemento extra-posto e la base, unitamente all'andamento esclamativo di questa.

Questa analisi rende conto di impieghi della dislocazione a destra come quello in (29), o ancora come quelli in (33) e (34):

(33) Io me l'abbraccio bella stretta e penso che *ci sono stati dei giorni che era veramente la mia amica del cuore, la Nadia*, e anche se non ci vediamo quasi più penso che forse lo è ancora (Campo)

(34) E Gerardo Chiaromonte che in quel 1987 dell' "Unità" è il direttore, si premura di chiarire che con quell'opuscolo non si intende "additare un modello di pensiero e di azione". E rimprovera al Che la mancanza di "pazienza democratica". *Non lo si può certamente presentare come un esempio da seguire, quel guerrigliero*. Eppure quando morì, così si leggeva nell'editoriale della rivista "La Sinistra" (...); "Le sue idee non sono morte, la sua battaglia sarà continuata, il suo sangue farà germogliare nuovi rivoluzionari,.." (*Il Corriere della Sera*).

L'analisi, si noterà, non presenta l'affettività come una proprietà primaria del costrutto, ma come una proprietà derivata a partire dalla sua natura sintattica e prosodica, dal suo contenuto proposizionale e dall'intorno testuale in cui esso è calato. Così, l'approccio di stampo 'idealistico' (come a dire 'psicologico') e quello linguistico e testuale non vanno più visti come modi alternativi di affrontare il costrutto (*cfr* Sornicola (1983)), ma piuttosto come analisi concatenate causalmente, quella idealistica e affettiva risultando in particolari contesti da quella informativa e testuale. Ciò permette, tra l'altro, di prevedere, e spiegare, impieghi in cui non si può dire che vi sia un vero e proprio coinvolgimento emotivo; così come esempi più complessi in cui la dislocazione a destra è scelta per una somma di ragioni eterogenee. Si pensi al testo seguente:

(35) Concludendo: fenomeni di sollecitazione del significante, simmetrie sintattiche, un procedere per addizioni memoriali dove l'elemento dinamico del verbo è espunto, l'affiorare di frammenti paesaggistico-descrittivi filtrati dalla sensibilità del soggetto evocante, sono il segno, formale, del momentaneo arrestarsi del flusso narrativo in una pausa lirica. *Ma possiamo dirlo, tutto questo, con parole di personaggi cronologicamente e culturalmente vicini a Manzoni*: quelle ad esempio di Mme de Staël. (Bardazzi)

Qui la scelta della dislocazione a destra sembra essere dettata dalla scelta di uno stile parlato, dalla volontà di mettere in rilievo informativo (non affettivo) il *comment* senza optare per una costruzione passiva (= *tutto questo può essere detto con,...*), e, non da ultimo, per valorizzare retroattivamente le informazioni a cui rinvia *tutto questo*.

4. L'articolazione *comment-topic*
4.1. L'articolazione comment-topic
Quando è calato in un sintagma intonativo autonomo rispetto alla base, l'elemento extra-posto non è necessariamente deenfatico: esso può portare l'accento secondario di frase, ed avere di conseguenza una configurazione prosodica vicina a quella dei costituenti dislocati a sinistra. E' così nei due testi seguenti:

(36) E' stato "un funerale speciale per una persona speciale", come aveva promesso la Casa reale d'Inghilterra. Il corteo funebre con la bara di Lady Diana Spencer ha attraversato Londra tra due ali di folla silenziosa e in lacrime, fino all'Abbazia di Westminster. Qui una solenne cerimonia ha celebrato la memoria della principessa. Polemico *il tributo funebre del fratello, il conte Spencer, un duro atto d'accusa contro la stampa ma anche contro i Windsor*.

(37) – Ha visto il suo bambino...?
- Sono andata a vedere *il mio bambino*, certo. Ma ho chiesto ai dottori di non impressionarmi (*La Repubblica*)

In questo tipo di dislocazione, il referente dell'elemento dislocato a destra è un *topic* in senso stretto, la cui specificazione nei termini della coppia di proprietà *attivo/non attivo* è lasciata al contesto: esso è per esempio *non attivo* in (36) e *attivo* in (37). Globalmente, si delinea dunque una configurazione della forma *comment-topic*.

Nello scritto, la distinzione tra la struttura informativa *topic attivo-comment con appendice* e la struttura *comment-topic* spetta in ultima analisi al contesto. Anche se vi sono sintomi che sembrano indirizzare verso una lettura piuttosto che l'altra: così, nel caso degli argomenti interni sembra valere una relazione biunivoca tra presenza di anticipazione pronominale e articolazione *topic attivo-comment con appendice*, e tra assenza di anticipazione pronominale e configurazione *comment-topic*; per quanto riguarda il soggetto e i sintagmi circostanziali, la situazione è, come vedremo, più sfumata.

4.2. Gli effetti informativi dell'articolazione comment-topic

La configurazione in esame, che inverte la distribuzione normale del costituente topicale, produce un effetto di parallelizzazione del *topic* e del *comment*, e ciò sia da un punto di vista per così dire concettuale sia riguardo al dinamismo comunicativo.

(a) Rispetto a strutture marcate che, come la dislocazione a sinistra e l'*hanging topic*, hanno la funzione di esibire il confine tra *topic* e *comment*, nella dislocazione a destra si affievolisce la centralità interpretativa del *topic*. Col che si vuol dire, più precisamente, che il *topic* non ha né la funzione di creare in modo immediato ed esplicito il mondo cognitivo in cui va interpretato il *comment*, né di creare un paradigma di referenti alternativi, di cui viene eventualmente negata la pertinenza (*cfr* Berrendonner e Reichler (1997)). Si consideri, riguardo a quest'ultimo aspetto, l'esempio seguente:

(38) A: Ma l'idea è piaciuta a tutti?
B: No. A Maria, non è piaciuta
B': No. Non è piaciuta, a Maria.

Con una lettura *comment-topic* – dunque con una lettura non presentativa – la risposta B' è meno naturale dell'alternativa B. Questo perché, come si suggeriva, la dislocazione a destra non riesce a svolgere quella funzione paradigmatizzante e contrastiva che è naturale per la dislocazione a sinistra: infatti, se si fa in modo di creare una domanda che porta già in sé la contrastività, la formulazione B' torna ad essere adeguata:

(39) A. Ma l'idea è piaciuta anche a Maria?
    B': No. Non è piaciuta, a Maria.

Lo stesso tipo di analisi può essere applicato anche all'esempio seguente:

(40) Dai vestiti alle scarpe, ormai tutto sembra troppo grande, per Victoria.

L'extra-posizione prosodica a destra presenta "Victoria" come *topic*, senza tuttavia che si produca un effetto contrastivo, (non giustificato dal tenore del testo in cui compare (40)), né la pre-evocazione del campo interpretativo, la quale sarebbe ridondante, dato che "Victoria" è invariabilmente il *topic* di tutta la pagina.

Concettualmente, il *topic* posposto sembra dunque vicino a quello veicolato dalle strutture canoniche, e non al *topic* delle strutture marcate a sinistra.

(b) La differenza tra il *topic* 'canonico' e quello dell'articolazione *comment-topic* si realizza nell'ambito del dinamismo comunicativo. Posposto al verbo, il *topic* è caratterizzato da un rilievo più forte rispetto a quando esso è realizzato in posizione canonica, da un rilievo vicino a quello del *comment*. Ciò è evidente quando il *topic* canonico ha una forma pronominale atona; ma ciò vale anche nel caso del soggetto lessicale preverbale (pronunciato senza ombra di enfasi[14]), come suggerisce il contrasto tra B e B':

(41) A: Cos'è successo?
    B: Questa volta Maria si è proprio arrabbiata
    B': Questa volta si è proprio arrabbiata, Maria.

Il maggiore rilievo comunicativo che viene ad avere il *topic* a destra va presumibilmente ricondotto alla contaminazione informativa con strutture sintatticamente simili: nel caso del soggetto, si verifica una connessione con la struttura presentativa; nel caso degli altri costituenti, il legame è con le alternative prosodicamente non marcate, le quali attribuiscono massimo dinamismo comunicativo ai costituenti conclusivi.

Di questa parallelizzazione informativa del *topic* e del *comment* sono sintomatiche due strutture linguistiche in cui è tipicamente calata l'articolazione *comment-topic*. Prima di tutto, la frase nominale che, privando il predicato della sua morfologia verbale, mette in scena una sorta di simmetria sintattica:

(42) Io me l'abbraccio bella stretta e penso che ci sono stati dei giorni che era veramente la mia amica del cuore (...), e anche se non ci vediamo più penso che forse lo è ancora. *Strana cosa, l'amicizia femminile*. Le carezzo un po' la zucca e le dico: su, su pensa a quando sei venuta a Parigi in autostop... perché quella è una cosa che le dà subito contentezza (Campo).

In secondo luogo, l'extra-posizione topicale degli argomenti del verbo. Come si è già detto, nella struttura *comment-topic* l'elemento dislocato non è anticipato da un pronome: il che cancella la datità linguistica intrinseca, la quale è il segno evidente di uno scarto di dinamismo comunicativo tra *comment* e *topic*.

(43) (a) Guarda che ho dato un libro, a Maria
(b) Guarda che le ho dato un libro, a Maria

Date le proprietà interpretative descritte ai punti (a) e (b), la configurazione *comment-topic* viene scelta, ragionando in negativo, sia per evitare certi effetti sul *comment* sia per evitare certi effetti sul *topic*.

Di solito, una configurazione presentativa è caratterizzata da un predicato comunicativamente sullo sfondo, o perché povero dal punto di vista semantico, o perché già veicolato, magari in altri termini, dal cotesto precedente, come nel caso seguente:

(44) Fino alle rivelazioni di Monica Lewinsky, Gore era in ribasso nei sondaggi: il 56 per cento degli americani non lo riteneva all'altezza di occupare la poltrona di Roosevelt e Kennedy, Reagan e Clinton. *Pesavano, in questo giudizio il coinvolgimento nella vicenda dei finanziamenti elettorali chiesti illecitamente, e soprattutto il suo carattere piatto, banale, grigio.* (*La Repubblica*).

Ora, si può voler scegliere di attribuire particolare rilievo comunicativo al referente soggettuale mettendo tuttavia in pieno valore informativo anche il contenuto del predicato: per le sue peculiarità, diventa allora particolarmente adeguata la struttura *comment-topic*, la quale, come si è visto, pone comunicativamente sullo stesso piano entrambe le unità. Lo illustra il seguente esempio:

(45) E' fatta. Il Rubicone è stato varcato. *Talmente netta è stata la smentita del presidente* che ora basterebbe accertare la veridicità di Monica e l'esistenza di una relazione per costringerlo alle dimissioni. Perché da ieri mattina questa non è più una storia di slip (...), ma di onestà e sincerità verso un popolo di pazzi. (*La Repubblica*)

La struttura *topic-comment* viene poi scelta tipicamente ogni volta che si intenda dare particolare rilievo ai pronomi deittici senza farne tuttavia gli elementi più salienti della proposizione. In italiano, entro la struttura sintatticamente canonica essi possono veicolare solo due valori informativi estremi, vale a dire il dinamismo zero della forma fonologicamente nulla e il dinamismo elevato, che genera tipicamente un effetto contrastivo, della forma (anche solo leggermente) enfatica. La dislocazione a destra non deenfatica diviene allora il modo linguistico per veicolare una salienza informativa intermedia. Si consideri il seguente esempio (che riprende con qualche modifica un pezzo del romanzo della Campo):

(46) E' proprio il caso di mettersi gli occhiali, oggi, va'. Fra un po' piove, dico io. Be', il naso me lo nascondi tu, allora? dice lei. *Ci salutiamo sempre un po' rudemente noi.*

Nel registro parlato informale a cui appartiene questo scambio, il *topic* posposto è l'unico modo per mettere in valore gli agenti topicali, senza per questo enfatizzarli, il che sarebbe inadeguato in sé e condurrebbe inoltre, in modo concomitante, ad una perdita di importanza informativa del comment che non si giustifica.

4.3. Il problema del soggetto

Ci si soffermi, per concludere, sul caso del soggetto, a cui si era già accennato parlando della struttura presentativa. Si può dislocare a destra (in senso stretto) un costituente soggettuale? In Berruto (1986) la risposta sembra essere negativa: "si scarta il caso della dislocazione a destra del soggetto, frequentissima in francese ma che in italiano (o almeno nell'italiano standard non toscano), data la mancanza di un clitico soggettuale, per definizione non potrebbe esistere, e presenta in ogni caso aspetti peculiari e va trattata, almeno inizialmente, a parte (piuttosto come inversione, o posposizione del soggetto (...)". Ma forse è soprattutto una questione di termini.

Vediamo dapprima l'aspetto prosodico e informativo della questione, rinviando alla fine del paragrafo l'aspetto sintattico. In italiano, il soggetto può certamente possedere le proprietà prosodiche e informative dell'ultima unità delle configurazioni *topic attivo-comment con appendice* e *comment-topic*. Il problema sta, soprattutto nello scritto, nel come selezionare un valore piuttosto che l'altro, visto che vengono a mancare quei tratti che hanno un vero valore discriminante, quali l'anticipazione *vs* non anticipazione clitica, la presenza *vs* assenza della prosodia deenfatica. La decisione viene presa per inferenza, sulla base di quelle che sono state individuate come le manifestazioni preferenziali delle due dislocazioni a destra. Ad esempio. Un soggetto fonosintatticamente pesante, quale quello che compare nell'esempio:

(47) Non ha mai alzato lo sguardo *il ragazzo di 15 anni che la madre portava, di nascosto dai giornali scandalistici, a visitare i malati, a vedere come vivono i poveri* (La Repubblica),

viene interpretato tipicamente come *topic*, e non come appendice al *topic*: la densità informativa del soggetto fa aumentare il dinamismo comunicativo canonico del *topic*, il che è consono con la parallelizzazione informativa attribuita alla struttura *comment-topic*, ma non con una lettura deenfatica[15]. La stessa analisi si applica alla frase che introduce il secondo capoverso del testo:

(48) Il procuratore nazionale antimafia, Piero Luigi Vigna, da sempre un sostenitore della linea dura della non trattativa, ieri mattina aveva detto:

"La legge non esclude la possibilità che il magistrato che conduce l'inchiesta, qualora ne veda l'esigenza, conceda l'autorizzazione al pagamento del riscatto".
Aveva scritto Soffiantini nella lettera resa pubblica domenica sera dal Tg5: "Io chiedo ai miei figli che paghino la mia salvezza". Aveva aggiunto: "Non lo chiedo al Governo italiano né tantomeno ai giudici" (*La Repubblica*).

"Soffiantini" è senz'altro il *topic* della frase, in quanto si presenta come l'individuo di cui si parla e a cui viene attribuito un comportamento fondamentale per l'argomentazione in corso. La sua distribuzione a destra sta a segnalare il suo particolare dinamismo comunicativo, vale a dire il fatto che, a differenza della sua realizzazione canonica, possiede una sfumatura presentativa. Nel caso seguente:

(49) Vogliono partecipare al programma, venti minuti soltanto, tanti quanti ne ha avuti il ministro. La risposta però è secca: tecnicamente impossibile. "Stavolta la *par condicio* non è prevista" commenta Giovanni Tantillo, direttore di RaiUno. Il ministro della sanità interrogata in diretta da Fabrizio Frizzi dice: "Siamo pronti a sperimentare la cura nei tempi più brevi, se il professor Di Bella e i suoi collaboratori pensano che sia una beffa, allora vengano a vedere". [E aggiunge]: "Anche se non arriveranno le cento cartelle richieste dall'ordinanza, Di Bella ci dia comunque gli elementi per poter valutare i presupposti per la sperimentazione".
E' più morbida la Bindi, almeno sembra così, seduta sulle scomode poltroncine del salotto di Frizzi. (*La Repubblica*)

il soggetto a destra si presenta invece come deenfatico: è un rinominare sullo sfondo comunicativo un individuo di cui si è già parlato, in modo da caricare emotivamente l'enunciato.

Soprattutto per chi ha una certa pratica del fenomeno in esame, scegliere tra *soggetto-topic* e *soggetto-appendice* è un'operazione certamente fattibile. Il che non significa che non vi siano casi indecidibili, che, come il seguente:

(50) E' proprio il caso di mettersi gli occhiali, oggi, va'. Fra un po' piove, dico io.
Be', il naso me lo nascondi tu, allora? dice lei. Ci salutiamo sempre così noi, un po' sul rude.
Fuma anche delle sigarette Philip Morris lunghe e strette, tali e quali lei, questa mia amica che conosco da quattro anni. E' una delle prime amiche italiane che mi sono fatta qui in terra straniera e ostile. Prima lavorava in un giornale di viaggi e turismo, non guadagnava una lira, una cosa miserabile, poi ha beccato un tipo polacco che fa il professore all'Ecole

des Hautes Etudes e ha pensato bene di sposarselo e licenziarsi. (Campo),

accettano una doppia analisi, o una 'metanalisi', con i termini di Berrendonner e Reichler (1997). Entrambe le letture sono infatti compatibili con l'organizzazione tematica ed argomentativa del testo che accoglie la struttura. In casi come questi, quando si sceglie, ci si fonda su presupposizioni intraindividuali, non da ultima la decisione di caricare emotivamente o meno il contenuto dell'enunciato.

L'aspetto sintattico della distribuzione a destra del soggetto è più delicato: il soggetto è sintatticamente dislocabile o è solo posponibile? La risposta, crediamo, varia in funzione della rappresentazione del sistema linguistico a cui si decide di aderire. Una cosa pare comunque certa: la non esistenza di un clitico soggettuale non è in sé una ragione per escludere la dislocabilità del soggetto: potrebbe trattarsi di una anticipazione con un pronome fonologicamente nullo. Per il resto, ci limitiamo ad una speculazione 'ingenua', nel senso che non valuta le conseguenze che essa potrebbe avere sul sistema sintattico *in toto*. Si ha dislocazione a destra del soggetto quando questo viene interpretato come appendice deenfatica; si ha invece semplice posposizione nel caso dell'articolazione *comment-topic*: il soggetto a destra è allora il 'vero' soggetto.

5. Spunti per un'analisi contrastiva italiano-francese
5.1. Il punto di partenza
I dati raccolti (traduzioni ed esempi autentici, esercizi di traduzione di italofoni e francofoni) indicano che il costrutto con extra-posizione a destra intonativa, è più frequente in francese[16].

Lo scarto ha delle motivazioni estrinseche al sistema 'grammaticale' delle due lingue. Come ha suggerito Francesco Sabatini – un'ipotesi implicitamente confermata dal manuale sulla traduzione italiano-francese di Podeur (1996) – esso ha certamente un fondamento per così dire 'sociologico': soprattutto nella prosa controllata, gli scriventi italofoni, influenzati dalla norma vulgata dalle grammatiche 'tradizionali', sembrano più restii degli scriventi francofoni ad accogliere nello scritto strutture di forte frequenza nell'orale. La maggiore diffusione della dislocazione a destra in francese potrebbe essere inoltre solo un'apparenza, potrebbe trattarsi cioè di una prima impressione dovuta al fatto che in italiano la post-posizione del soggetto, anche quella intonativamente marcata, non ha un'anticipazione pronominale esplicita: ma, come abbiamo già detto, non vi è nessun motivo per associare (perlomeno sistematicamente) questo fenomeno fonologico all'assenza di dislocazione a destra del soggetto.

La differenza tra francese e italiano sembra tuttavia fondarsi anche su vere e proprie ragioni linguistiche. Una ragione meramente sintattica, che interessa l'extra-posizione degli argomenti del verbo; e una ragione sintattica e informativa, la quale rende conto della extra-posizione del soggetto.

5.2. Il caso degli argomenti interni

E' noto che in francese l'accento di frase delle strutture canoniche non è mobile come in italiano: tranne che in situazione di correzione-eco, esso si colloca sistematicamente sull'ultima sillaba tonica dell'ultimo sintagma intonativo (o dell'enunciato, se questo è costituito da un solo sintagma intonativo)[17]. Una distribuzione diversa è possibile solo se vi è una configurazione sintattica marcata (in superficie) che la attiva, e che quindi la giustifica: come ha mostrato Lambrecht (1994) con tanti altri, a differenza dell'italiano il francese esclude infatti per esempio la topicalizzazione enfatica del soggetto, la quale viene affidata, con risultati interpretativi vicini, alla scissione sintattica.

Il fenomeno investe anche la dislocazione a destra. Il francese deve ricorrere alla anticipazione morfosintattica ogni volta che il costituente referenziale conclusivo non porta l'accento primario di frase: dunque, sia quando il sintagma che lo ospita è deenfatico sia quando esso è caratterizzato dall'accento secondario della frase. Ciò significa, più precisamente, che in francese l'emarginazione morfosintattica è necessaria sia per veicolare la configurazione *topic attivo-comment con appendice*, come si verifica tendenzialmente in italiano, sia la configurazione *comment-topic*, che in italiano non prevede (o più prudentemente, richiede) un'anticipazione pronominale. In francese, una sola struttura, quella morfosintatticamente dislocata, copre dunque lo spazio informativo per il quale l'italiano ha a disposizione due strutture diverse. Detto in altri termini ancora, in francese la dislocazione morfosintattica è necessaria anche per attivare la configurazione *comment-topic*[18]. Si vedano alcuni esempi.

L'enunciato seguente si conclude con una dislocazione a destra morfosintattica, che il contesto conduce ad interpretare in modo non deenfatico e ad associare alla configurazione informativa *comment-topic*:

(51) Par moments j'arrive à me demander se je ne t'envie pas. Tu l'as lui! (Bretécher)

Ora, il traduttore (Pardi) decide di restituire *tu l'as lui* con la frase:

(52) Hai una vera fortuna ad avere il tuo stelin!

Si tratta di una struttura canonica dal punto di vista sintattico, la cui subordinata, nella lettura preferenziale, è tuttavia prosodicamente emarginata rispetto alla reggente: per veicolare la struttura *comment-topic*, il traduttore sceglie dunque una struttura in cui la dislocazione si manifesta esclusivamente in ambito prosodico. Si potrebbe pensare ad un versione italiana più vicina all'originale, che rispetti in particolare la natura pronominale dei costituenti di partenza; ebbene, anche in questo caso si tende comunque a prediligere una struttura in cui l'extra-posizione prosodica del pronome tonico non è accompagnata da un'anticipazione pronominale:

(53) Tu (c')hai lui!

Le stesse considerazioni si applicano anche all'esempio seguente:

(54) Je ne traîne pas à la sortie du cours parce que, depuis quelques mois, j'ai Internet. *J'y crois fermement à l'importance des "ateliers cybercredi".* Ce sont des moments (...) (*Psychologies*)

Anche qui la lettura preferenziale della frase dislocata è nei termini della configurazione *comment-topic*; ed ancora una volta, in italiano si tende a preferire la versione con stacco intonativo senza anticipazione pronominale:

(55) Non perdo tempo dopo i corsi perché da qualche mese ho Internet. Credo fermamente all'importanza degli "atelier Cybercredi". Sono momenti (,..).

Ciò non significa che la formulazione con il pronome non sia possibile:

(56) Non perdo tempo dopo i corsi perché da qualche mese ho Internet. Ci credo fermamente, all'importanza degli "atelier Cybercredi". Sono momenti (...);

tuttavia essa attiva la deenfasi, cambiando così la configurazione informativa: il referente dell'elemento extra-posto viene interpretato come un *topic* dato, (messo in scena come) già presente nell'universo del discorso.

Il contrasto morfosintattico in esame è confermato anche nella direzione inversa, nel passaggio cioè dall'italiano al francese. Nel contesto della domanda a cui risponde, l'enunciato in rilievo nell'esempio (57) è, come si è già detto, associato alla configurazione *comment-topic*:

(57) – Ha visto il suo bambino...?
 - *Sono andata a vedere il mio bambino, certo.* Ma ho chiesto ai dottori di non impressionarmi (*La Repubblica*)

La traduzione francese accompagna la leggera dislocazione prosodica dell'originale con un'extra-posizione morfosintattica:

(58) Vous avez vu votre enfant?
 - J'ai été le voir mon enfant, bien sûr. Mais,..

Dalla differenza morfo-sintattica tra italiano e francese, che abbiamo discusso sopra, discendono due altri effetti contrastivi degni di nota.

(a) Il primo riguarda la configurazione prosodica della dislocazione a destra. In francese, l'argomento extra-posto anticipato dal pronome può avere sia una vera e propria prosodia deenfatica sia una configurazione intonativa con accento secondario: il che è il riflesso del doppio valore informativo, o appendice o *topic* in senso stretto, che esso può assumere, come mostra l'enunciato (51) di Bretécher, che nell'analisi *comment-topic* viene letto senza deenfasi su *lui*. Non è così in italiano, in cui l'anticipazione pronominale sembra sempre essere accompagnata dall'assenza di enfasi. Si consideri, ad illustrazione del contrasto, il seguente scambio tratto da Sartre, riportato in Calvé (1979):

(59) – Tu n'oses pas l'avouer, mais tu as peur qu'elle se fiche une balle dans la peau.
- Dis donc, on dirait que *tu ne l'as jamais vue, sa peau*.

La frase con dislocazione a destra autorizza sia l'interpretazione *topic attivo-comment con appendice* sia l'interpretazione *comment-topic*, le quali vengono rese in italiano rispettivamente con pronome e deenfasi, e senza pronome con accento secondario:

(60) (a) Si direbbe che non hai mai visto, la sua pelle
(b) Si direbbe che non l'hai mai vista, la sua pelle.

In francese, la configurazione italiana (a) viene tradotta reintegrando il pronome clitico e attribuendo all'elemento extra-posto l'accento secondario di frase.

(b) Il secondo aspetto contrastivo investe anche l'interpretazione. Quando si attribuisce un particolare dinamismo comunicativo ad un predeterminante del *topic*, si può optare per due strutture informative diverse: una configurazione in cui l'elemento extra-posto è un *topic* vero e proprio e una configurazione in cui esso ha la funzione di *appendice* comunicativamente sullo sfondo. Ora, a conferma dell'analisi contrastiva elaborata sopra, mentre in italiano le due interpretazioni sono veicolate da strutture morfosintattiche diverse, rispettivamente:

(61) (a) Ha mangiato TRE vasi di Nutella
(b) Ne ha mangiati tre, di vasi di Nutella,

il francese ha a disposizione la sola configurazione morfosintattica (62):

(62) Il en a mangé trois de pots de Nutella,

in quanto la prosodia del francese esclude una configurazione parallela a quella di (a).

Questo dato di fatto permette di far luce su una questione sollevata regolarmente da chi ha affrontato il valore della dislocazione a destra: si tratta di una struttura marcata per il particolare rilievo informativo che viene attribuito al *comment* o per la selezione del *topic*? Qui, con Berruto (1986), si è scelta la seconda ipotesi: che si tratti della struttura *comment-topic* o *topic attivo con appendice*, la marcatezza è sempre quella del *topic*, e gli effetti sul *comment* sono effetti secondari o, al limite, coeffetti. Ma dalle considerazioni proposte qui risulta che in francese la situazione potrebbe essere (almeno parzialmente) diversa, a conferma di quanto ha sostenuto Bossong (1981). A differenza dell'italiano, in francese non si può rafforzare il dinamismo comunicativo del *comment* senza optare per la dislocazione a destra morfosintattica: vi è dunque tutto un insieme di casi in cui l'anticipazione pronominale del *topic* è motivata da una operazione comunicativa che si compie sul *comment*.

5.3. Il caso del soggetto
Per quanto riguarda l'analisi contrastiva dell'extra-posizione del soggetto, si considerino le seguenti tre coppie di esempi:

(63) (a) Il n'a pas pu s'opposer à elle. Vous vous souvenez, quand elle faisait ses émissions sur les animaux, il fallait toujours qu'elle engueule tout le monde. *Elle est comme ça Brigitte, très autoritaire.*
(b) Non ha potuto opporsi. Si ricorda quando faceva le sue trasmissioni sugli animali, doveva sempre sgridare tutti. *Brigitte è così, molto autoritaria*

(64) (a) J'ai donc demandé à Nicolas ce qu'il pensait de mon désir de remettre les choses au point et j'ai eu son accord. Ensuite il s'est agi d'écrire. Ce n'était pas facile. *C'était une vieille mine rouillée, pour moi, cette histoire.*
(b) Ho chiesto a Nicola cosa pensasse del mio desiderio di rimettere le cose al loro posto ed è stato d'accordo. In seguito, si è trattato di scrivere. Non era facile. *Per me, questa storia era acqua passata*

(65) (a) Ce n'est pas possible d'être comme ça, *c'est un nombril, cette femme*
(b) Non si può esser così, questa/'sta donna si prende proprio per il centro dell'universo.

Come si sarà osservato, si tratta di casi in cui una dislocazione a destra non deenfatica viene tradotta in italiano con una frase canonica. Alla luce delle considerazioni proposte qui, il contrasto potrebbe essere spiegato nei seguenti termini.

In francese la dislocazione a destra non deenfatica del soggetto (come quella degli argomenti interni) è associata alla configurazione *comment-topic*: una struttura che, come si è visto e come riconferma il seguente paradigma di formulazioni alternative:

(66) Non, ça ce n'est pas juste
    Non, ce n'est pas juste ça
    Non, ce n'est pas juste,

permette di attribuire al *topic* un rilievo informativo intermedio tra quello attivato dalla dislocazione a sinistra e quello attivato dalla distribuzione canonica del pronome clitico. Ora, il fatto è che in italiano lo stesso effetto viene associato alla (apparente) sequenza canonica *S lessicale-V*: dato il parametro del soggetto nullo e la versatilità accentuale dell'espressione lessicale, la sequenza canonica può infatti essere la manifestazione di una dislocazione a sinistra e attribuire così al *topic* quell'aumento del dinamismo comunicativo che in francese si realizza con l'extra-posizione morfosintattica a destra. Più concretamente, ciò significa che in un esempio come *Brigitte è così, molto autoritaria* il soggetto *Brigitte* può essere interpretato come dislocato a sinistra, e dunque valorizzato dal punto di vista informativo.

Quest'analisi, a ben guardare, lascia tuttavia aperti due problemi delicati. Il primo consiste nel chiedersi come mai, se si sceglie la dislocazione a sinistra in italiano, non si possa fare altrettanto in francese. La ragione è che, essendo marcata anche morfosintatticamente, la dislocazione a sinistra in francese attribuisce al soggetto *topicale* una salienza informativa più marcata rispetto a quella attivata dalla struttura italiana: che non è quella richiesta dagli esempi in esame. Il secondo problema è il seguente: se è vero che in italiano la dislocazione a sinistra attribuisce al soggetto *topicale* caratteristiche molto vicine a quelle che esso assume entro la struttura *comment-topic*, come mai permane anche la possibilità di optare per quest'ultima configurazione, data dalla posposizione non deenfatica del soggetto? Alla luce dell'analisi proposta nel paragrafo 4, si potrebbe rispondere che l'extra-posizione a destra viene scelta quando si voglia veicolare un effetto di parallelizzazione informativa del *topic* e del *comment*.

Sul problema dell'analisi informativa del soggetto in italiano, e sulle sue controparti francesi, occorre senz'altro tornare: basti pensare che ci sono casi in cui l'ordine *S lessicale-V* sembra poter veicolare una configurazione presentativa:

(67) Dopo il messaggio di Soffiantini alla famiglia, più di questo i due ministri non potevano dire. Soprattutto mentre, tra le forze politiche, montava la protesta contro la legge: (...). E mentre il coordinamento delle famiglie degli ex-sequestrati arriva quasi a chiedere le dimissioni di chi si ostina a sostenere la linea dura. Un problema, comunque, rimane: riusciranno i magistrati ad aggirare la legge senza restare intrappolati da quella "consegna controllata di denaro"? (*La Repubblica*)

Quella che si è tracciata sembra tuttavia essere una via che val la pena percorrere per avvicinarsi alla soluzione definitiva del problema.

Note

* Ringrazio Tiziana Turchi per la sua attenta lettura.
1. Per denotare tutto l'insieme di questi costrutti, si utilizza dunque qui il concetto di 'extra-posizione a destra', in cui 'extra' vale come 'non usuale, non canonico'. Nell'accezione originaria di Bally (*cfr* per es. Bally (1965)), il termine 'segmentazione' non può essere scelto come iperonimo, in quanto esso suggerisce la presenza di uno stacco prosodico che di fatto caratterizza solo alcune delle strutture in esame; lo stesso vale per 'emarginazione', che a volte è utilizzato come sinonimo di segmentazione e a volte, come nella *Grande grammatica di consultazione*, viene usato per cogliere spostamenti a destra imposti dalle frasi esclamative o interrogative di costituente; quanto al termine 'antitopic', esso si applica coerentemente ad una sola delle strutture che verranno individuate (la struttura *comment-topic*), il che vale anche per 'ripensamento', che è un sotto-tipo di uno dei tipi di extra-posizione a destra. Conformemente alla scelta più diffusa negli studi italiani e sull'italiano, il termine 'dislocazione a destra' è riservato, come vedremo, alle sole configurazioni che associano in modo diretto o indiretto all'elemento extraposto lo statuto di *topic*.
2. Il fenomeno interessa dunque anche il soggetto sintattico, e ciò contrariamente alla concezione di Berruto (1986: 30), avallata da Berretta (1994): *cfr* infra § 4.3.
3. Per la definizione dei quali ci si fonda su Lambrecht (1994), che ha il merito di costruire caratterizzazioni che tengono conto dei più recenti punti di vista, misurandole costantemente con la realtà dei fatti linguistici.
4. Per quanto riguarda la terminologia impiegata per cogliere l'aspetto prosodico della extra-posizione a destra, ci si fonda su Nespor (1993) e su Wunderli (1987), che si occupa specificamente della dislocazione a destra.
5. 'Provvisoriamente', perché, se si considera l'enunciato nella sua globalità, il penultimo costituente ha comunque un dinamismo comunicativo inferiore a quello dell'ultimo costituente.
6. Per quanto riguarda il problema generale dello statuto (ambiguo) delle strutture marcate riguardo alla norma linguistica, si veda l'interessante analisi della dislocazione a sinistra in francese proposta da Berrendonner e Reichler (1997). Per un discorso sull'italiano, occorre evidentemente prendere in conto l'assetto sociolinguistico attuale, per cui si rimanda a Berruto (1987), che, oltre a presentare le coordinate utili per le varie distinzioni, riassume, confronta, ecc. i punti di vista più importanti espressi fino a quel momento. Un panorama preciso e completo della situazione si trova poi nel più recente Dardano (1994).
7. La letteratura sull'argomento è vasta; come illuminante e ricco punto di partenza, si veda Sornicola (1994).
8. *Cfr* in particolare Benincà *et al.* (1988), Berretta (1994), Berruto (1986), Bossong (1981), Calvé (1979), Lambrecht (1981), Larsson (1979), Sala Gallini (1996), Sornicola (1983), Wunderli (1987). In generale, la proprietà (b) viene tuttavia modalizzata, o dicendo che la datità non è necessariamente stretta (può manifestarsi per inferenza), o mantenendo la datità stretta e dicendo che ci sono eccezioni.

9. Chi, come Berruto, non assume la presenza di un confine intonativo considera presumibilmente come unità intonativa solo quei costituenti che hanno una intonazione conclusiva, *i.e.* marcata illocutivamente. Come si è già suggerito, qui si considera invece che vi siano anche sintagmi intonativi non conclusivi, che si accorpano con quelli conclusivi per dare origine ad un enunciato fonologico.
10. In questa direzione sembrano andare le analisi di Nølke (1997), così come di Sornicola (1983: 567) in cui si dice che l'elemento extra-posto "se non è proprio DATO co-testualmente o contestualmente, assume comunque nella progressione comunicativa il ruolo di un blocco informativo parentetico, specificativo, il che caratterizza la progressione come epesegetica". Questi due punti di vista coincidono tuttavia solo in parte con l'analisi assunta qui.
11. A questo paradigma va aggiunto anche l'enunciato *spaccherei certamente la testa / a quel cane* (= *topic*), che sarà analizzato nel paragrafo successivo, dedicato all'articolazione *comment-topic*.
12. All'interno di una riflessione sulle frasi parentetiche, Borgato e Salvi (1995) affermano che la prosodia delle parentetiche è molto vicina a quella dei costituenti dislocati, ma che, nel caso della collocazione a destra, vi è una differenza fondamentale: nella dislocazione a destra l'intonazione non è sospensiva ma piuttosto discendente. Ora, se è vero che vi è una certa conclusività, che peraltro si manifesta in modo davvero lieve, essa è piuttosto da ascrivere al fatto che il costituente viene ad occupare la posizione finale dell'enunciato.
13. Evidentemente, la vicinanza informativa si realizza solo a condizione che il pronome tonico abbia la funzione di *topic*, altrimenti si ricade nel caso di una apposizione 'classica':
A: Chi è venuto?
B: Come sempre, è venuta lei, Lola.
14. Come vedremo nella sezione contrastiva, questa precisazione prosodica è fondamentale, perché in italiano il soggetto preverbale può essere pronunciato con diversi gradi di enfasi, associati ognuno ad un particolare valore informativo.
15. Della posposizione del soggetto 'pesante' viene dunque data una spiegazione informativa, e non ritmica. Quest'analisi, che contraddice le opinioni più correnti, potrebbe, non senza cautela, essere applicata anche ad altri aspetti della posposizione del soggetto. Di solito, il posizionamento a destra del soggetto nelle frasi esclamative o interrogative di costituente viene visto come un fatto unicamente 'formale', indotto dal tipo di frase, e non come una manifestazione della dislocazione. Ora, se ciò è senz'altro vero, si può tuttavia considerare il fenomeno come la grammaticalizzazione di una esigenza che era *in primis* informativa: articolare il contenuto in una parte *topic* e in una parte *comment* senza attribuire 'troppo' dinamismo comunicativo al topic. E' certo una speculazione ma ha dalla sua almeno due dati di fatto: il *topic* delle esclamative e delle interrogative di costituente ha una prosodia del tutto simile al topic extra-posto nelle frasi affermative; inoltre, questi due tipi di frase hanno anche una versione con dislocazione a sinistra del *topic*:

Ma dov'è andata Maria?
Ma Maria dov'è andata?
il cui confronto mostra che effettivamente l'ubicazione a destra porta con sé una diminuzione della centralità cognitiva del *topic*.
16. Questo non è, evidentemente, il solo ambito della dislocazione a destra che si presenti come degno di interesse in una prospettiva contrastiva francese-italiano. Basti pensare alla extra-posizione a destra del soggetto, intonativamente integrata e non: la differenza relativa al parametro del 'soggetto nullo' porta infatti con sé importanti variazioni a livello della forma, che hanno conseguenze rilevanti riguardo al fenomeno dell'ambiguità nelle due lingue.
17. Una differenza che, come ricorda Sornicola (1983: 562 ss.), nell'800 e ad inizio 900 è stata considerata come un riflesso evidente del "primato razionale del francese rispetto a lingue come il latino, il greco, l'inglese e l'italiano".
18. In francese, il clitico può essere tralasciato solo nelle manifestazioni più 'basse' del francese colloquiale: in quel registro, per intenderci, in cui viene eliminato anche il primo elemento della correlazione negativa *ne...pas*. Sia nel caso della dislocazione a destra che in quello della negazione, l'assenza è tuttavia sentita fortemente come non conforme alle strutture standard.

Bibliografia

Bally Ch., *Linguistique générale et linguistique française*, Bern, Francke, 1965[4].
Benincà P., G. Salvi e L. Frison, "L'ordine degli elementi nella frase e le costruzioni marcate", in L. Renzi (a c. di), *Grande grammatica italiana di consultazione*, vol. I, Bologna, Il Mulino, 1988, pp. 115-226.
Berrendonner A. e M.-J. Reichler-Béguelin, "Les constructions segmentées en français. Variété, norme, usage", 1997, dattiloscritto.
Berretta M., "Ordini marcati dei costituenti di frase in italiano", *Vox Romanica* 53 (1994), pp. 79-105.
Berruto G., "Le dislocazioni a destra in italiano", in H. Stammerjohann (a c. di), *Tema-rema in italiano*, Tübingen, Narr, 1986, pp. 55-69.
Berruto G., *Sociolinguistica dell'italiano contemporaneo*, Roma, La Nuova Italia Scientifica, 1987.
Borgato G. e G. Salvi, "Le frasi parentetiche", in L. Renzi *et al.*, *Grande grammatica italiana di consultazione*, vol. III, Bologna, Il Mulino, 1995, pp. 165-74.
Bossong G., "Séquence et visée. L'expression positionnelle du thème et du rhème en français parlé", *Folia Linguistica* 15 (1981), pp. 237-52.
Calvé P.J., *Dislocation in French. A Functional Study*, Michigan ecc. Ann Arbor, 1979.
Chafe W., "Cognitive constraints on information flow", in R.S. Tomlin, *Coherence and Grounding in Discourse*, Amsterdam-Philadelphia, John Benjamins, 1987, pp. 21-51.
Chafe W., *Discourse, Consciousness, and Time*, Chicago, University of Chicago Press, 1994.
Conte M.-E., "Deissi testuale ed anafora" in Conte, M.-E. (a c.di), *Condizioni di coerenza. Ricerche di linguistica testuale*, Firenze, La Nuova Italia, 1988.

Cresti E., "L'articolazione dell'informazione nel parlato", in AA.VV., *Gli italiani parlati*, Firenze, Accademia della Crusca, 1987.
Dardano M., "I linguaggi scientifici" e "Tendenze dell'italiano contemporaneo", in L. Serianni e P. Trifone, *Storia della lingua italiana II. Scritto e parlato*, Torino, Einaudi, 1994.
Ducrot O., "Anaphore", in O. Ducrot e J.-M. Schaeffer, *Nouveau dictionnaire encyclopédique des sciences du langage*, Paris, Seuil, 1995, pp. 457 ss.
Lambrecht K., *Topic, Antitopic and Verb Agreement in Non Standard French*, Amsterdam, Benjamins, 1981.
Lambrecht K., *Information Structure and Sentence Form*, Cambridge, CUP, 1994.
Larsson E., *La dislocation en français*, Lund, Gleerup, 1979.
Nespor M., *Fonologia*, Bologna, Il Mulino, 1993.
Nølke H., "Notes sur la dislocation du sujet: thématisation ou focalisation?", in G. Kleiber et M. Riegel (a c. di), *Les formes du sens. Etudes de linguistique française, médiévale et générale offertes à Robert Martin à l'occasion de ses 60 ans*, Paris, Duculot, 1997, 281-94.
Podeur J., *La pratica della traduzione*, Napoli, Liguori, 1993.
Reichler-Béguelin M.-J., "Anaphore, cataphore et mémoire discursive", *Pratiques* 57 (1988), pp. 15-42.
Sala Gallini M., "Lo statuto del clitico nella dislocazione a destra: pronome vero o marca flessionale?", *Archivio Glottologico Italiano* 81,1 (1996), pp. 76-94.
Serianni L., *Grammatica italiana*, Torino, UTET, 1989.
Sornicola R., "La frase segmentata e la struttura *topic-comment*", in Ead., *Sul parlato*, Bologna, Il Mulino, 1981, pp. 127-41.
Sornicola R., "Relazioni d'ordine e segmentazione della frase in italiano. Per una teoria della sintassi affettiva", in P. Benincà et al. (a c. di), *Scritti linguistici in onore di G.B. Pellegrini* I, Pisa, Pacini, 1983, pp. 561-77.
Sornicola R., "On Word-Order Variability: A Study from a Corpus of Italian", *Lingua e Stile* 29,1 (1994), pp. 25-57.
Sperber D. e D. Wilson, *Relevance. Communication and Cognition*, Oxford, Blackwell, 1986.
Terracini B., "Si sente così stanca e triste, la signora Leuca", *Lingua nostra* 22,4 (1961), pp. 114-17.
Wunderli P., *L'intonation des séquences extraposées en français*, Tübingen, Narr, 1987.

"Rigidità-esplicitezza" vs "elasticità-implicitezza": possibili parametri massimi per una tipologia dei testi

Francesco Sabatini
Roma

«Talune lettere tecniche, o contratti di cessione di terreni, o d'ipoteche, o di forniture d'energia elettrica, o stipulazioni commerciali, o atti statutari di enti e di società, o stesure di sentenze de' tribunali d'appello o del tribunale di cassazione, o atti altri d'ogni occasione e maniera, vengono paragrafati con una così diligente e felice esattezza, con una così appassionata cura, che la lor lettera ne risfolgora viva e diabolica, quanto avviene resulti invece imprecisa, e a stagnare poltigliosa, peciona, o girovagante e generica ed evasiva la prosa di certi flàmini del dio Atramentatore».
C. E. GADDA, *Le belle lettere e i contributi espressivi delle tecniche* (1929).

«[dicono i logici formali che] il linguaggio quotidiano non ha logica. In effetti il linguaggio quotidiano non ha forse una logica, ma ha appunto una retorica, che è poi la logica dei concetti sfumati».
U. ECO, *Trattato di semiotica generale* (1975).

«Mes vers ont le sens qu'on leur donne. Celui que je leur donne ne s'ajuste qu'à moi».
P. VALÉRY, *Charmes* (prefazione) (1922).

1. Principi teorici e di metodo
1.1. Il "patto" comunicativo e i tipi di testo
Le mie ricerche sulle tipologie testuali traggono origine da un lontano tentativo di fornire, a fini didattici, uno strumento che guidasse i discenti nell'analisi dei testi: uno strumento abbastanza pratico, che indicasse chiaramente sulla superficie linguistica dei testi un buon numero di tratti distintivi, collegabili a una classificazione dei testi stessi secondo funzioni pragmatiche attendibili e anche accostabili ai dati dell'esperienza comune. Ne è nata l'ipotesi di un modello di tipologia[1] che si differenzia molto da quella più vulgata, rappresentata dalla trilogia dei tipi narrativo, descrittivo, argomentativo, an-

che nella versione più elaborata di Werlich (1979 e 1983) che a questi tipi aggiunge l'espositivo e l'istruttivo (cioè 'atto a dare istruzioni, a guidare il comportamento', sì da includere perfino i testi pubblicitari). Indico subito alcune linee di questa diversità.

La citata tipologia di Werlich (ripresa, accolta più o meno criticamente, ritoccata da molti altri studiosi)[2] si fonda dichiaratamente su questi due parametri:

- **l'atteggiamento conoscitivo del produttore del testo nei confronti della realtà che egli osserva o dei concetti che vuole presentare**, atteggiamento che l'autore riconduce a cinque modalità di conoscenza che sarebbero «biologicamente innate» nella mente umana: percezione nello spazio; percezione nel tempo; comprensione mediante analisi e sintesi di concetti; valutazione di concetti messi in relazione; pianificazione di comportamenti propri o altrui;

- **l'intenzione dello stesso produttore di focalizzare l'attenzione del destinatario su fattori e circostanze del contesto**.

Per giungere fino ai tipi concretamente esistenti e ad alcuni tratti di superficie osservabili e catalogabili, Werlich è tenuto però a introdurre e incrociare vari altri criteri, quali la distinzione tra «realtà» e «finzione», l'invenzione di «forme testuali tipiche di una determinata cultura», il «punto di vista» dell'emittente e infine la scelta di uno «stile»: solo in questo modo egli può inquadrare i testi letterari, distinguere le «descrizioni impressionistiche» da quelle «tecniche», le «narrazioni in stile neutro» da quelle «in stile metaforico», ecc. Va detto che una classificazione di testi basata direttamente su possibili funzioni cognitive è risultata del tutto insoddisfacente già a Beaugrande e Dressler (1984, pp. 237-243), i quali hanno tentato ulteriori articolazioni – aggiungendo ai soliti tre tipi «il presentare mondi alternativi» e «visioni profonde del mondo reale» (testi letterari), «l'ampliare le conoscenze sul mondo reale» (testi scientifici), «il diffondere le conoscenze assodate» (testi didattici) – ma hanno concluso (p. 242): «Neppure questo nostro modesto tentativo ha delineato una tipologia testuale chiaramente differenziata. Gli insiemi dei testi con le loro caratteristiche restano v a g h i». Noto subito, da parte mia, che in queste tassonomie testuali non appare affatto, o viene aggregato marginalmente ad altri, un tipo testuale che realizza invece un uso fondamentale e spiccatissimo della lingua: il testo legislativo.

Il principio e i criteri sui quali fondo la mia tipologia sono nettamente diversi. Ho ritenuto di dover scegliere:

- come **piano di riferimento generale** il puro e semplice rapporto o, meglio, "patto" comunicativo che lega immancabilmente emittente e destinatario;

- come **criterio per distinguere i tipi** di messaggio realizzabili il **grado di vincolo interpretativo che in quel patto l'emittente pone al destinatario**.

Mi è sembrato, insomma, di dover fare perno decisamente sul dato fondamentale che si coglie nella comunicazione umana normalmente intenzionale e ne costituisce l'onnipresente illocutività: l'intenzione dei suoi attori di passarsi "informazioni" (dati, concetti, opinioni, sollecitazioni, suggestioni, ecc.) mediante un codice che, notoriamente, viene maneggiato e regolato da entrambe le parti impegnate nell'atto di comunicazione. Se diamo per acquisito che il senso di ogni messaggio è costruito collaborativamente, sia pure in momenti temporali diversi, dal produttore/emittente e dal ricevente/interprete[3], risulterà evidente che l'attribuzione di senso alle parole rappresenta il piano sul quale entrambi gli attori si incontrano realmente e operano concretamente. Per dirlo in termini estremamente semplici: è l'intenzione (o prospettiva) comunicativa che obbliga, da una parte, il produttore del messaggio a porsi nel suo operare la domanda (magari inconsapevole, ma immancabile) "da queste parole si capirà quello che voglio dire?", e induce, dall'altra parte, il fruitore a porsi nel suo operare la domanda speculare (altrettanto onnipresente, anche quando inconsapevole) "che cosa ha voluto dire l'autore con queste parole?". Individuato così il piano sul quale si trovano i fenomeni da osservare, ho ritenuto che la diversità dei tipi di testo potesse dipendere più direttamente dai **diversi gradi di rigidità introdotti nel patto comunicativo**, secondo che il senso del messaggio debba essere costruito dalle due parti **con maggiore o minore univocità**. Va subito precisato che il grado di rigidità viene certo stabilito personalmente dai due realizzatori del singolo contatto, ma nell'ambito di tradizioni formatesi e affermatesi lungamente nel contesto culturale in cui essi operano (v. più avanti il par. 1.2.5).

L'idea centrale che si è fatta strada con il procedere della mia ricerca è, dunque, che il tratto della rigidità/elasticità semantica della lingua dei testi avvolga inevitabilmente qualsiasi loro contenuto (cognitivo o operativo, più o meno reale o finzionale) e qualsiasi loro impostazione di tipo descrittivo, narrativo, argomentativo, imperativo, pattuitivo, ottativo, ecc.: da ciò deduco che il diverso grado di rigidità (o, rispettivamente, elasticità) sia il vero denominatore comune e quindi l'unico fattore capace di produrre una loro differenziazione tipologica definibile e "misurabile". Tale gradazione va correlata non alla impostazione complessiva della composizione, ma alle diverse **funzioni illocutive dettate dal vincolo interpretativo**: funzioni chiaramente pragmatiche, che possono andare, per indicare subito i due estremi, dall'intenzione di elaborare e fornire conoscenze altamente vero-falsificabili (nella pura definizione scientifica) o norme di comportamento inequivocabili (nei testi legislativi e contrattualistici), fino all'intenzione di trattare, in termini molto soggettivi e in potenziale dialogo con qualsiasi altro essere umano, temi esistenziali (nel testo poetico).

1.2. Sui requisiti di un buon modello

Lo schema qui delineato sommariamente è nato da rilevamenti empirici, che poi hanno portato induttivamente a un'ipotesi teorica, che naturalmente aspira ad avere le richieste capacità descrittive, esplicative e predittive di ogni buon modello. Prima di illustrarlo con maggior dettaglio, ritengo utile venire a confronto con alcune questioni di carattere generale prospettate anche per gli altri modelli.

1.2.1. Va anzitutto ribadita la tesi della "**bilateralità**" **funzionale di qualsiasi testo**, tesi valida anche per i testi più liberamente concepiti dall'emittente, come quelli letterari e altri ancora (appunti, promemoria personali e simili). È appena il caso di richiamare le conclusioni a cui è pervenuto il dibattito sulla ineliminabilità di almeno una delle varie figure possibili di "lettore" di un testo: si tratti pure del "lettore virtuale" o "implicito" o "modello" o addirittura del "lettore *alter ego*", cioè dell'emittente come destinatario di sé stesso[4]. D'altronde, l'utilità di una tipologia dei testi sussiste solo se si è interessati ai problemi che pone la loro interpretazione e dunque se se ne prevede una ricezione.

1.2.2. Altra questione, spesso avanzata, riguarda la pregiudiziale secondo cui non è facile, o forse è impossibile, trovare testi tipologicamente omogenei: tutti i testi più spesso considerati sono **testi misti**. La constatazione è giusta, ma nulla toglie al fatto che si possa e si debba parlare di tipi di testo riferendoci anche a porzioni di testo, più o meno grandi, fortemente caratterizzate in un certo senso all'interno di un testo intero fisicamente inteso, che ne contiene altre di altro tipo, spesso minoritarie o meramente accessorie e satellitari. D'altra parte, testi come la *Costituzione* o i *Codici, Civile* e *Penale*, o le singole leggi così come vengono pubblicate sulla «Gazzetta Ufficiale», o anche una raccolta di poesie di uno stesso autore, in un'edizione anche senza note e senza introduzione del curatore, se si prescinde dai dati tipografici della pubblicazione, presentano una omogeneità assoluta. In ogni caso, se l'obiettivo è inquadrare il testo sotto il profilo del come esso vuole "parlare" globalmente al destinatario, dobbiamo tener conto della somma totale dei tratti e non di eventuali aree di calcolata difformità.

1.2.3. Un punto importante è anche quello che riguarda **le modalità concrete della comunicazione**, cioè il **mezzo fisico** mediante il quale si realizza il testo (voce diretta in situazione di faccia a faccia; scrittura; voce altrimenti trasmessa)[5] e le connesse **condizioni spaziali e temporali** dell'evento comunicativo. A questi fattori attribuisce il massimo potere classificatorio, da ultimo, Diewald (1991 e 1995), il quale ne deriva una tipologia che mette in sequenza il «dialogo orale faccia a faccia», il «dialogo telefonico», lo «scam-

"Rigidità-esplicitezza" vs "elasticità-implicitezza" 145

bio epistolare», il «monologo orale» e il «monologo scritto». Questa classificazione ha certo un fondamento e fa emergere tratti significativi (soprattutto quello della presenza/assenza e diversa frequenza della deissi spaziale e temporale extratestuale e della deissi di prima e seconda persona)[6], ma molto limitati: per passare da quei tipi testuali generalissimi e avvicinarsi ai testi reali, lo studioso ha dovuto aggiungere fattori «di secondo piano», quali sono quelli sociali, funzionali e tematici. Il mio tentativo si differenzia da quello di Diewald perché le modalità comunicative alle quali faccio riferimento sono già caratterizzate da specifiche intenzioni illocutive, rispondenti ad esigenze proprie della civiltà a cui appartengono gli interlocutori[7].

La distinzione tra parlato e scritto resta comunque un dato di prim'ordine per la definizione di un modello tipologico: non solo, com'è stato ripetutamente osservato, per i caratteri globalmente diversi che i due mezzi, nelle rispettive situazioni di impiego, imprimono a una quantità di messaggi[8], ma per un motivo che emerge proprio dai criteri della tipologia che propongo. Vari tratti che conferiscono "elasticità" a molti testi scritti, anche concepiti direttamente per la scrittura e talora di notevole formalità[9], sono chiaramente derivati dall'uso parlato della lingua: segnalo subito almeno i tratti della frase segmentata, delle "congiunzioni testuali", degli avverbi frasali, delle frasi parentetiche, dei pronomi *lui, lei, loro* come soggetti/tema, del soggetto posposto con valore rematico.

Ritengo, tuttavia, che il tentativo di rifarsi all'intero quadro della etnografia della comunicazione per abbracciare ogni tipo di messaggio linguistico prodotto dagli esseri umani finisca per portare fuori strada negli studi di tipologia dei testi. Testi orali, testi scritti e testi trasmessi sono sì comparabili qua e là tra loro, ma non inquadrabili esattamente negli stessi schemi: bisogna ammettere che varcare la soglia della redazione scritta vuol dire entrare in un sistema ben diverso e preciso di regole comunicative e di rapporti tra le forme compositive[10]. Cruciale, sotto questo aspetto, è la questione del taglio degli "enunciati" (v. par. 3.1). Per questo la mia indagine non mette a confronto classi di testi orali e classi di testi scritti. Il parlato è tenuto sempre d'occhio, anche per indicare alcuni accostamenti specifici, ma resta a fare da sfondo, soprattutto quale generatore di particolari meccanismi di elasticizzazione del discorso accolti selettivamente in alcuni tipi di testi scritti.

1.2.4. Poiché la classificazione dei tipi avviene, nel mio modello, analizzando direttamente la superficie linguistica dei testi, si potrebbe sostenere che, in fin dei conti, le differenze tipologiche si risolvono in differenze di **stile**. Nulla di strano, purché si riconosca che questi "tratti di stile" non sono pure scelte individuali compiute per quel testo, ma: sono numerosi; fanno sistema; ricorrono tipicamente in classi di testi che hanno una chiara affinità di funzione illocutiva. Si tratta di fatti stilistici nel senso già ben illustrato da Sandig 1978 e 1986.

1.2.5. Altra circostanza di cui bisogna sempre tener conto nelle ricerche sui tipi di testo è il contesto di riferimento, da intendere secondo due dimensioni: il vero e proprio **contesto di riferimento stretto** e il più ampio **orizzonte di civiltà**.

Il rapporto tra la formulazione linguistica del testo e la concreta fisionomia e collocazione spazio-temporale degli interlocutori (su cui si soffermano quasi tutti gli studiosi) entra a pieno titolo anche nella mia prospettiva. Il fattore situazionale viene infatti a combinarsi in modo molto significativo proprio con il criterio della rigidità-esplicitezza e della elasticità-implicitezza della formulazione linguistica. I testi di legge, di scienza e di istruzioni tecniche, che sono meno legati a un contesto individuale e "vicino" ma, nello stesso tempo, richiedono una conoscenza ben determinata del mondo di riferimento, devono includere questa conoscenza in sé stessi o in un sistema di testi connessi e richiamati: accrescono in tal modo la propria rigidità ed esplicitezza[11]. Tendono invece mediamente all'elasticità e all'implicitezza i testi indirizzati a destinatari che l'emittente in qualche modo conosce e ritiene capaci di integrare da soli, in modo abbastanza prevedibile e univoco, il senso delle parole con la personale conoscenza dei fatti: sono questi i testi espositivi e di informazione comune. Sono infine molto elastici e ricchi di impliciti i testi che si rivolgono bensì a un pubblico vasto e non sempre vicino e individuato, ma richiedono tutt'altro che un'integrazione extratestuale univoca: ovviamente si tratta dei testi letterari.

Al più ampio contesto di civiltà ho già accennato in punti precedenti (1.1 e 1.2.3). Qui vorrei ribadire che le differenze tra un contesto culturale e un altro, sensibilmente separati nella geografia delle civiltà o dalla distanza cronologica, non possono essere considerate circostanze marginali. Avrebbe poco senso ideare tipologie dei testi per le civiltà occidentali ignorando, ad esempio, le invenzioni prima della scrittura alfabetica e poi della stampa e le profonde riorganizzazioni che tali invenzioni hanno prodotto nelle funzioni della lingua. Perfino correnti culturali di più limitata, ma non secondaria importanza, come l'affermarsi dell'empirismo e del metodo sperimentale nell'Inghilterra del secolo XVII e poi l'illuminismo francese, hanno influito decisamente sul modo di redigere alcuni tipi di testo, come quelli scientifici e quelli normativi, o addirittura hanno determinato la nascita di nuovi generi di scrittura, come il "saggio", forma testuale adatta ad alimentare un dibattito pubblico e a tempi ravvicinati attraverso la scrittura, e perciò legata all'invenzione e alla diffusione delle pubblicazioni periodiche (primo grande esempio le *Philosophical Transactions of the Royal Society* di Londra, che datano dal 1668)[12]. Indagini condotte nella prospettiva teorica della mia tipologia han-

"Rigidità-esplicitezza" vs "elasticità-implicitezza" 147

no dimostrato che negli ultimi due secoli i coefficienti di rigidità sono aumentati nettamente per i testi scientifici e i testi legislativi, e che sono aumentati altrettanto i coefficienti di elasticità per la saggistica[13]; l'evoluzione delle forme dei testi letterari è poi sotto gli occhi di tutti.

1.2.6. È bene ribadire che qualsiasi classificazione tipologica dei testi deve, per definizione, risultare collegata a un repertorio di tratti formali chiaramente distintivi dei singoli tipi. Una tipologia è tanto più accettabile, e utilizzabile per vari scopi, quanto più direttamente essa trova riscontro in (e conduce alla ricerca di) tratti osservabili sulla superficie linguistica dei testi: **tratti numerosi, ben definibili e, almeno ai poli estremi della tipologia stessa, addirittura opponibili tra loro.**

La tipologia che propongo può contare finora su una trentina di tratti del genere, elencati nella "Tabella" proposta nei miei studi precedenti (Sabatini 1990a, pp. 637-692, e 1990b, pp. 698-711; v. anche l'applicazione di Dressler 1998). Le veloci formulazioni date in quelle sedi richiedono certo precisazioni, ma con il procedere della ricerca il principio generale risulta sempre più fruttuoso: alcuni punti si sono rivelati molto più ricchi di implicazioni e sono emersi anche altri tratti distintivi (forse i più importanti), come la saturazione/non saturazione delle valenze verbali e la assenza/presenza delle "congiunzioni testuali" (ben oltre i casi di *e* e *ma* a inizio di enunciato, già segnalati). Su di essi mi soffermo in questa esposizione[14].

1.2.7. Infine, se una tipologia dei testi, dedotta da presupposti teorici, viene a coincidere sensibilmente con l'idea che l'**esperienza comune** già ci fornisce delle varie forme di testo con cui abbiamo a che fare nella vita pratica (pensiamo all'idea ben distinta che ognuno di noi vivendo si fa di una legge, un trattato, un manuale didattico, un saggio critico, un articolo di giornale, un racconto, una poesia), questa coincidenza non può che darci una garanzia in più dell'accettabilità e produttività di quella tipologia. In questa direzione vanno le osservazioni dei maggiori studiosi di linguistica del testo (da Schmidt, van Dijk e Petöfi in poi: cfr. Beaugrande e Dressler 1984, p. 239, e Cornea 1993. pp. 26s.).

2. Una classificazione basata sul vincolo interpretativo
2.1. Gli "atteggiamenti comunicativi" dell'emittente

Stabiliti questi presupposti, posso enunciare più distesamente il principio basilare della mia ipotesi, che può essere formulato in questi termini: **nel rapporto comunicativo, con qualsiasi mezzo attuato, tra emittente e destinatario, il parametro fondamentale che guida il comportamento dell'emittente nella formulazione linguistica del testo è fornito dalla sua intenzione** di regolare in maniera più o meno rigida l'attività interpretativa del destinatario. Parlando di "intenzione" non mi riferisco solo a un atteggiamento di personale e generica attenzione dell'emittente nel cercare di rendere ricevibile da altri il senso complessivo del messaggio, ma a un suo comportamento di forte consapevolezza delle modalità di interpretazione puntuale di ogni elemento linguistico del suo messaggio sia **secondo le capacità e disposizioni del ricevente**, sia **secondo specifiche tradizioni preesistenti e rispettate in entrambi i contesti culturali** (quando quello del ricevente gli sia noto o prevedibile, altrimenti con riferimento esclusivo al proprio e con calcolata "sfida" al destino del proprio testo).

In termini che si avvicinano alle pratiche comunicative reali (soprattutto dei testi scritti), il principio può essere presentato con i ragionamenti seguenti.

a) Vi sono rapporti comunicativi nei quali l'emittente avverte come imprescindibile, e talora anche dichiara il bisogno di restringere al massimo e comunque di regolare esplicitamente la libertà di interpretazione del testo da parte del destinatario: è questo, chiaramente, il caso delle leggi scritte ufficiali nelle società complesse odierne e di altri testi affini (sentenze, atti amministrativi, contratti; testi insomma "costrittivi", non di pura scienza del diritto), delle definizioni scientifiche ridotte all'essenziale (spesso basate su termini quantitativi ed espresse con l'ausilio di linguaggi simbolici speciali) e anche, in larga misura, delle istruzioni per l'uso di apparecchi o sostanze (ad es. i medicinali) o per lo svolgimento di attività (anche giochi). Nella sfera dell'oralità queste condizioni si riscontrano nelle formule di giuramento, nei messaggi in codice, nei comandi militari. Tali rapporti, e i testi che li rispecchiano, sono da definire "**fortemente vincolanti**". I testi di questo tipo formano il gruppo A.

b) Vi sono rapporti comunicativi nei quali il bisogno, nell'emittente, di ottenere dal destinatario una interpretazione aderente alla propria è temperato dalla necessità di far procedere il destinatario gradualmente da un suo precedente stadio di conoscenze o posizioni verso le conoscenze e posizioni propostegli; oppure quel bisogno di corretta interpretazione è attenuato, nell'emittente stesso, dalla consapevolezza di una parziale controvertibilità o aleatorietà delle proprie tesi. Siamo qui nell'area che abbraccia una quantità notevole di forme testuali, che si dispongono, quanto a rigidità del vincolo interpretativo, in una scala che va dal trattato (termine usato di solito per le discipline "dure", le quali si fondano, infatti, su principi stabiliti nei testi del primo tipo) al manuale esplicativo, al saggio critico, alla relazione propositiva e a forme ancora più specifiche, come scritti di dibattito su questioni non di estrema specializzazione, testi scritti di arringhe, perorazioni e conferenze, articoli su periodici e giornali, ecc., fino alla lettera confidenziale. Nell'oralità, quest'area è tipicamente occupata dalle esposizioni dialogiche e monologiche più o meno libere, dalla lezione accademica fino alla conversazione comune. Rapporti e testi di questo tipo sono da definire "**mediamente vincolanti**". Sono questi i testi del gruppo B.

c) Vi sono infine rapporti comunicativi nei quali l'emittente non pretende dal destinatario una interpretazione veramente aderente al proprio pensiero: perché la materia che tratta non sopporta precise e oggettive definizioni, è costituita da posizioni molto personali, in parte sfuggenti allo stesso emittente, è una materia che questi propone a destinatari per lo più imprevedibili, non bene individuati, ai quali viene data solo la possibilità di intrecciare con quel discorso e su quei temi un proprio discorso, altrettanto personale e sfuggente. Sto parlando dei testi letterari, nella loro grandissima varietà di forme prosastiche e poetiche: della letteratura in senso stretto, oggetto notoriamente di difficilissima definizione, ma che, come da tanti è stato proclamato in ogni epoca, ha per materia, in fondo, l'esperienza e il senso della vita, colti in qualsiasi frangente o manifestazione possibile e avvertiti e trattati da ogni individuo in infinite maniere possibili[15]. Rapporti comunicativi e testi che riguardino questi soggetti sono da definire "**poco vincolanti**". Sono i testi del gruppo C.

Non è detto che nell'emittente vi sia sempre l'intenzione precisa di assumere uno dei tre atteggiamenti. Ma quando anche le informazioni esterne sul testo assicurano che questa intenzione c'è (fatto sicuramente accertabile per i testi del primo gruppo e il più delle volte per quelli del terzo), la concentrazione dei tratti formali ritenuti caratterizzanti dell'intero gruppo appare molto forte. Una certa gradualità e fluidità c'è tra i testi del secondo e quelli del terzo gruppo: tra un saggio critico o un pezzo giornalistico variamente "caricato" e una prosa d'arte (descrittiva, narrativa, di rievocazione) ci sono spesso molti punti di contatto nella forma (deissi di vario genere, connettivi testuali elastici, forma mediale dei verbi, brani in discorso diretto, figure retoriche varie, ecc.), ma ciò non toglie che i testi ora citati siano ben separabili per la funzione loro propria. E infatti la somma dei tratti caratterizzanti alla fine risulta ben diversa nei due campi.

All'interno delle tre classi maggiori ("macrotipi") vanno dunque introdotte alcune suddistinzioni, seguendo ancora lo stesso principio, cioè il graduale procedere dell'emittente su una scala che va dalla massima alla minima vincolatività interpretativa, secondo le **funzioni particolari** che egli intende attribuire al suo atto comunicativo. Si individuano così classi testuali più definite, che sono direttamente accostabili ai tipi testuali concreti conosciuti nella pratica comune (nel contesto della nostra civiltà attuale): tali classi sono sci, o sette se si vuole pur sempre distinguere, in letteratura, tra prosa (C1) e poesia (C2). Ulteriori distinzioni, per aderire più minutamente alle fattispecie reali, non sembrano necessarie: ad esempio, i testi delle epigrafi celebrative sono perfettamente assimilabili, il più delle volte, ai testi letterari.

Riporto qui di seguito, con alcune modifiche terminologiche e integrazioni, la classificazione complessiva già data nei miei lavori precedenti (1990a; 1990b; 1998).

CLASSI FONDAMENTALI	CLASSI INTERMEDIE DISTINTE IN BASE ALLE FUNZIONI SPECIFICHE	TIPI TESTUALI CONCRETI
A) testi molto vincolanti	A1. Testi scientifici Funzione puramente **cognitiva**, basata su asserzioni sottoposte esclusivamente al criterio di vero / falso	*Descrizioni e definizioni scientifiche, formalizzate*, specialmente se di materia che consente trattamento quantitativo dei dati.
	A2. Testi normativi Funzione **prescrittiva**, basata su una manifestazione di volontà coercitiva, regolata da un intero sistema di principi enunciati espressamente.	*Leggi, decreti, regolamenti e altri testi assimilabili* (atti amministrativi, giudiziari, notarili, contratti e simili)
	A3. Testi tecnico-operativi Funzione **strumentale – regolativa**, basata sull'adesione spontanea del destinatario alle istruzioni fornite dall'emittente.	*Istruzioni per l'uso* (di apparecchi, strumenti, sostanze, ecc.) *o per eseguire operazioni* (movimenti, giochi, e simili).
B) testi mediamente vincolanti	B1. Testi espositivi Funzione **esplicativa-argomentativa**, basata sull'intenzione di "spiegare a chi non sa" o di stabilire trattative su questioni concrete o di proporre e dibattere tesi.	*Trattati, manuali di studio, enciclopedie, saggi critici, relazioni, lettere d'affari, memorie forensi e d'altro genere* (discorsi politici, conferenze, lezioni, ecc., messi per iscritto)
	B2. Testi informativi Funzione **informativa**, basata sull'intenzione di mettere genericamente a disposizione ("divulgare") informazioni, perlopiù sommarie e approssimative.	*Opere divulgative e di informazione corrente; testi giornalistici; corrispondenza familiare e tra amici.*
C) testi poco vincolanti	C1-C2. Testi d'arte ("letterari") Funzione **espressiva**, basata sull'intenzione (o bisogno) dell'emittente di esprimere, specie su temi esistenziali, un proprio "modo di sentire" e di metterlo a confronto, potenzialmente, con quello di ogni altro essere umano.	*Opere con finalità d'arte o che assumono forme artistiche per altri fini* (letteratura in prosa e in poesia; motti e proverbi; scritture sacre, testi liturgici e di preghiera; particolari testi pubblicitari).

Un chiarimento richiede certo la qualifica di "poco vincolanti" data ai testi letterari, che possono risultare, invece, gravati da molti condizionamenti, quali sono, tra gli altri, quelli metrici, specie per la poesia "tradizionale". Non bisogna però confondere questo tipo di vincolo "esterno", che l'autore accet-

"Rigidità-esplicitezza" vs "elasticità-implicitezza" 151

ta e addirittura ricerca e utilizza per conquistare una maggiore ricchezza e profondità di espressione, con i vincoli che le precise funzioni pragmatiche impongono per la redazione dei testi del gruppo A, per vincolarne e "bloccarne" il senso.

2.2. La regolabilità del codice

Prima di affrontare l'analisi dei tratti formali bisogna prendere posizione sulla accettabilità, nella linguistica testuale, del concetto e del termine di "codice", per di più di codice regolabile a volontà da parte degli utenti. La questione è stata posta e trattata in modo particolare da Cornea 1993 (cap. 3, specialmente alle pp. 90-96), il quale discute e infine respinge la tesi, derivabile da M. M. Bachtin, che ridurrebbe l'idea di codice quasi solo al «linguaggio degli ingegneri» e al «lavoro del telegrafista», e approda così a una distinzione fra «codici» che si avvicina singolarmente al mio criterio del vincolo graduabile.

Riporto direttamente il suo testo (pp. 95s.): «mi sembra opportuno istituire tre tipi di codici, in funzione della finitezza del repertorio e della flessibilità dell'articolazione dei significanti e dei significati. Distinguiamo così: a) *codici imperativi*, con un repertorio finito e connessioni univoche; b) *codici probabilisti*, con un repertorio per la maggior parte fissato, ma ancora aperto e completabile, con connessioni parzialmente regolamentate, in parte condizionate (da contesto a contesto); c) *codici permissivi*, con un repertorio non finito, con un'articolazione ambigua od opzionale». Subito dopo lo studioso commenta: il primo tipo di codice è del genere di quelli che permettono «l'uso automatizzato dell'informazione» e può funzionare anche «senza [...] che implichi esseri umani»; il secondo «è la lingua», nella quale «il vocabolario di base può essere considerato stabile, e, relativamente, univoco; ma il dizionario (che contiene tutto il lessico) si arricchisce continuamente e si trasforma; il sistema delle connessioni è generalmente fissato nel caso delle denotazioni, ma molto variabile per le connotazioni; inoltre, al di là delle componenti sintattica e semantica, esiste anche una componente pragmatica, che ha il compito di orientare la comprensione»; il terzo codice «è adatto ai testi letterari perché rappresenta il minimo grado di coercizione regolatrice e, implicitamente, il massimo grado di libertà del sistema: il principio è che le deviazioni fanno parte delle "regole del gioco". Qui la dimensione pragmatica assume un ruolo molto più importante che nel caso dei codici probabilisti».

Lo schema – che si completa con il discorso (pp. 219-233) sulle «indeterminatezze» e sull'«investimento immaginativo» – risulta molto affine al mio, ma richiede alcuni chiarimenti o ritocchi. Ci si deve subito domandare dove si collocano i testi legislativi e quelli marcatamente scientifici e tecnici. Se questi tipi testuali non sono stati, ancora una volta, semplicemente dimenticati, si può solo pensare che, esclusa l'attribuzione al primo ambito, al quale sembra negato un vero carattere linguistico, Cornea li abbia inclusi senza più tra tutti quelli che si realizzano con i codici «probabilisti». Anche se in questo secondo ambito egli distingue tra «denotazioni» e «connotazioni», quell'inclusione mi sembra insostenibile. Alla luce dei miei dati, ritengo che il suo schema vada ritoccato, o attribuendo la «imperatività» dei significati (con qualche attenuazione) anche a certi usi della lingua storico-naturale impiegata tra interlocutori umani, o articolando decisamente in due sezioni distinte l'area dei codici «probabilisti». Certo è che enunciati come, ad esempio, «La maggiore età è fissata al compimento del diciottesimo anno» (primo enunciato dell'art. 2 del nostro *Codice civile* vigente), oppure «Per due punti dati passa una e una sola retta» (uno dei postulati della geometria euclidea), oppure «Per la trasmissione con il conteggio pagine attivo: 1. Inserire l'originale nell'alimentatore. 2. Digitare il numero di pagine da trasmettere. 3. Premere SÌ. 4. Comporre il numero di fax. 5. Premere START» (brano che traggo da un libretto di istruzioni per l'uso di un apparecchio fax), presentano una rigidità interpretativa che li allontana di molto dalle formulazioni tipiche di qualsiasi prosa esplicativa o di informazione giornalistica o di saggio critico (sia pure di argomento giuridico, economico e simili).

Bisogna inoltre contenere le limitazioni che Cornea pone (pp. 97ss.) al carattere linguistico del codice "permissivo", ossia dei testi letterari. Anche se l'opera letteraria incorpora altri "codici" parzialmente non linguistici (quali l'attesa di alternatività al mondo reale e le «convenzioni di un periodo o di una comunità semiotica specifica» in fatto di "generi"), va certamente ribadito (con Segre 1985, pp. 293 s.) il saldo legame tra l'espressione letteraria, anche poetica, e la lingua.

Acquisito questo rinforzo all'idea della malleabilità del codice come criterio ordinatore dei tipi testuali, occorre individuare e descrivere i meccanismi di questa malleabilità e misurarne la portata.

3. Il riscontro sulla superficie dei testi
3.1. Dal sistema virtuale al testo: il confronto tra la "frase-tipo" e l'"enunciato"
Molti dei meccanismi da me presi in considerazione sono già ben noti (l'anafora nei suoi vari tipi; la catafora; i connettori pragmatici; le ellissi; gli avverbi di frase; i segnali discorsivi; le frasi incidentali, spesso sedi di commenti metatestuali; le deissi extratestuali; ecc.) e sono stati analizzati, anche per l'italiano, in un gran numero di studi[16]: ma mi sembra che finora essi non siano stati valutati nel loro insieme e con un unico metro per quanto riguarda il loro potere di caratterizzare i tipi di testo. È proprio questa, invece, l'operazione da compiere, dopo aver trovato la chiave adatta.

"Rigidità-esplicitezza" vs "elasticità-implicitezza" 153

Il punto di partenza sta nel tenere il massimo conto della distinzione capitale (che riconduce al binomio hjelmsleviano di "sistema" e "processo", non a quello saussuriano, non esaustivo, di *langue* e *parole*) tra la lingua come sistema virtuale e la sua realizzazione testuale. Questa distinzione[17] permette di porre in piena luce un fatto specifico: l'uso comunicativo della lingua, per effetto degli apporti del contesto e delle relazioni cotestuali, porta a realizzare strutture concrete (o "di superficie") che in un'alta percentuale di casi si allontanano fortemente da quelle paradigmatiche richieste dalle pure regole di funzionamento del sistema. Per descrivere tali forme di superficie occorre perciò confrontarle con i loro paradigmi nel sistema. Il livello che più facilmente risente delle variabili contestuali e cotestuali – a parte quello semantico-lessicale, esposto sempre alle più libere innovazioni individuali o imposte dalle circostanze – è notoriamente quello della sintassi. Le sollecitazioni che vengono dall'atteggiamento comunicativo dell'emittente incidono infatti più direttamente e più ampiamente sul modo di "aggregare le parole", secondo tre direzioni principali che possiamo così tratteggiare[18]:

– scelta tra i vari costrutti previsti nel sistema per una data enunciazione: ad esempio, tra costruzione attiva e passiva (quest'ultima nelle varie forme possibili); tra frasi coordinate, frasi subordinate (con diverso ordine possibile tra reggente e dipendente) e frasi giustapposte (con implicito valore semantico di coordinazione o di subordinazione); tra interrogativa diretta e indiretta; diverso ordine tra la presentazione del "prima" e del "dopo" temporali, o della causa e dell'effetto, ecc.;

– presenza di tutti gli elementi richiesti dal sistema virtuale per la completezza della frase o ellissi di alcuni di essi[19];

– uso o rifiuto di strutture marcate (frase scissa; frase segmentata; diverso ordine tra soggetto e verbo) per ottenere la focalizzazione dell'informazione.

Alcune di queste alternative (attivo / passivo; coordinazione / subordinazione / giustapposizione) si possono ritenere interne allo stesso sistema virtuale e quindi gli effetti che ne derivano possono essere facilmente valutati mediante un confronto diretto tra esse. Per gli altri casi, invece, abbiamo bisogno di stabilire il termine di confronto in un costrutto per così dire neutro, ossia il più possibile privo di apporti informativi derivanti dal contesto o da procedimenti inferenziali. Per compiere operazioni di questo tipo diventa indispensabile allora far riferimento a un'entità sintattica elementare da considerare «soglia strutturale irriducibile» (Prandi 1996, p. 3) del sistema virtuale della lingua. Si tratta cioè di riconoscere l'entità **frase** e, meglio ancora, di possedere il modello della **frase-tipo**[20]. Orbene, l'assunzione di questo termine di confronto permette di rilevare un tratto distintivo fondamentale, dal quale in fondo dipendono vari altri: quello della conformità/difformità dei segmenti testuali compresi tra due pause forti rispetto alla frase-modello. Nello scritto siamo soliti denominare "frasi" anche questi segmenti, ma proprio la loro frequente difformità (vedremo sotto quali aspetti, quanto diffusa e come distribuita) rispetto al modello impone di indicarli con un altro nome. Aderendo alla tendenza che sembra prevalente, userò il termine "**frase**" per indicare la **struttura sintattica tipo del sistema virtuale della lingua**, e il termine "**enunciato**" per indicare il **segmento testuale, comunque formato, compreso tra due stacchi forti**, vale a dire, nello scritto, tra due segni forti di punteggiatura.

Non tutti i problemi sono risolti da questa identificazione e definizione dell'enunciato, perché bisogna stabilire in partenza a quali segni d'interpunzione riconosciamo il valore forte: ma proprio queste incertezze aprono ulteriori direzioni di ricerca, perché la canonicità e la stabilità dei valori dei segni interpuntori risultano già essere tratti caratterizzanti di alcuni tipi di testo. Si evidenzia subito, in questo modo, anche un'altra questione cruciale: l'esatta dimensione, e quindi la struttura, degli enunciati si può stabilire con certezza soltanto nei testi scritti e con punteggiatura d'autore, ancor meglio se si tratta di un autore molto vicino al nostro tempo (diciamo, per il contesto italiano, non anteriore al secolo XIX), che, quindi, presumibilmente condivide i nostri stessi valori della punteggiatura[21]. È questo il piano sul quale si evidenzia anche il maggiore discrimine con la sfera dei testi orali, nei quali è decisamente arduo definire il taglio degli enunciati (Cresti 1992; Giannelli (cur.) 1994): sotto questo aspetto rivestono un interesse particolare sia i testi teatrali (parlati prima che scritti? scritti per essere parlati?), sia alcuni testi di narrativa d'avanguardia, che hanno eliminato del tutto la punteggiatura.

3.2. Struttura degli enunciati nei vari tipi di testo

Il confronto tra frase-tipo ed enunciato scritto porta a evidenziare un gruppo di fenomeni che separano molto nettamente i testi del gruppo A da tutti gli altri. Trovo, infatti, che nei testi di questo gruppo la struttura dell'enunciato rispecchia pressoché sempre quella della frase tipo, mentre questa conformità viene spesso meno nei testi dei gruppi B e C, in misura crescente via via che ci si avvicina e poi si passa ai testi spiccatamente letterari.

La conformità o difformità riguarda in primo luogo i seguenti tratti (indico i tratti del mio modello con numeri in neretto tra parentesi, per distinguerli dai numeri in chiaro che indicano gli esempi):

(**1**) presenza costante del soggetto (grammaticale) dentro l'enunciato / possibile e talora frequente assenza del medesimo (in quanto recuperabile da altri enunciati del cotesto o dalla situazione);

(**2**) forte tendenza alla saturazione, dentro l'enunciato, anche delle altre valenze del verbo (oltre a quella del soggetto) / frequente non saturazione,

"Rigidità-esplicitezza" vs "elasticità-implicitezza" 155

con conseguente possibile uso dei verbi con valore "assoluto" o, addirittura, di ellissi del verbo stesso (come in alcuni esempi presentati più avanti).

In ognuna delle due coppie di alternative la prima risponde chiaramente alla medesima finalità: **rendere esplicite tutte le relazioni argomentali che caratterizzano la semantica del verbo e quindi vincolare al massimo l'interpretazione del senso della struttura che fa capo ad esso**. Gli esempi che seguono (raggruppati nelle tre classi testuali A, B e C) permettono il confronto tra costruzioni verbali "sature" (il verbo è in neretto, i suoi argomenti, nominali o frasali, sono sottolineati) e costruzioni "insature"[22]:

A: (1) *Codice Civile*: art. 1858: «Lo sconto è il contratto col quale la banca, previa deduzione dell'interesse, **anticipa** al cliente l'importo di un credito verso terzi [...]»;

(2) *Codice Penale*: art. 483: «Chiunque **attesta** falsamente al pubblico ufficiale, in un atto pubblico, fatti dei quali è destinato a provare la verità, è punito [...]»;

(3) *Codice Penale*, art. 610: «Chiunque, con violenza o minaccia, **costringe** altri a fare, tollerare od omettere qualche cosa è punito [...]».

B: (4) CROCE, *Poesia*, p. 443 (a inizio capoverso): «Teoricamente **considerando**, questa obiezione non si può dire che poggi sopra sicure fondamenta.»;

(5) ROSCIONI, *Disarmonia*, p. 14: «...figure e [...] metafore che **suggeriscono** l'ambiente rurale circostante»;

(6) ID., p. 25: «Gadda **invita** a riimmergere le parole nel flusso della vita»;

(7) ID., pp. 25s.: «Egli [...] **consiglia** in questo campo la massima prudenza»;

(8) SARTORI, *Lettera* (art. giorn.): «**Vediamo**, e **vediamo** più specificamente»

(9) ID., ivi: «Io **sono**, dunque, [...] pronto a **concedere**. Invece Elia,..»

C: (10) MONTALE, *Il ritorno*, vv. 1-6: «Ecco bruma e libeccio sulle dune / [...] / è là celato dall'incerto lembo / o alzato dal va-e-vieni delle spume / il barcaiolo che **traversa** / in lotta sui suoi remi»;

(11) ID., *I limoni*, vv. 30-33: «la mente **indaga accorda disunisce** / nel profumo che dilaga / quando il giorno più languisce».

(12) Epigrafe (Roma, Palazzo dell'Esposizione; le barre indicano qui il taglio delle righe): «Regnando Umberto I / il Comune di Roma edificò / ad esposizione di belle arti / contribuendo Stato e Provincia / l'anno MDCCCLXXXII».

(13) Epigrafe (Firenze, Lungarno Corsini, n. 4): il testo che informa sul famoso soggiorno di A. Manzoni in quel palazzo è seguito, dopo una linea di stacco, da questa espressione: «Questa memoria il Comune / MCMXIX».

Si colgono bene i casi di ridotta saturazione argomentale nella serie di esempi da (4) a (12) (in (5)-(7) l'argomento sottinteso è chiaramente il lettore di Gadda). Segnalo in particolare gli usi "assoluti" in (4) e (8), entrambi tipici del parlato: il primo, per quanto di sapore tecnico, ricalca il modulo assai comune dei gerundi assoluti che commentano l'atto linguistico del parlante (come *concludendo*, *riassumendo*); il secondo è il tipico segnale introduttore di una riflessione. Gli usi assoluti sono, invece, inaccettabili quando bisogna indicare tutti gli attanti della scena, come negli esempi (1)-(3): in tali casi, all'occorrenza il significato generalizzato viene espresso impiegando verbi generici, quali *effettuare, eseguire, compiere* e simili, saturati dall'argomento nominale (nel linguaggio tecnico dei mezzi di trasporto si dice *il treno effettua la fermata*, non, come nel linguaggio comune, *il treno ferma*). L'esempio (13) illustra, a sua volta, il caso estremo, ma non raro nel linguaggio d'arte della letteratura e paraletteratura, dell'ellissi del verbo.

Il tratto (1) in particolare si presta a mettere in evidenza altri aspetti connessi alla saturazione argomentale. Nei testi del gruppo A, la necessità di esprimere sempre, dentro l'enunciato, il soggetto conduce inevitabilmente ad adottare una delle due soluzioni accettabili in tali testi: l'uso della ripetizione nominale (talora attraverso iperonimo, non certo facendo ricorso a sinonimi, antonomasie e simili, disponibilissimi invece per altri tipi di testo) o del sostituente pronominale. Poiché il valore di quest'ultimo è spesso puramente anaforico, si spiega così (nel caso di referente umano maschile singolare, che è il più comune) l'alta ricorrenza della forma *egli*, superflua invece, e proprio per questo molto rara, negli altri tipi di testo.

L'analisi dei due tratti ora indicati apre la strada alla individuazione di un terzo di pari rilievo, che può essere così presentato:

(3) uso della punteggiatura con funzione solo logico-sintattica e mancanza di interruzioni forti dell'unità frasale mentale / possibilità di punteggiatura anche prosodica e di interruzioni forti dell'unità frasale mentale[23].

La definizione di questo tratto richiede un chiarimento preliminare su una questione abbastanza delicata, che emerge già dagli esempi seguenti. Nei testi del gruppo A non ho mai trovato casi di interruzione della struttura sintattica della frase-tipo[24], sicché procediamo direttamente con quelli dei gruppi B e C (per questi ultimi limitatamente alla prosa)[25]:

B: (14) SERRAVALLE PORZIO, *Mal di scuola*, p. 116: «[...] una scuola che per legge poteva limitarsi a dare solo la cultura minima essenziale e gli strumenti più indispensabili per l'esercizio dei doveri del cittadino. Non certo dei diritti. E non ai livelli imposti dalla realtà contemporanea, in tutta la sua complessità. E non in vista della prosecuzione degli studi.»

(15) PASSERINI, *Com'è bella* (art. giorn.) «Ritirarsi quando si è all'apice della carriera. Capita, soprattutto nello sport. Nelle aziende no. Mai. Anzi: [...].»

(16) SARTORI, *Lettera* (art. giorn.): «Elia ed io non siamo distanti in tutto. Anzi. Perché condivido la sua opposizione [...]»

(17) GARAVELLI MORTARA, *Manuale*, p. 10: «Due sensi, dunque, e un ventaglio di accezioni e di giudizi differenti in una sola parola. Che a un certo punto della sua storia si è trovata a designare il 'cancro', cioè il male per eccellenza di tutte le letterature, di tutti i modi di parlare,[...]. È ben vero che questo male ha ben poco in comune - soltanto il nome - con l'antica arte del discorso. Ovvero, con ciò che a tutti capita di fare:,..»

(18) EAD., p. 11 (a capoverso, dopo uno stacco bianco dal testo precedente): «Già, la manualistica. Come dire, il genere a cui il presente libro appartiene: con l'intento di fornire uno strumento di informazione a chi desideri [...].»

C: (19) D'ANNUNZIO, *Notturno*, p. 54: «Il marinaio ci raggiunge e ci offre un motoscafo che attende a Santa Maria del Giglio. Si va. / Il bacino di San Marco, azzurro./ Il cielo da per tutto. / Stupore, disperazione. / Il velo immobile delle lacrime. / Silenzio. / Il battito del motore. / Ecco i giardini. / Si volta nel canale.»

(20) CALVINO, *Un re*: «Dei colpi. Nella pietra. Sordi. Ritmati. Come un segnale! Da dove vengono?»

(21) TOMASI, *Gattopardo*, p. 291: «C'erano i figli, certo. I figli. Il solo che gli rassomigliasse, Giovanni, non era più qui. [...]. Ma gli altri,.. C'erano anche i nipoti: Fabrizietto, il più giovane dei Salina, così bello, così vivace, tanto caro,.. [di seguito, a capoverso] Tanto odioso. Con la sua doppia dose di sangue Màlvica, con gl'istinti goderecci, con le sue tendenze verso un'eleganza borghese.»

In tutti i brani citati sono presenti sequenze separate tra loro con segni forti di interpunzione (punti fermi; in (21) i due punti, non seguiti da lista)[26], le quali tuttavia rivelano, con le loro connessioni sintattiche o anche solo morfologiche, di essere riconducibili ogni volta a un'unica struttura frasale "mentale" (ma la frammentarietà dell'ultimo brano vuole proprio rendere meditazioni intermittenti del personaggio in punto di morte). L'autore ha voluto, con quei segni forti, semplicemente rendere più evidenti delle pause prosodiche? O invece, specialmente in alcuni casi, ha ridotto una serie di frasi mentali ai loro nuclei concettuali essenziali, che emergono isolatamente, staccati da vuoti che il lettore è chiamato a riempire con gli ipotizzabili elementi cancellati, fino a ricostruire le frasi soggiacenti? È difficile rispondere a queste domande: è certo, però, che questa particolare presentazione del contenuto del discorso stimola la mente del lettore a pensare integrazioni. (È questo un effetto particolarmente ricercato in messaggi pubblicitari e in titoli giornalistici, che, inserendo uno stacco molto forte dopo il primo membro di una sequenza, tendono a suggerirne una prima interpretazione dotata di un suo senso autonomo, che viene poi modificato più o meno fortemente dalla lettura del secondo membro). Ed è ben certo che questa modalità si è formata e affermata innanzi tutto nel parlato.

Si noti che nei brani riportati non ci sono soltanto fenomeni di "interruzione" dell'unità frasale. In qualche caso basterebbe eliminare l'interruzione e si otterrebbe – da un punto di vista puramente formale – la costruzione "normale": così nella parte finale di (14), dove però i tre *E* conserverebbero comunque il loro valore testuale. In altri casi, invece, una possibile struttura frasale è stata modificata, attraverso inversioni, sostituzioni con olofrasi, ellissi, e a volerla ricomporre risulterebbe ben diversa (la sequenza di enunciati di (15) potrebbe diventare: *Capita, soprattutto nello sport, di ritirarsi [...], non capita mai nelle aziende*; questa versione del tutto "normalizzata" presenta una diversa reggenza di *capita* e la perdita del focus). Nelle sequenze puramente nominali bisognerebbe, naturalmente, inventare anche il verbo e talvolta anche un attante (quali verbi e quali attanti per le sequenze dell'esempio dannunziano?).

Mostrata la particolare potenzialità semantica di questa modalità, qualunque spiegazione processuale se ne voglia dare, risulta evidente che essa risponde appieno all'obiettivo di coinvolgere creativamente il destinatario nella produzione del senso del messaggio, mentre è assolutamente vietata in quei testi che mirano all'effetto opposto, cioè, come si è detto, nei testi del gruppo A (dove è assente perfino la *coniunctio relativa*).

3.3. Le "congiunzioni testuali"
A marcare le differenze di superficie tra i testi dei tre gruppi concorre fortemente l'uso dei **connettivi testuali**. La materia è amplissima e già trattata in

"Rigidità-esplicitezza" vs "elasticità-implicitezza" 159

molti studi[27]. Anche restringendo l'osservazione alla categoria delle "congiunzioni testuali"[28], ci troviamo davanti a un campo assai vasto, che attende ancora di essere esplorato a fondo. In breve, il punto su cui mi sembra importante concentrare l'attenzione è questo: la doppia funzione che possono svolgere le congiunzioni secondo che esse colleghino (per coordinazione o per subordinazione) strutture frasali, nelle quali sono sintatticamente integrate, o, invece, colleghino sequenze di testo (due enunciati brevi, dall'apparenza di "frasi"; una sequenza di più enunciati a uno o più enunciati successivi; spesso anche ampi blocchi di testo) mediante il solo loro potenziale semantico. In questo secondo caso esse non si integrano nelle loro strutture sintattiche, tanto da sganciarsi dalla rete dei rapporti tra le forme verbali anche vicinissime. Si tratta, per fare un esempio, del diverso uso che può avere la congiunzione *benché*:

a) (con valore "frasale") come normale introduttore di una frase dipendente concessiva (con verbo al congiuntivo, o all'indicativo in uno stile "economico"), che può essere collocata in prima o in seconda posizione: *andrò alla riunione benché non ne abbia molta voglia*; oppure: *benché non ne abbia molta voglia, andrò alla riunione*;

b) (con valore "testuale") come elemento che collega due sequenze strutturalmente autosufficienti e viene anteposto sempre alla seconda: *andrò alla riunione; benché, ne farei volentieri a meno*; o addirittura: *andrò alla riunione. Benché, chi me lo fa fare?*

La perfetta grammaticalità e anche l'antichità e solidità di questo secondo tipo di realizzazione sono ormai ben dimostrate[29]. Restano però vari punti da approfondire: spiegare la genesi del meccanismo, commentare l'effetto che tali giunture producono nella coesione testuale, indagare sulla loro distribuzione nei tipi di testo.

Do subito la spiegazione e fornisco gli esempi. Il meccanismo in questione risulta con ogni evidenza da un processo di ellissi di un passaggio puramente metacomunicativo: l'anello sottinteso è dato, nel caso della concessiva, da una espressione del tipo *ti debba confessare che* o *sia vero che* o *io mi possa domandare* (nel caso dell'interrogativa) e simili. Proprio la presenza dell'interrogativa diretta fornisce la prova inconfutabile, nel caso esemplificato in b), della non integrazione del connettivo nella struttura sintattica delle sequenze che esso collega: prova a cui aprono la strada gli aspetti prosodici che si colgono nell'esecuzione orale e che gli scriventi più sensibili rendono con la punteggiatura che separa fortemente a monte e meno fortemente a valle il connettivo stesso. A rinforzare questa spiegazione vale il ripresentarsi del fenomeno, anche proprio con l'interrogativa come secondo membro (v. gli esempi (22) e (23)), con altre congiunzioni, sia coordinanti che subordinanti. La ricorrenza di *e* e *ma* dopo una pausa forte (spessissimo il punto fermo e anche l'accapo, fino al caso estremo dell'inizio assoluto di testo) è un fatto arcinoto[30]; meno noto, ma pur già documentato, è l'uso del *perché* argomentativo (o *de dicto*) e del *quando* che volge il valore temporale in avversativo-limitativo coordinante (come già il '*cum*' *inversum* latino)[31]. In entrambi gli usi c'è ellissi del passaggio logico che rivela la posizione del locutore: del tipo *dico questo*, nel caso del *perché*; del tipo *le cose erano a quel punto* nel caso del *quando*. Limito gli esempi a tre casi lampanti per ognuna delle due congiunzioni, tutti in testi dei gruppi B e C, dal momento che nessun esempio ne ho trovato in testi del gruppo A:

B: (22) CROCE, *Estetica*, p. 84: «Ma entrambe queste soluzioni sono irte di difficoltà, e tali che a chi le esamini con cura si dimostrano alla fine inaccettabili. Perché che cosa potrebbe mai essere un'attività non spirituale, un'attività della natura, quando noi non abbiamo altra conoscenza dell'attività se non come spiritualità, e della spiritualità se non come attività, [...] ?»

(23) FERTILIO, *Silone* (art. giorn.): «Assurdo pensare che Silone abbia ceduto al regime fascista soltanto per salvarlo [*scil.*: il fratello Romolo]: perché altrimenti – si osserva – come spiegare il fatto che la fine della sua attività di confidente preceda di due anni la morte in carcere di Romolo?»

C: (24) MANZONI, *Promessi sposi*, cap. XXV (a capoverso, dopo una lunga descrizione della situazione; l'esempio vale per il *quando* e per il *perché*): «Quand'ecco si vede spuntare il cardinale, o per dir meglio, la turba in mezzo a cui si trovava nella sua lettiga, col suo seguito d'intorno; perché di tutto questo non si vedeva altro che un indizio in aria, [...].» (Questa la lezione del 1840; nell'ediz. 1827: «Ed ecco apparire il cardinale»).

(25) CASSOLA, *Visita*, p. 19: «Nella notte i frati fuggirono: quando intesero un rombo spaventoso: si voltarono, e la Badia non c'era più.»

(26) MONTALE, *I limoni*, vv. 41-46: «La pioggia stanca la terra, di poi; s'affolta / il tedio dell'inverno sulle case, / la luce si fa avara – avara l'anima. / Quando un giorno da un malchiuso portone / tra gli alberi di una corte / ci si mostrano i gialli dei limoni; / e il gelo del cuore si sfa, [...].»

L'effetto. I connettori del tipo di cui stiamo parlando (e altri strettamente affini: gli avverbi di frase e certi gerundi assoluti come *concludendo*, *riassumendo*, ecc., o il *considerando* crociano dell'esempio (4)) racchiudono un implicito e comportano inferenze, ossia una particolare collaborazione interpretativa del ricevente: la loro presenza è dunque un fattore di elasticità per il testo, che risponde per questa via a particolari esigenze di economia ed efficacia nella comunicazione.

La distribuzione. Dall'esame del mio corpus risulta che tali connettori occupano caselle piuttosto precise nella scacchiera dei tipi di testo. Sono estremamente rari, e selezionatissimi, nei testi che esigono il massimo di esplicitezza e di rigidità. Ad esempio, nel nostro *Codice Civile* la congiunzione testuale usata per introdurre una limitazione a quanto detto nell'enunciato precedente dello stesso comma o al più nel comma immediatamente precedente (non si allunga mai più di tanto la gittata all'indietro) è quasi sempre *tuttavia*, posto in prima posizione, e qualche rara volta *però*, in seconda posizione: non vi si incontra mai quel *ma* iniziale, che trova invece tanto spazio nelle altre classi di testi. Essi sono, infatti, normalmente presenti già nella comunicazione mediamente vincolante (alla quale appartiene anche la classica e maneggevolissima prosa di Benedetto Croce), e poi – sommati ad altri tratti ancora più fortemente ispirati alle esigenze di economia ed efficacia, quali la coesione puramente semantica o addirittura ritmica e fonica, per non dire della metaforicità e di altro ancora – caratterizzano pienamente i testi poco vincolanti. Alcuni, come *e* e *ma* dopo pausa forte, diventano essenziali in molti testi poetici, altri, come i subordinanti in genere (*benché, sebbene, perché, quando, …*), sono più rari in questi ma pienamente in corso nei testi letterari in prosa (narrazioni, descrizioni, argomentazioni), specie quando la tessitura avviene su un ordito di lingua parlata o addirittura include il dialogo.

4. Alcune conclusioni

Un saggio, come il presente, non può non contenere, per definizione, dell'implicito… Lascio al mio lettore svolgerne una buona parte. Mi limito qui a una breve riflessione sul principio teorico che sorregge il mio modello e ad alcuni accenni alle prospettive che questo può aprire.

Ho ritenuto fin dall'inizio che il principio generatore della diversità tipologica dei testi dovesse essere cercato decisamente nel rapporto comunicativo tra emittente e ricevente. Molti altri studiosi hanno compiuto questa scelta, ma, per quanto ho potuto indagare, la loro attenzione è andata poi, preferibilmente, a livelli molto profondi di questo rapporto, quello degli atti linguistici, presumibilmente universali, o addirittura quello del puro mezzo fisico che condiziona la comunicazione; livelli troppo profondi, a mio parere, rispetto ai fattori che possono determinare la diversità degli oggetti testuali. Mi è sembrato più appropriato il livello del trattamento del codice (qui avviene l'incontro con le posizioni di Paul Cornea) in vista di quell'obiettivo centrale dell'agire comunicativo che è la costruzione bilaterale del senso tra emittente e ricevente, legati da un rapporto di collaborazione graduabile tra la forte costrizione e la grande libertà. È questo il fattore che governa direttamente – ribadisco: nell'ambito di tradizioni socioculturali e di forma linguistica storicamente costituitesi ed accettate – la scelta (da parte dell'uno) e la convalida (da parte dell'altro) di una grande quantità di meccanismi linguistici. In questo modo tutti o almeno i più importanti tratti "di superficie" del testo diventano proiezioni fedeli e concordi del suo "contenuto" (senso) complessivo e quindi indici fortemente attendibili per la sua classificazione. Una classificazione essenziale, ma capace di contenere numerosissimi tipi concreti, distribuiti in una fila scandita soltanto da un "più" o un "meno" di presenza di uno stesso carattere, la rigidità-esplicitezza *vs* l' elasticità-implicitezza.

L'altro indirizzo di studi, che pone a base delle diversità testuali gli atteggiamenti cognitivi del solo emittente verso la materia trattata, porta a classificazioni estremamente intersecate, nelle quali i tratti rilevanti per un parametro possono risultare in contrasto con quelli di un altro parametro o irrelati ad essi (la descrittività con la poeticità, per esempio). Sicché si giunge a tassonomie molto ampie e fortemente gerarchizzate.

Il modello attende di essere sviluppato, arricchito, perfezionato. La sua utilità può essere verificata su tre banchi di prova: a) la produttività nelle ricerche interlinguistiche e interculturali o condotte nella diacronia di una stessa cultura; b) la spendibilità nella didattica del leggere e dello scrivere (dell'interpretare e comporre-destinare testi); c) l'adottabilità nelle analisi automatizzate dei testi (attraverso la ricerca di tratti di superficie ben individuabili dal mezzo informatico).

Note

1. Già esposto o utilizzato in Sabatini 1990a (e in prima ediz. 1984); 1990b; 1997a; 1997b; 1998; a queste linee si attiene anche il *DISC* (Sabatini e Coletti 1997). Verifiche del modello hanno offerto Ferrari 1997, Ferrari in stampa, e Dressler 1998 (pp. 612-614). – Negli anni 1995-98 ho proseguito questa ricerca presso il Centro Interdisciplinare "B. Segre" dell'Accademia Nazionale dei Lincei. Ne ho illustrato i risultati in vari seminari in Italia e all'estero, in particolare al Centro Linguistico dell'Università "Bocconi" di Milano (cfr. Cortelazzo 1997, pp. 38s.), alla Scuola Cantonale di Commercio di Bellinzona (cfr. Domenighetti 1998), all'Accademia della Crusca (12 marzo 1997). In queste e in altre occasioni ho raccolto osservazioni e suggerimenti preziosi. Ricordo anzitutto i compianti Maria-Elisabeth Conte e Temistocle Martines; ringrazio ancora Michele Ainis, Carla Bazzanella, Gaetano Carcaterra, Amedeo Conte, Paolo D'Achille, Wolfgang U. Dressler, Angela Ferrari, Piero Fiorelli, Bice Garavelli Mortara, Cristina Lavinio, Emilio Manzotti, Aldo Menichetti, Lavinia Merlini Barbaresi, Aldo Nemesio, Tito Orlandi, Giuseppe U. Rescigno, Cesare Segre, Gunver Skytte. A Dome-

"Rigidità-esplicitezza" vs "elasticità-implicitezza" 163

nico Proietti devo vari dati derivanti dalla sua tesi di dottorato (Università di Roma Tre).
2. Mi limito a citare, per il panorama italiano, la riconsiderazione che ne fanno Garavelli Mortara 1988 e Lavinio 1990.
3. Segnalo soltanto: Gülich e Raible 1977, pp. 21-59; Corti 1980, pp. 53-71, Segre 1985, pp. 8-14; Conte 1988a, pp. 82 s.; Cornea 1993 (nel suo insieme); Mazzoleni 1996, p. 149; e anche il dibattito tra Á. B. Csúri, J.-B. Grize, J. S. Petöfi, V. Raskin, H. Rieser, E. Vasiliu in *Problemi semantici* 1985.
4. Le teorie sul lettore ineliminabile sono efficacemente riassunte e discusse da Cornea 1993, pp. 71-8. Ma si vedano in proposito anche varie altre parti (specie i capp. 5 e 9-14) della sua opera, molto equilibrata e chiarificatrice, nonché la bibliografia cit. nella nota 3.
5. È diventata ormai ovvia la classificazione dei canali che fa posto anche alle possibilità offerte dai mezzi che trasmettono a distanza (e/o conservano per altre occorrenze) i messaggi fonici o fonico-visivi: oltre ad alcuni miei saggi (Sabatini 1982 e 1997c, con relativa bibliografia), si veda quanto ne dice, proprio a proposito dei tipi di testo, Diewald 1995, pp. 27-32.
6. Il valore distintivo della deissi personale è segnalato anche nei miei primi studi: Sabatini 1990a e 1990b, ai punti 14 e 17 della «Tabella per l'analisi dei testi» (rispettivamente alle pp. 638 s. e 703-706).
7. Diewald tende a stabilire una classificazione «universale» (1995, p. 21), ma anche le modalità generalissime di comunicazione si presentano diverse (come lo stesso studioso osserva fuggevolmente in una nota a p. 30) nel panorama mondiale, se non altro in rapporto alla presenza o assenza dell'alfabetizzazione e, ora, anche della comunicazione linguistica "trasmessa".
8. Mi limito a citare, oltre ai già ricordati lavori di Diewald 1991 e 1995, alcuni studi che hanno più diretta attinenza col tema particolare: Sandig 1972; Halliday 1992.
9. Mi riferisco alla saggistica e manualistica. Avverto che il carattere della formalità, certamente determinabile in un testo (è di solito formale un saggio critico pubblicato in una rivista scientifica, il testo scritto di una conferenza tenuta in un alto consesso accademico, e così via), non è però pertinente nella mia definizione dei tipi di testo.
10. Di ciò non ha tenuto conto, tra gli altri, Sandig 1972 nel fornire una prima suggestiva matrice che incrociava diciotto tipi testuali (dall'intervista alla lettera alla telefonata al testo legislativo ecc., fino alla conversazione familiare) con venti caratteristiche che sono di natura molto diversa (esterne e interne al testo). Si veda l'esame che ne fa Berruto 1981. Sulla scia della Sandig è anche Heusinger 1995, che però si pone più specificamente il tema della "interculturalità" di una tipologia dei testi.
11. Con questa precisazione ritengo di aver chiarito i dubbi di Cortelazzo 1997, p. 39, il quale preferisce, per il testo «giuridico» (*sic*), «una identificazione che si basi sul contenuto».
12. Limito i rinvii, tutti estremamente pregnanti, a: Preti 1969; Olson 1979; Benassi e Pullega 1989; Bazerman 1991.

13. Per i testi scientifici e la saggistica (dei più diversi campi) tra la fine del '700 e la fine dell' 800 cfr. Proietti 1997 (alle pp. 5-44 una riconsiderazione generale della novità testuale della saggistica). Sul procedere dei trattati scientifici verso l'assiomatica, anche nelle scienze sociali, cfr. Vasoli 1981. Sulla prosa, tra saggistica e di trattato, di Benedetto Croce sono in corso rilevamenti da parte mia e di Giacomo Lopez (Roma). Per i testi legislativi cfr. Fiorelli 1998, con le pagine di acuto commento di Domenighetti 1998 (sia nell'*Introduzione*, sia in alcune parti del commento al saggio di Antonio Di Pietro, pp. 255-272); ho condotto personalmente spogli sui testi legislativi italiani tra il 1723 e il 1973, attraverso l'*Indice della lingua legislativa italiana* (in Mariani Biagini 1997), interrogando in particolare le voci delle congiunzioni. Sulla progressiva tecnicizzazione, ma prevalentemente lessicale, dei linguaggi di settore, le ricerche abbondano: cfr. Dardano 1994 e Fiorelli 1994.
14. Altri tratti da aggiungere sono perlomeno questi: assenza/presenza di olofrasi (*sì*, *no*), di apposizioni, di strutture cataforiche, di frasi preconcessive (es. *sarà, ma non ci credo*), di costrutti bi-affermativi (es. *se tu sei soddisfatto, io sono arcicontento*) e bi-negativi (es. *se tu sei Paganini, io sono Raffaello*).
15. Negli studi di tipologia testuale il tema del testo letterario è centrale e tra i più ardui. Sono stati posti molti interrogativi sulla possibilità di analisi sistematiche di questo tipo di testo, ma mi sembrano pienamente convincenti le risposte positive che sono venute, per limitare al massimo i riferimenti, da Corti 1980, Segre 1985 (specie nella Parte prima) e Cornea 1993 (specie alle pp. 89-113). Sullo statuto della letteratura, tra l'altro con considerazioni sulle forme paraletterarie (miti, testi di preghiera, formule magiche, ecc.) delle quali spesso ci dimentichiamo, resta valida e stimolante la sintesi di Fortini 1979. Da parte mia posso anticipare che i criteri, a prima vista rudimentali, della rigidità/elasticità del vincolo interpretativo e della esplicitezza/implicitezza dei dati semantici portano a delimitare molto bene un'area che corrisponde proprio ai testi letterari.
16. Non è certo possibile richiamarli nel loro insieme: verranno citati all'occorrenza quelli specifici. Cfr. però il panorama di Conte 1988b. Rinvio ancora alla mia «Tabella» (Sabatini 1990a, pp. 638 s., e 1990b, pp. 698-711) per una lista di almeno 21 tratti propriamente linguistici, su 30 complessivi da me allora considerati. Sulle frasi incidentali (o parentetiche) come tratti caratterizzanti nella tipologia dei discorsi v. ora Andersen 1996.
17. Invocata da molti studiosi; già, con insistenza da Gülich e Raible 1977, pp. 33-59.
18. Propongo qui una veloce ricomposizione e integrazione della materia trattata a più riprese da molti studiosi, principalmente (e con riferimento anche ad ambiti linguistici diversi dall'italiano) da: van Dijk 1980; Berretta 1981; Conte 1988a. Considerazioni di carattere generale, ma orientate precisamente verso il problema delle alternative tipologiche, nell'importante saggio di Prandi 1996.
19. Il tratto della "completezza" studiato da van Dijk 1980, pp. 168-173 riguarda la completezza di informazioni fornite in un enunciato o in una sequenza di enunciati (uso la mia terminologia); io mi riferisco invece alla presenza di

tutti gli elementi necessari per costituire il nucleo della frase (verbo e suoi attanti ed eventuali complementi predicativi degli attanti).

20. Sulla necessità di riconoscere istituzionalmente questa entità basilare dell'edificio sintattico della lingua rinvio a Harweg 1984, Petöfi 1984, Roulet 1994, Prandi 1993 e 1996, Dressler 1995, Skytte 1996. Cfr. anche le descrizioni, a cavallo tra sistema virtuale ("sintassi") e uso comunicativo («discorso»), di Salvi 1988, pp. 29-36, e Cresti 1992; e inoltre Metzeltin 1997.Una breve messa a punto in Sabatini 1997a, pp. 114s. e 1997b, pp. 6-20. Il riferimento basilare è alla "frase semplice", poiché la frase multipla, o periodo, è già il risultato di alcune scelte del locutore. Almeno per l'italiano e per altre lingue affini il modello tesnieriano, che fa perno sul verbo e sui suoi argomenti o attanti, sembra riassumere tutte le caratteristiche necessarie e sufficienti per definire la frase-tipo: cfr. Tesnière 1959 (ometto riferimenti agli ampi sviluppi della teoria tesnieriana; il modello tesnieriano evoluto è stato adottato sistematicamente nella trattazione delle voci dei verbi nel *DISC*). L'utilità di questo modello per l'analisi delle strutture testuali era stata colta già da Gülich e Raible 1977, *passim*.

21. Per questo motivo ho scelto, come testo sul quale compiere un tentativo sistematico di analisi, un'opera di un autore recente, attentissimo nel curare personalmente le sue pubblicazioni: l'*Estetica* di Benedetto Croce (nell'ultima ediz., 1950, rivista dall'autore). Il lavoro si svolge, in collaborazione con Tito Orlandi e Giacomo Lopez, presso il Centro "B. Segre" dell'Accademia dei Lincei.

22. Altri esempi dello stesso tipo sono presentati e commentati in Sabatini 1998, pp. 132-135 (vi sono compresi anche gli esempi (5) e (11) di questa lista), dove per la prima volta illustro i due tratti in questione: e se ne vedano, nello stesso volume, le riprese e i commenti di Domenighetti 1998.

23. Sui valori sintattici e pragmatici della punteggiatura cfr. Giannelli 1994, pp. 24-31; Garavelli Mortara 1996; Ferrari 1997. Per uno spoglio di testi settecenteschi, senza prospettiva propriamente testuale, ma con esempi per noi interessanti, cfr. Persiani 1998. Ci interessano anche vari studi raccolti in Cresti, Maraschio e Toschi 1992, anche se investono piuttosto la prosodia del parlato in sé.

24. Il fatto è segnalato al punto 7 della mia «Tabella» (cit. in nota 6). Anche Garavelli Mortara 1996, p. 99 annota: «Dove si possono trovare costanti interpuntive è nei generi caratterizzati dall'impersonalità enunciativa e dalla formalità costituzionale del registro: l'uno e l'altra fattori di fissità per le convenzioni, dunque anche per quelle interpuntive. È in relazione a testi tecnici, scientifici, normativi, nei registri di massima formalità, vincolati nel contenuto e nei formulari, che si possono stabilire graduatorie rigide dei segni di demarcazione sintagmatica» (seguono considerazioni specifiche sui testi legislativi). Per i testi scientifici cfr. Dressler 1998 e i campioni raccolti da Nemesio 1994.

25. Gli esempi (15), (16), (19), (20) e (21) sono già stati utilizzati, isolatamente e quasi senza commento, nei miei lavori precedenti (Sabatini 1990b e 1998).

26. Moltissimi altri esempi ne ho raccolti nella prosa giornalistica perfino di un sociologo-economista, Ilvo Diamanti, che pubblica articoli di fondo con grande frequenza su «Il Sole-24 Ore». Un esempio (del 3.1.1999): «[...] l'astensionismo registrato nelle recenti elezioni amministrative offre una misura eloquente. È inquietante. Il problema sollevato dal Presidente è reale. Ma è difficile evitare l'impressione che si tratti di una questione un po' retorica. Visto che, per cambiare veramente, questo sistema politico avrebbe bisogno di riforme. Che, tuttavia, nessuno crede che siano realizzabili. Da questi partiti. Da questo Parlamento.»
27. Per l'italiano i contributi più mirati sono stati quelli di Berretta 1981, 1984, 1994, 1998a, 1998b, e Ferrari 1995; tra gli altri, e recenti, si vedano Lo Cascio 1991, Manzotti 1991, Bazzanella 1994, Visconti 1997. Lo studio dei connettivi testuali è molto più avanzato per altre lingue, specie per il francese (ad opera di E. Roulet, C. Rossari, A. Ferrari, e vari altri).
28. L'adozione del termine "congiunzioni testuali" (usato sistematicamente nel *DISC*) è giustificata in Sabatini 1997a, p. 127, e 1997b, p. 25.
29. Rinvio, per brevità, a Sabatini 1997a (pp. 136-138), con esempi dal '300 in poi, e alla voce *benché* del *DISC*, dove sono illustrati gli usi analoghi di *sebbene, ancorché, per quanto, quantunque* (ad es. con questa citazione dal Segneri: «*come pur l'Apostolo disse;* [...]. *Quantunque, a chi dico io queste cose?*») e gli usi testuali di molte altre congiunzioni. Devo ad Aldo Menichetti la segnalazione di un caso duecentesco: l'*avegna* (da *avvegnaché*), dopo punto fermo, col valore coordinante di 'tuttavia' nel son. 39 v. 9, di Chiaro Davanzati (Rime ed. a cura di A. Menichetti, Bologna, 1965, p. 256).
30. Su tale uso in italiano (che, incredibilmente, continua ad essere censurato nella nostra scuola!) rinvio a Sabatini 1997a; sulle funzioni testuali del nostro *ma* e degli equivalenti francesi, inglesi e tedeschi si segnalano altri studi ricchi di dati e considerazioni: Grimpert 1984; Iliescu 1994; Hölker 1998.
31. Su questi due casi cfr.: Lo Cascio 1991; Mazzoleni 1993, pp. 126s.; Ferrari 1995 *passim* e soprattutto Ferrari in stampa; Sabatini 1997b, pp. 136-138; per il *'cum' inversum* Tonelli 1996. E vedi le voci del *DISC*. Per il *parce que* francese cfr. Moeschler 1996.

Bibliografia

a) Testi del corpus

Calvino, *Un re*	I. Calvino, *Un re in ascolto*, nel vol. *Sotto il sole giaguaro*, Milano, Garzanti, 1986.
Cassola, *Visita*	C. Cassola, *La visita*, Torino, Einaudi, 1962.
Codice Civile	*Il Codice Civile*, ediz. a c. di F. Bartolini, Piacenza, La Tribuna,1996.
Codice Penale	*Il Codice Penale*, ediz. a c. di L. Alibrandi, Piacenza, La Tribuna, 1996.

Croce, *Estetica*	B. Croce, *Estetica, come scienza dell'espressione e linguistica generale. Teoria e storia*, Bari, Laterza, 9ª ediz. riveduta (1902[1]).
Croce, *Poesia*	B. Croce, *Poesia popolare e poesia d'arte*, Bari, Laterza, 1929 (rist. 1952).
D'Annunzio, *Notturno*	G. D'Annunzio, *Notturno*, Milano, Treves, 1921.
Fertilio, *Silone*	D. Fertilio, *Silone. La spia che venne da Fontamara*, in "Corriere della Sera", 25 genn. 1999, p. 23.
Garavelli Mortara, *Manuale*	B. Garavelli Mortara, *Manuale di retorica*, nuova ediz. ampliata, Milano, Bompiani, 1997 (1988[1]).
Manzoni, *Promessi sposi*	A. Manzoni, *I Promessi sposi*, ediz. a c. di L. Caretti, Torino, Einaudi, 1971.
Montale, *Il ritorno*	E. Montale, *Il ritorno*, in *Le occasioni*, Torino, Einaudi, 1940 (in *Tutte le opere*, a c. di G. Zampa, Milano, Mondadori, 1984)
Montale, *I limoni*	E. Montale, *I limoni*, in *Ossi di seppia*, Lanciano, Carabba, 1931 (in *Tutte le opere* cit.).
Passerini, *Com'è bella*	W. Passerini, *Com'è bella la vita dopo la carriera*, in "Corriere della Sera", 12 maggio 1994.
Roscioni, *Disarmonia*	G. Roscioni, *La disarmonia prestabilita. Studio su Gadda*, Torino, Einaudi, 1969.
Sartori, *Lettera*	G. Sartori, *Lettera agli ex dc* [.] *Sabotare non basta*, in "Corriere della Sera", 19 dicembre 1995, p. 1.
Serravalle Porzio, *Mal di scuola*	E. Serravalle Porzio, *Mal di scuola*, Milano, Mondadori, 1988.
Tomasi, *Gattopardo*	G. Tomasi Di Lampedusa, *Il Gattopardo*, Milano, Feltrinelli, 1958.

Delle due epigrafi, di Roma e Firenze, citate come esempi (12) e (13), l'indicazione topografica è data insieme con la citazione.

b) Studi

Andersen 1996	H. L. Andersen, *Verbes parenthétiques comme marqueurs discursifs*, in Muller (cur.) 1996, pp. 307-315.
Bazerman 1991	C. Bazerman, *Le origini della scrittura scientifica*, Ancona – Bologna, Transeuropa (ediz. orig. 1988).
Bazzanella 1994	C. Bazzanella, *Le facce del parlare. Un approccio pragmatico all'italiano parlato*, Firenze, La Nuova Italia.
Beaugrande e Dressler 1984	R.A. de Beaugrande e W.U. Dressler, *Introduzione alla linguistica testuale*, Bologna, Il Mulino.
Benassi e Pullega 1989	S. Benassi e P. Pullega, *Il saggio nella cultura tedesca del '900*, Bologna, Cappelli.
Berretta 1981	M. Berretta, *Connettivi testuali*, Bergamo, CELSB, 1981 (disp.).

Berretta 1984	M. Berretta, *Connettivi testuali in italiano e pianificazione del discorso*, in Coveri (cur.) 1984, pp. 237-254.
Berretta 1994	M. Beretta, *Il parlato italiano contemporaneo*, in Serianni e Trifone (curr.) 1994, pp. 239-270.
Berretta 1998a	M. Berretta, "Sarà... ma / Mag sein... aber": *modalità epistemica e marche di concessione*, in P. Cordin, M. Iliescu e H. Siller-Runggaldier (curr.), *Parallela 6. Italiano e tedesco in contatto e a confronto*, Trento, Dipartimento di Scienze Filologiche e Storiche, pp. 81-102.
Berretta 1998b	M. Berretta, *Il continuum fra coordinazione e subordinazione: il caso delle preconcessive*, in G. Bernini, P. Cuzzolin e P. Molinelli, *Ars linguistica. Studi offerti a Paolo Ramat*, Roma, Bulzoni, pp. 79-93.
Berruto 1981	G. Berruto, *Tipologia dei testi e analisi degli eventi comunicativi: tra sociolinguistica e "Texttheorie"*, in Goldin (cur.) 1981, pp. 29-46.
Bonini e Mazzoleni (curr.) 1993	V. Bonini e M. Mazzoleni (curr.), *L'Italiano (e altre lingue). Strumenti di analisi*, Pavia, Iuculano.
Conte 1988a	M.-E. Conte, *Condizioni di coerenza. Ricerche di linguistica testuale*, Firenze, La Nuova Italia.
Conte 1988b	M.-E. Conte, *Italienisch: Textlinguistik/Linguistica testuale*, in Holtus, Metzeltin e Schmitt (curr.) 1988, pp. 132-143.
Cornea 1993	P. Cornea, *Introduzione alla teoria della lettura*, Firenze, Sansoni (ediz. orig. 1988).
Cortelazzo 1997	M. Cortelazzo, *Lingua e diritto in Italia. Il punto di vista dei linguisti*, in L. Schena (cur.), *La lingua del diritto. Difficoltà traduttive. Applicazioni didattiche*, Atti del Primo Convegno Internazionale, Milano, 5-6 ottobre 1995, Centro Linguistico dell'Università Bocconi, CISU, 1997, pp. 35-50.
Corti 1980	M. Corti, *Principi della comunicazione letteraria. Introduzione alla semiotica della letteratura*, Milano, Bompiani.
Coveri (cur.) 1984	L. Coveri (cur.), *Linguistica testuale*, Atti del XV Congresso internazionale di studi della Società di Linguistica Italiana (Genova - Santa Margherita Ligure, 8-10 maggio, 1981), Roma, Bulzoni.
Cresti 1992	E. Cresti, *La scansione del parlato e l'interpunzione*, in Cresti, Maraschio e Toschi (curr.), 1992, pp. 443-499.
Cresti, Maraschio e Toschi (curr.) 1992	E. Cresti, N. Maraschio e L. Toschi (curr.), *Storia e teoria dell'interpunzione*, Atti del Convegno Internazionale di Studi, Firenze, 19-21 maggio 1988, Roma, Bulzoni, 1992.
Dardano 1994	M. Dardano, *I linguaggi scientifici*, in Serianni e Trifone (curr.)1994, pp. 497-551.
Diewald 1991	G. Diewald, *Deixis und Textsorten im Deutschen*, Tubinga.
Diewald 1995	G. Diewald, *Textsortenklassifikation auf der Basis kommunikativer Grundbedingungen*, in "Linguistica", XXXV, n. 1, Lubiana, pp. 21-36.
DISC	v. Sabatini e Coletti 1997.

Domenighetti 1998	I. Domenighetti (cur. e autore), *Con felice esattezza. Economia e diritto fra lingua e letteratura*, Bellinzona, Edizioni Casagrande (alle pp. 11-62 ampia *Introduzione* e alle pp. 255-272 *Note sul linguaggio giudiziario* di I. D.).
Dressler 1995	W. U. Dressler, *Sintassi e linguistica testuale*, in M. Dardano e P. Trifone (curr.), *La sintassi dell'italiano letterario*, Roma, Bulzoni, 1995, pp. 407-436.
Dressler 1998	W. U. Dressler, *Kohärenz und Kohäsion in wissenschaftssprachlichen Texten: ein Analysebeispiel*, in L. Hoffman, H. Kalverkämper e H. E. Wiegand (curr.), *Fachsprachen. Languages for Special Purposes*, Berlin – New York, de Gruyter, vol. I, 1998, pp. 610-617.
Ferrari 1995	A. Ferrari, *Connessioni. Uno studio integrato della subordinazione avverbiale*, Ginevra, Slatkine.
Ferrari 1997	A. Ferrari, *Quando il punto spezza la sintassi*, in «Nuova Secondaria», 15, 1997, n.1, pp. 47 –56.
Ferrari in stampa	A. Ferrari, *Tra rappresentazione ed esecuzione: indicare la 'causalità testuale' con i nomi e con i verbi*, in stampa in «Studi di Grammatica Italiana», Accademia della Crusca, XVIII, 1999.
Fiorelli 1994	P. Fiorelli, *La lingua del diritto e dell'amministrazione*, in Serianni e Trifone (curr.) 1994, pp. 553-597.
Fiorelli 1998	P. Fiorelli, *L'italiano giuridico dal latinismo al tecnicismo*, in Domenighetti 1998, pp. 139-183.
Fortini 1979	F. Fortini, *Letteratura*, in *Enciclopedia Einaudi*, vol. 8, Torino, Einaudi, pp. 152-175.
Garavelli Mortara 1988	B. Garavelli Mortara, *Italienisch: Textsorten/Tipologia dei testi*, in Holtus, Metzeltin, Schmitt (curr.) 1988, pp. 157-168.
Garavelli Mortara 1996	B. Garavelli Mortara, *L'interpunzione nella costruzione del testo*, in Marìa de las Nieves Muñiz e Francisco Amella (curr.), *La costruzione del testo in italiano. Sistemi costruttivi e testi costrutti*. Atti del Seminario Internazionale di Barcellona (24-29 aprile 1995), Università di Barcellona; Firenze, Cesati, pp. 93-112
Giannelli 1994	L. Giannelli (cur. e autore), *Una teoria e un modello per l'analisi quantificata dell'italiano substandard*, Università degli Studi di Firenze, Quaderni del Dipartimento di Linguistica – Studi 2, UNIPRESS.
Goldin (cur.) 1981	D. Goldin (cur.), *Teoria e analisi del testo*, Quaderni del Circolo Filologico Linguistico Padovano, Padova, CLEUP, 1981.
Grimpert 1984	J. T. Grimpert, *Adversative Structure in Chrétiens Yvain: The Role of the Conjunction mes*, in «Medioevo romanzo», IX, pp. 27-50.
Gülich e Raible 1977	E. Gülich e W. Raible, *Linguistiche Textmodelle. Grundlagen und Möglichkeiten*, Monaco, Fink.
Halliday 1992	M. A. K. Halliday, *Lingua parlata e lingua scritta*, Firenze, La Nuova Italia (ed. orig. 1989).

Harweg 1984	R. Harweg, *I testi come unità di* parole *e di* langue, in Coveri (cur.) 1984, pp. 5-18.
Heusinger 1995	S. Heusinger, *Textsorten in der interkulturellen Kommunikation. Ein Problemaufriss*, in "Linguistica", XXXV, n. 1, pp. 7-20.
Hölker 1998	K. Hölker, *Die Resultate von* magis *in den romanischen Sprachen. Polysemie und Etymologie einer Konjunction*, in Th. Harden e Elke Hentschel (curr.) *Particulae particularum. Festschrift zum 60. Geburtstag von Harald Weydt*, Stauffenburg Verlag, 1998, pp. 153-176.
Holtus, Metzeltin e Schmitt (curr.)1988	G. Holtus, M. Metzeltin e Ch. Schmitt (curr.), *Lexikon der Romanistischen Linguistik*, vol. IV, Tubinga, Niemeyer.
Iliescu 1994	M. Iliescu, *Le connecteur adversatif français* mais *et ses correspondants roumains dans les phrases* p 'mais' q, in R. Van Deyck (cur.), *Diachronie et variation linguistique*, "Communication & Cognition", 27, n.1/2, 1994, pp. 351-366.
Lavinio 1990	C. Lavinio, *Teoria e didattica dei testi*, Firenze, La Nuova Italia.
Lo Cascio 1991	V. Lo Cascio, *Grammatica dell'argomentare. Strategie e strutture*, Firenze, La Nuova Italia.
Mariani Biagini 1997	P. Mariani Biagini (cur.), *Indice della lingua legislativa italiana*, Firenze, Istituto per la documentazione giuridica del Consiglio Nazionale delle Ricerche, vol III.
Mazzoleni 1993	M. Mazzoleni, *Connettori e analisi testuale*, in Bonini e Mazzoleni (curr.) 1993, pp. 133-154
Mazzoleni 1996	M. Mazzoleni, *Un modello di interpretazione testual-proposizionale: la "Semantica a Scene e Cornici"*, in «Quaderni di semantica», XVII, 1996, n. 1, pp. 149-161.
Metzeltin 1997	M. Metzeltin, *Sprachstrukturen und Denkstrukturen, unter besonderer Berücksichtigung des romanisches Satzbaus*, Vienna.
Moeschler 1996	J. Moeschler, Parce que *et l'enchaînement conversationnel*, in Muller (cur.) 1996, pp. 285-292.
Muller (cur.) 1996	C. Muller (cur.), *Dépendance et intégration syntaxique. Subordination, coordination, connexion*, Tubinga, Niemeyer,
Nemesio 1994	A. Nemesio, *I linguaggi della conoscenza. Studi letterari e comunicazione scientifica*, Alessandria, Edizioni dell'Orso.
Olson 1979	D.R. Olson, *Linguaggi, media e processi educativi*, Torino, Loescher.
Persiani 1998	B. Persiani, *L'interpunzione dell'Ortis e della prosa del secondo Settecento*, in "Studi di Grammatica Italiana", XVII, 1998, Firenze, Accademia della Crusca, pp. 127-244.
Petöfi 1984	J.S. Petöfi, *Ausdrucks-funktionen, Sätze, Kommunikative Akte, Texte*, in A. Rothkegel e B. Sandig (curr.), *Text – Textsorten – Semantik, Linguistische Modelle und maschinelle Verfahren*, Amburgo, Buske, pp. 26-47.

Prandi 1993	M. Prandi, *Problemi teorici di un capitolo della grammatica, l'analisi del periodo*, in Bonini e Mazzoleni (curr.) 1993, pp. 99-132.
Prandi 1996	M. Prandi, *Introduzione. Grammatica filosofica e analisi del periodo*, in M. Prandi (cur.), *La subordinazione non completiva. Un frammento di grammatica filosofica*, in «Studi italiani di linguistica teorica e applicata», XXV, 1996, n. 1, pp. 1-27.
Preti 1969	G. Preti, *Retorica e logica. Le due culture*, Torino, Einaudi.
Problemi semantici 1985	Tavola rotonda su *Problemi semantici del testo / discorso, I e II*, in «Quaderni di semantica»,1, Giugno 1985, pp. 53-115, e 2, Dicembre 1985, pp. 355-396, Bologna, Il Mulino.
Proietti 1997	D. Proietti, *Prosa saggistica italiana di primo e pieno Ottocento*, tesi di dottorato, Università di Roma Tre.
Roulet 1994	E. Roulet, *La phrase: unité de langue ou unité de discours?*, in *Mélanges de philologie et de littérature médiévales offerts à Michel Burger*, Ginevra, Droz, pp. 101-110.
Sabatini 1982	F. Sabatini, *La comunicazione orale, scritta e trasmessa: la diversità del mezzo, della lingua e delle funzioni*, in Provincia di Roma - Istituto di Psicologia del CNR, *Educazione linguistica nella Scuola superiore*, Roma, pp. 103-27.
Sabatini 1990a	F. Sabatini, *La comunicazione e gli usi della lingua*, Torino, Loescher (1ª ed. 1984).
Sabatini 1990b	F. Sabatini, *Analisi del linguaggio giuridico. Il testo normativo in una tipologia generale dei testi*, in M. D'Antonio (cur.), *Corso di studi superiori legislativi 1988-1989* (dell'Istituto di Studi Legislativi, Roma), Padova, Cedam, 1990, pp. 675-724.
Sabatini 1997a	F. Sabatini, *Pause e congiunzioni nel testo. Quel* ma *a inizio di frase*, in I. Bonomi (cur.), *Norma e lingua in Italia: alcune riflessioni fra passato e presente*, Istituto Lombardo di Scienze e Lettere, Milano, pp. 113-146.
Sabatini 1997b	F. Sabatini, *Lingua e comunicazione*, in F. Sabatini e V. Coletti, *DidaDisc. Guida all'uso didattico del Dizionario Italiano Sabatini Coletti*, Firenze, Giunti, pp. 5-32.
Sabatini 1997c	F. Sabatini, *Prove per l'italiano "trasmesso" (e auspici di un parlato serio semplice)*, in *Gli italiani trasmessi. La radio*, Firenze, Accademia della Crusca, 1997, pp. 11-30.
Sabatini 1998	F. Sabatini, *Funzioni del linguaggio e testo normativo giuridico*, in Domenighetti 1998, pp. 125-137.
Sabatini e Coletti 1997	F. Sabatini e V. Coletti, *Dizionario Italiano Sabatini Coletti - DISC*, Firenze, Giunti.
Salvi 1988	G. Salvi, *La frase semplice*, in L. Renzi (cur.), *Grande grammatica italiana di consultazione*, vol. I, Bologna, Il Mulino, 1988, pp. 29-113.

Sandig 1972	B. Sandig, *Zur Differenzierung gebrauchssprachlicher Textsorten im Deutschen*, in E. Gülich e W. Raible (curr.), *Textsorten. Differenzierungskriterien aus linguistischer Sicht*, Francoforte, pp. 113-124.
Sandig 1978	B. Sandig, *Stilistik. Sprachpragmatische Grundlegung der Stilbeschreibung*, Berlino-New York, de Gruyter.
Sandig 1986	B. Sandig, *Stilistik der deutschen Sprache*, Berlino-New York, de Gruyter.
Segre 1985	C. Segre, *Avviamento all'analisi del testo letterario*, Torino, Einaudi.
Serianni e Trifone (curr.) 1994	L. Serianni e P. Trifone (curr.), *Storia della lingua italiana*, Torino, Einaudi, vol. II, *Scritto e parlato*.
Skytte 1996	G. Skytte, *Per una grammatica della risposta*, in P. Benincà et al. (curr.), *Italiano e dialetti nel tempo. Saggi di grammatica per Giulio C. Lepschy*, Roma, Bulzoni, 1996, pp. 309-321.
Tesnière 1959	L. Tesnière, *Elements de syntaxe structurale*, Parigi, Klincksiek (5ª rist. 1988).
Tonelli 1996	N. Tonelli, *Di un'intersezione tra sintassi e racconto nei* Rerum vulgarium fragmenta: *il* cum inversum, in «Studi di Filologia Italiana», LIV,1996, Firenze, Accademia della Crusca, pp. 183-192.
van Dijk 1980	T.A. van Dijk, *Testo e contesto. Studi di semantica e pragmatica del discorso*, Bologna, Il Mulino (ediz. orig. 1977).
Vasoli 1981	C. Vasoli, *Tendenze strutturali del testo scientifico*, in Goldin (cur.) 1981, pp. 189-196.
Visconti 1997	J. Visconti, *L'elaborazione di un glossario comparativo dei condizionali nel linguaggio giuridico: un progetto europeo*, in Z. G. Barański e L. Pertile (curr.), *In amicizia. Essays in honour of Giulio Lepschy*, The Italianist number seventeen, special supplement, pp. 509-526.
Werlich 1979	E. Werlich, *Typologie der Texte*, Heidelberg, Quelle & Meyer.
Werlich 1983	E. Werlich, *A Text Grammar of English*, Heidelberg, Quelle & Meyer.

Il titolo come strumento giornalistico:
Strutture, funzioni e modalità di un tipo di testo esemplificate sulle forme del riuso linguistico in chiave comparativa

Gudrun Held
Salisburgo

Come suggerito dal complesso titolo, la mia relazione consta di 3 parti:
1. mi propongo di riflettere molto brevemente sul titolo (t) come oggetto linguistico;
2. cercherò di riassumere qualche ipotesi della mia ricerca comparativa in corso sui t dei settimanali politici basandomi soprattutto sul concetto dell' *infotainment*, nozione chiave del giornalismo "televisivo" e "adattativo" (*Anpassungsjournalismus*) che questi rappresentano come genere di stampa internazionale;
3. tenterò di applicare le riflessioni teoriche a un tipo di t molto usato e quindi tipico di questa attuale politica dell'informazione: al titolo allusivo che si basa sul cosiddetto riuso linguistico (cf. DESIDERI 1996). Nell'ambito del fenomeno dell'intertestualità ne verranno colti i più importanti procedimenti di realizzazione e le loro valenze comunicative che poi andranno interpretati in un quadro più ampio di stile massmediale postmoderno.

1. Il titolo (t) come oggetto linguistico

Il t – o in inglese la *head line* – può essere considerato senza dubbio come il prototipo del linguaggio massmediale: rappresentando un'unità discorsiva che trasmette un contenuto molto condensato in complessa codificazione, esso risponde perfettamente alle caratteristiche della comunicazione di massa quali l'informatività, l'attualità, la pubblicità (in senso letterale), la ricettività e – di conseguenza – la commercialità. Per spiegare meglio questa tesi ricordiamo che 'scorrendo' il giornale i lettori colgono la maggior parte delle informazioni tramite i t, che i t sono dunque le parti più lette contenenti per lo più le informazioni più importanti e comunque nuove, che i t sono i primi ad essere responsabili dell'attenzione che i lettori prestano al testo seguente e alla testata stessa influenzandone così decisivamente la posizione sul mercato.

Questi aspetti prevalentemente pubblicistici dei t sono del tutto dipendenti dalle caratteristiche linguistiche del t sulle quali vorrei riflettere molto brevemente. Che cosa è dunque un t come mezzo massmediologico, come oggetto linguistico? I giornalisti sanno che il t è l'essenza indispensabile della notizia. Con poche parole esso deve informare sul fatto e, nello stesso momento, invogliare il lettore a saperne di più, a fermarsi comunque, prima per comprare proprio quel giornale col t che ha suscitato la sua attenzione, poi magari per leggere l'articolo intero e – di nuovo tramite il t – per ricordare, memorizzare il messaggio. Requisiti fondamentali: sintesi e chiarezza, da un canto, attrazione e sfida, dall'altro canto. Fare un buon t è quindi un lavoro fondamentale che contribuisce non poco alla vendita della testata.

In chiave linguistica il t è dunque un oggetto interessante su cui vale la pena di soffermarsi un po':

– Innanzitutto si pone la domanda se il t può essere considerato come un testo. Applicando i sette criteri che p.es. BEAUGRANDE e DRESSLER 1981 pretendono come indispensabili per un testo (quali coesione, coerenza, intenzionalità, accettabilità, informatività, situazionalità, intertestualità) il t è sì un testo, anzi, è un tipo di testo (*Textsorte*) ben preciso il quale – come vuole la definizione – offre forme e strutture ricorrenti, collocate in una specifica situazione ricorrente.

– Il t ha però delle particolarità tutte sue essendo un metatesto da cui trae le sue funzioni principali: il t precede il testo che annuncia, sintetizza e – come succede molto spesso – giudica anche anticipatamente e comunque in modo molto breve. Essendo dunque la chiave indispensabile alla costituzione del testo che segue il titolo assume il carattere di un pre-testo – il paradosso stando nel fatto che il t viene letto prima del testo dipendente, ma può essere compreso spesso solo dopo la lettura di quest'ultimo.

– Come tale il t rappresenta comunque il primo (e spesso l'unico) punto di contatto tra emittente e destinatario. Come pre-testo ha un carattere di segnale destinato prima ad attrarre l'attenzione del lettore e poi a coinvolgerlo in un consumo più profondo avvicinandosi così ad un altro tipo di testo che conosciamo tutti: la pubblicità. Infatti, il t viene anche identificato come "pubblicità di lettura" (*Lesewerbung*) e come tale offre condizioni di produzione e di ricezione del tutto simili a quelle del testo pubblicitario. Attualmente esso ha la tendenza a sorprendere o a stupire il pub-

Il titolo come strumento giornalistico 175

blico tramite varie strategie che rompono intenzionalmente con il consueto, attivando così l'interesse del lettore e la sua collaborazione nella decodifica (*sinprassi*, cf. KLOEPFER/LANDBECK 1991).
- Le molteplici funzioni dei t sono un prodotto sia di forma sia di contenuto. Dal punto di vista formale bisogna segnalare che il t viene indicato soprattutto dal codice verbale al quale si aggiungono però anche componenti grafico-visuali (quali la tipografia, l'uso del colore, lo spazio assegnato,ecc.). In più il t contribuisce fondamentalmente all'architettura della pagina (*Textdesign*, cf. BUCHER 1996) ed è sempre fortemente collegato alle immagini ed alle fotografie che lo circondano, cioè la titolatura collabora essenzialmente col codice iconografico della testata. Il contenuto del t invece – prevalentemente responsabile delle funzioni informativa e captativa – può essere spiegato in chiave semiotica. A tale proposito accennerò qui brevemente ai 3 modelli teorici più conosciuti:
- a) Secondo BÜHLER i segni svolgono comunque 3 funzioni (generalmente contemporanee): quella informativa, quella espressiva e quella appellativa.
- b) Secondo JAKOBSON che diversifica il modello bühleriano, si può dire che il t si definisca come un metatesto il quale – oltre alle inerenti funzioni fatiche e informative – svolge innanzitutto le funzioni emotive e poetiche per persuadere = influenzare i destinatari (funzione conativa). Il mezzo favorito di una titolazione riuscita sarebbe dunque l'informazione attraverso processi retorici che giocano coll'inatteso, pur di coinvolgere l'attenzione di un lettore distratto.
- c) Sulla base di PEIRCE è l'interpretante la parte fondamentale nella teoria del segno. Peirce mette in rilievo quelle caratteristiche che pilotano l'interpretazione: l'iconicità (la capacità di riproduzione), l'indessicalità (la capacità di indicazione e di sostituzione) e la simbolicità (la capacità di significazione/connotazione). Che queste 3 nozioni siano significative anche per il t, sembra ovvio. Secondo me prevale, però, il carattere indessicale, cioè innanzitutto cataforico del t in generale, visto che i segni di questo tipo di testo rimandano prevalentemente a qualcosa che segue, che avviene ancora e solo nel testo allegato.

Nonostante questa loro complessità come segno e come testo, i t sono stati trattati finora solo marginalmente dalla ricerca linguistica (cf. HOEK 1981, NORD 1993). I pochi risultati si presentano alquanto vari e di peso differente:
- nella linguistica formale ci si è occupati innanzitutto dell'aspetto sintattico del t, il quale offre aspetti interessanti dal punto di vista della funzione condensatrice e enfatica. Destinato sia ad economizzare tempo e spazio,

sia ad attirare l'attenzione del consumatore, il t interessa la ricerca per i suoi fenomeni ellittici e comprimenti (concetto generativistico) (p.es. SANDIG 1971) e per i fenomeni di topicalizzazione e di messa in rilievo (concetto di grammatica funzionale e distinzione tema-rema) (WAND-RUSZKA 1994).
- nell'ambito della filologia invece vengono trattati alcuni aspetti semantici del t, come il rapporto referenziale tra l'articolo e il suo nome (quale è il t stesso). Si distingue in ogni caso tra t con dominanza informativa e t con dominanza emotiva, tutti e due destinati a dare un'immagine del testo intitolato e a indicare magari la suá modalità (ROTHE 1986).
- nella scienza della comunicazione troviamo approcci eterogenei che riguardano soprattutto gli aspetti retorici-fatici che vengono interpretati sempre come tipici tratti del linguaggio massmediale destinati alla spettacolarizzazione e alla commercializzazione (p.es. DARDANO 1973).
- nella linguistica testuale e pragmatica il t è finora poco studiato – di conseguenza mancano del tutto ricerche sistematiche circa il rapporto del t p.es. con il testo, il medium e il contesto socioculturale valide, anche per studi comparati e interculturali.

Per mancanza sia di risultati sistematici, sia di una buona base empirica su questa tematica, mi sono proposta di avviare un progetto di ricerca comparativa sulla titolazione nella stampa italiana, francese e austriaca. Per un primo approccio ho scelto i settimanali politici PANORAMA e ESPRESSO per l'Italia, Le NOUVEL OBSERVATEUR e L'EXPRESS per la Francia così come PROFIL e NEWS per l'Austria. Tralasciando per ora le nette differenze culturali e contestuali, questi mezzi rappresentano comunque un genere di stampa particolare che si basa sul modello americano TIME-MAGAZINE, il che garantisce sia una certa internazionalità che permette paragoni, sia l'identificazione di caratteristiche tipiche del giornalismo attuale adatte al mio scopo. Intesi giustamente come "magazzini" (*magazines*) questi mezzi offrono una grande diversità di notizie politico-culturali a un pubblico piuttosto colto che – in complementarità al consumo di televisione e di quotidiani – richiede un'informazione approfondita e commentata. Per conquistarsi l'attenzione dei consumatori immunizzati ormai dall'onnipresente *information overload* sono proprio questi mezzi il portavoce di uno stile giornalistico che si basa più o meno sul concetto americano dell' *infotainment*, il che s'intende come un miscuglio tra informazione e *entertainment* effettuato contemporaneamente sul piano formale, strutturale e contenutistico. Arricchiti da elementi da *boulevard* e orientati alla dinamica televisiva e al suo linguaggio orale, questi settimanali tendono innanzitutto a distrarre e a divertire il lettore tramite una molteplice variazione – quella formale che comprende il *textdesign* 'visivo'delle pagine composte da immagini, aspetti grafici e tipi di testo, quella tematica, e quella stilistica e verbale. In questa chiave i settimanali politici sono prototipi del giornalismo nuovo detto "televisivo" o "adattativo" che – secondo BUCHER 1996 – è caratterizzato da 4 concetti fondamentali: la trasmissione multicanale, la segmentazione delle notizie (*clustering*); la semanticità emozionalizzata (*Bedeutungsjournalismus*), la coscienza di un lettore sbrigativo (*Anleser*) viziato dallo *zapping* (cf. anche SCHMITZ 1996).

Non ci meraviglia dunque il fatto che è proprio la titolazione il foro esemplare per captare l'attenzione dei lettori con questi mezzi del nuovo giornalismo. In effetti, il suo carattere appellativo favorisce delle procedure verbali che sono ben lontane dalla semplice mediazione informativa tendendo, anzi, fortemente a un continuo coinvolgimento emotivo del lettore che si basa sulla deautomatizzazione del consueto rapporto tra significato e significante. Per una titolatura di successo vale dunque il principio che più si mette in gioco questa relazione convenzionale, più aumentano l'interazione cognitiva e il piacere del consumo informativo.

La sociologia attuale offre alcuni paradigmi stringenti per spiegare il valore primordiale del divertimento come mezzo politico: uno tradizionale è quello dell'"homo ludens" (HUIZINGA 1956), più significativo è il paradigma della *Erlebnisgesellschaft*, la "società di avventura", valida metafora dell'ideologia consumistica (SCHULZE 1992), il più recente parla della *Piktogrammgesellschaft* (FRIDRICH/DITZ 1997) e del cosiddetto *infomarketing* visualizzato e emozionalizzato. – Essendo comunque gioco ed evento la base indispensabile per un minimo di disponibilità (temporale) da parte dei consumatori i t danno una messa in scena verbale a tutto quello che salta all'occhio, facendo scattare un divertimento inaspettato ma coinvolgente : l'informazione viene trasmessa tramite un evento linguistico a base di giochi, indovinelli e competizioni, di godimenti estetici, di allusioni e provocazioni, di combinazioni e trovate, di stimoli emozionali e stupefacenti.

La mia analisi dei settimanali politici ha potuto rilevare una molteplicità di dati che rappresentano questo *infotainment* linguistico. Mi limito qui alla dimostrazione di un tipo di gioco particolare, ma molto frequente: il titolo allusivo, mezzo prediletto dal giornalismo 'nuovo' il quale – sfruttando il fenomeno dell'intertestualità nei modi più svariati – si rivela anche paragonabile nella sua natura linguistica e comunicativa.

2. Delimitazione esemplare del problema: la titolazione a base del riuso linguistico ovvero il titolo allusivo

2.1. Caratteristiche e funzioni del riuso

La vasta gamma di t allusivi che ho potuto identificare nel mio corpus – le testate scelte risalgono agli anni '95 – '97 – si basa principalmente su un'apposita manipolazione della competenza testuale. Il notevole effetto comunicativo che questa provoca, deriva da un complesso processo d'infrazione sia alla consapevolezza di contiguità contestuale e semantica, sia alle conoscenze linguistico-strutturali. Essendo in fondo una semplice strategia di ripetizione o di eco, richiede però un'immediata cooperazione interpretativa da parte dei riceventi, destinata a decifrare l'inconsueto nell' ambito contestuale e a domandarne i motivi, da un canto, e in seguito a ristabilire la relazione tra testo attuale e testo sottostante, tra elemento nuovo e struttura vecchia, dall'altro canto. I tipi che identifico come t allusivi mettono in gioco comunque un aspetto dell'intertestualità riferendosi a testi di fondo che vengono considerati come generalmente noti al *target group* e dovrebbero essere quindi facilmente reperibili nella loro comune competenza comunicativa. I giornalisti si servono di questi testi riusandoli dunque appositamente sia come citazione letterale, sia con la modifica di alcuni loro costituenti – in ogni caso in modo tale da produrre un nuovo effetto giornalistico che si effettua solo attraverso il filtro della struttura originale la quale, però, si deve manifestare senza segnali espliciti e di supporto. E proprio nella fusione di due testi, quello assente e quello presente, nel loro incrocio e nella loro interrelazione formale e semantica che scatta la nuova semiosi stilistica destinata a coinvolgere i lettori con sorpresa, gusto e piacere. Questa voluta dissolvenza aumenta non solo il valore informativo del t, bensì anche quello affettivo-emozionale e si presta quindi benissimo ad articoli di commento e di valutazione soggettiva indicativi del genere di medium politico. Ne considero responsabili i seguenti motivi:

- Si sa che la deviazione da una abitudine e quindi la rottura con le attese mette automaticamente in rilievo il nuovo focalizzando su di esso l'attenzione. Il riuso linguistico si presta dunque più che altri mezzi al trasporto condensato, economico ed efficace di informazioni importanti.
- È probabile che la ricerca del perchè di questa infrazione possa coinvolgere i riceventi in un attivo lavoro di decifrazione globale che riguarda l'intero contesto della pagina stimolando così magari alla lettura del testo allegato.
- Il riconoscere il noto provoca nello stesso tempo un senso di sicurezza, di partecipazione e di affiliazione e semplifica la penetrazione del messaggio destando un'eco nella mente del pubblico.
- La frequenza del riuso linguistico e la ricorrenza dei tipi di modificazione abituano i lettori a una certa mentalità ludica che condiziona il loro comportamento ricettivo.

Concludendo questi brevi accenni, si può costatare che il processo di allusione – come lo intendiamo qui – offre quasi le stesse caratteristiche del t *per se* tanto da permetterci di parlare addirittura di uno sdoppiamento testuale. Queste caratteristiche sono:

Il titolo come strumento giornalistico 179

- la dipendenza testuale e situazionale e, di conseguenza, il valore interrelazionale (*"beziehungsstiftend"*)
- la funzionalità molteplice;
- la marcatezza semantico-informazionale (*"bedeutungsstiftend"*);
- l'indessicalità cataforico-prospettiva e
- la creatività individuale soggettiva che esclude ogni prognosticità regolare (cf. WILSS 1989).

Combinando dunque appositamente la presunta conoscenza enciclopedico-culturale e la capacità generativa-trasformazionale dei consumatori, il gioco allusivo testuale rappresenta un mezzo giornalistico la cui alta suggestione si basa sul semplice rapporto tra ripetizione e variazione. Entro questa cornice teorica mi propongo di interpretare i dati raccolti sotto i seguenti aspetti:
- le strategie d'intertestualità
- le fonti d'allusione
- le procedure di riformulazione
- i vari piani d'interrelazione tra testi assenti e testi presenti
- possibili commenti interlinguistici.

2.2. Forme del riuso linguistico
Secondo un concetto ampio dell'intertestualità i miei dati rivelano 3 strategie di allusione testuale:

2.2.1. l'infrazione alla coerenza lessicale
dove lessemi inconsueti, non attesi nel contesto, fanno colpo come parole chiave o voci esca. Evocando così appositamente una vera commistione di codici linguistici questi fungono da indicatori di "colorito" che trasmettono una certa autenticità culturale, ma anche da mediatori di certi miti, di stereotipi e di valori comunemente diffusi.

Gli esempi[1] si basano innanzitutto sull'uso di forestierismi che collocano il tema dell'articolo nell'ambito locale giusto:
Ma cos'è questa Krise? (Elezioni in Germania)/ *Bistecche on the road* (Locali di cucina tipica americana) /
Merde, la repubblica dei giudici (Crisi giudiziaria in Francia)/ *Adelante, Antonio, ma con calma* (Il fenomeno Banderas)
oppure essi fungono da base intertestuale e polisemica:
Pay tv über alles/ Erotically correct/ Una notizia molto personal (Fenomeno computer)/ *Te lo video negli occhi/*
L'esempio *Consociativismo felix* (titolo di un articolo sulla situazione del partito liberale in Austria) dimostra un fatto prediletto dal giornalismo in questione: in effetti, basta spesso un solo lessema ad evocare la collocazione abituale (< *Austria felix*) e le sue connotazioni.

Si trovano però anche esempi per l'uso di voci dialettali o speciali/settoriali, che servono a determinare il fondo tematico del messaggio:
Roma, dacce una mano a faje di' B&B (Borghini leader della borghesia a Roma sfida,..)
È passata 'a nuttata? (Nuovo boom delle imprese al Sud)
Capricciatielli (Vacanze dei politici a Capri)
Che il registro stilistico possa funzionare da chiaro indicatore semantico di un enunciato diventa ovvio in un esempio che riprende un detto modello di Manzoni:
Carie, chi era costei? (Possibile sparizione della carie)

2.2.2. lo sfruttamento della competenza testuale
un tipo d'intertestualità che sfrutta la conoscenza di tipi di testo, delle loro caratteristiche strutturali e lessicali e delle loro condizioni situazionali (*frames*). Succede sia che il giornalista metta in scena tipiche strutture sintattiche o lessicali di testi appartenenti alle lingue speciali, sia che egli alieni volutamente frasi quotidiane disturbando così a prima vista la percezione consueta del consumatore. Il processo coinvolge però due concetti testuali, uno presente e attualizzato e un altro assente, ma sottinteso e premesso – manca però la fissità strutturale e ritmica che, secondo me, caratterizza il tipo di cui si parla nel prossimo capitolo:
- Si vedano esempi dai linguaggi tecnici:
Allacciate le cinture, perderemo quota (possibile fallimento dell'*Alitalia*)/ *Classe dirigente cercasi/ Presunto innocente/ Natale – istruzioni per l'uso/ Dal vostro inviato nei secoli/ Ore nove, lezione di gossip* (Problemi di disciplina a scuola)/ *Seduti. In aula c'è un milione di posti* (Cyberschool)/ *Mondo, fammi un sorriso* (Mostra di un fotografo famoso)/
Défense d'y voir (Discussione sull'apertura dei musei)/ *Geborgenheit hoch drei* (Mentalità Guru)/
- dal linguaggio religioso:
Dacci oggi il nostro peccato quotidiano/ Au nom du père et du fils/Notre père qui êtes au chomage,./
- o dal linguaggio quotidiano:
Di che canale sei? /Stasera cosa ti togli?/ Nulla a posto, tutto in ordine./

2.2.3. il riuso di unità testuali fisse
che per la loro frequenza e la loro schematicità formale vengono considerate come le forme chiave del gioco allusivo e quindi, in questa sede, vengono trattate in modo più approfondito. Contribuiscono palesemente e in modo ben calcolato all'*infotainment* per via dell' apposito "*detournement*" di testi conosciuti. I giornalisti riutilizzano una struttura testuale memorizzata come unità fissa sia in forma invariata in contesti fuori del comune, sia con parziali

modificazioni di uno o più costituenti. Condizione fondamentale per il successo di una tale strategia (*"felicity condition"*) è la rigorosa trasparenza dell'ambiguità testuale, e cioè il fatto che la struttura vecchia debba riapparire quasi automaticamente nella struttura nuova fungendo da catalizzatore necessario per l'adeguata interpretazione soggettiva del messaggio attuale. Come tale il riuso linguistico rappresenta una impresa prevalentemente semantica il cui valore dipende dal tipo di rapporto discorsivo tra il testo fonte e il testo d'arrivo. Il loro nesso e il modo in cui si segnala oppure si dissolve specificamente nel contesto sono responsabili della semiosi in corso e contribuiscono al piacere fondamentale del consumo lettura. Nonostante il valore che si basa sull'imprevisto e sul gusto della spontaneità, questo gioco con il riuso linguistico non è del tutto casuale, tanto che il mio corpus rivela le seguenti caratteristiche ricorrenti:

a. Le fonti d'allusione
Secondo i dati i giornalisti sfruttano un serbatoio formale specifico che influenza i processi inferenziali e condiziona le capacità percettive e combinatrici dei destinatari abituandoli a certi tipi culturali e alla loro trasformazione. Come fonte prediletta serve da un lato il repertorio attuale onnipresente nei massmedia stessi e cioè
- titoli del cinema oppure di filmati TV
  Endstation Bombay (Deposito di rifiuti)/ *Gute Zeiten, schlechte Zeiten* (Turismo)/ *Morti che camminano / Tokyo Blues* (Crisi morale del Giappone)/ *Ein Populist für alle Fälle/*
- titoli di libri o di letteratura
  En attendant les bombes (Referendum nell'Iraq) /*Didis neue Kleider* (Calciatore austriaco cambia squadra), *Tod in Venedig* (I romanzi di Donna Leon) /*Alla ricerca dei soldi perduti / Volevo i calzoncini / Confesso che ho ucciso* (Massacro nel Brasile)/
- musica e canzoni dell'epoca
  Die frechen Weiber von Paris/ Sono solo canzonette/ Belle e impossibili/ Con una voce un po' così/ Für immer jung/
- slogan pubblicitari o politici
  Lucciole di tutta l'Asia unitevi/ Avanti utenti, alla riscossa / Middle-class la trionferà (Blair)/ *Kino: Alles Leinwand / Affaire Juppé? Non, merci./ Metti un tigre nel partito* (Sostenitore di D'Alema)/ *Macht Liebe nicht Babies/*
- citazioni di opere oppure di persone conosciute
  Laudato sia frate vizio (Libro "Il piacere dell'odio") /*Veni, vidi, non revidi / Que les lumières soient / Omnia Italia divisa est in partes tres / Je pense donc je mange/ Cogito ergo mi diverto/ Critico, dunque sono / Vedi Istanbul e poi scrivi/*

Si tratta dunque di esempi che sono tutti ritenuti un patrimonio culturale minimo di lettori conterranei di un certo livello culturale.

Dall'altro lato, è il *sermo cottidianus* che viene sfruttato dai giornalisti: le allusioni si riferiscono ai detti idiomatici, alle frasi fatte, a certe sentenze o a proverbi comunemente usati:
   Jetzt geht's rund (Traffico circolatorio) / *Sieger haben langen Atem/ Titolo e buoi dei paesi tuoi / Chi ha paura del palestinese cattivo?/ Scusi, vuole un sottomarino?(* Vendita di armi per la Jugoslavia)/ *Ils étaient une fois deux écoles* (Sistema scolastico in Israele).

Premessa la facile riconoscibilità gli esempi riportano con poco sforzo ricettivo l'effetto immediato del messaggio giornalistico, provocando un sorriso complice in chi intravvede il gioco e ne scopre il motivo e l'essenza. Lo sdoppiamento testuale si rivela dunque un mezzo esemplare destinato a canalizzare l'informazione, insieme all'opinione del giornalista, in un modo economico e stringente. In fin dei conti, si può dire che la copresenza dei due testi fa mentalmente scena.

Dagli spogli emerge anche il fatto che vengono preferite alcune unità testuali. Esse, da un numero all'altro, riappaiono conseguentemente come base di trasformazione allusiva tanto da poter constatare una "modificazione seriale" – come dicono giustamente DARDANO/ Di MEOLA 1995: 430.
Si noti p.es. il seguente repertorio:
   Va dove ti porta il Caio / Va dove ti porta Laura / Va dove ti porta la nonna (Sorprese di famiglia – la nonna una figura ritrovata) / *Luttazzi, va' dove ti porta il gol / Dove li porta il Cuore* (Satira) /
   Natale – istruzioni per l'uso / Vacanze- istruzioni per l'uso / La felicità, istruzioni per farne buon uso /
   Metti un tigre nel partito / Metti un poeta da Nobel in redazione / Metti in tasca il pronto soccorso/ Mettete dei fiori nei vostri computer (Zippies)/ *Mettiamo i ragazzi a letto con le galline* (Contro la criminalità giovanile)
Altri modelli italiani abusati in funzioni di *jolly* o *passe-partout*:
*Chiamatelo X/ A ciascuno il suo X/ A X piace X/ Così fan X/ X? No grazie./*ecc.

b. I processi formali dell'allusione
Nella maggior parte dei casi si ripetono gli stessi procedimenti formali in un tal modo da abituare i riceventi a certe combinazioni mentali facendo loro acquistare addirittura una certa competenza allusiva. Nonostante la variabilità degli esempi e la vasta gamma anche formale dell'allusione si lasciano identificare i seguenti procedimenti di trasformazione che permettono una certa casistica tipologica:

Il titolo come strumento giornalistico

i: la citazione letterale
la quale – appositamente senza la minima neoformazione – produce il suo effetto spesso ironico proprio nel nuovo inaspettato contesto che corrompe l'isotopia obbligatoria mettendo in moto sia la polisemia/polifonia di una parte del testo citato, sia il valore metaforico di esso:
  Noeud de vipères (Biografia di attori e attrici)/ *Au nom du père*? (Legge sul cognome della donna) / *Mohr im Hemd* (Crisi della ditta Meinl a cui il "negretto" fa da emblema)/ *Haare in der Suppe* (Problemi del partito SPÖ) / *Das Phantom der Oper* (Sul direttore d'orchestra Marcel Prawy)/ *Einen Jux will er sich machen* (Offerta ambigua di un certo Nasser)/

ii: il riuso trasformato o montato
che – come il classico gioco testuale – mira a un effetto semantico. Esso consiste in processi sostitutivi, amplificatori o raccorciatori, basandosi sempre sul rapporto fra elementi assenti e elementi presenti. In dettaglio si trovano:

- **la sostituzione di fonemi**

che produce effetti paronimici con la forma di origine provocando così divertenti associazioni uditive che si ripercuotono sul contenuto dell'articolo intitolato:
  United Dolors of Benetton / *In borsa, lenti a contratto* / *Paura di votare* / *Abbiamo un forte mal di destra* / *Les tours de Bebel* / *En chair et en noces* (Le business du mariage) / *Les canards déchainés* (Gioventù senza limiti morali)/ *Le dernier des Maohicans* (Romanzo sui maoisti)/ *Tote Armee / Jackson, von Windeln verweht* / *Kein Weck zurück* (Peter Weck, direttore di un teatro a Vienna, si ritira).

- **la sostituzione di uno o di più lessemi**

- tra l'altro il tipo più frequente – il cui effetto quasi plastico-visivo vive del rapporto col significato del lessema sottostante. Tra i due testi ci sono o rapporti d'antonomia o di contiguità sinonimica/metonimica – tutti e due destinati a focalizzare o ad enfatizzare l'informazione che ha quasi sempre la funzione rematica (il che sarebbe però da verificare caso per caso). Gli esempi dimostrano principalmente una doppia contiguità semantica sia in quanto alla scelta dell'unità modello, sia in quanto all'elemento sostituito o trasformato. Sono sempre questi processi coesivi e coerenti col testo seguente ad essere responsabili della funzione allusiva:
  Paese che vai, puzza che trovi / *Tutte le mappe portano a Roma* /*Dimmi che industriale vuoi, ti dirò chi sei*./ *Dieci personaggi in cerca di centro* / *Gruppi di signore in un parterre* / *Diario di un curato di camorra* / *Vongola rossa la trionferà* (Critica di un ristorante di lusso)/ *Da Tokyo con rumore* (Arrivo dei giapponesi sul mercato) / *Tu quoque Tonino!* (Di Pietro incappa in due incidenti) / *Giù le mani dalla storia* (Interpretazione sbagliata del fasci-

smo)/ *Ultimo sax a Ravenna* (Jazz-Festival) / *I tormenti del giovane bocconiano* (Studenti modello alla Bocconi) /*Reporter con le ali* (Crisi del giornalismo)/
Voyage au sein de l'ultradroite américaine / *Hitchcockement vôtre* / *Il était une fois le mètre* / *Docteur ès chômages* (Mancanza di posti per i laureati) / *Cinéma: Un homo et une femme* / *Seul contre tous* (Figlio unico) /
Kleider machen Männer / *Jetzt geht's uns an die Wäsche* (Nuova maglieria intima)/ *Ein Fall für Attila* (Gastro-Multi)/ *Betreten der Baustelle erbeten* (Competenza crescente nei cantieri)/ *Handy sei Dank!* (Portatile salva vite) / *Der mit dem Preis tanzt* (Caccia all' abuso dei prezzi)/

- **l'ampliamento del testo base**

con l'effetto di una nuova isotopia oppure – come succede spesso nei settimanali francesi – in funzione esplicativa-descrittiva. Sotto quest'aspetto bisogna menzionare anche la tecnica di citare una struttura per lo più proverbiale e di continuarla secondo il contesto, tanto da impiegarla come sentenza o morale che si riflette sul testo seguente:

Tous les chemins mènent au CD-Rom / *Les vrais faux monnayeurs* (Storia di un fallimento bancario) / *Tutto falce, colf e martello* / *Via col ventaccio* (Arrivo dei desaster movies)/ *Hoch-Zeit im Bild* (Nozze di Hochner, TV-star) / *Schnitt ins eigene Rindfleisch* (Affare mucca pazza) /
L'abito non fa il monaco. Ma fa l'artista. (Biennale della moda a Firenze) *Brutti, sporchi e cattivi: adesso ritornano. Chic.* (Punk-Movement)/

- **al contrario, l'abbreviazione di una struttura sottostante**

che si manifesta sia lasciando in sospeso una parte del detto, sia producendo un nuovo effetto strutturale:

Erstens kommt es anders./ Meglio un Ulivo oggi,../
La soppressione di morfemi è un abile mezzo ludico che appare raramente perché deve sfruttare possibilità polifoniche. L'esempio

Meglio soli che male compagnati

dimostra come sulla base del noto proverbio il titolo alluda ai compagni comunisti che vorrebbero uscire dall'unione di sinistra (*accompagnati > compagnati*)

- **e infine, un qualsiasi cambiamento testuale**

che – pur di essere riconosciuto o rintracciato dal ricevente – debba mantenere un minimo della struttura di base anche se questo segnale necessario si riduce solo a una parola chiave:

Ils dansent contre les loups (Coreografi s'incontrano a Montpellier) / *Non si è fermata a Eboli* / *Sostiene Tabucchi, ma il giudice gli dà torto* /
La chaise vide (Morte di Ionesco) / *Oltre la Strada* (Dopo la morte di Fellini)/ *Hans ohne Dampf* (Sconfitta del politico Hans Katschthaler).

Il titolo come strumento giornalistico 185

2.3. Note di interrelazione allusiva
Per entrare più strettamente nell'ambito della linguistica testuale si potrebbe esaminare in questa sede anche il valore indessicale dei processi di riuso. Si tratta di intravvedere il loro nesso contestuale, cioè la coerenza e la coesione, che condizionano particolarmente la comprensione del messaggio allusivo.
Vediamo brevemente sulla base di esempi alcuni aspetti che dovrebbero essere approfonditi:
Nella maggior parte dei casi sia la scelta del testo di fondo, sia la sua trasformazione nel titolo attuale sono contestualmente ben motivate e vengono quindi spiegate, sciolte e addirittura decodificate nell'intera architettura della pagina: da un lato e prima di tutto è la titolatura globale (titolo – sopratitolo – sottotitolo) che rivela il gioco, dall'altro lato sono il testo collegato, le immagini e gli altri testi aggiunti ad avviare l'intesa giusta. Si tratta dunque di coesione e di coerenza dense o forti e, di conseguenza, di processi ludici facilmente decifrabili – anche senza intensa lettura della notizia – per via:
– della deissi e delle proforme dei testi allegati;
– della ricostruzione dei campi semantici collegati;
– della trasparenza semiotica della rete indicativa del *textdesign* della pagina.
Si vedano p.es.:

Beaucoup de Bruel pour rien: Si tratta di una critica ad un nuovo disco di Bruel, nella quale l'interpretazione (*bruit* = *Bruel*) viene sostenuta anche da un ritratto di Bruel e da una fotografia di un suo concerto.
Così vi boccio con somma Letizia: L'articolo parla del libro biografico della Moratti, ex-direttrice della RAI, che rivela tanti fatti su collaboratori e politici, bocciandoli, in effetti, "summa cum laude".
Blaßblaue Glücksmomente : Il partito liberale austriaco LiF aumenta i voti grazie a una donna. "Blaßblau" indica non solo il colore politico, ma allude anche al titolo di un famoso romanzo di Werfel (*"Blaßblaue Frauenhandschrift"*) trasferito recentemente con grande successo in TV.

In alcuni casi invece abbiamo a che fare con una ripresa molto più blanda e aperta tanto da essere sostenuta solo da qualche vago lessema, da qualche cenno generale sparso per il contesto. Un tale tipo richiede un' alta cultura ai riceventi altrimenti non sarà loro possibile ricostruire la sottile forma di allusione a base di *sousentendu* e di presupposizioni. I seguenti esempi – non a caso francesi – sono comprensibili solo grazie ad un' esatta conoscenza culturale:

Un soupçon de Sarraute, (La recensione del nuovo romanzo di Sarraute si riferisce a un titolo di un suo romanzo "Le soupçon").
Casse-croûte. (L'articolo intitolato così parla di pittori della domenica, si tratta quindi di opere d'arte create durante "la siesta").

Mi permetto dunque di avanzare l'ipotesi che l'allusione palese venga piuttosto preferita dal genere di settimanali indagati perché essa corrisponde perfettamente alla distesa mentalità superficiale dell'*infotainment* che tende a stabilire una competenza di *routine* allusiva a base di semplici trasformazioni ben trasparenti. Un tale gioco linguistico non serve solo ad attrarre l'attenzione dei lettori e a coinvolgerli attivamente in un consumo piacevole, bensì anche come mezzo per esprimere la propria opinione (manipolativa) in modo coperto e indiretto lasciando al lettore la libertà di interpretare l' *hint* e di dargli lui contorni più concreti. L'umorismo e la provocata complicità ricettiva si rivelano dunque un buon mezzo per esprimere fatti complicati in modo molto economico e stringente. Se necessario essi sono anche una possibilità per eufemizzare fatti reali e sciocanti. Succede p.es. che, invece di parlare di morte e di massacro, il riuso del titolo di un famoso film sdrammatizzi il messaggio tragico: *Au Burundi, la mort est un long fleuve tranquille*.

Un solo esempio – non a caso preso da un modello strutturale serializzato – dovrebbe provare il valore funzionale dell'intenzionale processo di sostituzione, un altro problema risolvibile solo in chiave di linguistica testuale. Sosteniamo che l'elemento sostituente abbia per principio un valore rematico, focalizzando il nuovo di un enunciato; la sostituzione di due elementi di una struttura sottostante dimostra invece il fatto che un tale processo può avere anche una funzione tematica specifica. Un'analisi sistematica e più profonda dovrebbe chiarire questa situazione di funzionalità informativa del gioco testuale in generale.

L'esempio francese *10 personnes en quête de pouvoir* (l'articolo parla di 10 candidati alla presidenza) mostra che qui il rapporto tra gli elementi sostituti *pouvoir – auteur* è molto meno interessante/importante di quello tra i personaggi, dunque tra gli elementi conservati, con cui viene intenzionalmente focalizzata l'affinità dei 10 politici con attori distratti e disorganizzati.

2.4. Appunti interlinguistici
Per finire vorrei fare alcuni accenni interlinguistici. Premessa la comparabilità degli organi pubblici e la validità dei miei spogli per ora poco sistematici, da questo primo approccio ricaviamo le seguenti impressioni:
- In sostanza si identificano – in tutte e tre le lingue – tendenze del tutto comuni nelle procedure formali e semantiche del riuso linguistico come mezzo giornalistico. Risulta quindi legittimo applicare lo stesso quadro teorico e la stessa interpretazione sociologica – pubblicistica a tutti e tre i mezzi indagati.
- Salta all'occhio la comune preferenza di un certo repertorio formale per lo più ricalcato in tutte e tre le lingue che si rivela come competenza culturale europea di facile reperimento. Come tale ritroviamo ovunque e in frequenza paragonabile citazioni di Proust, Beckett, Shakespeare, ecc.,o di

Il titolo come strumento giornalistico 187

titoli di film internazionali così come di proverbi e detti letteralmente tradotti. Si notino p.es.:
A la recherche de l'arche perdue / A la recherche du tombeau d'Alexandre / Alla ricerca del timoniere perduto (Gli eredi di Deng Xiaoping)/ *Auf der Suche nach dem verlorenen Virus/*
Così parlò il pentito di Galassia / Et c'est ainsi que Cioran parle / Also sprach Wolfgang Schüssel/ ecc.

- Si notano però nette differenze nella frequenza e dunque nella realizzazione del titolo allusivo in generale. La strategia intertestuale è molto frequente in PANORAMA – tanto da comprovare la specifica mentalità italiana incline al gioco e al divertimento che si esprime anche sul piano verbale; in un'altra forma essa è abbastanza usata dal settimanale austriaco NEWS. Si trova molto meno frequentemente però nell' organo francese NObs il cui stile giornalistico si distingue dagli altri due tendendo a più serietà e obiettività da una parte, e a più intellettualismo e spirito dall'altra. Mentre sui settimanali italiani e austriaci troviamo il gioco testuale per tutti i tipi di notizie e in tutte le rubriche, il mezzo francese li utilizza piuttosto in casi specifici come per intitolare commenti satirici. Appaiono anche nelle parti feulletonistiche o di critica letteraria dove hanno addirittura una funzione 'intertitolare'. Questa differenza, secondo me, dà prova di una netta differenza di cultura tra i tre paesi e sarebbe da approfondire in chiave di comunicazione interculturale.

- Sono palesi anche differenze formali e testuali nelle tre lingue: accanto ai semplici processi di sostituzione che ciascun sistema linguistico sembra concedere senza particolari problemi, il paragone rivela una grande varietà formale piena di effetti sorpresa, il che conferma, ancora una volta, sia il piacere per il gioco, sia il gusto per l'estetica così tipici degli italiani; rivela anche un'ambiguità interessante per l'organo francese il quale, da un canto, tende alla semplice citazione letterale con magari un'aggiunta informativa:
La leçon de piano de Pennetiers (Serate di recital a Parigi)
Le pays des merveilles de Philippe Genty (Giro del mondo di attori)
d'altro canto, lavora però con allusioni molto sottili che – nel contesto intenzionalmente distaccato e sciolto – richiedono non solo un'alta competenza culturale, ma anche un meticoloso lavoro di decifrazione attraverso cenni nascosti e difficilmente riconoscibili nel complesso tessuto testuale – un fatto che dà prova dell' *esprit* francese tipo „*Canard Enchainé*": Si riveda l'esempio *La chaise vide* che intitola un commento sulla morte di Ionesco alludendo al suo famoso pezzo "Les chaises".

NEWS, che – in paragone agli altri due media – si avvicina di più al tipo di stampa *boulevard* e preferisce *human interest, soft news* e cronaca rosa – opta per una via di mezzo: lì, l'allusione testuale succede in modo palese, ripetendo sia un repertorio limitato, sia le stesse strategie. Mettendo in moto l'associazione spesso attraverso un lessema chiave polifunzionale, si creano però effetti particolari che favoriscono questo settimanale in paragone agli altri mezzi indagati:

Il titolo *Die Herbst-Zeitlosen* si riferisce alle donne oltre i cinquant'anni giocando con il fiore "Herbstzeitlose" che spunta in autunno,..

3. Conclusioni

Per concludere molto brevemente questa rassegna sul riuso linguistico nel giornalismo dei settimanali politici italiani, francesi e austriaci, si deve sottolineare che questo è un'espressione esemplare del gusto dell' avventura, dell' *Erlebnis*, nella società di consumo a fine millennio. Variazione e frequenza del riuso riflettono un giornalismo che s'intende prima di tutto come un abile *infomarketing* destinato a catturare i lettori sazi di messaggi mediali tramite un unico motto: "Wer nicht auffällt, fällt durch" (Chi non colpisce, fallisce) trasformando così il canale informativo in un vasto campo da gioco con codici differenti.

In un senso più ampio e in chiave più interdisciplinare mi propongo di interpretare i t allusivi e come testimoni di scrittura postmoderna di cui rappresentano, in modo specifico, i *leitmotiv* decostruttivisti da un lato, e quelli promozionali dall'altro. Secondo VESTER 1993 si può di conseguenza costatare che:
- l'intertestualità rientra nel concetto chiave del "pasticcio" dove vengono per principio mischiati elementi vecchi e nuovi tanto da poter parlare del famoso *plagiarismo/ playgiarismo*;
- le strategie allusive caratterizzano il tipico scioglimento dei contorni convenzionali, la mancanza di referenze logiche e lineari, preferendo la libertà dell'ambiguità, il gusto della polivalenza e la sorpresa della spontaneità irregolare;
- i differenti mezzi ludici rivelano la retoricità del messaggio comunicativo, condizione fondamentale della *promotional culture* tipica del postmodernismo.

Note

1. Per ragioni di spazio mi limito nella maggior parte degli esempi alla semplice citazione letterale del t principale sperando che il lettore indovini da sé l'allusione tramite ricostruzione del testo fonte. Per una migliore comprensione in alcuni casi viene menzionata tra parentesi la riferimento tematica.

Bibliografia

Beaugrande, Robert & Dressler, Wolfgang U.: Einführung in die Textlinguistik. Tübingen, Niemeyer 1981.

Bucher, Hans Jürgen: Textdesign – Zaubermittel der Verständlichkeit? Die Tageszeitung auf dem Weg zum interaktiven Medium. In: Hess-Lüttich, E.W.B., Holly, W., Püschel,U. (eds.), Textstrukturen im Medienwandel. Frankfurt, Lang 1996, 31-61.

Dardano, Maurizio: Il linguaggio dei giornali italiani. Bari, Laterza 1973.

Dardano, Maurizio & Di Meola, Claudio: Note sulla semantica dei titoli della stampa italiana e austriaca. In: Dardano, M., Dressler, W.U., Di Meola, C (eds.), Parallela 5. Atti del VI Convegno italo austriaco dei linguisti. Roma, Bulzoni 1995, 415-453.

Desideri, Paola: Il riuso linguistico nella comunicazione pubblicitaria. In: Desideri, P. (ed.), La pubblicità tra lingua e icona. Ancona, Humana 1996, 119-161.

Fridrich, Gerhard & Ditz, Katharina: Wer nicht auffällt, fällt durch. Die neuen Spielregeln der Piktogramm-Gesellschaft. Wien, Deuticke 1997.

Hoek, Leo: La marque du titre. Dispositifs sémiotiques d'une pratique textuelle. La Haye, Mouton 1981.

Huizinga, Johan: Homo ludens. Vom Ursprung der Kultur im Spiel. Hamburg, Rowohlt 1956.

Kloepfer, Rolf & Landbeck, Hanne: Ästhetik der Werbung. Der Fernsehspot in Europa als Symptom neuer Macht. Frankfurt, Fischer 1991.

Nord, Christiane: Einführung in das funktionelle Übersetzen. Tübingen – Basel, Francke 1993.

Rothe, Arnold: Der literarische Titel. Frankfurt, Klostermann 1986.

Sandig, Barabara: Syntaktische Typologie der Schlagzeile. München, Hueber 1971.

Schmitz, Ulrich: ZAP und Sinn. Fragmentarische Textkonstitution durch überfordernde Medienrezeption. In: Hess-Lüttich, E.W.B., Holly, W. & Püschel, U. (eds.), Textstrukturen im Medienwandel. Frankfurt, Lang 1996, 11-31.

Schulze, Gerhard: Die Erlebnisgesellschaft. Kultursoziologie der Gegenwart. Frankfurt – New York, Campus 1992.

Vester, Heinz Günter: Soziologie der Postmoderne. München, Quintessenz 1993.

Wandruszka, Ulrich: Zur Semiotik der Schlagzeile: Der Kommunikationsakt „Meldung". In: Sabban, A. & Schmitt, C. (eds.), Linguistik – Rhetorik – Literaturwissenschaft. Tübingen, Narr 1994, 571-589.

Wilss, Wolfram: Anspielungen. Zur Manifestation von Kreativität und Routine in der Sprachverwendung. Tübingen, Niemeyer 1989.

Testi sulla globalizzazione
Osservazioni su articoli comparabili in cinque lingue, tratti da dieci quotidiani

Alessio Petralli
Lugano

1. Introduzione

Il concetto di "globalizzazione", con i relativi termini di riferimento nelle varie lingue (it. *globalizzazione / mondializzazione*, fr. *mondialisation /globalisation*[1], ted. *Globalisierung*, ingl. *globalization / globalisation*[2], sp. *globalización*, ecc.), comincia a diffondersi fuori dalle cerchie degli specialisti a cavallo fra gli anni Ottanta e Novanta.

Il suo significato economico[3] ("Tendenza di mercati o imprese ad assumere una dimensione mondiale, superando i confini nazionali o regionali")[4] è contemplato dai vocabolari italiani da circa cinque anni, se prendiamo come riferimento lo Zingarelli, che lo introduce per la prima volta nella sua dodicesima edizione. Si tratta dell'edizione che riporta in copertina (la prima con l'immagine del vulcano) l'anno 1994 ("*lo Zingarelli 1994*"), ma che presenta un copyright 1993, con relativa chiusura redazionale a giugno 1993. L'ultima ristampa dell'undicesima edizione (copyright 1988, ma chiusura redazionale a gennaio 1992) non riporta invece il significato di *globalizzazione* che qui ci interessa.

La diffusione della globalizzazione (da ora in avanti G[5]) è ovviamente favorita nelle diverse lingue e culture dai diversi mezzi di comunicazione di massa, che da alcuni anni danno sempre più spazio a questo tema.

A conferma di ciò la tabella 1 rende conto delle 2.305 occorrenze di G in un corpus di circa duemila articoli in cinque lingue tratti da dieci "quotidiani leader", durante il periodo compreso fra il primo gennaio 1992 e il 31 dicembre 1995[6].

Il nostro interesse è quindi qui rivolto soprattutto alla lingua, o meglio alle cinque lingue, usate da dieci quotidiani di qualità nella prima metà degli anni Novanta per formulare testi su un tema emergente di carattere economico come la G, ma con evidenti ed importantissime implicazioni di carattere culturale[7].

Lo scopo dell'indagine che qui esponiamo mira sostanzialmente a verificare preliminarmente quali "percorsi"[8] caratteristici possa assumere la descrizione della G in articoli proposti da differenti giornali in differenti lingue. Con questo intento abbiamo cominciato a leggere gli articoli riguardanti la G pubblicati dai nostri dieci giornali di riferimento, con particolare attenzione al corpus trasversale plurilingue relativo al 1994, di cui disponiamo i dati completi.

In prima battuta abbiamo tenuto d'occhio in particolare:
a) Le riflessioni metalinguistiche sulla G
b) I vari tipi di G (culturale, economica, del cinema, del calcio, ecc.)
c) Le cause che secondo gli articoli in questione possono in qualche modo favorire la G
d) Le conseguenze che possono essere causate dalla G
Riassumendo, in questo articolo presenteremo dapprima qualche considerazione su questioni pratiche riguardanti l'acquisizione dei testi. Passeremo poi ad alcune questioni di metodo e all'esposizione sintetica di qualche risultato. Ci soffermeremo infine su possibili prospettive della ricerca linguistica sulla G.

2. Questioni pratiche

La ricerca degli articoli in cui compare la G nei dieci quotidiani citati nella tabella 1 ha posto dapprima alcuni problemi pratici.

Diamo quindi qualche indicazione sul procedimento scelto per la costituzione del corpus, ricordando che le analisi testuali, in particolare di articoli di giornale, possono oggi basarsi su notevoli quantità di testi in formato digitale ed avvalersi di potenti software di ricerca.

Articoli di giornale scelti secondo determinati criteri di selezione possono essere ottenuti soprattutto usufruendo dei relativi cd-rom o andando a scaricare testi presenti in Internet[9].

Per varie ragioni, che non mette conto di illustrare qui nei dettagli, abbiamo scelto la soluzione dei cd-rom, acquistandone alcuni e consultandone altri in biblioteche che consentono lo scaricamento dei testi che interessano. Al di là dei costi, in parecchi casi non trascurabili, le annate di giornali su cd-rom presentano l'indubbio vantaggio di offrire un insieme di testi già in qualche modo strutturato e con un'interfaccia di ricerca più o meno amichevole[10].

In Internet invece, molti giornali, di solito ancora gratuitamente, mettono a disposizione gli archivi delle ultime settimane, che possono essere scaricati

Testi sulla globalizzazione

passo a passo (articolo per articolo) solo con un ingente impiego di tempo[11]. A pagamento si può naturalmente avere talvolta accesso a più ampie porzioni testuali e agli archivi storici, ma mediante Internet rimane pur sempre lo svantaggio di poter scaricare pagine prevalentemente in formato HTML[12], che necessitano quindi di parecchi aggiustamenti prima di poter essere interrogate in maniera proficua.

Nel nostro caso, per l'analisi di testi giornalistici estratti da cd-rom, abbiamo scelto il software denominato DBT[13] dell'Istituto di Linguistica computazionale del CNR di Pisa.

DBT 3.1 è un sistema autonomo di *information retrieval* e di analisi testuale in grado di elaborare, indicizzare e rendere interrogabile un qualsiasi file di testo in formato *ASCII* standard che impieghi l'alfabeto latino, nel rispetto completo delle sue caratteristiche.

Per eseguire le funzioni di ricerca previste da *DBT* è necessario che il sistema indicizzi preliminarmente il testo su cui si desidera eseguire l'applicazione. Tale indicizzazione provvede alla creazione di file paralleli di indice che rendono immediato il recupero dei dati.

Prima di iniziare sistematicamente tale procedimento è però consigliabile un'approfondita riflessione sui criteri e gli obiettivi di ricerca che le successive interrogazioni dovranno favorire[14]. Per maggiori informazioni sul DBT v. <http://www.ilc.pi.cnr.it/dbt/pisystem.html>[15].

3. Questioni di metodo

Per risultare attendibili, è bene che le indagini sulle molteplici caratteristiche testuali si basino in ultima analisi su un numero non troppo ridotto di testi di riferimento (in questo caso articoli di giornale pertinenti, selezionati secondo determinati criteri[16]), in modo da poter poi eventualmente avvalorare con dovizia di riscontri un'ipotesi piuttosto che un'altra.

Limitarsi a pochi esempi scelti *ad hoc* può esporre a critiche di superficialità e impressionismo, in un settore che ormai da tempo ha destato l'interesse degli studiosi.

Sono infatti parecchi gli autori che hanno indagato a fondo il linguaggio (i linguaggi) dei giornali. Per l'italiano vanno citati i lavori della scuola di Maurizio Dardano[17], mentre più in generale vanno ricordati molti contributi ascrivibili all'area di ricerca della *Critical Discourse Analysis* (CDA) e della *Critical Linguistics* (CL).

Diversi lavori linguistici sui giornali partono dall'assunto che i discorsi della stampa scritta da una parte riflettano, e dall'altra possano condizionare fortemente, i cambiamenti socioculturali. La CL[18] inglese, forse poco conosciuta in ambito italiano a differenza della CDA e per certi versi considerata parte integrante della CDA stessa[19], fa capo a nomi di studiosi quali Fowler[20],

Kress, Fairclough, ecc. Gli intenti della CDA e della CL sono spesso stati, soprattutto a suo tempo, dichiaratamente politici[21] e avevano fra gli obiettivi quello di svelare i valori nascosti del linguaggio, al fine di combatterne le discriminazioni e di cambiare così la società.

Sulla scia di Sapir e Whorf è naturalmente possibile sostenere che il linguaggio usato non può mai essere neutro in quanto, tra le altre cose, "discourse conventions are a most effective mechanism for sustaining hegemonies" (Fairclough 1995: 91).

In molti casi la CL e la CDA si sono quindi basate su forti presupposti di carattere ideologico[22], in parte forse stemperatisi negli ultimi anni. Molti lavori assegnabili al campo della CDA e della CL sono in ogni caso stimolanti per la nostra ricerca sulla G e ci hanno fornito utili indicazioni. In particolare citiamo il fondamentale Fowler (1991) e, per converso, le lucide e costruttive critiche alla CDA in generale formulate da Stubbs (1997).

La critica fondamentale di Stubbs (1997: 100) precisa dapprima che "studies of language use and cognition must be comparative: but CDA provides no systematic comparisons between text and norms in the language", per poi dare una propria prima risposta concreta. Infatti "via brief case studies" Stubbs (1997: 100) "illustrates how individual texts can be studied against an intertextual background of normative data from large historical and contemporary corpora, the discourse of likely readers of the texts, and a sociohistorical analysis of the dissemination and reception of texts."

Tenendo presente in prospettiva questi suggerimenti[23], rimandiamo in particolare qui ai "Proposals" (110-11) di Stubbs 1997, facendo nostro l'auspico che preconizza "comparison of texts and corpora, including diachronic and cross-language corpora" e presentando alcuni risultati di una sua concreta applicazione.

Ricordiamo che il nostro corpus è composto di circa duemila articoli con un totale di 2.305 occorrenze di G, si estende per il momento su una diacronia di quattro anni e contempla testi in cinque lingue (italiano, francese, tedesco, inglese, spagnolo), tratti da dieci quotidiani (v. tabella 1).

4. Alcuni risultati

I risultati che qui presentiamo sono quindi comparativi sia all'interno di un ristretto periodo di tempo (l'evoluzione del concetto di G nei primi anni anni Novanta), sia rispetto a un confronto fra dieci giornali diversi e fra cinque lingue diverse. La novità del concetto di G, e la sua diffusione in forte crescita nei mass media, è però tale da rendere significativo anche un lasso di tempo relativamente ridotto[24].

La nostra ipotesi di partenza è che la G, con la sua pervasività, sia un ottimo tema per cogliere le relazioni (come Stubbs 1997: 101 sostiene a proposito degli intenti della CDA) "between how the world is represented in texts and how people think about the world". Un obiettivo di questa portata presuppone però, oltre a un corpus testuale di riferimento di una certa consistenza e rappresentativo rispetto agli obiettivi posti, che in prospettiva si ragioni su "how texts are produced, distributed and consumed"[25] (ciò che la CDA non fa secondo Stubbs (1997: 106)), che per quanto riguarda i giornali significa tra l'altro interrogarsi sulle caratteristiche delle rispettive proprietà (gli editori) e sul tipo di lettore a cui si rivolgono, tenendo evidentemente ben presente il ruolo di mediazione del giornalista e la cultura di riferimento del giornale considerato. Esistono poi naturalmente molti altri vincoli che danno forma al messaggio giornalistico, non da ultimo quello dettato dalla pubblicità, che consente ai giornali di vivere. Non possiamo ovviamente soffermarci in questa sede su questi temi e inoltre non ci preoccuperemo per il momento di formulare ipotesi sulle strade attraverso cui la G è penetrata nei mass media[26].

Ciò non toglie che confrontare articoli sulla G in diverse lingue e diversi giornali possa dirci qualcosa sui giornali in cui la G è trattata (*policy* del giornale, target dei lettori, ecc.) e forse possa mettere in evidenza differenze da ricollegare non solo all'orientamento politico dei giornali che ospitano articoli sulla G, ma anche più in generale a diversi atteggiamenti tipici di lingue e culture diverse.

In ogni caso la nostra indagine parte dalla constatazione inoppugnabile che vede la G come un concetto sempre più importante e sempre più presente nei giornali[27].

Come si può notare dalla tabella 1, le occorrenze di G tendono infatti ad aumentare chiaramente di anno in anno per tutti i giornali, fatta eccezione per *Le Monde* in controtendenza[28]. Significativo ci pare il forte incremento generale di G fra il 1994 e il 1995 (sempre con l'eccezione di *Le Monde*).

Per quanto riguarda l'importanza dei numeri riguardanti le occorrenze di G è evidente che essi andrebbero tra l'altro riferiti sia alla dimensione (il numero totale di parole) dei diversi quotidiani in cui compaiono sia soprattutto, come si è detto, all'orientamento culturale e politico e al lettore di riferimento di ogni singola pubblicazione.

Non è comunque il caso di cercare di interpretare qui i piccoli numeri della *Tageszeitung* di Berlino (*TAZ*) né di confrontarli con quelli più consistenti della *Neue Zürcher Zeitung* (NZZ) o de *Il Sole 24 ore*, anche se è utile rilevare come in questo caso si passi da un giornale critico di sinistra[29] a bassa tiratura[30] a un prestigioso quotidiano di *establishment* diffuso anche al di fuori dei propri confini nazionali, a un quotidiano economico che in una recente pubblicità affermava di essere il quotidiano economico più venduto in Europa.

Non vogliamo comunque soffermarci più di tanto sulla evoluzione delle occorrenze di G nella tabella 1, per cui anche l'eccezione di Le Monde potrà forse essere spiegata solo nell'ambito di una raccolta di dati più ampia, ma soprattutto cercando di comprendere quale possa essere la causa di una eventuale possibile disaffezione nei confronti del tema G e se sia possibile metterla in relazione ai contenuti degli articoli che in Le Monde di G per l'appunto si occupano.

E' del resto verosimile che la G, tema recente e centrale nei mass media, venga trattata dai vari giornali, e dalle varie lingue e culture, in maniera non sempre uniforme. E questo nonostante la G sia stata in generale accolta dalla grande maggioranza dei mass media dell'Occidente avanzato un po' come il logico accompagnamento di una vittoria liberista a livello globale.

In ogni caso, una prima impressione che risulta subito evidente dalla lettura di molti articoli a stampa sulla G è l'ineluttabilità che spesso viene associata a questo fenomeno epocale. La G è spesso vista come un dato di fatto con cui obbligatoriamente fare i conti, per cercare da una parte di evitarne le conseguenze dannose (disoccupazione, tensioni sociali) e dall'altra di sfruttarne le opportunità ("la sfida della globalizzazione"). Poche le riflessioni sulle cause della G, moltissime quelle sulle conseguenze e possibili conseguenze[31]. Per quanto riguarda la ricerca delle cause della G paiono fare eccezione in particolare Le Monde e Le Monde Diplomatique[32].

Non sorprenderà di certo che a rappresentare questa resistenza nei confronti della G siano soprattutto giornali di cultura e lingua francese, tradizionalmente guardinghe nei confronti della leadership culturale ed economica americana, che ha in effetti nella G un potente lasciapassare.

Questa riflessione non spiega però, al contrario ne complica l'interpretazione, la flessione di occorrenze di G (di *mondialisation*, ma anche di *globalisation*) in Le Monde dal 1993 al 1995. Non ci si dimentichi però del ruolo importante e sovrannazionale del mensile Le Monde Diplomatique[33] (tradotto in quattro lingue), che nella stampa divulgativa (sia pur di divulgazione giornalistica alta) è in un certo senso l'alfiere di una tenace resistenza critica[34] alla G in generale, e in particolare alla G tecnologica veicolata da pubblicazioni di successo quali l'americana Wired.

Al di là di considerazioni relative a fenomeni di resistenza alla G che andranno verificate più dettagliatamente nel merito, oltre ad evidenziare alcune riflessioni metalinguistiche nei giornali sulla G (che mirano in genere a chiarire un concetto tutt'altro che univoco), abbiamo in sintesi cercato qui di cominciare a mettere a fuoco "chi/che cosa globalizza chi/che cosa in quali ambiti e con quali conseguenze". Il tutto limitatamente ad alcuni "carotaggi" indicativi e naturalmente registrando referenzialmente le opinioni dei vari giornali.

Testi sulla globalizzazione 197

5. Qualche riflessione metalinguistica sulla *globalizzazione*

E' evidente che il termine G non compare nella stampa di punto in bianco, ma viene per così dire introdotto e accompagnato da altri termini. Per l'italiano e per il francese si pensi ad esempio a *mondializzazione mondialisation* e *internazionalizzazione internationalisation*[35], che ritroviamo in questo articolo di *Le Monde* 1993 come termini di paragone anticipatori della G. Secondo questo articolo la *mondialisation* sarebbe differente dall'*internationalisation (classique)*, in quanto la *mondialisation* è vista soprattutto come processo accelerato che porta dagli "Etats-nations" verso la "globalisation".

> Le processus de mondialisation, note le groupe [le groupe Monde Europe, présidé par Pascal Lamy, directeur de cabinet de Jacques Delors à la CEE; *nda*], s'est en effet nettement accéléré pendant les années 80. "Qualitativement différente de l'internationalisation classique, où les Etats-nations étaient les acteurs principaux, la mondialisation est un processus déjà si avancé dans certains secteurs d'activité, qu'elle peut y être qualifiée de *globalisation* (...)
> Les grandes entreprises échappent largement au contrôle des Etats nationaux, en recul et de moins en moins efficaces (...)
> Plus élevées sont les ressources technologiques et financières, plus grande est la vitesse de la mondialisation, mais aucun pays n'échappe au mouvement." (GL3).

Il supposto declino dello Stato-nazione è in effetti una delle conseguenze più spesso associate alla G. Si veda questo ulteriore esempio, anch'esso abbinato ad una riflessione metalinguistica.

> Per un osservatore "laico" in un consesso di imprenditori, come era Stefano Silvestri, vicepresidente dell'Istituto affari internazionali, la *globalizzazione* del mercato è sinonimo di fine del protezionismo in ogni sua forma: quindi potrebbe essere la fine anche dei sistemi-Paese. Un'esortazione alle imprese affinché nei loro processi di ristrutturazione organizzativa si ripensino su base transnazionale. (GS4).

Diamo di seguito tre altri esempi di riflessioni metalinguistiche che testimoniano di una volontà di approfondimento (*scil.* giornalistico) a vari livelli.

> Ma cosa vuol dire diventare globali? "Data per scontata la qualità totale – spiega lo studio – negli anni Novanta la parola d'ordine è ormai *globalizzazione*. Un termine dalla duplice valenza: geografica e funzionale. Per un verso, le imprese sono sempre più esposte alla competizione internazionale, aumenta la mobilità dei fattori produttivi e si riducono le barriere protezionistiche. Le quote di mercato dei produttori che basano la propria competitività soltanto sul prezzo saranno quindi più vulnerabili, minacciate da concorrenti localizzati nei paesi cosiddetti emergenti. Per contro la *globalizzazione* consiste nella capacità del fornitore, aldilà della pura produzione di componenti, di contribuire alla progettazione e allo sviluppo dell'auto. Questo comporta, per il fornitore, la necessità di creare e di inserirsi in strutture complesse, con integrazioni sia con i sub-fornitori, sia con gli altri grandi fornitori." (GT4).

> Individualisierung und *Globalisierung* verändern die Lebensformen von innen her. "Globalisierung" meint nicht nur ein ökonomisches Phämomen; und es wäre auch falsch, es mit dem Aufkommen eines "Weltsystems" oder einer "Weltgesellschaft" gleichzusetzen. "Globalisierung" meint: Handlungen über Distanzen hin-

weg: eine neuartige Ortlosigkeit, die durch globale Kommunikations- und Verkehrsnetze alltäglich wird. (GB4).
Una *globalización* que "no sólo se refiere al comercio, sino también a los sistemas financieros y a la transmisión de conocimientos, ideas y tecnología", como subrayó Raymond Barre, y que obliga a replantear los esquemas de coordinación económica internacional. (GV4).
Per quanto riguarda il 1994 non abbiamo trovato nessuna riflessione metalinguistica su G né nell'*Independent* né nel *New York Times*.
In prospettiva potrebbe quindi essere utile una verifica mediante un'onerosa lettura a tappeto di tutto il corpus in inglese per il 1994 o mediante tentativi di ricerca automatica di glosse metalinguistiche, ad esempio ricercando i contesti in cui G e "means" (oppure "what") si trovino al di sotto di una certa distanza. Ecco un riscontro in proposito: "Its bargaining card is the obvious one that it will simply move production to another country where the incentives are greater, or the labour costs are cheaper. This is the reality of what *globalisation* of the industry *means*." (GI5).
La ricerca in GC5 di G seguito da "significa" a meno di 15 parole di distanza ci fornisce il seguente esempio: "A Washington, al Fondo monetario internazionale, mi aveva detto Massimo Russo: 'La *globalizzazione* *significa* che il risparmio va là dove ci sono le migliori possibilità d'investimento (...)" (GC5).
Si possono naturalmente cercare di immaginare molte strade che permettano di automatizzare simili ricerche. Secondo la nostra esperienza è comunque in ogni caso indispensabile una lettura sistematica preventiva di un cospicuo numero di testi, in quanto le potenziali scorciatoie automatizzate possono essere più facilmente individuate se alle spalle vi è una buona conoscenza dell'argomento trattato.

6. Qualche tipo di *globalizzazione*

La globalizzazione nasce e si sviluppa come concetto prevalentemente economico, la cui importanza e diffusione crescente comporta un'estensione semantica e un'"invasione" di molti altri campi, in particolare di quello culturale[36].

Anche nei nostri testi ci troviamo di fronte ad un netto predominio delle accezioni economiche. *Globalizzazione dell'economia, dei mercati, della finanza*, ecc., con i relativi parallelismi nelle altre lingue, sono tra i sintagmi più diffusi.

In GC4 (36 G) abbiamo 10 *globalizzazione dell'economia*, 3 *globalizzazione dei mercati* e 2 *globalizzazione del mercato*; in GL4 (152 G) abbiamo 28 *mondialisation de l'économie*, 5 *mondialisation des économies*, 2 *mondialisation des marchés*; in GZ4 (98G) abbiamo 25 *Globalisierung der Märkte*, in GI4 (38 G) non vi sono sintagmi particolarmente diffusi rispetto ad altri ma troviamo

Testi sulla globalizzazione 199

ad esempio 3 *globalisation of markets*, 1 *globalisation of market*, 2 *globalisation of the economy*; in GV4 (49 G) abbiamo 19 *globalización de la economía* e 5 *globalización de los mercados*[37].
Naturalmente ci muoviamo qui fra piccoli numeri, destinati però ad aumentare nel corso delle annate considerate. Ad esempio in GS5, con 351 occorrenze di G abbiamo 34 *globalizzazione dell'economia*: circa un decimo (in un quotidiano economico), rispetto a più di un quarto in GC4. Sempre in GS5 abbiamo però ben 92 *globalizzazione dei mercati* (ovvero un quarto, rispetto a circa un decimo in GC4). In GC5 (90 G) abbiamo invece 14 *globalizzazione dell'economia* e 15 *globalizzazione dei mercati*. Come si vede non è il caso di azzardare troppe interpretazioni, anche se ci sembra ragionevole ipotizzare che più il concetto di G si diffonde e maggiori sono le possibilità di incontrare riscontri più specifici e dettagliati[38].

Fra le G specifiche possiamo annoverare come esempio: la *G dell'industria americana degli shopping center, des flux migratoires, du cyclisme, der Kostenstraffung und der Produktivitätssteigerung, of prosperity, of poverty, del arte y la cultura*.

Anche molte aziende italiane dimostrano di non voler perdere le opportunità offerte dal processo di *globalizzazione* dell'industria americana degli shopping center: nel portafoglio di partecipazioni azionarie Usa della Exor (la finanziaria della famiglia Agnelli) compare infatti anche un pacchetto consistente di titoli di società che gestiscono Mall regionali. (GS4).
Face "à l'accélération et à la *mondialisation* des flux migratoires", Philippe Bernard invite les pays européens à se concerter mutuellement pour adopter un langage plus convergent sur l'immigration, et pour chercher de nouvelles formes de relations et de coopération économiques plus créatrices d'emplois dans les pays en développement. (GL4).
Persuadé de la nécessité de bousculer le monde sclérosé du cyclisme, il contribue à le faire évoluer vers une réalité plus conforme à cette fin de siècle hyper-médiatisée. Et le combat pour la *mondialisation* du cyclisme, celui-là même qui rendit célèbre un Hein Verbruggen (...) (GR4).
Weil sich aus Sicht des Daimlerchefs der eingeschlagene Weg der "*Globalisierung*, der Kostenstraffung und der Produktivitätssteigerung" bewährt hat, läßt sich sein Zukunftskonzept leicht zusammenfassen (GB4).
What emerges is an arresting picture of unprecedented human progress and unspeakable human misery, of humanity's advances on several fronts mixed with humanity's retreat on several others, of a breath-taking *globalization* of prosperity side by side with a depressing globalization of poverty (...) (GN4).
En el teatro y la literatura se produjo un abandono de lo local y lo provincial, de las obras e historias basadas en acontecimientos de la Inglaterra profunda, y una introducción de influencias extranjeras dentro de la tónica general de la *globalización* del arte y la cultura, en todas sus expresiones. Los ingleses no se sienten tan amenazados como los franceses por el dominio cultural de Estados Unidos, pero experimentan una cierta alarma por el deterioro de la calidad de su televisión. (GV4).

7. Per un'ipotesi di mappa semantica della *globalizzazione*

Dopo questa serie di esempi è ora opportuno cercare di ragionare sulle possibili collocazioni di G in una mappa semantica, in cui potranno ad esempio avere uno spazio privilegiato i termini che vengono frequentemente citati in opposizione alla G come il *regionale*, il *provinciale*, il *locale*, il *tribale*, ecc.:

Au philosophe François Dagognet, qui le taxe gentiment d'idéalisme, il (Régis Debray) s'affirme "pas moraliste mais inquiet d'une dialectique dangereuse entre espace et technique", entre "*mondialisation* technique et tribalisation culturelle". (GL4).

Mondialisation et régionalisation : un défi pour l'Europe, sous la direction de Jean-Louis Mucchielli, Economica, 1993 (recueil de travaux sur la compétitivité européenne). (GL4).

Partendo dal presupposto che "the value (la "valeur" saussuriana; *nda*) or sense of a word is given by its place within a system of related terms"[39] potrà poi essere utile cercare di costruire un campo associativo di G, attraverso una mappa basata sulle co-occorrenze statistiche[40] di G in un corpus determinato.

Quale limitata esemplificazione si vedano ad esempio le co-occorrenze statistiche di G[41] in *La Vanguardia* 1995, *La Stampa* 1995, *The New York Times* 1995 e *Le Monde* 1995.

Se consideriamo i primi termini di ogni lista (ordinati secondo il valore statistico di "Mutual Information"[42]), troviamo nell'ordine tra l'altro: sp. *imparable, reto, homogeneización, irreversible*; it. *interdipendenza, crescente, mercati*; ingl. *innovation, technological, increased, entertainment*; fr. *échanges, heure, marchés, financière*.

Come si vede, pur nella limitatezza delle occorrenze, qualche spunto è pur possibile, sia sulle analogie fra giornali e lingue (com'era prevedibile, l'economia e il mercato sono sempre presenti nelle prime dieci posizioni) sia su possibili differenze di atteggiamento nei confronti della G. Si paragonino ad esempio le co-occorrenze di G ne *La Vanguardia* con quelle del *New York Times*.

A scopo di confronto abbiamo inoltre ricercato *disoccupazione, chômage, Arbeitslosigkeit, unemployment, desempleo* nel nostro corpus trasversale plurilingue 1994 (composto da tutti gli articoli contenenti G, tratti dai dieci quotidiani per l'annata 1994), ottenendo i seguenti riscontri: *Corriere della Sera*: 18, *Il Sole 24 Ore*: 9, *La Stampa*: 22; *Le Monde*: 107, *Le Soir*: 66; *NZZ*: 16, *TAZ*: 18; *The Independent*: 48, *The New York Times*: 3; *La Vanguardia*: 33.

Ci limitiamo a far notare qui che i due quotidiani francofoni da soli assommano più occorrenze di tutti gli altri otto giornali insieme.

Testi sulla globalizzazione 201

8. Cause e conseguenze della *globalizzazione*

Come già si è detto, la G pare essere penetrata massicciamente nella stampa quotidiana, in quanto realtà ineluttabile con cui tutto il pianeta deve fare i conti. Le conseguenze della G sono secondo i giornali da noi considerati molteplici e di varia natura, mentre per contro sulle cause della G ci si sofferma ben poco.

Limitandoci qui ad alcuni fra i moltissimi esempi, le conseguenze della G possono essere di volta in volta: un mercato sempre più concorrenziale, la ricerca di partnership internazionali, l'adeguamento a standard internazionali di efficienza, l'alta disoccupazione e la volatilità delle posizioni delle imprese, la fine dei sistemi-Paese e dell'agricoltura di sussistenza a dimensione umana, lo spostamento all'estero della produzione, l'accelerazione nelle forniture, il lavoro in rete, forme di protezionismo larvato, incentivi all'industria nazionale, delocalizzazioni, privatizzazioni, fusioni, licenziamenti, ecc.

I settori coinvolti vanno dall'automobile all'informatica, dalla pesca all'industria musicale, passando per la droga, l'arte, le banche, la chimica, ecc.

Fra i molti, abbiamo poi fondamentalmente due ulteriori tipi di conseguenze possibili: gli auspici e i timori. Fra i primi possiamo includere il desiderio di nuove regole di respiro mondiale o, più modestamente, di un'armonizzazione legislativa, fra i secondi, più in generale, l'incapacità di cogliere le opportunità offerte dalla G.

Sul fronte delle cause della G (degli "agenti" che favoriscono la G), come detto piuttosto trascurate in genere almeno sulla stampa, possiamo citare da *Le Monde* 1994 un chiaro "j'accuse" al sistema dei media:

> Qui a gagné ? Un battage médiatique bien orchestré voudrait faire croire qu'au terme des négociations du cycle de l'Uruguay du GATT, la France, et avec elle l'Europe des Douze, ont tiré leur épingle du jeu. Il n'en est rien. La *mondialisation* de l'économie et de la main-d'oeuvre vient de faire un nouveau bond en avant qui se traduira probablement par l'accélération des licenciements et l'aggravation du chômage. (GL4).

E a proposito del Gatt, già citato alla n. 32 assieme al Fondo Monetario Internazionale come protagonista della G, cfr. la seguente citazione:

> Riferendosi all'Italia, Bernini si è augurato che la Camera dei deputati ratifichi l'Uruguay Round in tempi stretti. "Il sì del Senato americano al Gatt apre la strada alla ratifica di tutti i Paesi contraenti, e inaugura una nuova fase dell'economia mondiale, caratterizzata dalla *globalizzazione* e dall'interdipendenza", spiega l'ex ministro Renato Ruggiero, il candidato italiano in pole position per la direzione dell'Organizzazione mondiale del commercio (…) (GT4).

Come si può intuire da queste rapidissime incursioni, cause e conseguenze della G possono essere depistate in vari modi: naturalmente attraverso la lettura e l'analisi degli articoli oppure ricercando spie linguistiche ricorrenti e suscettibili di veicolare informazioni sulle modalità con cui la G viene presentata. A questo proposito potrebbe essere ad esempio pertinente la distinzione di Fowler (1991: 85-87) con le quattro categorie di "Truth", "Obligation", "Permission", "Desirability" e con i rispettivi segnali linguistici caratterizzanti.

9. Prospettive per una ricerca comunicativa sulla *globalizzazione*

Le esemplificazioni presentate finora sono solo una minima parte dell'infinità di indagini possibili in un corpus di giornali come il nostro (v. tabella 1), analizzabile con un software quale il DBT.

Una volta costituito il corpus testuale in un formato adeguato e secondo criteri selettivi pertinenti, il che rappresenta una parte tutt'altro che trascurabile del lavoro, è infatti possibile ottenere in tempi rapidi riscontri di vario tipo, un tempo, prima dell'avvento di una potente informatica diffusa, neppure lontanamente immaginabili.

Tutto ciò non significa ovviamente che gli strumenti possano risolvere questioni di fondo della ricerca linguistica che, viste le enormi potenzialità tecniche, è in fondo ancora più difficile padroneggiare. Infatti, pur potendo interrogare automaticamente nei più svariati modi porzioni cospicue di testo, resta fondamentale procedere in maniera ponderata per evitare inutili perdite di tempo al seguito di mille itinerari.

Evidentemente la facilità di ricerche quantitative consente tentativi una volta esclusi e l'avanzamento per "trial and error" può essere talvolta una via praticabile, che non esime però dagli indispensabili approfondimenti teorici.

Da notare inoltre che la soluzione informatica da noi scelta permette di manipolare con grande agilità notevoli quantità di testo e di evitare una faticosissima consultazione di enormi quantità di materiale cartaceo. Basti pensare che cosa potrebbe significare la ricerca di riscontri alle proprie intuizioni su testi comparabili in più lingue, di fronte alla mole di carta di molte raccolte annuali di una decina di giornali (e come procurarsele?).

Questa scelta comporta però anche degli svantaggi, nel nostro caso soprattutto quello di essere ancorati a puri testi staccati dal loro naturale contesto per il quale sono stati pensati, poiché, come è evidente, la foliazione di un giornale si propone al lettore con un ricco insieme di testualità differenti (*layout* di pagina, tipologie di caratteri, dimensioni delle titolazioni, didascalie, fotografie, disegni al tratto, ecc.) fra loro interagenti.

Per il momento non abbiamo potuto considerare tutto ciò, ma in futuro vorremmo in qualche modo rimediare.

Futuro che potrà significare anche ampliamento del corpus fino al 1997, in quanto il corpus attuale di duemila articoli si presta ovviamente ad essere incrementato. Si potrebbe poi immaginare di considerare altri quotidiani, sia omogenei per certi versi a quelli già considerati, sia con caratteristiche diverse. Pensiamo in particolare a due ulteriori corpora sulla G: uno tratto da giornali locali a bassa tiratura e l'altro da giornali popolari con grande tiratura.

Per quanto possibile cercheremo di tenere sempre presente la dimensione plurilingue, cosa che a breve scadenza non potremo però fare per il corpus di notizie radiotelevisive di carattere economico (comprendente quindi anche documenti sulla G), che già abbiamo iniziato a costituire, beneficiando della disponibilità dei ricchi e preziosi archivi della Radiotelevisione svizzera di lingua italiana.

La scelta di creare un corpus di documenti radiofonici e televisivi di carattere economico ha un duplice intento: da una parte confrontare l'approccio (soprattutto linguistico) di tre diversi media a notizie simili (notizie sulla G) e dall'altra cominciare ad osservare come si è sviluppata negli ultimi tempi alla radio e alla televisione quella comunicazione economica che nei giornali si è conquistata un posto di primissimo piano. Pensando specificatamente alla G nei media sarebbero inoltre opportune verifiche sulla comprensione "dalla parte del ricevente" di un concetto così complesso, e per molti versi ambiguo, mentre per quanto riguarda più in generale il linguaggio economico i nostri corpora potranno anche servire a depistare neologismi[43], tecnicismi e internazionalismi nelle varie lingue di riferimento, con particolare attenzione all'italiano.

L'obiettivo più ambizioso rimane però quello di una raffinata analisi morfolessicale e semantica, che del nostro corpus plurilingue sulla G, al di là dei contenuti di superficie, sappia cogliere analogie e differenze profonde, sulla base di modelli interpretativi potenti.

Tabella 1.

Sigla	fonte	anno	Parola	n. occorrenze
GC2	"Il Corriere della sera"	1992	Globalizzazione	19
GC3	"Il Corriere della sera"	1993	Globalizzazione	27
GC4	"Il Corriere della sera"	1994	Globalizzazione	36
GC5	"Il Corriere della sera"	1995	Globalizzazione	90
GS2	"Il Sole – 24 ore"	1992	Globalizzazione	132
GS3	"Il Sole – 24 ore"	1993	Globalizzazione	145
GS4	"Il Sole – 24 ore"	1994	Globalizzazione	139
GS5	"Il Sole – 24 ore"	1995	Globalizzazione	351
GT2	"La Stampa"	1992	Globalizzazione	6
GT3	"La Stampa"	1993	Globalizzazione	13
GT4	"La Stampa"	1994	Globalizzazione	19
GT5	"La Stampa"	1995	Globalizzazione	51
GV4	"La Vanguardia"	1994	Globalización	49
GV5	"La Vanguardia"	1995	Globalización	94
GL3	"Le Monde"	1993	Mondialisation	188
GL4	"Le Monde"	1994	Mondialisation	152
GL5	"Le Monde" (01.01.95-30.06.96)	1995	Mondialisation	120
GR4	"Le Soir"	1994	Mondialisation	43

GZ3	"Neue Zürcher Zeitung"	1993	Globalisierung	42
GZ4	"Neue Zürcher Zeitung"	1994	Globalisierung	98
GZ5	"Neue Zürcher Zeitung"	1995	Globalisierung	167
GB2	"TAZ"	1992	Globalisierung	9
GB3	"TAZ"	1993	Globalisierung	14
GB4	"TAZ"	1994	Globalisierung	19
GB5	"TAZ" (01.01 – 30.06)	1995	Globalisierung	29
GI2	"The Independent"	1992	Globalisation	19
GI3	"The Independent"	1993	Globalisation	15
GI4	"The Independent"	1994	Globalisation	38
GI5	"The Independent"	1995	Globalisation	89
GN3	"The N.Y. Times"	1993	Globalization	22
GN4	"The N.Y. Times"	1994	Globalization	28
GN5	"The N.Y. Times"	1995	Globalization	42
				2305

Note

1. Il francese ha *mondialisation* come prima scelta, mentre l'italiano conosce *mondializzazione*, riportato sia dallo Zingarelli 1998 (Bologna, Zanichelli) che dal DISC 1997 (*Dizionario Italiano Sabatini Coletti*, Firenze, Giunti) come seconda opzione, per influsso francese (non a caso in italiano si trova ad esempio spesso *mondializzazione* nell'edizione italiana di "Le Monde Diplomatique" proposta mensilmente dal quotidiano *Il Manifesto*).
Il DISC 1997 rimanda al 1978 per la prima attestazione di *mondializzazione*. L'italiano ha inoltre conosciuto, alla fine degli anni Ottanta, il termine *planetarizzazione* (non riportato né dallo Zingarelli 1998 né dal DISC 1997), grazie soprattutto ai lavori di Domenico Parisi. Se ne veda la definizione in Wolf 1992: 51 che cita Parisi 1988: "Per planetarizzazione si intende il processo di crescita sostanziale della integrazione tra le varie regioni, società e culture del pianeta, l'aumento brusco delle interdipendenze, degli scambi e delle comunicazioni che coinvolge tendenzialmente l'intera terra."
Per la coppia francese *mondialisation / globalisation* è significativo lo scritto di Maurice Druon ("de l'Académie française"), apparso nella rubrica "Le bon français" nel *Le Figaro* del 5 agosto 1997. Fra le altre cose vi si può leggere che "deux mots circulent qui n'existaient pas il y a cinquante ans: 'mondialisation' et 'globalisation'. L'un est juste, l'autre est faux." E, dopo aver segnalato che l'Académie française iscrivera *mondialisation* "dans le Dictionnaire d'ici à quelques semaines ou mois", l'autore così si esprime a proposito di *globalisation*:
"'Globalisation' ne veut rien dire (*scil.* perlomeno nell'accezione che qui ci interessa; *nda*) et l'on ne saurait le tenir pour synonyme de 'mondialisation'. C'est pourquoi l'Académie (…) n'a pas admis ce dérivé de 'global'."
Dopo un appello generale contro il termine *globalisation* Maurice Druon così conclude: "L'affaire est plus grave qu'il ne le paraît. C'est notre installation mentale dans le devenir du monde qui est en jeu."
2. Abbiamo praticamente sempre *globalization* in American English e *globalisation* in British English: nelle tre annate considerate del *New York*

Times (v. tabella 1) non si trova mai *globalisation*, mentre nelle quattro annate dell'*Independent* troviamo un'unica occorrenza di *globalization* nel 1995 (in un titolo di un articolo che parla peraltro degli Stati Uniti: "Thinkers of the Nineties: Fundamental fault that divides us: Samuel Huntington: Is *globalization* taking place?"). Come è evidente, il DBT evidenzia il termine ricercato con gli asterischi.

La ricerca di "*global**" (qui l'asterisco ha funzione di *wildcard*) sul cd-rom della decima edizione del Webster's (1995) propone 14 riscontri di cui 6 a lemma. Come entrate troviamo infatti: *global* (tra l'altro nel significato di "worldwide"), *globalise* ("British variant of globalize"), *globalism* ("a national policy of treating the whole world as a proper sphere for political influence – compare *imperialism*, *internationalism*"), *globalize* "especially: to make worldwide in scope or application", *global village* ("the world viewed as a community in which distance and isolation have been dramatically reduced by electronic media (as television)".

Quest'ultimo sintagma è datato e rimanda ovviamente tra l'altro ai lavori di Marshall McLuhan ("War and Peace in the Global village", scritto con Quentin Fiore, è del 1969). *Globalization* è citato (in grassetto) dalla decima edizione del Webster's su cd-rom (1995) in quanto *noun* alla fine della trattazione di *globalize*, mostrando così una concezione restrittiva nel promuovere a lemma sostantivi astratti sentiti più che altro come "act or process of -izing".

3. Il lemma *globalizzazione*, in concorrenza con *globalismo*, è da tempo presente nei vocabolari italiani, in quanto traduzione del francese *globalisation* (*globalisme*) per quanto riguarda il significato relativo alla psicologia evolutiva ("Il processo di percezione e acquisizione prima sincretica e poi analitica, tipico della psiche del fanciullo": questa definizione è tratta dal Devoto-Oli su cd-rom (1994)).

4. La definizione è tratta da "*lo* Zingarelli 1998". A scopo contrastivo ci limitiamo qui a citare il DISC 1997, che riporta il seguente significato di *globalizzazione*: "Fenomeno di integrazione e di interdipendenza delle economie e dei mercati internazionali, causato dall'utilizzo delle più sofisticate tecniche informatiche e di telecomunicazione" e il Petit Robert 1988 (Paris, Dictionnaires LE ROBERT), che contempla *mondialisation* "attesté en 1953; de *mondial*" con il significato generico di "le fait de devenir mondial, de se répandre dans le monde entier", ma non riporta *globalisation*.

5. Per comodità con "G" potremo designare di volta in volta sia il corrispondente termine in una lingua specifica sia la "globalizzazione" intesa in senso generale e riferita a termini diversi nella singole lingue. Il contesto disambiguerà senza problemi i diversi impieghi di G.

6. Con l'eccezione di *Le Monde* 1995 che si spinge in effetti fino al 30 giugno 1996.

7. La frequente forzatura della dicotomia fra economia e cultura non ci pare a dire il vero pertinente, per cui siamo sostanzialmente d'accordo con chi afferma che "du point de vue anthropologique, l'expression 'relation entre la culture et l'économie' est denuée de sens, puisque l'économie fait partie de la culture d'un peuple." (Citazione di una riflessione di Marshall Sahlins, tratta da un contributo dell'agosto 1994 ai lavori della "Commission mondiale de la culture et du développement", presieduta da Javier Pérez de Cuéllar. Il relativo rapporto è uscito nel 1996 con il titolo "Notre diversité créatrice", Éditions UNESCO).
8. Usiamo appositamente qui il generico "percorsi", rimandando ad altra sede la discussione sulla riflessione di Fowler (1991: 225) che invita a "De-privileging the story or the topic", in favore di paradigmi di carattere più generale come è in fondo per noi quello della G.
9. Ci sarebbero poi altre strade, come l'abbonamento a *provider* di banche dati ("intermediari di informazione") quali Dialog o Datastar, che propongono anche molti archivi di giornali. Una simile scelta è però costosa, in quanto le banche dati di qualità a pagamento, oltre alla tassa di abbonamento, chiedono spesso una cifra non trascurabile (alcuni dollari) per ogni articolo scaricato.
10. A dire il vero i criteri di ricerca proposti dai vari quotidiani disponibili su cd-rom ci hanno talvolta posto qualche problema, in quanto ogni giornale su cd-rom presenta sue caratteristiche proprie, che in taluni casi possono variare da un anno all'altro per lo stesso giornale.
11. Esistono invero anche software, comunemente denominati "webhacker", ideati per scaricare automaticamente pagine di siti WEB fino al livello desiderato, assemblando così cospicue quantità di testo. Una valutazione effettuata tempo fa ci ha però indotto allora a rinunciarvi per varie ragioni di carattere tecnico.
12. Lo scopo del linguaggio HTML ("Hypertext Mark Up Language") è essenzialmente di valorizzare la visualizzazione della pagina. Creare belle videate non implica però, per quanto riguarda la maggioranza dei giornali sul WEB, che ci si preoccupi di una sistematizzazione e codificazione efficace e coerente delle diverse parti testuali (titoli, editoriali, didascalie, ecc.).
13. L'autore del DBT ("Data Base Testuale"), conosciuto anche in quanto motore di ricerca della LIZ ("Letteratura Italiana Zanichelli" su cd-rom), è Eugenio Picchi.
14. Ad esempio, se si ritengono utili in prospettiva ricerche ristrette ai titoli, è indispensabile codificarli preventivamente in quanto tali.
15. Più in generale, utili informazioni su "Computer Programs for the Analysis of texts" si trovano in Popping 1997.
16. Solitamente parole chiave.
17. Rimane sempre imprescindibile Dardano 1986.

Testi sulla globalizzazione 207

18. Sia Fairclough (1992: 314) che Fowler (1992: 89) fanno risalire la nascita della CL a Fowler *et alii* 1979.
19. V. Fowler (1996: 12) in Caldas-Coulthard – Coulthard 1996.
20. Per la lingua dei giornali si veda in particolare Fowler 1991, ma anche Bell 1991.
21. Ma ancora oggi, secondo Caldas-Coulthard – Coulthard 1996: xi "CDA is essentially political in intent" con il presupposto, per quanto riguarda i giornali ma non solo, che "value systems are ingrained in the medium" Stubbs (1996: 101).
22. Cfr. in proposito le sferzanti critiche di Widdowson 1995 per cui "interpretation in support of belief takes precedence over analysis in support of theory (...) perhaps conviction counts for more than cogency."
23. Per la nostra ricerca sulla G sarebbe tra l'altro da considerare un ampliamento diacronico del corpus fino al 1997 almeno, sia per quanto riguarda i giornali internazionali già considerati, sia per quanto riguarda esemplificazioni tratte da giornali locali e da "giornali boulevard". E' inoltre nelle nostre intenzioni costituire corpora radiofonici e televisivi sulla G con scopi contrastivi intermediali. Per quanto riguarda la disseminazione e la ricezione di testi, sarebbe poi opportuno cercare di approfondire come vengono prodotti, distribuiti e compresi i testi giornalistici sulla G, mediante indagini mirate sia dalla parte dell'emittente (i giornali, le loro proprietà e i loro obiettivi) che del ricevente (come vengono compresi da varie tipologie di lettori i differenti messaggi sulla G).
24. "It would be an important critical activity to retrieve change and causation by diachronic study." Fowler (1991: 228).
25. Fairclough (1995: 1).
26. Per non parlare delle effettive origini della G, che per molti è fenomeno recentissimo, mentre altri ne ricercano i primi segnali in un passato lontano, ad esempio con "François-Bernard Huyghe empruntant les Routes de la soie, prémices de la *mondialisation* économique." (*Le Monde* 1994).
27. Il rapporto di causa-effetto ("importanza"-"presenza nei giornali") è però tutt'altro che scontato. Il tema della G è di per sé effettivamente importante e quindi i giornali lo considerano con particolare attenzione, oppure è la particolare attenzione con cui i giornali considerano la G a farlo diventare importante? Ovviamente la prima ipotesi è la più plausibile, ma ciò non toglie che vi sia un effetto di rinforzo fra le due ipotesi e che, oltrepassata una determinata soglia di esposizione, un tema entrato nell'agenda setting dei giornali si sviluppi in ogni caso anche per una sorta di "forza d'inerzia". "Nulla ha successo come il successo" vale anche per certi temi forti su cui i giornali decidono di concentrare la propria attenzione.
28. Da notare anche il leggero e estemporaneo calo per *The Independent* (fra il 1992 e il 1993) e per *Il Sole 24 Ore* (fra il 1993 e il 1994).

29. Clyne (1995: 188) classifica la *TAZ* come "Left-wing alternative". Clyne (1995: 189), parlando poi della *Neues Deutschland* classificata a sua volta come "Left-wing (national, from East)", ne sottolinea la diversa posizione proprio rispetto all'"intellettuale" *TAZ*: "*Neues Deutschland* (...) is attempting to appeal to the left wing (but unlike the *TAZ*, not necessarly the intellectuals) (...)".
30. Ovviamente la tiratura è un dato importante nel profilo di un giornale. Interessante ad esempio notare che la *Bild Zeitung* (classificata da Clyne 1995: 188 sotto "Mass-circulation") con cinque milioni di copie vendute giornalmente (1993) ha una diffusione di gran lunga più grande dei tre "Quality daily newspapers" (*Frankfurter Allgemeine Zeitung:* 380.000 copie, *Süddeutsche Zeitung:* 390.000 copie, *Die Welt:* 220.000 copie). I dati sono citati da Clyne (1995: 187), che a sua volta li trae da "DAAD Letter, June 1993, pp. 22-5".

Ragionamento in parte simile può valere per la stampa inglese con i 3.5 milioni di copie giornaliere di *The Sun* (il dato è tratto da Krishnamurthy 1996: 128, che a sua volta rimanda al *Guardian*, 12 July 1993: 15).

E' evidente che la lingua di un "giornale boulevard" (ci rifacciamo alla denominazione tedesca *Boulevard Zeitung*, più pregnante rispetto al generico it. "giornale popolare" o al fuorviante *tabloid*) rivolto a milioni di lettori sarà diversa rispetto ai cosiddetti giornali di qualità. A proposito dei giornali tedeschi lo dimostra tra l'altro Clyne (1995: 189), confrontando ad esempio in varie pubblicazioni la diversa complessità delle frasi, la loro lunghezza, ecc. Il lessico, e quindi anche la trattazione della G, non sfuggirà a queste differenze.
31. Conseguenze e cause della G non sono però sempre facilmente focalizzabili e scindibili. Si veda ad esempio:
"Privatisation is truly a world-wide phenomenon, both a by-product and a cause of *globalisation*" (*The Independent* 1994).
32. Come esempi critici nei confronti della G citiamo per *Le Monde Diplomatique* l'unico articolo che nel 1989 contiene G e l'unico articolo che contiene G nel 1990.

Slogan-choc des années 80, un concept fascine les publicitaires: celui de globalisation. Il a été forgé aux Etats-Unis, "inventé par les multinationales américaines pour essayer de justifier a posteriori des pratiques de marketing banalisantes et appauvrissantes, les grandes agences étant incapables de comprendre la culture des différents pays européens (1)." 1) Déclaration d'un stratège français de la mercantique, *Le Monde*, 28 mars 1987. (*Le Monde Diplomatique* 1989).

La planète aggravera ses déséquilibres et ses plus monstrueuses injustices aussi longtemps que, limitées aux seuls aspects commerciaux, les négociations n'embrasseront pas toutes les dimensions du problème: libération des échanges, règlement de la dette, coopération technique et culturelle, progrès sociaux, sanitaires, scolaires, syndicaux. Jusqu'à présent, le discours sur la "globalisation" des problèmes l'envisage en termes purement géographiques et ignore cette autre "globalisation" qui, au-delà de la production et de la commercialisation, considérerait toutes les composantes d'un véritable développement (27). 27) *Cf.* "Manière de voir", Le Triomphe des inégalités,

Testi sulla globalizzazione 209

(édité par *le Monde diplomatique*, septembre 1989).
(...). En découpant en tranches les multiples composantes de la vie en société, et, dans cette fragmentation artificielle, en donnant indûment la priorité aux facteurs commerciaux et monétaires, une prétendue "globalisation" permet au FMI et au GATT de détruire en bonne partie l'action si utile menée par l'OMS, l'UNICEF, la FAO, l'UNESCO, l'OIT en matière de santé publique, de protection des enfants, d'alimentation et d'agriculture, d'éducation et de sciences, de droits sociaux et syndicaux. Appliquée à l'Est comme au Sud, cette démarche sape les fondations de l'édifice, introduit dans ses structures des failles auxquelles il ne résistera pas. Elle fait émerger de nouveaux riches en des pays dont la population reste plongée dans la misère. Elle fait éclater en morceaux toute pensée et toute stratégie. Elle accentue un dualisme auquel les démocraties et leur prospérité ne résisteront pas. (*Le Monde Diplomatique* 1990).
Si noterà in questi due articoli (il primo firmato "Armand Mattelart et Michael Palmier", il secondo "Claude Julien") la chiara evidenziazione (nel primo caso pur sempre piuttosto generica, nel secondo caso puntuale) di chi ha inventato/causato la G (le multinazionali americane, il Fondo monetario internazionale e l'accordo del GATT), cosa che non capita spesso nel nostro corpus di articoli sulla G. Ma a proposito del Gatt si veda ad esempio questa posizione del tutto diversa:
Peter Kenen of Princeton University believes that the *globalisation* of production is a fundamental factor in the decline of the Gatt system and the increasing incidence of trade policy disputes. Rules of origin, for example, have been one of the cornerstones of trade resolution and yet what relevance do they have in a world of blurred geographical borders and stateless corporations? (*The Independent* 1992)
33. Una nostra indagine in 8 annate di *Le Monde Diplomatique* su cd-rom (dal 1989 al 1996) ha dato i seguenti esiti per quanto riguarda i documenti (in sostanza gli articoli) che contengono una o più occorrenze (*hits*) di *mondialisation* e di *globalisation*. Per *mondialisation* abbiamo le seguenti cifre a partire dal 1989: 2, 17, 14, 25, 44, 35, 60, 62, mentre per *globalisation* abbiamo; 1, 2, 6, 13, 15, 7, 17, 15. Anche per *Le Monde Diplomatique*, come per le altre pubblicazioni (con l'eccezione di *Le Monde*) considerate in tabella 1, abbiamo quindi un incremento costante nel tempo, con un calo fra il 1993 e il 1994 (lieve calo per *mondialisation* anche fra il 1990 e il 1991), ma con un consistente aumento fra il 1994 e il 1995.
Riandando ai dati della tabella 1, una prima ipotesi, in ogni caso da ulteriormente verificare, potrebbe quindi vedere nel 1995 l'annata in cui la *globalizzazione* consolida fortemente la sua presenza nella stampa europea di qualità.
34. E' del suo direttore, Ignacio Ramonet, la coniazione del neologismo *globalitaire* (*global* e *totalitaire*).
35. *Internazionalizzazione* è oltretutto un internazionalismo (per il concetto di internazionalismo cfr. Braun-Schaeder-Volmert 1990 e Petralli 1992). Troviamo infatti 11 occorrenze di *Internationalisierung* in GZ4, 3 di *internationalisation* in GI4 e 10 di *internacionalización* in GV4.

Una ricerca con il *search engine* ("motore di ricerca") AltaVista, effettuata il 31 gennaio 1998, dà i seguenti risultati: 2.228 documenti in italiano contengono il termine *internazionalizzazione*, 2.633 *internationalisation* in francese, 3.709 *Internationalisierung* in tedesco, 7.038 *internationalisation* in inglese (British English), 2.762 *internacionalización* in spagnolo. La stessa ricerca effettuata il 4 marzo 1998 dà il seguente responso: it. *internazionalizzazione*: 1'824, fr. *internationalisation*: 2.992, ted. *Internationalisierung*: 3.658, ingl. *internationalisation*: 7.306, sp. *internacionalización*: 2.452; l'americano *internationalization* occorre 6.288 volte.
Per it. *mondializzazione*, fr. *mondialisation* e sp. *mundialialización* abbiamo nell'ordine 578, 7363, 73 documenti, a conferma (vedi di seguito i riscontri di it. *globalizzazione*, fr. *globalisation*, sp. *globalización*) che si tratta di una prima scelta per il francese, di una seconda scelta per l'italiano e di una scelta piuttosto rara per lo spagnolo.
Per *globalizzazione*, *globalisation*, *Globalisierung*, *globalisation* (British English), *globalization* (American English), *globalización* abbiamo invece il seguente numero di documenti contenenti il termine in questione: 2.101, 1.761, 5.429, 9.747, 31.530, 892.
Pur con tutte le cautele del caso (è molto difficile conoscere quali siano i vari criteri di reperimento nel WEB dei testi consultabili in AltaVista) pare ragionevole evidenziare il massiccio predonimio di G in documenti angloamericani, una cospicua presenza in British English e in tedesco, un non trascurabile numero di documenti in italiano, un riscontro francese che conferma *globalisation* (che pure può avere altri significati) quale diffusa seconda scelta rispetto a *mondialisation* e un numero di documenti in spagnolo minore di quanto ci saremmo aspettati.

36. Già abbiamo comunque detto (n. 7) della precarietà della dicotomia fra economia e cultura, "puisque l'économie fait partie de la culture d'un peuple".
37. Le ricerche di sintagmi più o meno lunghi e complessi pongono il problema della distanza massima consentita da prevedere ("parametro di distanza") fra le varie componenti del sintagma stesso. Noi abbiamo conservato qui la soluzione proposta *per default* dal DBT (15 parole), ottenendo ad esempio riscontri utili del tipo "Mondialisation d'une partie croissante de l'économie".
    La pertinenza di altri riscontri può essere invece relativa, come in:
    This story of *globalisation* certainly seems compelling, and appears to fit with some *of* the* stylised facts in the world *economy* today (…) (GI4).
    La *globalización *de* la economía es una realidad que tarda en comprenderse,* los *mercados* han funcionado más rápido que los esquemas que hasta ahora parecían válidos (…) (GV4).
38. "In realtà la precisione del linguaggio economico è limitata dal fatto, rilevante anche in altri settori, che le accezioni di un termine si diversificano quanto più il suo uso è frequente." (Dardano 1986: 223).
39. Fowler (1991: 81).

40. "Per 'co-occorrenza statistica' si intende il calcolo delle probabilità che hanno le parole di un testo di essere associate, in quel testo, con una o più parole stabilite." (*Manuale DBT*, p. 65).
41. Co-occorrenze rintracciate nelle prime quattro parole a sinistra e nelle prime quattro parole a destra di G.
42. V. *Manuale DBT*, p. 64.
43. V. Petralli 1996.

Bibliografia

Bell Alan, 1991, *The Language of News Media*, Oxford, Blackwell.
Braun Peter, Schaeder Burkhard & Volmert Johannes (a cura di), 1990, *Internationalismen. Studien zur interlingualen Lexikologie und Lexikographie*, Tübingen, Niemeyer.
Caldas-Coulthard Rosa & Coulthard Malcom (a cura di), 1996, *Texts and Practices. Readings in Critical Discourse Analysis*, London and New York, Routledge.
Clyne Michael, 1995, *The German language in a changing Europe*, Cambridge, Cambridge University Press.
Dardano Maurizio, 1986, *Il linguaggio dei giornali italiani. Con due appendici su "le radici degli anni Ottanta" e "L'inglese quotidiano"*, Bari, Laterza.
Fairclough Norman, 1992, *Critical linguistics*. In: *International Encyclopedia of Linguistics*, New York – Oxford, Oxford University Press: vol. I, s.v.
Fairclough Norman, 1995, *Critical Discourse Analysis*, London, Longman.
Fowler Roger *et alii*, 1979, *Language and Control*, London, Routledge & Kegan Paul.
Fowler Roger, 1991, *Language in the News. Discourse and Ideology in the Press*, London and New York, Routledge.
Fowler Roger, 1992, *Critical linguistics*. In: *The Linguistics Encyclopedia*, London and New York, Routledge.
Fowler Roger, 1996, *On critical linguistics*. In: Caldas-Coulthard / Coulthard: 3-14.
Krishnamurthy Ramesh, 1996, *Ethnic, racial and tribal: The language of racism*. In: Caldas-Coulthard / Coulthard: 129-49.
Parisi Domenico, 1988, *La guerra dei mondi. Appunti sulla planetarizzazione*. In: *Il Mulino*, n. 319: 733-747.
Petralli Alessio, 1992, *Tendenze europee nel lessico italiano. Internazionalismi: problemi di metodo e nuove parole d'Europa*. In: *Linee di tendenza dell'italiano contemporaneo. Atti del XXV congresso internazionale di studi della Società di Linguistica Italiana (Lugano, 19-21 settembre 1991)*, Roma, Bulzoni: 119-134.
Petralli Alessio, 1996, *Neologismi e nuovi media. Verso la "globalizzazione multimediale" della comunicazione?*, Bologna, CLUEB.
Popping Roel, 1997, *Computer Programs for the Analysis of Texts and Transcripts*. In: Roberts Carl W. (a cura di), *Text Analysis for the Social Sciences. Methods for Drawing Statistical Inferences from Texts and Transcripts*, Mahwah, New Jersey, Lawrence Erlbaum Associates: 209-21.

Stubbs Michael, 1997, *Whorf's Children: Critical comments on Critical Discourse Analysis (CDA)*. In: Ryan Ann – Wray Alison (a cura di), *Evolving Models of Language*, British Studies in Applied linguistics, 12: 100-116 (Papers from the Annual Meeting of the British Association for Applied Linguistics held at the University of Wales, Swansea, September 1996).

Widdowson Henry, 1995, *Applied linguistics* 16, 4: 510-16 (recensione a Fairclough, Norman, *Discourse and Social Change*, Cambridge, Polity 1992).

Wolf Mauro, 1992, *Gli effetti sociali dei media*, Milano, Bompiani.

Sequenze testuali nella narrativa italiana degli anni Novanta[1]

Maurizio Dardano
Roma

1. Preliminari

Della lingua della narrativa italiana contemporanea sono stati messi in luce soprattutto due aspetti: l'escursione lungo la scala dei registri e la stilizzazione del parlato (Corti 1982; Segre 1991: 3-11; Coletti 1993: 380-386; Dardano 1994: 389-392; Testa 1997: 315-350). La fusione di sequenze testuali tipologicamente diverse è un altro fenomeno di cui è opportuno tener conto. Si possono considerare anche gli effetti dell'alternanza delle varietà linguistiche e dei registri sul piano della testualità. La frammentazione (che rivela un'incapacità, da parte del narratore, di assumere la realtà *in toto*) è un altro aspetto di rilevante interesse. La perdita dello specifico narrativo fa sì che narrazione, argomentazione e discorso citato convergano in uno unico spazio interdiscorsivo[2]. In particolare sequenze tratte da testi d'uso sono riprese e amalgamate con testi letterari. Ne risulta un condizionamento delle funzionalità e delle istanze narrative, tale da modificare le classificazioni tradizionali. Una nuova iconicità della scrittura appare soprattutto in alcuni fenomeni e luoghi deputati: una citazione discorsiva acefala all'inizio della narrazione, l'esibizione di modi narrativi "contrastati" nei luoghi centrali del racconto, sequenze frasali ripetute con cadenze prestabilite, vari procedimenti di *mise en abîme* e di metalinguaggio. In alcune opere recenti si sono manifestati due altri fenomeni: una "stilizzazione informatica"[3] e l'imitazione dei nuovi modi di trasmissione della voce e dei messaggi scritti. Dopo i messaggi radio e le telefonate in diretta, la narrativa ha imitato i modi di scrittura del computer e della posta elettronica con le loro specificità formali e situazionali. Dalla mescolanza dei discorsi derivano nuove configurazioni testuali ed effetti pragmatici. Si va verso una de-strutturazione del testo narrativo e una "messa in scena" del medesimo. Tale fenomeno si è manifestato da tempo anche nella nostra stampa (Dardano 1997).

Nella presente comunicazione mi propongo di esaminare i caratteri della testualità di alcune opere apparse negli ultimi anni. Al tempo stesso descriverò i rapporti che intercorrono tra la testualità, da una parte, e la struttura della frase, l'ordine delle parole, l'imitazione del parlato, la ripetizione a breve distanza delle stesse parole o unità frastiche, i caratteri della punteggiatura, dall'altra. Per la mia analisi ho scelto tre narratori. Di Antonio Tabucchi esaminerò *Sostiene Pereira* (1994) [= SP] e *La testa perduta di Damasceno Monteiro* (1997) [= DM]; di Alessandro Baricco *Oceano mare* (1993) [= OM] e *Seta* (1996) [= SE], di Daniele Del Giudice *Staccando l'ombra da terra* (1994) [= SLO] e *Mania* (1997) [= MA].

SP e DM hanno in comune alcuni tratti. La vicenda, incentrata in un personaggio, si configura, per alcuni tratti, come la storia di una crescita interiore, politica e intellettuale. Una sorta di *Bildungsroman* attualizzato, che vede la maturazione del vecchio Pereira e del giovane Firmino, entrambi giornalisti, i quali sono "educati", rispettivamente, dal giovane Monteiro Rossi e dall'anziano avvocato Loton. In entrambi i casi l'onniscenza dell'io narrante è assoluta. Si hanno capitoli privi di titolo: venticinque in SP, ventuno e una nota (paratesto)[4] in DM. Un elemento di differenziazione è costituito dal fatto che in DM l'atmosfera del racconto giallo è ben presente, mentre è sfumata in SP.

In OM più storie s'intersecano. L'onniscenza dell'io narrante si confronta con le visioni in prospettiva dei vari personaggi. I tre libri (di differente struttura e ampiezza) comprendono eventi tipologicamente diversi. Nel I, "Locanda Almayer"(pp. 9-98), vi sono otto capitoli senza titoli. Nel II, "Il ventre del mare" (pp. 101-123), non si hanno divisioni, ma una scansione in tre tempi, che sono tre modi di narrare con stili diversi lo stesso evento (il naufragio della nave). Nel III, "I canti del ritorno" (pp. 129-227), vi sono otto capitoli titolati e tutti diversi per struttura: si va dal racconto alla raccolta di preghiere, dalla lettera al catalogo di quadri, dal dialogo puro al metaracconto. Il simbolismo della storia appare evidente anche al livello delle macrostrutture: l'elemento terra (I libro) si contrappone all'elemento mare (II libro); nell'ultimo capitolo del III libro (significativamente intitolato "La settima stanza"), con uno spostamento illogico del piano narrativo (*strange loop*), appare in scena l'autore del romanzo. L'unità compositiva del macrotesto è evidente nel romanzo breve SE, che ha una struttura lineare e comprende una storia unica, che si svolge tra due mondi lontani (l'Occidente e l'Oriente), dipanandosi in sessantacinque brevi capitoli (da due righe e mezza a cinquantatré righe), tutti privi di titoli. Complessivamente si hanno un centinaio di pagine.

SLO e MA sono raccolte di narrazioni in ciascuna delle quali domina un comune denominatore. Il rapporto è più stretto in SLO, dove gli otto episodi sono "storie di aerei", con personaggi e situazioni ricorrenti. In MA l'unità tematica è costituita dal fatto che sono narrate sei "manie". In entrambi i casi ciascun racconto è provvisto di un titolo, che è quasi sempre la citazione (o riformulazione) di un enunciato compreso nello svolgimento narrativo. Sia in SLO che in MA sono frequenti i casi in cui l'io narrante si rivolge spesso a un "tu" presente nella storia.

2. Tabucchi

2.1. In SP il racconto, svolto dall'io narrante, si appoggia di continuo alla testimonianza del giornalista, di cui si parla alla terza persona. Collocata nei luoghi strategici della narrazione, la formula asseverativa *sostiene Pereira* è ripetuta più volte nella prima pagina del romanzo, quasi a fissare *in limine* un'intonazione generale. L'effetto-ripetizione crea una sorta di ritmo interno del racconto. La formula introduce le domande che il protagonista rivolge a se stesso; compare puntualmente negli snodi narrativi; serve sovente ad allacciare un capitolo all'altro. Si tratta pertanto di un nesso fondamentale delle sequenze testuali del romanzo. Come accade di solito nella redazione di un verbale, il presente del verbo ha il valore di un perfetto, vale a dire esprime la conseguenza e il perdurare di un qualcosa che appartiene al passato. Grazie a questa formula la prospettiva del racconto appare impostata su un contrasto di tempi: «*Sostiene* Pereira *che* si accomodò al tavolino sentendosi imbarazzato. *Pensò* fra sé che quello non era il suo posto, che era assurdo incontrare uno sconosciuto a quella festa nazionalista, che padre António non avrebbe approvato il suo comportamento; *e che desiderò* di essere già di ritorno a casa sua e di parlare al ritratto di sua moglie per chiedergli scusa» (SP, p. 21, mio il corsivo). La formula, nella quale l'ordine dei costituenti pone come tema la testimonianza, appare quasi sempre all'inizio del periodo (ma può occupare anche altre posizioni); regge quasi sempre una subordinata con verbo finito (ma talvolta appare anche l'infinito); dove il contesto lo richieda, può essere sostituita da espressioni equivalenti o ampliate. La "storia" è presentata come un rapporto *post factum* di Pereira all'io narrante.

Anche in SP, come in altre opere, Tabucchi fa uso di un italiano colloquiale colto, nel quale ricorrono i caratteri consueti a tale varietà, sperimentata e consolidatasi soprattutto nella narrativa degli ultimi decenni: periodare breve, ripetizione delle stesse parole a breve distanza[5], attacchi discorsivi e ordine delle parole tipici del parlato, lessico medio (con le solite escursioni verso l'alto e verso il basso). Tale colloquialità è il fondo da cui si distaccano altri tipi di scrittura. Vi sono infatti "citazioni" di un brano giornalistico e di un articolo tratto da un'enciclopedia (SP, pp. 8 e 50), entrambi trascritti da Pereira, il quale inoltre è alle prese con la propria traduzione di racconti francesi e con articoli "rivoluzionari" inviatigli da Monteiro Rossi. Queste citazioni e allusioni scritturali costituiscono una sorta d'"intertesto interno", che mantiene vivo il confronto di scritture lungo lo svolgersi della narrazione. In DM (pp. 89-92) "è riportato" un intero articolo di giornale con i luoghi comuni e gli stereotipi del genere. Il fine parodico è sottolineato dalle valutazioni positive di Dona Rosa, che trova l'articolo «così realistico e insieme scritto in modo classico». Alla fine del processo Firmino trascrive la sentenza, redatta in stile burocratico, con la quale il tribunale assolve il sergente di polizia Titânio Silva (DM p. 225).

La ripresa-mimesi della colloquialità (Halford / Pilch 1990, Bazzanella 1994) comporta fenomeni di ibridazione sintattica e testuale attuata con vari mezzi. La ripetizione iniziale di un sintagma serve a connettere membri di periodi, convergenti verso una conclusione: «Sarà perché suo padre [...] sarà perché sua moglie [...] sarà perché lui era grasso [...] ma il fatto è che [...]» (SP p. 7), «Forse perché [...] forse perché [...] o forse perché [...] ma il fatto è che [...]» (SP, p. 8). La ripetizione unifica anche interi periodi, inserendoli in una prospettiva unitaria: «Il problema è che lei [...]. Il problema è che il mondo [...] Il problema è che lei è giovane [...] Il problema è che fra noi ci deve essere un rapporto corretto [...]» (SP, p. 45); «E allora?, chiese Pereira. Allora è che è arrivato mio cugino [...] E allora? [...] E allora bisognerebbe che lei [...] E allora?» (SP, p. 80). Dall'intento di mimare il parlato deriva anche un fenomeno rivalutato nella più recente narrativa, vale a dire la non rara successione di *che* subordinanti e relativi: «Sapeva *che* doveva affrontare la telefonista [...] *che* dalla sua sedia a rotelle dirigeva tutte le sezioni del giornale, *che* prima di raggiungere il suo sgabuzzino doveva superare la scrivania del dottor Silva, il caporedattore, *che* usava il cognome materno [...] e *che* quando avesse raggiunto la sua scrivania avrebbe provato quell'insopportabile claustrofobia *che* sentiva sempre» (DM, p. 23; miei i corsivi). Un fenomeno analogo, ma con diversi tipi di subordinate, si ha in SLO, pp. 113-114.

L'assenza di confini tra i tipi di discorso appare in un monologo piuttosto uniforme, in cui si mescolano narrazione, *dil* e *dd*[6]. Un buon esempio di tale tecnica, frequente nell'ultima narrativa di Tabucchi, si ritrova all'inizio del cap. 3 di DM, dove le riflessioni del protagonista, intercalate da attacchi narrativi («Firmino ci rifletté [...] E si ricordò [...] A Firmino affiorarono alla mente [...] Rivide [...] Firmino ci rifletté e concluse [...] Pensò alle teorie [...]»), si ravvivano mediante molteplici connettori discorsivi: «Certo [...] Sarà perché [...] Poteva essere [...] per esempio [...] Certo [...] chiaro [...] Per cominciare [...] E poi [...] Non che [...] ecco [...] ma magari». Vi sono inoltre sequenze nominali che formulano giudizi o presentano dei temi. Questa tecnica, che è attuata con varie modalità (soprattutto nel passaggio dall'uno all'altro tipo discorsivo) e che comporta una parallela variazione dei registri lessicali (nel parlare di Firmino si alternano tra l'altro tecnicismi della critica letteraria, formule da militante di sinistra e comuni disfemie), riduce taluni strumenti tradizionali di resa del discorso (cambio di progetto,

Sequenze testuali nella narrativa italiana degli anni Novanta 217

false partenze, puntini di sospensione). Al tempo stesso sono rimotivate le funzioni "tradizionali" del *dil* (Herczeg 1963), che un tempo consistevano nel riportare una voce collettiva e impersonale (come accadeva in Verga) e nel far risaltare l'intreccio (o il contrasto) tra i vari punti di vista (personaggio, narratore, autore), come si riscontra sovente in Svevo. Al contrario di quanto comunemente si crede, il *dil,* nella narrativa di oggi, non è in decadenza, piuttosto ha assunto funzioni diverse da quelle del passato. In effetti il *dil* si pone spesso in un *continuum* discorsivo indifferenziato. Nel corso del processo intentato al sergente di polizia Titânio Silva, accusato di omicidio, la difesa esibisce un certificato medico. Il discorso che riferisce tale testo passa senza soluzione di continuità a una sorta di encomio dell'imputato, presentato come patriota e combattente valoroso. Certo questa incertezza di confini mima la voluta ambiguità della situazione. Non meraviglia che in tale contesto il passaggio alla testimonianza degli altri due imputati avvenga in modo indistinto, proseguendo la falsariga del *dil*:

> E a quel punto si discussero le emicranie di Titânio Silva, di questa parte Firmino colse qualche spezzone, l'esibizione di un certificato medico *che attestava* che il sergente Silva era affetto da terribili emicranie derivanti dalle lesioni a un timpano per lo scoppio di una mina che gli era esplosa accanto in Angola, *ma che lui* non aveva mai preteso una pensione dallo Stato, *e che* a causa dei suoi disturbi era dovuto rientrare a casa sua per prendere un'iniezione di Sumigrene, lasciando il cadavere del Monteiro sul pavimento, dopodiché i due agenti cominciarono a balbettare *che* sì, effettivamente ora capivano, ora si rendevano conto *che* l'imputazione poteva essere occultamento di cadavere, ma quella sera non avevano pensato al codice penale, fra l'altro loro il codice penale lo conoscevano male, erano talmente angosciati, talmente impressionati, e così avevano portato via il corpo e l'avevano lasciato nel parco comunale (DM, p. 210, miei i corsivi).

Comune ad altri narratori contemporanei è la semplificazione della punteggiatura. Rispetto alla norma tradizionale la virgola si espande a spese soprattutto del punto (come era già accaduto del resto in alcuni narratori del primo Novecento), del punto e virgola e, in parte dei due punti. Le virgole (che spesso hanno soltanto una motivazione prosodica) separano periodi brevi, corrispondenti alle diverse fasi di una descrizione o ai momenti successivi di un evento. Quando, all'interno di una narrazione, si riporta il *dd*, le virgolette e i due punti sono aboliti. Tale procedimento ricorre anche in altri narratori; per quanto ci riguarda al presente, appare in alcuni racconti di SLO. Si notano tuttavia alcune differenze tra i due romanzi di Tabucchi: nel primo il *dd* delle telefonate è riportato senza far uso degli accapo (SP, p. 55, 163), mentre nel secondo ritornano i segni di confine e gli accapo (DM, p. 61).

2.2. *La testa perduta di Damasceno Monteiro* si compone di ventuno capitoli + una nota finale (paratesto). Il titolo ricorre, come *mise en abîme*, in un appunto scritto da Firmino durante il processo contro la «Guarda Nacional Republicana» (DM, p. 208). Nel capitolo 20 (DM, pp. 207 ss.), il più complesso dal punto di vista della testualità, si alternano tra loro due discorsi: l'uno, svolto *in praesentia*, comprende il dialogo tra Firmino e il cameriere (figura emblematica negli ultimi romanzi del nostro), l'altro è costituito dall'audizione di una cassetta registrata assai imperfettamente e con molte lacune. Si tratta di frammenti dell'arringa processuale pronunciata dall'avvocato Loton contro i poliziotti autori dell'omicidio. Le lacune della registrazione sono rese mediante serie di puntini, che s'intercalano tra gli spezzoni del testo. Il frammento provvisto di caratteri iconici è un artificio in voga nell'odierna narrativa (si vedrà tra poco la tecnica costruttiva del VII racconto di MA). Tale artificio può ricordare alcune tecniche analoghe del futurismo. Le prime fasi dell'arringa – come dichiara lo stesso Tabucchi nel paratesto finale – «appartengono al filosofo Mario Rossi» (DM, p. 239). Il fine di tale citazione e i modi stessi in cui essa è presentata rispondono a una precisa strategia narratologica. Possiamo distinguerne più aspetti: l'uso di un testo "filosofico" per fini fizionali, l'alleggerimento di tale testo mediante la frantumazione degli enunciati, la selezione delle sequenze semanticamente più rilevanti. In tale contesto pragmatico, la citazione diventa un appello al lettore; un appello, focalizzato su alcune "parole d'ordine" che spiccano nel bianco della pagina. Il discorso dell'avvocato Loton attua una serie di contrasti: tra il proprio stile alto e la colloquialità del romanzo (esaltata nella conversazione che Firmino ha con il cameriere), tra il proprio discorso "spezzato" e la forma "continua" della sentenza emessa dal tribunale, tra il suo essere un discorso "vero" e "giusto", riguardante il tema della dignità dell'uomo (tema ribadito in DM, p. 238) e il discorso falso, reso con un *dil* continuo, di Titânio Silva. L'io narrante si sofferma più volte sulle condizioni in cui l'arringa è ascoltata dal giornalista, sia nel corso del processo-farsa, sia mediante la registrazione parziale e imperfetta. Si crea così una rete di riferimenti che, lungo l'intero capitolo, avvolge tutte le citazioni del parlato e del trasmesso, nonché gli appunti scritti da Firmino nell'aula del tribunale: «Di quello che seguì, Firmino riuscì a memorizzare solo qualche frase qua e là [...] di questa parte Firmino colse qualche spezzone [...] E mentre Firmino ascoltava le sue parole, come attutite da uno strato di ovatta [...] Firmino cercò di prestargli attenzione, ma [...] riuscì solo a fissare sul suo taccuino frasi che gli parvero sconnesse [...]» (DM, pp. 210-211); «Pensò a come scrivere l'articolo sul processo [...] schiacciò il tasto di avvio. // La voce arrivava da lontano. La registrazione era molto difettosa, la frase si perdeva nel nulla» (DM, p.213); «Il seguito era un fruscio incomprensibile» (DM, p. 217); «La voce dell'avvocato si perse in un gorgoglio incomprensibile» (DM, p. 218);

Sequenze testuali nella narrativa italiana degli anni Novanta 219

«Si sentirono rumori incomprensibili» (p.220). Il tema dell'incomunicabilità è dunque messo in scena con evidenti sottolineature.

L'*incipit* dei ventuno capitoli di DM è costituito: da una sequenza diegetica (più della metà dei casi), dal *dd* (cap. 5, 7, 12 e 19), dal "discorso riportato" (cap. 9, 13 e 18), dal *dil* (cap. 2). Il cap. 20 (il più interessante per la tecnica narrativa) comincia con una "anticipazione" (proprio come SP, cap. 1). È importante (anche dal punto di vista della frequenza) il rapporto tra il *dd* (*in praesentia* o trasmesso), *dil* e *di* (subordinazione multipla). I capitoli nei quali si ha la preponderanza del dialogo presentano alcuni tratti particolari: per es. le uscite discorsive *ex abrupto* dell'avvocato Loton (DM, pp. 113, 131, 151, 165, 176, 203).

3. Baricco

3.1. In più luoghi di OM si hanno ripetizioni, sia di parole che di blocchi frastici. Tale fenomeno rappresenta uno dei punti di forza della testualità del romanzo. Nel libro II il recitativo è avviato da una frase presentativa replicata nove volte con progressive espansioni e varianti (OM, pp.102-110): «La prima cosa è il mio nome, Savigny, la seconda è lo sguardo di quelli che ci hanno abbandonato [...]. La prima cosa è il mio nome, la seconda quegli occhi, la terza un pensiero». La sequenza ritornerà alla fine del capitolo, dopo il racconto di Thomas. Questa tecnica di ripresa d'interi brani è applicata con maggiore intensità nel secondo romanzo (SE, pp. 7, 21; 22, 31, 50, 67; 93 e 100). La narrazione è attraversata da un flusso di riprese che riguardano sia l'interno dei periodi (il sintagma eponimo «oceano mare» è ripetuto più volte nel catalogo di Plasson, OM, pp. 169 e ss.) sia le sequenze di periodi («Come glielo dici, a una donna così» OM, p. 138; «se capite cosa voglio dire» OM, p. 183) sia porzioni più ampie di testo. Con tale fenomeno si accordano alcuni giochi di parole («questa strada che corre scorre soccorre», OM, p.150; «la mente ti mente improvvisamente», OM, p. 151; «era la locanda più deserta nella storia delle locande deserte» OM p. 220[7]; «Se il mare non lo si può più benedire, forse, lo si può ancora *dire*» OM, p. 225, corsivo nel testo) e un ricco apparato iconico, che si manifesta mediante le spaziature, gli accapo eccezionali, l'uso del corsivo e del maiuscoletto (v., per es., i nomi degli attori nelle didascalie in OM p.73), la cesura realizzata mediante un'unità monorematica (v. *infra*), l'uso ripetuto della sbarretta (OM, p. 57) per rendere «il baccanale della memoria e della fantasia» di Adams. Aspetti particolari presenta anche la punteggiatura, spesso usata per fini intonativi. Nel romanzo ricorrono didascalie di tipo teatrale: «Ann Deverià e Bartleboom, seduti l'una di fianco all'altro, in una barca in secca» (OM, p. 97)[8]. In una di tali didascalie, la descrizione, ottenuta con sintagmi nominali, si combina con una progressiva restrizione del campo, la quale mima una nota tecnica cinematografica:

> Sera. Locanda Almayer. Stanza al primo piano, in fondo al corridoio. Scrittoio, lampada a petrolio, silenzio. Una vestaglia grigia con dentro Bartleboom. Due pantofole grigie con dentro i suoi piedi. Foglio bianco sullo scrittoio, penna e calamaio. Scrive, Bartleboom. Scrive (OM, p. 21).

L'apposizione è un elemento di base della scrittura di Baricco. A differenza di Del Giudice, che ne riserva l'uso soprattutto alla fine del periodo, l'apposizione appare qui in varie circostanze. Come espansione del nucleo nominale all'interno del periodo: «nel grembo di quella notte stravolta, nera burrasca, lapilli di schiuma nel buio, onde come cataste franate» (OM, p. 137). In capo e alla fine del periodo: «Si sentiva il mare, come una slavina continua, tuono incessante» (OM p. 68). Come commento di un'azione precedente, particolarmente nelle serie enumerative, dove contribuisce ad accrescere quell'effetto di sorpresa, generato dalla presenza di un'addizione finale logicamente non congrua con quanto precede (OM p. 19, OM p. 34)[9]. Nella maggior parte dei casi tuttavia l'enumerazione serve a esprimere un'ordinata successione di eventi, rappresentati mediante lo stile nominale. Nel passo che segue i segmenti nominali sono evidenziati dalla marcatura degli accapo:

> Piangeva, il barone di Carewall.
> Le sue lacrime.
> Padre Pluche, immobile.
> Il dottor Atterdel, senza parole.
> E nient'altro (OM p. 49).

Sempre nell'ambito dello stile nominale è da ricordare la caratteristica cesura (con valore demarcativo e/o di commento), costituita da un nome o sintagma nominale (isolato tra due punti): *Niente* (OM p. 19), *Silenzio* (OM p. 10), *Acqua* (OM p. 10), *Plasson, il pittore* (OM p. 11), *salmi* (OM p. 13), *Stop* (tra parentesi, OM p. 85, p. 179), «Lei raccontava. Velluto» (OM p. 143), *Velluto* (OM p. 145), «si è fatto arrostire dal sole tanto da creparci. Fine» (OM p. 206), «Guardi il mare, e non fa più paura. Fine» (OM p. 224).

A queste tecniche di segmentazione si oppone lo stile di molti passaggi riflessivi e argomentativi, dove mediante strutture più complesse, attraversate da flussi di parlato si ottiene un *continuum*, variamente modulato. La prosecuzione della linea discorsiva è affidata sovente a connettori del tipo: «*un po'* come accadde al barone di Carewall» (OM, p. 28), *ma anche, ma non, e in particolare, da non riuscire più, da finire per, anche ad essere*. In analoghi contesti assume una funzione dinamica di alleggerimento la presenza della frase semplice e, in particolare, del polisindeto: si vedano le sequenze di sei verbi (OM p. 41), di quattordici tra verbi ed espressioni verbali (OM p. 79). L'imitazione del parlato avviene anche mediante l'ordine marcato dei costituenti: «mio padre io un giorno l'ho visto dormire» (OM p. 27), «Perché il mare, il barone di Carewall, mai l'aveva visto» (OM p. 41), «Lo vedi anche da queste cose, un uomo» (OM p. 197); e mediante riprese discorsive del tipo: «Alle prime luci dell'alba, si placò. Bartleboom, dico» (OM p. 195).

Il dialogo presenta vari modi di strutturazione. È ripreso nel mezzo del suo svolgersi (v. inizio del cap. 4: OM p. 23); è privo di *verba dicendi* (OM p.17); le didascalie sono costituite soltanto da nomi, come in un copione di teatro (OM, p. 73). Il dialogo può essere accostato a una descrizione, in modo da creare un effetto di contrasto (OM, p. 89). I confini tra i diversi tipi discorsivi si rivelano talvolta incerti. Situate tra le battute di dialogo che Bartleboom e Ann Deverià si scambiano, talune sequenze discorsive appaiono d'incerta attribuzione. L'io narrante sembra sostituirsi progressivamente ai due diaologanti, anche grazie a particolari connettori: «Uno si costruisce grandi storie, *questo è il fatto, e* può andare avanti anni a crederci, non importa quanto pazze sono, e inverosimili, se le porta addosso, *e basta*. Si è *anche* felici, di cose del genere. *Felici*» (OM, p. 90; solo l'ultimo corsivo è nel testo).

Bisogna tener conto anche di particolari segnali che appaiono in più luoghi del romanzo. Il principio fondamentale della significazione è messo in dubbio dal "metodo" del pittore Plasson: «acqua di mare, quest'uomo dipinge il mare con il mare» (OM p.11)[10]. Vi sono spostamenti inaspettati e illogici da un piano narrativo ad un altro (*strange loop*): dal re degli scacchi si passa a un re in carne e ossa (pp. 64- 65); di Bartleboom si dice : «Lo affascinava questa idea che una Enciclopedia sui limiti finisse per diventare un libro che non finivi mai» (OM, p. 197).

3.2. In SE ricorrono gli stessi procedimenti che abbiamo incontrato in OM, ma la scrittura si contrae maggiormente, abbreviandosi. Più fitta appare la presenza dello stile nominale, in capo al periodo («Notte d'agosto, dopo mezzanotte. A quell'ora, di solito, Verdun aveva già chiuso da un pezzo», SE, p. 16) e alla fine di esso, con diverse funzioni e in vari contesti: «e il mattino dopo trattò l'acquisto delle uova con un uomo che non parlava e che aveva il volto coperto da un velo di seta. Nera» (SE, p. 22); «Compì 33 anni il 4 settembre 1862. Pioveva la sua vita, davanti ai suoi occhi, spettacolo quieto» (SE, p. 30); «Era una lanterna arancione. Scomparve nella notte, piccola luce in fuga» (SE, p. 55). La ripetizione di sintagmi nominali rafforza, sottolineandone le valenze simboliche, il legame tra scene che si susseguono: «Fu un nulla, poi, aprire la mano, e vedere quel foglio. Piccolo. Pochi ideogrammi disegnati uno sotto l'altro. Inchiostro nero»; «Pochi ideogrammi disegnati uno sotto l'altro. Inchiostro nero»; «In un angolo nascosto dello studio conservava un foglio piegato in quattro, con pochi ideogrammi disegnati uno sotto l'altro, inchiostro nero» (SE, p. 39, p. 41, pp. 48-49).

Qui, più che nella narrativa di Tabucchi, la punteggiatura assume una finalità ritmica. Oltre alle cesure finali monorematiche, si legga un passo come: «Non c'erano porte, e sulle pareti di carta comparivano e scomparivano ombre che non seminavano alcun rumore. Non sembrava vita: se c'era un nome per tutto quello, era: teatro» SE, p. 37). Significativo è l'uso del corsivo, che ricorre tra l'altro nella frase che chiarisce il segreto della vicenda: «Sapete, *monsieur*, io credo che lei avrebbe desiderato, più di ogni altra cosa, *essere quella donna*. Voi non lo potete capire. Ma io l'ho sentita leggere quella lettera. Io so che è così» (SE, p. 99; corsivo nel testo).

Nel finale della vicenda si svela il mistero della sostituzione della persona tramite la scrittura. La soluzione del giallo è nella frase di Madame Blanche, al centro del capitolo-chiave 60: «L'aveva già scritta [la lettera] quando venne da me. Mi chiese di copiarla, in giapponese. E io lo feci. È la verità» (p. 99). Se la scrittura permette alla moglie di sostituirsi all'amante, ciò avviene in concomitanza all'alternarsi di due sequenze testuali: il testo della lettera e la rappresentazione del dialogo tra Madame Blanche ed Hervé Joncour. Le modalità di esecuzione sono però diverse da quelle poste in atto nel cap. 20 di DM. Anche nell'avvio dei capitoli di SE è possibile cogliere la propensione di Baricco per una scrittura mobile, continuamente immersa nelle situazioni[11].

4. Del Giudice

4.1. La tecnica delle due narrazioni che procedono in parallelo è svolta da questo scrittore con varie modalità. Più lineare appare nel n. VIII di SLO, dove il narratore e Bruno, alla ricerca di ricordi, sorvolano il mare in cui s'inabissò l'aereo di Saint-Exupéry (la vicenda del famoso scrittore-aviatore sarà poi rievocata in un seguito di scene frammentarie). Tale tecnica si rivela più complessa nel n. VII, *Unreported inbound Palermo,* drammatica anamnesi del disastro aereo di Ustica. In questi due racconti altri fattori interagiscono con la linea principale di svolgimento: nel n. VIII la *suspense* dipende dalle varie ipotesi sulla morte dello scrittore (SLO, p. 121); nel n. VII il cadenzato ripetersi dei messaggi radio crea un'atmosfera angosciosa. All'interno di una narrazione, che si confronta di continuo con le riflessioni dell'io narrante, sono disseminati vari segnali metatestuali: i titoli sono citazioni di frasi pronunciate all'interno dei racconti; vi sono rinvii (sia tematici che formali) tra l'uno e l'altro racconto, e anche tra le due raccolte (la tesi della "mania", cui si ispira MA è definita in SLO, p. 25). Un altro denominatore comune è il "potenziamento interno" del *dd*: l'io narrante si rivolge a un "tu" (partic. nel n. V di SLO), ma all'interno di questo discorso sono citati brani di

Sequenze testuali nella narrativa italiana degli anni Novanta

dd. Questo fenomeno di replica interna trova riscontri ad altri livelli: per es., quasi a evidenziarne il carattere avventizio e instabile, il n. VII di SLO è racchiuso tra due parentesi, all'interno delle quali appaiono, occasionalmente delle parentetiche (SLO, pp. 99, 100). Sul piano dei significati si hanno passaggi dall'uno all'altro campo semantico: si veda la metafora dell'uomo-aereo: «Come aviatore venivo dalla strada [...] Come aereoplano nacqui dunque da un tram» SLO, pp. 23-25); e ancora, nel n. VII, lo scambio tra due domini («Ogni piccolo particolare [dei rottami] era una deduzione» SLO, p. 99, «l'aereo cominciava a farsi leggere come un testo frammentario» SLO, p. 101)[12]. Sul piano del lessico Del Giudice ricerca sovente effetti di contrasto, ponendo in successione, per es., un messaggio-radio, la citazione latina seguita dalla glossa[13], la spiegazione della causa di un fenomeno atmosferico, l'apostrofe rivolta all'interlocutore (SLO, p. 77).

Nel racconto *Unreported inbound Palermo* si alternano due discorsi strutturalmente diversi. Al passato appartengono i brani di comunicati radio in italiano e in inglese inviati dalle torri di controllo all'aereo. Al presente appartiene invece il discorso dell'io narrante che rievoca e descrive diversi momenti della storia: il disastro aereo, il recupero nel fondo marino dei rottami, il loro trasporto e assemblaggio nell'hangar, la loro enumerazione e ricomposizione, la visita dei parenti delle vittime. L'io narrante commenta lo svolgersi degli eventi. I due discorsi differiscono per contrasti di natura pragmatica (testo comunicativo-testo descrittivo con numerosi tecnicismi), sintattica (frasi verbali spezzate-enumerazioni), di lingue (mescolanza d' italiano e d'inglese-soltanto italiano). Da ciò derivano numerose differenze di carattere sintattico e stilistico. All'inizio i due discorsi non sono separati da demarcazioni; si oppongono soltanto grazie ai loro differenti tratti strutturali. Il discorso trasmesso procede lineare e monotono: saluti, comandi, informazioni. Si tratta di frasi sintatticamente lineari, ripetute per quasi tutta l'estensione del racconto. Unici elementi di variazione sono lo scambio dialogico e il bilinguismo (l'inglese acquista alla fine la prevalenza). Il discorso trasmesso subisce nel finale un'intensificazione e un'accelerazione, dovuta all'ossessivo ripetersi della domanda del controllore di volo: domanda che cade in un tragico silenzio. Il discorso dell'io narrante è invece vario, complesso semanticamente e sintatticamente, polifunzionale (anche se la parte destinata alla descrizione tecnica prevale). Questa seconda sequenza, che comprende un gran numero di immagini relative a due eventi di base (la narrazione del disastro e il ritrovamento dei rottami dell' aereo) è sottesa tra lo svolgersi di strutture espositive che attraversano la narrazione[14] e il continuo variare degli attacchi discorsivi:

«Itavia 870, Roma...? Itavia 870, qui è Roma, ricevete?...», e una scatola elettrica e tre tubi oleodinamici, e una condotta schiacciata, un elemento di strumentazione, un martinetto con molla, un seggiolino con cintura, «Itavia 870, ricevete?... Itavia 870, qui è Roma, ricevete?...», un pezzo di lamiera celeste con strumento, e un pezzo d'ala con valvole e tubi, e una scatola nera elettrica/elettronica, un oblò di plexiglas, un pezzo di struttura della fusoliera con targhetta 'Douglas', e uno scatolato nero con attacco di condotta, e un contenitore grigio verde con attacchi elettrici, «Air Malta 758, this is Rome control», «Rome go ahead», «Air Malta 758, please, try to call for us, try to call for us, Itavia 870, please», «Roger, sir... Itavia 870... Itavia 870, this is Air Malta charter 758, do you read?... Itavia 870... Itavia 870, this is Air Malta charter 758, do you read?...do you read?... Rome, negative contact with Itavia 870» (SLO, p. 103).

Rispetto al cap. 20 di DM la tecnica dell'intersecarsi dei due discorsi appare qui sviluppata secondo diversi percorsi. La frase nominale è un elemento assai importante nella prosa del nostro, soprattutto quando si associa alla ripetizione (SLO, p. 116).

4.2. *Mania* (1997) è una raccolta di sei racconti (alcuni dei quali risalgono ad anni precedenti), dominati da una follia, che è al tempo stesso segno del destino, istinto misterioso, frenesia insaziabile. La mania si risolve in un gioco tra preda e cacciatore. Tutti i protagonisti sono cacciatori che cercano uno sfogo alla loro ossessione. I racconti sono ispirati ad avvenimenti attuali: la posta elettronica tramite la Gran Rete, le fotografie dei cadaveri di personaggi contemporanei, la guerra convenzionale nata con la deterrenza atomica, l'osservazione dello spazio siderale. I tipi narrativi sono vari. Si va dalla narrazione autodiegetica, svolta in una successione ordinata di luoghi e di tempi (n. I), al dialogo, privo di didascalie, condotto fra tre attanti: il ragazzo, l'astronoma, la cometa (n. VI). Se in quest'ultimo caso l'uso del presente fa sì che il racconto proceda in parallelo con lo svolgersi degli eventi, nel n. V il variare dei tempi verbali, dall'uno all'altro paragrafo, fonda una prospettiva insolita, continuamente mutevole[15]. Si aggiunga che, come accade sovente nella narrativa del Del Giudice, la presenza di un vocabolario settoriale (militare nel n. V, astrofisico nel n. VI) contribuisce all'atmosfera "straniante" dei due racconti.

La citazione frammentaria di un testo trasmesso avvia la narrazione del n. III di MA: *Evil Live*. È questo il nome di un misterioso emittente che comunica, mediante *e-mail*, con un destinatario altrettanto misterioso: *Timetolose*. Il primo racconta le imprese di Eva, una lottatrice che prima ricerca la sua vittima (al pari del protagonista di MA n. I) e poi la uccide dopo una lunga lotta, di cui sono descritti (anche con termini inglesi) i cruenti corpo a corpo, le prese e i colpi micidiali. L'onnisciente Evil Live, capace di penetrare nel pensiero di Eva, è soltanto una voce che racconta e dirige la storia. E una voce è anche Timetolose (soltanto dalla menzione di una cravatta possiamo dedurre che si tratti di un uomo). Alla narrazione "via Internet" si accompagnano messaggi extradiegetici tra il ricevente, che interroga, sollecita, suggerisce, e l'emittente, che preannuncia, commenta, conclude. Eva uccide la rivale Ruth ed è uccisa a sua volta da Evil Live, che alla fine, con la solita tecnica dello *strange loop*, penetra nella narrazione. Poiché si parla di *romanzo interattivo* (MA, p. 74), si può concludere che si tratta di una sorta di *video game*. Ciò sembra confermato dal carattere della citazione frammentaria dell'inizio: «...e la cui vita è mediamente regolare, mediamente a quell'ora ogni sera torna a casa attraversando lo spazio – prima strutturato poi meno strutturato e poi sfibrato – di quel che un secolo fa erano le metropoli e ora sono la caricatura beffarda e disfatta di se stesse come "città"» (MA, p. 56). Alla fine del brano, e ancora in altri sette luoghi del racconto, la scansione dei tempi è affidata all'indirizzo di posta elettronica: *From: EvilLive! @ The End.com* (MA, p. 65). La frase spezzata dell'inizio è ripetuta in un altro luogo del racconto (con l'aggiunta del soggetto: MA, p. 81). La metafora del "navigare" informatico è uno degli elementi portanti del racconto: una metafora che si espande con una esibizione di terminologia marinaresca (MA, pp. 73-75).

L'intersezione di due testi può avvenire secondo diverse modalità. Nel racconto *Fuga* il primo testo è il discorso con il quale l'io narrante racconta le peripezie notturne di Santino, giovane ladruncolo inseguito da un camorrista, che vuole vendicare il furto di una moto. Al ragazzo l'io narrante fornisce consigli e suggerimenti. Il secondo testo, che a tratti s'interpone al primo senza soluzione di continuità, descrive «il cimitero paleoilluminista» in cui Santino alla fine si è rifugiato. Si ricordano sia le fasi di costruzione dell'imponente manufatto, risalente al tempo dei Borboni, sia la figura del prestigioso architetto Ferdinando Fuga. La presenza di inserti extradiegetici nello svolgimento narrativo non costituisce certo una novità. Tra gli esempi più notevoli saranno da ricordare le appendici storico-documentarie, presenti ne *Il sorriso dell'ignoto marinaio* (1976) di V. Consolo[16]. Nel cimitero Santino incontra un vecchio guardiano, che farà precipitare il camorrista in un tomba-trabocchetto. I due tipi testuali (narrazione e descrizione-storia del cimitero) contrastano per una serie di tratti tra loro opposti: uso della 2° persona / uso della 3° p.; discorso vissuto / d. descrittivo, lingua informale / l. formale; lessico medio-basso / l. tecnico; passato remoto / futuro; carattere tipografico tondo / c. corsivo; *fuga* (nome comune) – *Fuga* (n. proprio). Il primo testo è mimetico (discorso diretto, tratti del parlato, dialetto); il secondo testo è diegetico, lineare, descrittivo (in esso ricorre l'uso dello stile nominale). La struttura binaria fondamentale, costituita dall'alternarsi dei due tipi testuali, è arricchita inoltre da una duplice serie di inserimenti: le frasi (o frammenti di frasi) in napoletano pronunciate dai protagonisti o assunte dall'io narrante; il continuo canticchiare del custode, il quale con brani di canzonette napoletane commenta, non senza arguzia, le azioni che si svolgono nel cimitero. L'alternanza di varietà linguistiche s'inserisce in una tessitura testuale piuttosto complessa.

5. Conclusioni

Ho descritto alcuni fenomeni testuali, i quali, pur avendo qualche riscontro nella nostra narrativa novecentesca, rappresentano, per la frequenza e le modalità di esecuzione, delle linee evolutive della nostra narrativa più recente. La ripresa colta del parlato porta a un superamento dei confini tra *dd*, *di* e *dil*. Le conseguenze si vedono nell'uso più esteso di tematizzazioni e di connettori discorsivi. Al tempo stesso i periodi assumono forme più libere, giovandosi anche di una punteggiatura semplificata, nella quale le valenze ritmiche prevalgono su quelle logiche. Se con tali modi – presenti in tutti e tre gli scrittori presi in esame – si va verso la destrutturazione del testo narrativo, la replica di sequenze testuali attua una narratività diversa. La ripetizione può essere di varia estensione (si va da una riga a una sequenza testuale ampia), di diversa funzione (metatestuale, diegetica, prescrittiva) e natura (discorso riferito, registrato, dialogo, citazione colta). In genere si favorisce quell'incrocio di sequenze testuali diverse, che rappresenta una delle caratteristiche più rilevanti dell'ultima narrativa: nel cap. 20 di DM al colloquio Firmino-cameriere corrisponde, su un altro piano la registrazione parziale dell'arringa dell'avvocato, incorniciata da considerazioni riguardanti le condizioni di ricezione di questo messaggio. Si ricerca la successione di stili espressivi e particolari tecniche della citazione; quest'ultima si associa all'iconismo degli accapo, degli spazi bianchi e di tutti quei segni paragrafematici che indicano l'esecuzione del testo e la presenza di cadenze ritmiche.

Il frammento discorsivo, situato nei punti chiave del racconto, è una sequenza testuale favorita; in essa è attuata una stilizzazione adatta alle nuove situazioni comunicative e dotata di rilevanza pragmatica. Un altro aspetto notevole di questo tipo di scrittura è la duplicazione di procedimenti discorsivi: all'interno del *dd* dell'io narrante si riproducono i *dd* degli attanti.

Un simbolismo di fondo, connesso a fenomeni d'intertestualità, influisce in varia misura sulla strutturazione dei testi che abbiamo preso in esame. La *mise en abîme*, il variare del punto di vista dell'io narrante, l'intersecarsi delle varietà linguistiche fondano una particolare ambientazione delle vicende narrate. Vi sono simboli disseminati nei luoghi strategici della narrazione: la *camera obscura* del n. I di MA, la lotta presente nel n. I di MA e nel n. VII di SLO, l'immagine della "ferita" e e il dilemma delle alternative in OM.

Il prospettivismo si sviluppa sia mediante l'imposizione della formula discorsiva *Sostiene Pereira* (la "storia" è presentata come un rapporto *post factum* del personaggio all'io narrante, il quale si defila apparentemente, fingendo una non-assunzione di quanto è narrato) sia mediante lo spostamento inaspettato e illogico da un piano narrativo ad un altro. Con la loro esibita autoreferenzialità, i media influiscono in più occasioni sulla scrittura: la stampa in Tabucchi, il cinema e il fumetto in Baricco, la posta elettronica e Internet in Del Giudice. La considerazione del contesto è, come sempre, essenziale. La funzione dei vari fenomeni linguistici (per es. le tematizzazioni e i vari tipi di stile nominale) può essere valutata soltanto in rapporto alle caratteristiche dei contesti.

Note

1. Questo articolo espone i primi risultati di una ricerca finanziata con il fondo CNR 1996: CTB 96.04248 *Aspetti della neologia semantica nell'italiano contemporaneo* (coordinatore M. Dardano).
2. Sulle tendenze argomentative presenti nella narrativa contemporanea v. Lo Cascio 1995.
3. Per alcuni presupposti e implicazioni di tale fenomeno v. Achilli 1997. Vari aspetti formali della narrativa contemporanea sono trattati in vari saggi compresi in Vanvolsem / Musarra / Van den Bosch 1995, I e II; considerazioni importanti sono svolte in Casadei 1996.
4. La funzione della quale è analoga a quella svolta dalle appendici paratestuali che nei romanzi di Roberto Pazzi riportano testimonianze dello stesso autore.
5. Tabucchi fa uso della ripetizione delle parole sia nel discorso indiretto [= *di*] che nel discorso diretto [= *dd*]: con tale espediente si sfumano i confini tra i due tipi discorsivi e inoltre si attua una comoda modalità di collegamento tra periodi contigui; qualche esempio di quest'ultimo fenomeno da DM (miei i corsivi): «Dicono che in vita sua ha preso al fiume più di settecento *corpi*. I *corpi* degli affogati li *dà* all'*obitorio* e l'*obitorio* gli *dà* uno stipendio» (p. 75); «e lei si era curata da una guaritrice della Ribeira che prepara *i decotti*. Però *i decotti* non le avevano fatto niente» (p. 91); «era lui che riceveva la droga nei containers e la forniva al *Grillo Verde* e il *Grillo Verde* la spacciava al Butterfly, cioè alla Borboleta Nocturna, il giro era questo» (p. 100), «È così che ho abbandonato *il campo*, è l'unica colpa, se si può chiamare colpa, della quale devo rispondere davanti ai giudici, ho abbandonato *il campo*, io che *in campo* di battaglia in Africa non ho mai abbandonato *il campo*» (p. 195). Per la ripetizione nel discorso indiretto libero [= *dil*] v. Hardy 1996.
6. Sulle modalità di esecuzione del *dil* v. Mortara Garavelli 1985. Per il "discorso riportato" v. D'Angelo 1994.
7. Questi giochi ritornano anche in altri testi: «La sera, come tutte le sere, venne la sera [...]. Così anche quella sera, come tutte le sere, venne la sera» (*Castelli di rabbia*, p. 111), cfr. anche: «E passo dopo passo, quando è a un passo da voi e a le salgono le lacrime agli occhi, fa un passo falso» (MA, p. 93).
8. Lo stesso fenomeno si ha in *Castelli di rabbia* (1991): «Lo riaprì alla prima pagina e disse / – Sì. / Senza tristezza, però. *Bisogna immaginarselo detto senza tristezza*. / Sì.» (p. 232; mio il corsivo).

9. Effetti di straniamento sono ricercati anche invertendo l'ordine "naturale" della descrizione: «Una vestaglia grigia con dentro Bartleboom» (OM p.21), «io ricordo quei corpi correre contro le nostre sciabole» (OM p. 105).
10. Qualcosa di analogo ricorre in SLO, p. 84: «Per dipingerle [=le nuvole] i cinesi si riempivano la bocca di polvere bianca e poi la soffiavano su un cielo già tratteggiato all'inchiostro nel foglio, come se il ritratto dovesse essere fatto della stessa materia del suo soggetto».
11. Osserviamo la varietà degli incipit di SE (tra parentesi la numerazione di cap.): *dd* (4, 8, 19), proposizione secondaria (*benché* 1, se 5, *quando* 48), soggetto *Baldabiou* (6 7,10, 28, 41,42), soggetto *Hervé Joncour* (12, 16, 20, 21, 27, 31, 35, 37, 39,44, 47, 50, 51, 60, 65), determinazione temporale (9, 11, 17, 22, 23, 24, 34, 30, 38, 40, 43, 54, 55, 57, 61, 62, 63), determinazione di luogo (25, 35, 52, 64,), frase nominale (15, 9, 49), pronome accusativo (32, 53), citazione (59).
12. Cfr. «ogni luce era una domanda e una risposta» (Del Giudice, *Atlante occidentale*, Torino, Einaudi, 1985, p. 55).
13. Vi è anche una citazione in latino, seguita da una glossa-commento in inglese (SLO, p. 79). Il francese compare in SLO p. 113 e p. 119 (citazione di un testo di Saint-Exupéry); nello stesso racconto appare anche una citazione inglese.
14. Cfr.: «Sarebbe la storia [...] Sarebbe una storia [...] sarebbe il racconto [...]» (SLO, p. 97); «la fusoliera sa [...] la pinna sinistra dello stabilizzatore di coda sa [...] il ventre del flap destro conosce [...] il portello laterale sa [...] Le rivettature strappate sanno [...] la cornice della porta della toilette sa [...] il tapettino numero cinque sa [...] ogni pezzo di metallo o plastica o tessuto sa [...]» (SLO, p. 99-100).
15. «Può accadere che durante la narrazione avverta [...] la necessità [...] di cambiare i tempi verbali perché rispetto al fluido della narrazione quella continuità temporale costituisce un freno» (dichiarazione rilasciata dall'autore, nel corso di un'intervista e con riferimento a questo racconto, in Vanvolsem / Musarra, / Van den Bossche 1995, II: 594).
16. Segre (1991: 81) parla della «tarsia a grandi zone costituita dall'alternanza delle pagine di Consolo con documenti di vario ordine e dignità». Un punto di confronto con il n.4 di MA è costituito dal fatto che nel cap. VIII del romanzo di Consolo è descritta la struttura "a chiocciola" di un castello-carcere.

Bibliografia primaria

Tabucchi, Antonio, *Sostiene Pereira*, Milano, Feltrinelli, 1994.
Tabucchi, Antonio, *La testa perduta di Damasceno Monteiro*, Milano, Feltrinelli, 1997.
Baricco, Alessandro, *Oceano mare*, Milano, Rizzoli, 1993.
Baricco, Alessandro, *Seta*, Milano, Rizzoli, 1996.
Del Giudice, Daniele, *Staccando l'ombra da terra*, Torino, Einaudi, 1994.
Del Giudice, Daniele, *Mania*, Torino, Einaudi, 1997.

Bibliografia secondaria

Achilli, Tina (1997), *Lo sperimentalismo dell'ultimo Novecento: scrittura letteraria e nuovi media elettronici*, in G. Bàrberi Squarotti / C. Ossola (a cura di), *Letteratura e industria. Atti del XV Congresso dell'Associazione internazionale per gli studi di lingua e letteratura italiana (Torino, 15-19 maggio 1994)*. 2 Tomi. II: *Il XX secolo*, Firenze, Olschki, pp. 1197-1209.

Bazzanella, Carla (1994), *Le facce del parlare. Un approccio pragmatico all'italiano parlato*, Firenze, La Nuova Italia.

Casadei, Alberto (1996), *Problemi del romanzo italiano contemporaneo*, in L. Lugnani / M. Santagata / A. Stussi (a cura di), *Studi offerti a Luigi Blasucci*, Pisa, Pacini Fazzi: 159-167.

Coletti, Vittorio (1993), *Storia dell'italiano letterario dalle origini al Novecento*, Torino, Einaudi.

Corti, Maria (1982), *Nozioni e funzioni dell'oralità nel sistema letterario*, in Cerina, Giovanna / Lavinio, Cristina / Mulas, Luisa (a cura di) (1982), *Oralità e scrittura nel sistema letterario*, Roma, Bulzoni: 7-21.

D'Angelo, Mario (1994), *Alcuni aspetti semantici del discorso riportato e l'analisi degli spazi mentali*, in "Lingua e stile", XXIX, 1: 3-24.

Dardano, Maurizio (1994), *Profilo dell' italiano contemporaneo*, in L. Serianni / P. Trifone (a cura di), *Storia della lingua italiana*, II vol., Einaudi, Torino: 343-430.

Dardano, Maurizio (1997), *La messa in scena della notizia*, in *Hommage à Jacqueline Brunet*, Texts réunis par M. Diaz-Rozzotto, Annales Littéraires de Franche-Comté, Vol. 2: 119-132.

Halford Brigitte K. / Pilch Herbert (a cura di) (1990), *Syntax gesprochener Sprache*, Tübingen, Narr.

Hardy, Donald E. (1996), *The dialogic repetition of free indirect discourse in oral and literary narrative*, in C. Bazzanella (a cura di), *Repetition in Dialogue*, Tübingen, Niemeyer.

Herczeg, Giulio (1963), *Lo stile indiretto libero in italiano*, Firenze, Sansoni.

Lo Cascio, Vincenzo (1995), *Aspetti retorico-argomentativi nella narrativa contemporanea: dall'evento alla parola e dalla parola all'evento*, in Vanvolsem / Musarra / Van den Bossche II: 211-242.

Mortara Garavelli B. (1985), *La parola d'altri. Prospettive di analisi del discorso*, Palermo, Sellerio.

Musarra-Schrøder, Ulla (1995), *I procedimenti di riscrittura nel romanzo contemporaneo italiano (Calvino, Eco, Consolo, Pazzi, Malerba)*, in Vanvolsem / F. Musarra / B. Van den Bossche, I: 549-567.

Segre, Cesare. (1991), *Intrecci di voci. La polifonia nella letteratura del Novecento*, Torino, Einaudi.

Testa, Enrico (1997), *Lo stile semplice. Discorso e romanzo*, Torino, Einaudi.

Vanvolsem, Serge / Musarra, Franco / Van den Bossche, Bart (a cura di) (1995), *Atti del Convegno internazionale "Rinnovamento del codice narrativo in Italia dal 1945 al 1992" (Leuven – Louvain-la-Neuve – Namur – Bruxelles, 3-8/5/1993)*, 2 voll. I: *I tempi del rinnovamento*. II: *Gli spazi della diversità*, Roma/Leuven, Bulzoni/Leuven University Press.

Un discorso antiegemonico:
La Philosophie de l'Histoire di Voltaire
Per un'analisi del discorso storico

Michele Metzeltin e Alexandra Kratschmer
Vienna

1. Introduzione

Il termine di discorso è caratterizzato dal grande numero di interpretazioni che gli è stato dato dall'Antichità fino ad oggi. Non pochi studiosi hanno usato questo termine per designare il concetto centrale del loro linguaggio descrittivo senza definirlo o senza dargli una definizione univoca. Siccome il termine di discorso si trova alla base anche delle nostre riflessioni, cercheremo di superare tale ambiguità e di dare a questo termine una definizione chiara che abbia allo stesso tempo una certa forza descrittiva. A questo scopo, presenteremo prima i significati più importanti del termine rilevati dai grandi dizionari (2). Cercheremo poi di darne una definizione operazionale nostra (3) con una presentazione delle nostre idee per quanto riguarda gli scopi e i metodi di un'analisi del discorso (4). Termineremo con un'analisi ed interpretazione di un testo polemico dell'Illuminismo: la *Philosophie de l'histoire* di Voltaire (5-13).

2. Il termine di discorso nei grandi dizionari moderni

Presentiamo qui, a titolo d'esempio, le definizioni di *discorso* date in due grandi dizionari: nel Battaglia per l'italiano e nel *Trésor de la Langue Française* per il francese. Il Battaglia (s.v. *discorso*) riporta, oltre a vari significati non metalinguistici, le seguenti accezioni provenienti dal campo tematico linguistico-cognitivo:

– s.m. Il discorrere, il parlare di qualche cosa (per lo più con una certa ampiezza); svolgimento di parole dette o scritte; contesto di frasi; espressione letteraria. – Anche: le cose che sono state dette, la materia, l'argomento stesso del discorso. [...]

– 2. La facoltà di discorrere, di esprimersi con parole; linguaggio, parlata, eloquio. [...]
– Conversazione, dialogo. [...]
– 3. Ragionamento, giudizio (come attività teoretica, in contrapposizione all'esperienza); facoltà intellettiva; la ragione (*discorso della mente; discorso della ragione, discorso naturale*, ecc.); la materia, il contenuto del ragionamento, del giudizio. [...]
– Conoscenza, cognizione. [...]
– 4. Senno, accortezza, prudenza. – *Senza discorso*: non assennato. – *Di molto o poco discorso*: molto o poco giudizioso. [...]
– 5. Ragionamento interiore, pensiero, idea; previsione. [...]
– 6. Ragionamento, sermone, dissertazione intorno a un tema determinato (pronunciato in pubblico o scritto, composto con ordine e svolto con ampiezza); esposizione metodica e diffusa (per lo più a voce) delle proprie opinioni, dei propri intenti. [...]
– Serie di ragionamenti (composti intorno a un determinato argomento). [...]
– 7. Diceria, chiacchiera, voce diffusa (spesso di cose supposte; contrapposto ai fatti, indica il parlare di cose futili e vane). [...]
– 8. Gramm. Riproduzione fatta per iscritto delle parole pronunciate da una persona. [...]
– 9. Locuz. – *Altro discorso*: altro argomento. Per estens.: altra cosa. [...]

Il *Trésor de la Langue Française* (s.v. *discours*) registra le seguenti definizioni:
A. – *Vieilli*
1. Écrit didactique traitant d'un sujet précis. Synon. usuel *traité*. [...]
2. Paroles adressées à une ou plusieurs personnes. [...]
B. – *Usuel*
1. Développement oratoire sur un thème déterminé, conduit d'une manière méthodique, adressé à un auditoire; *p. méton.* texte écrit d'un discours. (Quasi-)synon. *allocution, conférence*. [...]
– *P. méton. RÉTH.* Genre littéraire auquel appartient le discours. [...]
• Domaine *scolaire, vieilli*. Exercice écrit destiné à former les élèves à la composition. Synon. usuel *dissertation*. [...]
2. Propos suivis, d'une certaine longueur, que l'on tient en conversation; *p. ext.* propos tenus dans un entretien. [...]
– *Au plur.*, parfois *péj.* [Gén. p. oppos. à un acte ou à un fait concr.] Synon. *bavardage* [...]
C. – *Emplois partic.*
1. LINGUISTIQUE
a) Actualisation du langage par un sujet parlant. *P. méton.* résultat de cette actualisation. *Discours écrit, parlé* [...]
• *Partie du discours*. Catégorie servant à classer les mots du point de vue du sens et de l'emploi grammatical [...]
b) STYLE. *Discours direct* [...] *Discours indirect* [...]
2. LOG. Mode de pensée qui atteint son objet par une suite d'énoncés organisés. *P. méton.* Exposé de la pensée ainsi conduite, raisonnement. Synon. *pensée discursive*; anton. *intuition*. [...]

Un discorso antiegemonico: La Philosophie de l'Histoire di Voltaire 233

Discorso deriva dalle parole latine DISCURSUS/DISCURRERE, contiene quindi l'idea di correre qua e là, però non più applicata alla locomozione fisica, bensì a quella mentale. Se riassumiamo gli usi più frequenti della parola *discorso/discours* presentati nei dizionari si riducono essenzialmente ai significati seguenti:

– quello che si dice in una conversazione
– testo orale o scritto inteso a dimostrare una tesi
Tuttavia, se si osserva la lingua dei mass media, constatiamo due altri usi oggi molto frequenti, e cioè:
– corpus di testi riguardanti un certo settore tematico
– l'architettura ideologica che si trova alla base di questi corpus
Questi due significati non vengono sempre distinti. Le moderne espressioni *il discorso economico, il discorso politico* e simili sono spesso ambigue: possono designare sia un corpus, sia la sua ideologia strutturante.

3. Una proposta di definizione pragmatica

Nella retorica antica, *discorso* si oppone a *intuizione*: l'intuizione ci fa scoprire improvvisamente una nuova conoscenza, un nuovo risultato che poi possiamo prendere come tesi alla cui dimostrazione ci porta a passo a passo, argomento per argomento, il correre qua e là con la mente, il discorso metodico. Il discorso è quindi il mezzo per rendere evidente una tesi intuita ed ha per questo una sua testualità propria. Il discorso inteso come testo che dimostra una tesi è sempre diretto a un interlocutore (un pubblico singolare o plurale) che deve venire non solo informato su una serie di premesse, ma anche mosso a trarre certe conclusioni da queste premesse e soprattutto persuaso, convinto di una certa tesi. Ogni discorso vuole muovere, è uno strumento di influsso e dunque un meccanismo di potere. Questa concezione ci sembra a tutt'oggi valida: un discorso è un metodo testuale che permette di ricostruire e rendere più verosimili le tesi che ci fornisce un'intuizione ed è diretto a un interlocutore sul quale deve esercitare un certo influsso. Quest'ultimo è un fattore essenziale che ci potrebbe portare a definire un discorso come "un testo che comporta per tutto il suo insieme una *visée illocutoire* di voler convincere/persuadere".

Con un discorso un parlante vuole esercitare in modo più o meno aperto un certo potere sul suo interlocutore. Questo potere si esercita con la ragione che si esplica testualmente e non con la forza bruta, la violenza. Tuttavia, questa violenza nei testi non è del tutto sparita, ma si riflette semioticamente nell'uso di una certa esagerazione. A questo proposito, il Voltaire, nella sua *Philosophie de l'histoire*, fa osservare "Je ne nie pas que celui qu'on appelle Sésostris n'ait pu avoir une guerre heureuse contre quelques Ethiopiens, quelques Arabes, quelques peuples de la Phénicie. Alors, dans le langage des exagérateurs, il aura conquis toute la terre. Il n'y a point de nation subjugée qui ne prétende en avoir autrefois subjugé d'autres: la vaine gloire d'une ancienne supériorité console de l'humiliation présente." [XIX]. L'attività discorsiva è un modo di canalizzare le strategie umane di sopravvivenza, legate sempre alla ricerca di una certa forza offensiva o difensiva.

Questa concezione di discorso include naturalmente testi molto vari dal punto di vista estetico, definiti tra l'altro come letterari, moralistici, giuridici, teologici, aforistici. L'analisi del discorso si può applicare evidentemente agli attuali discorsi politici, a molte opere filosofiche dell'Illuminismo, ai romanzi di Zola o a *Se questo è un uomo* di Primo Levi. Altri metodi d'analisi invece richiedono i testi a messaggio iniziatico, come per esempio le fiabe, il cui scopo si vuole fondamentalmente conoscitivo e istruttivo più che persuasivo (Metzeltin 1996).

4. Che cos'è un'analisi del discorso?

Secondo noi, l'analisi del discorso deve cercare di esplicitare i testi definiti come discorsi secondo i criteri appena presentati. L'esplicitazione riguarda quindi sia la tematica che l'intenzionalità del producente del testo. In questo modo, si possono constatare la comprensibilità, l'accettabilità, la verosimiglianza sia della semantica in generale sia degli argomenti in particolare. Intendiamo gli argomenti come strumenti funzionali. Un argomento è un'unità linguistica più o meno complessa che viene utilizzata come mezzo persuasivo. L'emittente di una certa unità linguistica si serve di questa per portare il suo interlocutore ad aderire a una certa opinione. Una tale unità linguistica si può descrivere su vari livelli: livello dei significanti (livello fonetico e morfo-sintattico), livello semantico e livello pragmatico-funzionale. È a questo livello che all'unità in questione si attribuisce la funzione di argomento.

Un'analisi approfondita dovrebbe comportare i seguenti passi:
– comprensione della semantica lessicale del testo mediante un'analisi semica
– comprensione della semantica e pragmatica frastica e transfrastica mediante un'analisi proposizionale; quest'ultima particolarmente focalizzata sull'opposizione MODUS/DICTUM (cf. Metzeltin/Jaksche 1983; Metzeltin 1997: 42-46)
– comprensione della semantica macrostrutturale sia mediante la ricostruzione dei campi semantici antonimici sia mediante un particolare metodo di sintesi che si basa soprattutto sull'eliminazione di tautologie e ridondanze (cf. Kratschmer, in preparazione)

– ricostruzione delle spiegazioni logiche e causali e controllo della loro giustezza (cf. Kratschmer, 1998)
– esplicitazione degli eventuali stereotipi presenti nelle premesse maggiori delle spiegazioni logiche
– controllo dell'accettabilità e della verosimiglianza del mondo semantico proposto dal testo comparandolo col mondo extratestuale
– finalmente, prendendo in considerazione tutte le strategie pragmatiche rilevate nel testo e il contesto situativo della produzione del testo, riconoscimento dell'intenzione dell'autore.

Un'analisi del discorso secondo queste linee ha come prima finalità la ricerca della piena comprensione dell'intenzione con la quale l'emittente ha emesso il testo. Essa permette in oltre di porre in modo operazionale anche le seguenti domande:
– L'emittente di un determinato testo mira allo stabilimento di un consenso o alla messa in chiaro di un dissenso?
– Come sono da interpretare testi che programmaticamente – e la nostra analisi lo dimostra – lasciano aperte varie possibilità di interpretazione, come i discorsi teologici o giuridici?
– Sono veramente universali certi testi che prendiamo come tali, come la "Déclaration des droits de l'homme et du citoyen"? In quale misura la nostra comprensione, il nostro uso di concetti e proposizioni sono nonostante tutto convenzionali, per esempio eurocentrici?
– Quali sono le istanze che decidono del significato, dell'interpretazione, della legittimità di certi testi e secondo quali principi?

Quando si presentano i risultati dell'analisi di un discorso, non è sempre necessario seguire esattamente l'ordine dello schema proposto. Alcune operazioni, come la comprensione della semantica lessicale, frastica e transfrastica sono una condizione *sine qua non* di ogni analisi testuale e quindi non di particolare interesse. Nel nostro caso, situeremo dapprima il testo di Voltaire tra altri testi, esporremo alcuni aspetti macrostrutturali, presenteremo poi il personaggio dell'autore, l'oggetto delle sue affermazioni e le modalizzazioni che attribuisce loro, cercheremo infine di esplicitare a chi veramente il Voltaire si vuole rivolgere col suo testo e che cosa vuole raggiungere con esso. In tutte queste analisi risulta di particolare utilità lo studio delle isosemie e delle antonimie. L'analisi è una specie di nuova configurazione sintetica del testo che, comparata con l'originale, mette in evidenza le linee di forza di quest'ultimo.

5. La *Philosophie de l'histoire* di Voltaire: testo intertesto antitesto
Tra i grandi testi polemici del Settecento si può annoverare la *Philosophie de l'histoire* con cui Voltaire (1694-1778) ha cercato di cambiare le concezioni

storiografiche e antropologiche dell'epoca. Si presenta come un trattato in 53 capitoli, pubblicato per la prima volta fuori dei confini francesi – in per lo meno otto edizioni simultanee – nel 1765 come opera autonoma, sotto lo pseudonimo di "feu abbé Bazin". Nel 1769, Voltaire incorpora questo testo, correggendolo leggermente ed ampliandolo, come *Introduction* alla seconda edizione del suo *Essai sur les mœurs et l'esprit des nations et sur les principaux faits de l'histoire depuis Charlemagne jusqu'à Louis XIII*, opera apparsa per la prima volta nel 1756, il tutto preceduto da un *Avis des éditeurs*. Un'introduzione serve a delineare un ambito di discussione, a chiarire termini e concetti; determina così in maniera essenziale la nostra lettura del testo da essa introdotto. La *Philosophie de l'histoire* ha quindi come intertesto principale l'*Essai sur les mœurs*.

Nell'*Avant-Propos* a questo saggio Voltaire dichiara apertamente che si oppone alla storiografia dell'epoca (*Histoire Moderne*) che considera troppo annalistica ("Le but de ce travail n'est pas de savoir en quelle année un prince indigne d'être connu succéda à un prince barbare chez une nation grossière.") e anche alla tendenziosità del pur eloquente Bossuet che sembra "avoir écrit uniquement pour insinuer que tout a été fait dans le monde pour la nation juive". La sua intenzione è quella di offrire "une idée générale des nations qui habitent e qui désolent la terre", intenzione confermata nella *Philosophie de l'histoire*: "je n'examine que l'histoire de l'esprit humain" (XXI). L'intertesto ci indica già fin dalle prime linee almeno due linee di forza del pensiero voltairiano: una storia più antropologica che "evenemenziale" e una rettificazione dell'unilateralità del Bossuet. È da questo punto di vista che bisogna intendere anche la critica formulata nel cap. XV della *Philosophie de l'Histoire*: "la petite nation juive [...] est devenue l'objet et le fondement de nos histoires universelles, dans lesquelles un certain genre d'auteurs, se copiant les uns les autres, oublie les trois quarts de la terre." Il *Discours sur l'histoire universelle* di Bossuet (1681) costituisce l'antitesto principale di Voltaire.

6. Titoli e distribuzione macrotematica

Testo, intertesto e antitesto usano, nei loro titoli, tre parole (*philosophie, essai, discours*) che indicano che siamo in presenza di opere che vogliono argomentare, stabilire un consenso o chiarificare un dissenso. In discussione si trova l'*histoire*, di cui si tratterà di cercare l'essenza o di discutere la presentazione. Mentre il Bossuet mira con il suo titolo a una storia universale in cui poi tralascia la maggior parte dei popoli allora conosciuti, il Voltaire propone un lungo titolo (*Essai sur les moeurs et l'esprit des nations et sur les principaux faits de l'histoire depuis Charlemagne jusqu'à Louis XIII*) in cui introduce già una serie di concetti capaci di guidare la nostra lettura. È da notare che i concetti *mœurs* e *esprit* precedono il sintagma *faits de l'histoire* e quindi i primi hanno per l'autore anche una maggiore importanza rispetto ai secondi.

Dal punto di vista macrotematico la *Philosophie de l'histoire* dedica sette capitoli a problemi antropologici generali come la differenza delle razze umane e la natura generale dell'uomo (I-VII), un capitolo all'America (VIII), dieci capitoli ai popoli orientali dai Cinesi agli Arabi (IX-XVIII), quattro capitoli agli Egiziani (XIX-XXIII), sei capitoli ai Greci (XXIV-XXIX), otto capitoli alle credenze e alle superstizioni (XXX-XXXVII), dodici capitoli agli Ebrei (XXXVIII-XLIX), due ai Romani (XL-LI) e gli ultimi due, di nuovo generali, allo sviluppo della storiografia e della legislazione (LII-LIII). La distribuzione tematica indica un forte interesse per questioni antropologiche generali (prima parte, parte mediana, ultima parte) e la volontà di prendere in considerazione il maggior numero possibile di popoli allora conosciuti. L'attenzione loro concessa è tuttavia molto variabile. Balzano all'occhio i molti capitoli che si occupano dei popoli orientali, poi dei Giudei e la sbrigatività con cui presenta i Romani. Tra i problemi antropologici domina quello delle credenze.

Abbandonando il criterio annalistico, la coerenza della disposizione della materia si fa più complessa. Voltaire combina un ordine cronologico dello sviluppo dei gruppi umani dai tempi preistorici fino alla decadenza dei Romani con un ordine geografico delle regioni in cui è stata raggiunta una certa fase dello sviluppo culturale. La corrispondenza fra questi due ordini non corrisponde sempre al punto di vista odierno. La difficoltà di combinare questi ordini porta l'autore a dover affermare che ad esempio i Galli sono delle *nations sauvages*, dunque meno evolute dei Greci, ma che appaiono all'orizzonte *postérieures aux Grecs* [IX]. All'interno della serie di capitoli che trattano delle credenze ne troviamo uno, *Des temples* [XXXIV], che parla quasi esclusivamente di aspetti architettonici e che si lega ai precedenti solo in quanto continua la critica della tradizione giudeo-cristiana.

7. Autore e lettore come filosofi

L'emittente, il modalizzatore del nostro testo, si presenta come personaggio complesso. Nell'*Avis des éditeurs*, scritto dallo stesso Voltaire, si afferma che gli editori hanno ricevuto dall'*auteur* il manoscritto originale. Quest'autore viene poi identificato con *l'abbé Bazin* e un *neveu de l'abbé Bazin*. Quest'ultimo rappresentante dell'autore, a un libello che criticava la *Philosophie de l'Histoire*, rispose come *homme du monde* che mette in ridicolo il *pédant*. Tra i suoi lettori troviamo quindi i pedanti, ma anche *les sages* e *les ricurs* che si mettono dalla parte dell'autore. Con questo, l'autore si qualifica come persona saggia e ridente e non pedante. Ci si può immaginare come il sorriso spunta di nuovo sulle labbra dell'autore quando poi, verso la fine dell'opera (LII), il personaggio di Bazin ricompare tra i Franchi del V secolo: "Si nous jetons les yeux sur les premiers temps de notre histoire de France, tout en est peut-être aussi faux qu'obscure et dégoutant; du moins il est bien difficile de croire l'aventure de Childéric et d'une Bazine, femme d'un Bazin, et d'un capitaine romain, élu roi des Francs, qui n'avait point encore de rois."

L'identificazione con un certo tipo di lettori apre il testo propriamente detto la cui prima frase afferma: "Vous voudriez que les philosophes eussent écrit l'histoire ancienne, parce que vous voulez la lire en philosophes". Autore e lettori sono quindi filosofi che studiando la storia antica cercano delle verità utili ("Vous ne cherchez que des vérités utiles, et vous n'avez guère trouvé, dites vous, que d'inutiles erreurs"). Già con queste prime frasi l'autore istituisce due campi semantici o isosemie antonimiche che guideranno la lettura del testo. Da una parte abbiamo i filosofi che sono saggi, ricercano le verità utili e sanno ridere, dall'altra i pedanti che permangono negli errori inutili e che ingiuriano. Questi filosofi appaiono ripetutamente nel nostro testo con la chiara funzione di portare gli uomini alla ragione e di insegnare loro la morale, e in questo compito si contrappongono ai *foux cruels* e ai *prêtres*:

"Dans le chaos des superstitions populaires, qui auraient fait de presque tout le globe un vaste repaire de bêtes féroces, il y eut une institution salutaire qui empêcha une partie du genre humain de tomber dans un entier abrutissement; ce fut celle des mystères et des expiations. Il était impossible qu'ils ne se trouvât des esprits doux et sages parmi tant de foux cruels, et qu'il n'y eût de philosophes qui tâchassent de ramener les hommes à la raison et à la morale. Ces sages se servirent de la superstition même pour en corriger les abus énormes, comme on emploie le cœur des vipères pour guérir de leurs morsures; on mela beaucoup de fables avec des vérités utiles, et les vérités se soutinrent par les fables." [XXXVII].

"Les peuples et les prêtres avaient des usages honteux, des cérémonies puériles, des doctrines ridicules et [...] même ils versaient quelquefoi le sang humain en l'honneur de quelques dieux imaginaires méprisés et détestés par les sages." [XXXVII].

La principale qualità dei filosofi, dei saggi è l'uso delle luci della ragione. Già nel primo capoverso del primo capitolo l'autore propone: "Tâchons de nous éclairer ensemble". L'autore insiste varie volte sul sema 'luce', che combinato con l'idea di 'ragione' e di 'senso comune/buon senso' è uno dei costituenti principali dell'isosemia della 'saggezza':

"On doit, dans un siècle aussi éclairé que le nôtre, rougir de ces déclamations que l'ignorance a si souvent débitées contre des sages qu'il fallait imiter, et non calomnier." [XXVII].

"il n'est aucun passage dans le *Pentateuque* dont nous puissions inférer cette interprétation, en ne consultant que nos faibles lumières." [XLVIII].

"C'est ainsi que l'amour du merveilleux, et l'envie d'entendre et de dire des choses extraordinaires, a perverti le sens commun dans tous les temps; c'est ainsi qu'on s'est servi de la fraude, quand on n'a pas eu la force." [XXXII].
"nous ne raisonnons que suivant les règles du bon sens." [XXXIII].
"Il faut sans doute pardonner aux Romains, qui n'avaient que le sens commun, qui n'avaient pas encore la foi, de n'avoir regardé l'historien Josèphe que comme misérable transfuge qui leur contait des fables ridicules, pour tirer quelque argent de ses maîtres." [XLV].
L'autore invece mette in dubbio le luci dei chierici: "Les moines qui écrivirent après Grégoire furent-ils plus éclairés et plus véridiques? ne prodiguèrent-ils pas quelquefois des louanges un peu outrées à des assassins qui leur avaient donné des terres? ne chargèrent-ils jamais d'opprobres des princes sages qui ne leur avaient rien donné?" [LII]. Sono gli stessi che altrove vengono caratterizzati come dei *fourbes,* dei *fripons* e dei *charlatans sacrés* che ingannano i creduloni:
"Des fourbes [...] firent croire, et des superstitieux crurent que des statues avait parlé." [XXX].
"Un idiot était tout étonné qu'un fourbe lui dît de la part de Dieu ce qu'il a fait de plus caché." [XXXI].
"Les divinations, les augures, étaient des espèces d'oracles, et sont, je crois, d'une plus haute antiquité; car il fallait bien des cérémonies, bien du temps pour achalander un oracle divin qui ne pouvait se passer de temples et de prêtres [...]. Mais qui fut celui qui inventa cette art? ce fut le premier fripon qui rencontra un imbécile." [XXXI].
"il y eut un nombre prodigieux de charlatans sacrés qui firent parler les dieux pour se moquer des hommes" [XXXI].
Alla saggezza si oppone l'ignoranza, alla filosofia la superstizione.

8. *Due presentazioni della storia:* Histoire *vs.* fable
Nel suo *Avant-Propos* all'*Essai sur les Mœurs* Voltaire constata che tutti coloro che vogliono informarsi sulla storia, e quindi anche gli storici, dispongono di "recueils immenses qu'on ne peut embrasser". Bisogna limitarsi e scegliere. Ma quale storia sarà migliore e che cosa appartiene veramente alla storia? Per Voltaire, il racconto della storia deve essere veritiero: "Si quelques annales portent un caractère de certitude, ce sont celles des Chinois [...]. Celles seules de tous les peuples, ils ont constamment marqué leurs époques par des éclipses, par les conjonctions des planètes [...] les autres nations inventèrent des fables allégoriques; et les Chinois écrivirent leur histoire, la plume et l'astrolabe à la main, avec une simplicité dont on ne trouve point d'exemple dans le reste de l'Asie." [XVIII]. Lo storico serio, il filosofo dotato di luci, di ragione

e di buon senso si occupa di una storia documentata, verificabile e disposta secondo la probabilità delle apparenze (*histoire, historique*) ed evita le favole più o meno allegoriche (*fables, historiettes, contes, rêveries*). Lungo tutto il testo, l'autore ripete continuamente l'idea di una storia vera che si oppone a favole ridicole o assurde, frutto della superstizione:

"Les fables d'Atis et de Combabus ne sont que des fables, comme celle de Jupiter, qui rendit eunuque Saturne son père. La superstition invente des usages ridicules, et l'esprit romanesque invente des raisons absurdes." [XII].

"Nous cherchons la vérité et non la dispute." [XIII].

"Une telle entreprise (sc. d'Alexandre) ne ressemble pas à ces fables insipides et absurdes dont toute l'histoire ancienne est remplie." [XV].

"Point d'histoires chez eux (sc. les Chinois) avant celle de leurs empereurs; presque point de fiction, aucun prodige, nul homme inspiré qui se dise demi-dieu, comme chez les Egyptiens et chez les Grecs: dès que ce peuple écrit, il écrit raisonnablement." [XVIII].

"La Grèce fut [...] le pays des fables; et presque chaque fable fut l'origine d'un culte, d'un temple, d'une fête publique. Par quel excès de démence, par quel opiniâtreté absurde, tant de compilateurs ont-ils voulu prouver, dans tant de volumes énormes, qu'une fête publique établie en mémoire d'un événement était une démonstration de la vérité de cet événement?" [XXIV].

"nous nous en tenons toujours à l'historique" [XXVIII].

"Je ne demande point pourquoi Jéricho tombe au son des trompettes; ce sont de nouveaux prodiges que Dieu daigne faire en faveur du peuple dont il s'est déclaré le roi; cela n'est pas du ressort de l'histoire." [XLI].

"Si l'on avait que de pareils contes à retrancher de l'histoire de France, ou plutôt de l'histoire des rois francs et de leurs maires, on pourrait s'éfforcer de la lire; mais comment supporter les mensonges grossiers dont elle est pleine? [...] Enfin, tous les détails de ces temps-là sont autant de fables, et qui pis est, de fables ennuyeuses." [LII].

9. Due atteggiamenti mentali: la ragione e la superstizione

Per il Voltaire, la ragione rende l'uomo ingegnoso ed illuminato, l'ignoranza lo rende superstizioso:

"Mais dans la Grèce, plus libre et plus heureuse, l'accès de la raison fut ouvert à tout le monde; chacun donna l'essor à ses idées, et c'est ce qui rendit les Grecs le peuple le plus ingénieux de la terre. C'est ainsi que de nos jours, la nation anglaise est devenue la plus éclairée, parce qu'on peut penser impunément chez elle." [XXVI].

"D'où venait une erreur si funeste et si générale? de l'ignorance." [XXV].

La ragione si attiene alle apparenze verosimili ed opera mediante congetture [cf. XXXI]:

Un discorso antiegemonico: La Philosophie de l'Histoire di Voltaire 241

"On peut croire un peuple sur ce qu'il dit de lui-même à son désavantage, quand ces récits sont accompagnés de vraisemblance, et qu'ils ne contredisent en rien l'ordre ordinaire de la nature" [XXIV].
"Il n'y a guère d'apparence qu'un empereur romain, au milieu du carnage, marchant sur des monceaux de morts, s'amusât à considérer avec admiration un édifice de vingt coudées de long, tel qu'était ce sanctuaire; et qu'un homme qui avait vu le Capitole fût surpris de la beauté d'un temple juif." [XXXIV].
Parlando della distribuzione macrotematica abbiamo visto che Voltaire dedica otto capitoli alla discussione della natura delle credenze e delle superstizioni. La superstizione, presentata come *fille dénaturée de la religion* [XXXVI], ragiona male: "La superstition a toujours une mauvaise logique." [XXXIV]. Opera mediante profezie e produce favole assurde. Queste si basano su una ricerca esagerata di aspetti analogici, ricerca che il Voltaire illustra con il seguente esempio: "une allégorie si étrange ressemble à ces énigmes qu'on faisait imaginer autrefois aux jeunes écoliers dans les colléges. On exposait, par exemple, un tableau représentant un vieillard et une jeune fille. L'un disait: C'est l'hiver et le printemps; l'autre: C'est la neige et le feu; un autre: C'est la rose et l'épine, ou bien c'est la force et la faiblesse: et celui qui avait trouvé le sens le plus éloigné du sujet, l'application la plus extraordinaire, gagnait le prix." [XLVIII]. Alla fine quello che è cominciato come un'opinione, attraverso la rivelazione, diventa verità divina: "Notre sainte religion a consacré cette doctrine; elle a établi ce que les autres avaient entrevu; et ce qui n'était chez les anciens qu'une opinion est devenu par la révélation une vérité divine." [XLVIII]. Tutto diventa prodigio: "Tout est miraculeux dans l'histoire des Hébreux." [XVI].
Il filosofo, lo storico per principio si distanzia dallo studio dei miracoli: "Nous avons pour les prodiges continuels qui signalèrent tous les pas de cette nation, le respect qu'on leur doit; nous les croyons avec la foi raisonnable qu'exige l'église substituée à la synagogue; nous ne les examinons pas; nous nous en tenons toujours à l'historique." [XXXVIII].

10. La storia: prodotto della mente umana o della mente divina?
Sia i chierici che i filosofi cercano la verità. Questa ricerca, se è applicata al genere umano, diventa lo studio dell'essenza della storia. Per illuminare questa, si possono usare lumi divini o umani. Per uno storico come Bossuet, la guida della ricerca storica è la Sacra Scrittura: "Quel témoignage n'est-ce pas de sa vérité, de voir que dans les temps où les histoires profanes n'ont à nous conter que des fables, ou tout au plus des faits confus et à demi oubliés, l'Ecriture, c'est-à-dire, sans contestation, le plus ancien livre qui soit au monde, nous ramène par tant d'événements précis, et par la suite même des

choses, à leur véritable principe, c'est-à-dire à Dieu qui a tout fait; et nous marque si distinctement la création de l'univers, celle de l'homme en particulier, le bonheur de son premier état, les causes de ses misères et de ses faiblesses, la corruption du monde et le déluge, l'origine des arts et celle des nations, la distribution des terres, enfin la propagation du genre humain et d'autres faits de même importance, dont les histoires humaines ne parlent qu'en confusion, et nous obligent à chercher ailleurs les sources certaines." (*Discours sur l'histoire universelle*, II.1). Il Voltaire invece, sebbene accetti l'esistenza di un *Dieu suprême* (cf. p.es. XXVI), è fondamentalmente un razionalista che basa, come abbiamo visto, le sue luci sul senso comune e sul buon senso. Anche lui vuole fare la storia del genere umano *l'histoire des hommes* [XXV], in particolare *l'histoire de l'esprit humain* [XXI]. Ma la sua razionalità lo porta a limitarsi a fatti osservabili e alla critica delle affermazioni che si basano sulla parola rivelata: "Tout a sa source dans la nature de l'esprit humain." [XLVIII].

Le indagini di Voltaire si concentrano soprattutto sull'antichità. Da una parte osserva che il mondo è sottoposto a continui cambiamenti (*changements; révolutions*; I) ed è popolato da razze totalmente differenti nelle varie parti conosciute del globo (II *Des différentes races d'hommes*). D'altra parte riconosce la fondamentale uguaglianza degli uomini: "La nature étant partout la même, les hommes ont dû nécessairement adopter les mêmes vérités et les mêmes erreurs dans les choses qui tombent le plus sous le sens et qui frappent le plus l'imagination." [VI]. Queste constatazioni costituiscono le sue premesse generali per spiegare l'essenza del genere umano: gli uomini in principio sono tutti uguali, ma i gruppi umani in condizioni differenti evolvono in modo differente. L'uomo è condizionato dalla natura (*ordre naturel*; XIX): le regioni più fertili e più salubri favoriranno – congettura ad alta probabilità – uno sviluppo positivo (XVII; XIX). Anche le realizzazioni della morale creano differenze: "Les rites établis divisent aujourd'hui le genre humain, et la morale le réunit." [XVII]. Lo sviluppo dei gruppi umani procede per fasi molto lente: "Le premier art est celui de pourvoir à la subsistance, ce qui était autrefois beaucoup plus difficile aux hommes qu'aux brutes: le second, de former un langage, ce qui certainement demande un espace de temps très considérable; le troisième, de se bâtir quelques huttes; le quatrième, de se vêtir. Ensuite, pour forger le fer, ou pour y suppléer, il faut tant de hazards heureux, tant d'industrie, tant de siècles, qu'on n'imagine pas même comment les hommes en sont venus à bout. Quel saut de cet état à l'astronomie!" [VII]. L'evoluzione sembra una delle idee matrici di Voltaire che usa per spiegare vari tipi di fenomeni come per esempio anche la storiografia: "L'histoire d'une nation ne peut jamais être écrite que fort tard; on commence par quelques registres très sommaires qui sont conservés, autant qu'ils peuvent l'être dans un temple ou dans une citadelle. Une guerre

Un discorso antiegemonico: La Philosophie de l'Histoire di Voltaire   243

malheureuse détruit souvent ces annales, et il faut recommencer vingt fois [...] Ce n'est qu'au bout de plusieurs siècles qu'une histoire un peu détaillée peut succéder à ces registres informes, et cette première histoire est toujours melée d'un faux merveilleux par lequel on veut remplacer la vérité qui manque." [LII].

La civilizzazione è possibile solo in società. Voltaire parafrasa quest'ultimo concetto con frasi come "les Indiens [...] sont peut-être les hommes le plus anciennement rassemblés en corps de peuple" [XVII]. Lo sviluppo di queste società è caratterizzato dalla presenza di certi tratti distintivi come: costruzione di monumenti, uso di monete coniate, uso di simboli astronomici e matematici, una certa morale, adorazione di un essere supremo, esistenza di una storiografia oggettiva, esistenza di una scrittura, sviluppo delle belle arti, sviluppo di una lingua armonica, sviluppo di una legislazione. Questi tratti non sono sempre copresenti nella stessa combinazione e con la stessa intensità e quindi, per il Voltaire, le nazioni possono eccellere per vari motivi. Così i Cinesi si distinguono positivamente dalle altre nazioni per la loro religione chiara e priva di contraddizioni: "Jamais la religion des empereurs et des tribunaux ne fut déshonorée par des impostures, jamais troublée par les querelles du sacerdoce et de l'empire, jamais chargée d'innovations absurdes, qui se combattent les unes les autres avec des arguments aussi absurdes qu'elles, et dont la démence a mis à la fin le poignard aux mains des fanatiques, conduits par des factieux. C'est par là surtout que les Chinois l'emportent sur toutes les nations de l'univers." [XVIII]. I Greci sono ammirabili per il grado di perfezione raggiunto nelle belle arti: "La belle architecture, la sculpture perfectionnée, la peinture, la bonne musique, la vraie poësie, la vraie éloquence, la manière de bien écrire l'histoire, enfin la philosophie même, quoique informe et obscure, tout cela ne parvint aux nations que par les Grecs." [XXIV]. I Romani hanno imposto a tutto l'Occidente le loro leggi: "Les Romains, policés avec le temps, policèrent tous les barbares vaincus, et devinrent enfin les législateurs de tout l'Occident." [L]. La libertà del pensiero fa degli Inglesi la nazione più illuminata: "C'est ainsi que de nos jours la nation anglaise est devenue la plus éclairée, parce qu'on peut penser impunément chez elle." [XXVI].

11. Storia o argomentazione?

Abbiamo visto che l'autore con il senso comune, con il suo buon senso esamina le differenze e lo sviluppo delle nazioni allora conosciute. Riconosce, almeno retoricamente, che il suo sapere è limitato, usando formule restrittive come *Je n'en sais rien.* [...] *Tout ce que je sais, c'est que* [...]; *Je ne sais pas quelle nation* [...] [XXII], *Je suis bien loin de savoir* [...] [XXIII]. Il titolo dell'opera *Philosophie de l'Histoire* suggerisce che l'autore vuole occuparsi soprattutto della Storia. A coloro che "insultent l'antiquité" raccomanda che "apprennent à la connaître" [XXVII]. Una buona parte dell'opera tratta dell'evoluzione culturale dei gruppi umani. Tuttavia, tutta una serie di indizi indica che il fine principale dell'autore è di carattere non storiografico, ma argomentativo. Parlando della distribuzione macrotematica avevamo già fatto osservare lo squilibrio quantitativo dei capitoli dedicati a certi temi. Il problema delle credenze e delle superstizioni occupa più capitoli dei problemi antropologici generali e la storia del popolo ebraico occupa più capitoli di tutti gli altri popoli. Un simile squilibrio tematico è un primo indizio di una intenzione argomentativa. Il fatto di appoggiarsi spesso su autorità e di metterne in dubbio altre (cf. "Le Clerc, Middleton, les savants connus sous le titre de Théologiciens de Hollande, et meme le grand Newton" [XL]; "Les moines Frédegaire et Aimoin le disent; mais ces moines sont-ils des Thou et des Hume?" [LII]) è un altro indizio di una intenzione argomentativa. Un esame attento delle strutture transfrastiche dei capitoli rivela un continuo uso di induzioni e di sillogismi. Il primo capitolo per esempio è un lungo testo induttivo per poter affermare che i cambiamenti sul nostro globo sono continui. Le strutture sillogistiche sono evidenti fin dal secondo capitolo come per esempio: "A l'égard de la durée de la vie des hommes (si vous faites abstraction de cette ligne de descendants d'Adam consacrée par les livres juifs, et si longtemps inconnue), il est vraisemblable que toutes les races humaines ont joui d'une vie à peu près aussi courte que la nôtre. Comme les animaux, les arbres, et toutes les productions de la nature, ont toujours eu la même durée, il est ridicule de nous en excepter." A più riprese l'autore ci dice che usa dimostrazioni (II, XXIV, XXVIII, XXIX, ecc.) e congetture (XXXI).

12. Ironia e stereotipi
Molti dei sillogismi usati dal nostro mostrano un carattere particolare: o si aggiungono delle eccezioni, come nell'ultimo esempio citato, o sono dimostrazioni per assurdo, spesso basate sullo sviluppo dei numeri indicati dalle fonti:
"Mais qui pourra croire que par chacune des cent portes de cette ville il sortait deux cents chariots armés en guerre, et dix mille combattants? cela ferait vingt mille chariots, et un million de soldats; et, à un soldat pour cinq personnes, ce nombre suppose au moins cinq millions de têtes pour une seule ville, dans un pays qui n'est pas si grand que l'Espagne ou que la France, et qui n'avait pas selon Diodore de Sicile, plus de trois millions d'habitants, et plus de cent soixante mille soldats pour sa défence." [XIX].
"Il arriva, dit-il, que les Negresses, voyants leurs maris teints en noir, en eurent l'imagination si frappée que leur race s'en ressentit pour jamais. La même chose arriva aux femmes caraïbes, qui, par la même force d'imagina-

tion, accouchèrent d'enfants rouges. Il rapporte l'exemple des brebis de Jacob, qui naquirent bigarrées, par l'adresse qu'avait eue ce patriarche de mettre devant leurs yeux des branches dont la moitié était écorcée; ces branches parraissant à peu près de deux couleurs, donnèrent aussi deux couleurs aux agneaux du patriarche. Mais le jésuite devait savoir que tout ce qui arrivait du temps de Jacob n'arrive plus aujourd'hui. Si l'on avait demandé au gendre de Laban pourquoi ses brebis, voyant toujours de l'herbe, ne faisaient pas des agneaux verts, il aurait été bien embarassé." [VIII].

Queste eccezioni e queste dimostrazioni per assurdo ci fanno sorridere. Sono sottese da una venatura di ironia con cui Voltaire attacca continuamente le affermazioni dei chierici e della Sacra Scrittura. L'ironia si basa soprattutto sull'opposizione di quello che ci dice il buon senso, la natura, e tra quello che ci vogliono far credere i ministri della religione:

"Dieu permit donc que l'esprit de mensonge divulgât les absurdités de la vie de Bacchus chez cent nations, avant que l'esprit de vérité fît connaître la vie de Moïse à aucun peuple, excepté aux Juifs." [XXVIII].

"Notre sainte Eglise, qui a les Juifs en horreur, nous apprend que les livres juifs ont été dictés par le Dieu créateur et père de tous les hommes; je ne puis en former aucun doute, ni me permettre même le moindre raisonnement." [XXXVI].

"Mais ne cessons de répéter combien les lumières de notre raison sont impuissantes pour nous éclairer sur les étranges événements de l'antiquité, et sur les raisons que Dieu, maître de la vie et de la mort, pouvait avoir de choisir le peuple juif pour exterminer le peuple cananéen." [XXXVI].

"Laissons à des auteurs savants et respectables le soin de concilier ces contradictions apparentes que des lumières supérieurs font disparaître." [XXXVIII].

"Bénissons Dieu, nous qui avons le bonheur d'être plus éclairés que les Titus, les Trajan, les Antonin, et que tout le sénat et les chevaliers romains nos maîtres; nous qui, éclairés par des lumières supérieures, pouvons discerner les fables absurdes de Josèphe, et les sublimes vérités que la sainte Ecriture nous annonce." [XLV].

Oltre a queste numerose ironie, troviamo, nei capitoli che si occupano della storia del popolo ebraico, tutta una serie di valutazioni negative. Leggendo attentamente i capitoli XXXVIII fino a XLV, dovremmo indurre dalla quantità di esempi citati che gli Ebrei, che dopo Maometto cessarono di formare un popolo, furono una nazione di briganti, di assassini e di schiavi. Queste valutazioni assumono un aspetto di stereotipi nella sintesi che si presenta alla fine del capitolo XLII. "En suivant simplement le fil historique de la petite nation juive, on voit qu'elle ne pouvait avoir une autre fin. Elle se vante elle-même d'être sortie d'Egypte comme une horde de voleurs, emportant tout ce qu'elle avait emprunté des Egyptiens: elle fait gloire de n'avoir jamais épargné ni la vieillesse, ni le sexe, ni l'enfance, dans les villages et dans les bourgs dont elle a pu s'emparer. Elle ose étaler une haine irréconciliable contre toutes les nations; elle se révolte contre tous ses maîtres. Toujours superstitieuse, toujours avide du bien d'autrui, toujours barbare, rampante dans le malheur, et insolente dans la prospérité. Voilà ce que furent les Juifs aux yeux des Grecs et des Romains qui purent lire leurs livres; mais, aux yeux des chrétiens éclairés par la foi, ils ont été nos précurseurs, ils nous ont préparé la voie, ils ont été les héraux de la providence." Sarebbe tuttavia sbagliato considerare questi aggettivi isolati dal loro contesto ed attribuire al Voltaire degli stereotipi del tipo: <Per tutti gli X vale che se X appartiene a un certo popolo, allora X ha le qualità negative Q1, Q2, Q3, ...>. L'ultima frase dell'ultimo esempio citato ci porta di nuovo al nostro antitesto in cui il Bossuet afferma che la storia del popolo cristiano prende i suoi inizi dal popolo ebraico scelto da Dio come "exemple palpable de son éternel providence" (II,1). Gli apparenti stereotipi non sono dunque altro che induzioni dirette a un determinato fine.

13. *La* visée illocutoire *della* Philosophie de l'Histoire
Riconosciuto il carattere fondamentalmente argomentativo dell'opera, ci si pone la domanda a proposito di che cosa Voltaire voglia influire sull'opinione dei suoi lettori. Qual è la tesi alla quale il lettore ideale dovrebbe aderire dopo una lettura "riuscita" del testo?

Abbiamo visto che i testi dei chierici e in particolare il *Discours sur l'Histoire Universelle* del Bossuet costituiscono l'antitesto del nostro. Il Bossuet propone una storia concentrata su un unico popolo che si sviluppa teleologicamente secondo i dettami della Provvidenza rivelata dalla Sacra Scrittura. Si tratta di un discorso egemonico che tende a reprimere la diversità dei popoli e l'uso della ragione naturale. I discorsi egemonici tendono ad essere universalistici; i loro rappresentanti tendono ad imporre il loro governo su tutti i popoli o su tutti gli uomini e tendono a basarsi su una legittimazione divina anche se in realtà si basano sulla forza economica e/o militare. A questo discorso Voltaire oppone un discorso antiegemonico. Un discorso antiegemonico sarà pur esso tendenzialmente universale, si baserà tuttavia non su una rivelazione, ma sul buon senso, sulle luci della ragione, sarà non religioso, ma antropologico e proporrà l'accettazione della diversità. Il discorso del Voltaire ha almeno un doppio fine. Da una parte cerca di confutare e minare l'antitesto. Per ciò fare ha bisogno di una lunga serie di capitoli sulle credenze e sul popolo ebraico, temi su cui esercita tutta la sua forza argomentativa imperniata sulle induzioni, sui sillogismi e sull'ironia. In questo modo mette in dubbio la serietà degli autori ecclesiastici. D'altra parte mira a far accettare la diversità di gruppi umani e l'importanza del senso comune come strumento della ragione. A questo fine crea isosemie antonimiche sulla base dei seguenti concetti:

isosemia positiva: <philosophe – éclairé/judicieux – raison/bon sens/sens commun – vérité documentée – histoire>

isosemia negativa: <prêtre – pédant/ridicule – superstition – révélation – prodige/erreur – fables>

Parafrasando questi schemi possiamo dire che l'autore vuole convincere i suoi lettori che una storiografia seria si basa su fatti documentati, su ricostruzioni che usano come principio la verosimiglianza e che si occupa della storia creata dall'uomo.

Allo stesso tempo vuole convincere i suoi lettori che una storiografia basata su rivelazioni, superstizioni e dogmi che contraddicono il buon senso e che si occupa di una storia pianificata da una mente divina non è seria.

L'autore che si presenta come filosofo e che si rivolge a un lettore "éclairé et judicieux" [XXXIII] con il suo discorso antiegemonico non intende per contrappasso essere a sua volta egemonico. In due passi dell'opera tende la mano all'antagonista proponendogli un atteggiamento per tutti conciliante, la tolleranza: "Plus nous respectons l'Eglise, à laquelle nous sommes soumis, plus nous pensons que cette Eglise tolère les opinions de ces savants vertueux avec la charité qui fait son caractère." [XL]. In uno degli ultimi capitoli, l'autore loda la tolleranza verso tutte le religioni, tolleranza praticata nell'antichità e diventata legge presso i Romani. Questa *indulgence universelle* è dappertutto il frutto della *raison cultivée*.

Bibliografia

Battaglia, Salvatore. 1968. *Grande dizionario enciclopedico*. Torino: Unione Tipografico-Editrice Torinese.
Bossuet, Jacques-Bénigne. 1681/1970. *Discours sur l'histoire universelle*. In: Bossuet. *Œuvres*. Paris: Gallimard.
Kratschmer, Alexandra. 1998. *Causalité et explication: vers une nouvelle approche*. In: Revue Romane 33-2 1998. 171-208.
Kratschmer, Alexandra (in preparazione). *Erklärungsstrategien, semantische Felder und Makrostrukturen in den* Considérations sur les causes de la grandeur des Romains et de leur décadence *von Montesquieu: eine Fallstudie zur semantischen Architektur von explikativen Texten*. Habilitationsschrift. Wien.
Metzeltin, Michael/Jaksche, Harald. 1983. *Textsemantik*. Tübingen: Gunter Narr.
Metzeltin, Michael. 1996. *Erzählgenese. Ein Essai über Ursprung und Entwicklung der Textualität*. Wien: Eigenverlag 3 Eidechsen.

Metzeltin, Michael. 1997. *Sprachstrukturen und Denkstrukturen unter besonderer Berücksichtigung des romanischen Satzbaus*. Wien: Eigenverlag 3 Eidechsen.

Trésor de la Langue Française. Dictionnaire de la langue du XIXe et du XXe siècle (1789-1960). 1971-. Paris: C.N.R.S./Gallimard.

Ueding, Gert (Hrsg.). 1994. *Historisches Wörterbuch der Rhetorik*. Tübingen: Niemeyer.

Voltaire, François-Marie Arouet. 1765/1969. *La Philosophie de l'Histoire*. (Ed.: J. H. Brumfitt). In: *The Complete Works of Voltaire*. Genève/Toronto: Institut et Musée Voltaire/University of Toronto Press.

Il discorso pubblicitario
Appunti per uno studio contrastivo

Paola Polito
Copenaghen

1. Presentazione

L'analisi dei testi pubblicitari può rivelarsi un capitolo ricchissimo di spunti nell'ambito di uno studio contrastivo dell'influenza esercitata dai fattori culturali, quali le diverse tradizioni retoriche nazionali, sulle modalità di strutturazione testuale. Tale comparazione è agevolata dalla scelta di testi paralleli, appartenenti cioè allo stesso genere e aventi la stessa funzione[1].

Questo studio parte dal presupposto che il messaggio pubblicitario si istituzionalizza come discorso in quanto usa insiemi di valori già radicati e convenzionalizzati, che godono di una valutazione positiva presso il pubblico di *target*. Infatti, la creazione pubblicitaria si esercita solo a livello estetico, non agendo (né potendo permettersi di agire) a livello di valori: essa ha anzi bisogno – per esser efficace – di non scuotere i valori acquisiti, le *idées reçues*, fondanti la cultura di riferimento. Tale patrimonio culturale si esplica nel testo sia nei contenuti che nelle modalità di testualizzazione.

Il modello cui tendo – da elaborarsi sulla base di un ampio *corpus* – dovrebbe pertanto rendere conto delle forme di manifestazione dei dati culturali (in senso lato), specificamente nazionali, all'interno della testualizzazione pubblicitaria (vista in relazione dialettica con il contesto di recezione). Qui, presenterò un modello provvisorio elaborato sulla base di alcuni tratti di testualizzazione rilevati nell'analisi e nel confronto di pubblicità (*print ads* e *TV spots*) realizzate per conto delle case danesi di birra Carlsberg e Tuborg avendo come *target* due pubblici nazionali diversi (danese e italiano)[2].

Nella mia analisi, mi rifaccio ad alcuni fondamenti della psicolinguistica testuale (soprattutto van Dijk/Kintsch 1983, Coirier et al. 1996), secondo cui il testo, attraverso le sue unità linguistiche, produce e comunica delle rappresentazioni, mantenendo una stretta relazione con il contesto e con la referenza linguistica, ed instaurando un processo di messa in corrispondenza del sapere testuale con i saperi del soggetto (Coirier et al. 1996:127). È in quest'ultima relazione di reciproca influenza che posso prevalentemente individuare il luogo d'azione delle idee *reçues*, delle tradizioni culturali, retoriche, di autorappresentazione, manifeste a livello di superficie testuale, sia nei microatti che nel macroatto (sorta di *speech act* espresso dalla totalità del testo).

Vorrei premettere che il parallelismo dei testi del *corpus* che sto raccogliendo è in un certo qual modo imperfetto, a causa dell'appartenenza del prodotto pubblicizzato, per nazionalità e tradizione, ad una sola delle due società (la danese, appunto). L'omogeneità sta piuttosto nella funzione testuale – riferita a fatti ed esigenze di mercato – consistente nel tentativo di promuovere il consumo e di influenzare l'atteggiamento e anche, possibilmente, il comportamento dei consumatori – o potenziali consumatori – verso il prodotto.

2. Procedimenti di testualizzazione

Le modalità di identificazione del prodotto "birra" si concentrano da parte danese prevalentemente nella forma dell'*allusione*. Allusione a qualcosa che si conta il pubblico possa facilmente, immediatamente reperire nella propria enciclopedia. I procedimenti che seguono interessano le produzioni danesi e ad essi vengono confrontate le strategie messe in atto negli *ads* italiani.

2.1. Creazione di un linguaggio "parassitario", risemantizzazione di simboli e indicalità

Lo *spot* televisivo e cinematografico della "*Snebajer*"[3], tipo di birra che la Tuborg produce solo per le feste natalizie, illustra (cfr. fotogramma n.1, p. 251) un procedimento di appropriazione di linguaggi (verbale, iconico) simile a quello di cui parla U.Eco a proposito della "lingua Stroumpf" (Eco 1997:240-242):

> Demain, vous schtroumpferez aux urnes pour schtroumpfer celui qui sera votre schtroumpf! Et à qui allez-vous schtroumpfer votre voix? À un quelconque Schtroumpf qui ne schtroumpfe pas plus loin que le bout de son schtroumpf? Non! Il vous faut un Schtroumpf fort sur qui vous puissiez schtroumpfer! Et je suis ce Schtroumpf! [Ib.: 240]

Eco osserva come la lingua degli Stroumpf (gnomi azzurri inventati da Peyo, in it. "Puffi") sia parassitaria perché può essere compresa solo in quanto sostenuta dalla sintassi e dal lessico della lingua di base. L'integrazione delle parole mancanti è possibile solo per la preesistenza di un sistema semiotico (intertestuale) di riferimento, costituito nel caso specifico dalla sceneggiatura fortemente convenzionalizzata del /discorso preelettorale/.

Il discorso pubblicitario 251

Foto 1-4.

Nel video danese, la sceneggiatura di riferimento è /Natale/ (il racconto natalizio di Santa Claus), e il gioco di sostituzione a livello linguistico funziona a partire da una formula d'augurio convenzionalizzata, preesistente nella competenza della comunità danese (*Glædelig Jul og godt nytår*). Anzi, la frase stereotipa serve anche da etichetta per l'interpretazione natalizia dei segni iconici, in un regime di sostegno reciproco fra segni iconici e linguistici.

L'appropriazione della formula può avvenire grazie all'assonanza tra "*år*" e "*-org*" nella lingua danese:

*Glædelig Jul og godt **nytår*** [Felice Natale e Buon Nuovo Anno]
*Glædelig Jul og godt **Tub'år*** [Felice Natale e *Buon Anno Tub'- senza equivalenti in italiano]

In questo *spot*, la "lingua Tuborg" si presenta parassitaria a livello linguistico, ma anche iconico-narrativo, perché perviene a impadronirsi di una simbologia e di una narrazione tipicamente natalizie: nelle due isotopie (cfr. fotogrammi nr. 2 e 3) /arrivo di Babbo Natale sulla slitta/-/arrivo del distributore Tuborg/, accompagnate senza soluzione di continuità dalla stessa musichetta, i segni simboleggianti il /Natale/ si risemantizzano come simboli della Tuborg natalizia; inoltre, siccome l'apparizione di questi simboli in TV funziona anche da richiamo deittico al Natale alle porte, essi indicano e ricordano ai consumatori anche l'arrivo della "*snebajer* Tuborg" in città (una sera ogni anno, nella 2a settimana di novembre, alle 23:59, la Tuborg provvede infatti alla distribuzione gratuita della birra natalizia in molti *pub* del paese).

Con questa *réclame*, proposta invariata da oltre 15 anni, la Tuborg ha requisito e risemantizzato la sceneggiatura natalizia laica e consumistica, di cui ha fatto nel tempo – anche in virtù della ripetizione – un linguaggio che il pubblico è ormai istruito a riconoscere, fino a poter ricostruire da semplici dettagli, metonimicamente, la presenza del prodotto reclamizzato: ormai basta ai pubblicitari mostrare un pezzetto di cielo blu cupo o il disegno di un pallina di neve, far ascoltare la musichetta di *Jingle bells*, o addirittura presentare una sequenza come la seguente, dove il motivetto musicale è ridotto a pura sequenza visuale

dling dling dling
dling dling dling
dling dling
dling dling dling

per suscitare nei fruitori del messaggio la rappresentazione mentale di una Tuborg. Tale invariabilità e ripetizione punta a situare la birra natalizia tra i riti della piccola società danese. Lo *spot* arriva puntuale, atteso, ogni anno, creando il piacere e la consolazione del riconoscimento, proprio come il Natale (*Nu er det Jul igen*, "Ecco è di nuovo Natale", recita il canto natalizio più tradizionale danese): una occorrenza ciclica, perciò mitica.

La corrispondente *réclame* rivolta al pubblico italiano (cfr. fotogramma nr. 4, p. 251) presenta la stessa sceneggiatura, puntando piuttosto sull'universalità dei simboli natalizi proposti, ma riesce comunque a parassitare la lingua italiana, sfruttando un proverbio d'ampia diffusione

Natale con i tuoi e *Pasqua* con chi vuoi
Natale con i tuoi e *Tuborg* con chi vuoi

Qui, però, il prodotto viene presentato esattamente al contrario che per il pubblico danese: nello *spot* originale, la birra danese natalizia rafforza un costume tradizionale, dove il consumo di birra si colloca congruamente nell'ambito festivo, mentre nello *spot* italiano, in virtù del significato del proverbio parassitato, il consumo della birra natalizia spinge in direzione anticonformista, si pone come momento di socializzazione centrifugo rispetto alla famiglia e, quindi, rispetto alla tradizione (che come sappiamo prevede, oltre ai soliti vini, lo spumante o vino frizzante). Bere birra è una scelta fuori delle tradizioni. Per un Natale diverso.

Foto 5.

Certamente la collocazione del prodotto nei due diversi mercati determina l'attivazione (e presupposizione) di differenti associazioni: infatti, essendo la birra in Danimarca non solo un prodotto nazionale ma anche la bevanda più consumata, essa è – in questo contesto – "*given*" e può più facilmente caricarsi di attributi quali +noto, +tradizionale, +familiare, +sicuro, partecipando in qualche modo addirittura alla definizione della danesità. Per cui anche quando – come nelle campagne della Carlsberg (altra casa produttrice, che – fusasi con la Tuborg nel 1970 – con essa costituisce dal 1987 il gruppo Carlsberg A/S) – la birra tende a proporsi in casa come prodotto internazionale, ciò accade a partire da uno *slogan*, "*Vores Øl og hele verdens*" ("La birra nostra e di tutto il mondo" – cfr. foto nr. 5), che dichiara la danesità del prodotto, anzi la enfatizza attribuendole valore universale. Il fatto che tale *slogan* sia usato solo "internamente" e non all'estero indicherebbe che la Carlsberg vuole trovare un valore aggiunto agli occhi dei danesi nel fatto di essere esportabile e vincente sul mercato estero: la danesità come universalità e cosmopolitismo.

Un secondo gruppo di fenomeni consiste in

2.2. Identificazione irrazionale e costruzione collettiva del senso (linguaggio e metalinguaggio)

Si vedano alcuni esempi della campagna estiva Tuborg (foto nr.6 e 7, p. 254): i testi – a livello linguistico verbale scritto – presentano un indovinello che

Hvad er det... der gør livet lidt grønnere?   Hvad er det... der gør livet lidt grønnere?

Foto 6, 7.

(come accade talvolta nei cruciverba) definisce l'oggetto attraverso una funzione e chiede al ricettore di identificare e denominare l'oggetto stesso, in questo caso il prodotto.

Nella frase interrogativa, propositiva d'una definizione,

> Hvad er det...der gør livet lidt grønnere?
> [Cos'è (ciò)...che fa la vita un po' più verde?]

viene stabilita una connessione o identità simbolica tra il significato letterale e i significati figurati, come viene esplicitato nel sito in inglese della Tuborg:

> In Denmark, the home country of Tuborg, we say that *"Tuborg gør livet lidt grønnere"* which translated literally says that *"Tuborg makes life a little bit greener"*, however the word *"greener"* – besides referring to the label colour as well as the nature and the environment – also means *"more enjoyable"*.

Si arriva in ogni caso a una sorta di "irrational identification" (Leech 1966), dove "the product is identified with an object of the consumer's desire", qui un colore – il verde – che, per l'ovvio riferimento vegetale, attiva i tratti +naturale e +ecologico; o forse si potrebbe più proficuamente dire che il prodotto agisce da "aiutante magico" per intensificare uno stato acquisito: la piacevolezza della vita. Questa associazione viene attuata tramite quella che

Foto 8, 9.

Greimas[4] denominava una definizione "evenemenziale", la quale postula una intercambiabilità degli elementi costitutivi dell'enunciato[5]. Con una definizione così (volutamente) imperfetta, e motivata solo a livello di connotazione, soltanto un ricettore informato (che la recezione di precedenti testi similari o identici abbia già addestrato a saper colmare la differenza tra definizione e denominazione) può essere chiamato con successo a cogestire (scherzosamente) il doppio significato di "verde".

Con il meccanismo dell'indovinello gioca anche il livello iconico di questa serie di *ads* quando chiama il ricettore ad andare a caccia, nell'immagine, del segno iconico (la bottiglia) corrispondente al "*det*" pronominale contenuto nella striscia verbale.

È da osservare che "Tuborg verde" non si presenta nell'economia di questi testi come un aiutante magico di tipo radicale ma piuttosto come un po' di "verde" che va ad aggiungersi ad altro verde, un intensificatore di tonalità, adatto dunque a situazioni "verdi" già identificabili e codificate, tipicamente estive (*de grønne spirer og de dejlige piger* – i verdi germogli e le belle ragazze). La Tuborg, birra per tutte le stagioni, pronta al consumo per ogni momento della vita della comunità, dalle feste natalizie ai riti delle brevi ma intense estati danesi, tende pertanto a "naturalizzarsi", ad assimilarsi alle stagioni danesi, proverbialmente due: l'inverno bianco e l'inverno verde (*den hvide vinter/ den grønne vinter*).

La metatestualità è una componente importante di questo stile pubblicitario: basti vedere l'*ad* nr. 8, di cui riproduco qui sotto la struttura grafica

????
????
????
???

dove gli interrogativi in sequenza diventano sempre più verdi fino a sparire e confondersi nel verde dello sfondo.
Nella scritta sottostante

Hvad er det...vi aaaaltid spørger om?
[Cos'è quello che...(noi) domandiamo seeeempre?]

il pronome personale "noi" si riferisce sia ai pubblicitari che ai "produttori della Tuborg", ma anche ai "danesi", e quindi l'indovinello metatestualmente presuppone la conoscenza di altri testi pubblicitari della stessa campagna (che si ripete ogni estate con la stessa formula) ma anche conferma che la Tuborg è la birra danese più bevuta dai danesi, quindi più "domandata".
Se leggiamo dallo stesso sito Internet quale sia l'immagine che i produttori vogliono costruire per Tuborg,

> Tuborg is for people who know to enjoy life – and a good beer. It's like a good companion – when you relax with Tuborg, you have a positive look at the world around you and remember to look at the bright side of life. (...) everywhere it is crucial to Tuborg to enjoy life.

ci possiamo chiedere come risponda la campagna italiana alla consegna della casa madre, quali contenuti ne selezioni.
Nel testo del *print ad* dell'agenzia pubblicitaria Sanna & Biasi:

I CLIENTI
ROMPONO.
LA CASSA
MI FA SOFFRIRE.
IL BUSINESS...
PURE.
DAMMI UNA
TUBORG
CHE RICOMINCIO
DACCAPO.

Il discorso pubblicitario

qui scelta per esemplificare la struttura testuale utilizzata per tutta la campagna (sia in *print* che in *spot*), si osservano tre affermazioni in prima persona, su fatti presentati come negativi, seguite da una risoluzione finale uguale per tutti i testi (DAMMI/DATEMI UNA TUBORG CHE RICOMINCIO DACCAPO), di cui il *brand manager* italiano svela in un'intervista le intenzioni sottese[7]:

> Con questo messaggio abbiamo infatti voluto incitare i consumatori a superare le difficoltà, spesso solo momentanee, concedendosi una pausa di riflessione, in compagnia di una buona birra come Tuborg.

Se le testualizzazioni danesi finora proposte prendevano come spunto di partenza momenti già spensierati e piacevoli, non problematici, qui si parte invece da un problema, o una serie di problemi, che il ricorso a Tuborg potrebbe magicamente spazzar via. Sono problemi di lavoro, d'identità, di relazione interpersonale, di scelta, che richiedono una decisione. La forza per "ricominciare daccapo" viene dalla Tuborg: se bere birra è una scelta controcorrente, questo darà la forza di andare controcorrente. Tuborg libera dai legami di schiavitù. Questo tema è affrontato anche da una *réclame* italiana della Carlsberg (cfr. foto nr. 9. p 255):

> Il tuo spazio
> è ristretto?
> C'è una birra che dà spazio
> a un mondo di folli incontri.

Si noti come in entrambi i casi, molto significativamente, il possibile consumatore venga chiamato a identificarsi con un individuo in difficoltà e il prodotto, riferito a individui (che parlano in prima persona o a cui si attribuiscono strisce di pensiero[8]), venga presentato come aiutante magico per il singolo.

3. Modello provvisorio, contrastivo, di alcuni tratti ideologici e funzionali del discorso pubblicitario della birra danese in Danimarca e in Italia

Per quanto sopra osservato, trovo nel parametro

± individuo singolo

un tratto di strutturazione testuale che, certamente non da solo, ma insieme ad altri parametri (quali, ad esempio, i tropi – su cui ritornerò in altra sede[10]), collabora a realizzare due testualizzazioni diverse.

A questo punto dell'analisi, posso costruire provvisoriamente uno schema di co-occorrenze ed esclusioni di tratti ideologici e funzionali messe in atto dai testi sia a livello di produzione che a livello di ricezione.

	ricettore ideale del messaggio	
la comunità dei danesi	vs	il singolo italiano
	contesto di partenza	
piacevolezza (*hygge*)	vs	problematicità
	rapporto prodotto-contesto	
analogia	vs	differenza
	funzione del prodotto	
intensificatore di qualità già presenti	vs	portatore di nuova qualità
	promessa del prodotto	
conferma (rivitalizzazione)	vs	cambiamento (rottura, svolta)
	valori affermati	
ripetizione, noto, conosciuto permanenza, tradizione appartenenza	vs	unicità, novità, cambiamento liberazione, anticonformismo individualismo

4. Conclusioni provvisorie

Vorrei concludere dicendo che mi sembra evidente la funzionalità dei tratti culturali nelle strategie ideologiche ed estetiche della pubblicità delle ditte trasnazionali. Tuttavia, oltre al fatto che il materiale da me proposto è provvisorio e incompleto, e oltre alla debolezza, accennata in apertura, di un non completo parallelismo tra questi testi, si richiede sicuramente un ripensamento di fattori extratestuali che influenzano le strategie testuali pubblicitarie, quali:

- ± novità del prodotto
- differenza dei segmenti di mercato scelti come *target*
- carattere nazionale o straniero del prodotto
- presenza del prodotto sul mercato e sua forza rispetto a concorrenti dello stesso tipo o di altro tipo.

La strategia pubblicitaria utilizza l'identificazione intuitiva (basata sul senso comune) di tratti specifici di riferimento – tutto un sistema ideologico, di valori, di *idées reçues*, e di condizioni materiali del consumatore scelto come *target* – per rendere il messaggio più efficace: in presenza di forti motivazioni (economiche) a questa efficacia, diventa vitale utilizzare argomenti e forme espressive gradite al pubblico, andando quindi a cercarle in un patrimonio comune. Qui però interviene una considerazione che in parte potrebbe condizionare pesantemente i risultati di questa analisi testuale, qui dati come derivanti dal riflesso di diversità culturali nazionali sulla testualizzazione: quanto della differenza tra i tratti ideologici e funzionali legati alla pubblicizzazione del prodotto è manifestazione di fattori culturali e quanto invece dipende dallo *status* del prodotto (oggettivamente diverso, e dispari) nei due mercati? Se questa considerazione ribadisce il ruolo svolto dalla situazione rispetto alla pianificazione, realizzazione e interpretazione del testo, è anche vero che essa sposta l'attenzione, dal segno e dall'interpretante cui ci si è fin qui riferiti, sul referente, sul posto che il prodotto occupa nei mercati nazionali.

Un punto fermo, comunque, mi sembra essere l'evidenza che là dove intorno a un prodotto il patrimonio di conoscenze, di connotazioni e di tratti ideologici è più organizzato, strutturato, omogeneo e consensuale (dove c'è un riferimento più facilmente recuperabile per inferenza) le testualizzazioni pubblicitarie possono funzionare per **allusione**, con riferimenti generici (come nel caso delle pubblicità danesi); dove tutto questo manca, dove l'ideologia del prodotto deve essere ancora creata, organizzata, strutturata, o se c'è non è consensuale (come nel caso dell'Italia), allora l'utilizzazione di un'idea *reçue* forte s'impone: come nel caso dei riferimenti alla problematicità dell'esistenza, ai valori del singolo, all'aspirazione individuale verso una realizzazione contro le convenzioni, etc. – tipici dell'immagine di sé coltivata dagli italiani[9].

Note

1. Partecipando ai lavori del gruppo di ricerca guidato da Gunver Skytte (Copenaghen), ho avuto fin qui modo di studiare in ottica contrastiva (danese-italiano) due tipi testuali:
    i. testi argomentativi, dove le differenze rilevate interessavano le strategie retoriche, l'attitudine dello scrivente, il registro, le preferenze stilistiche, il rapporto enunciatore-ricevente (cfr. Polito 1998);
    ii. resoconti. In particolare, resoconti scritti e orali di *input* visivi di genere narrativo a carattere muto e comico (video di Mr. Bean). Nell'analisi di questi ultimi individuavo in
    • ± voce del narratore,
    • ± ironia,
    • ± riporto del pensiero del personaggio,
    • aderenza/infedeltà,
    • analiticità/sinteticità,
    • resa "interna" (fattuale)/ resa "esterna" (interpretativa) della comicità,
    alcuni parametri concorrenti alla realizzazione di due diverse strategie di riporto, definite dal punto di vista dell'impegno dello scrivente/parlante

verso un ideale di scrittura impersonale o soggettiva: due ideali di fatto costituenti un *continuum*, dove però – almeno in linea di tendenza – la modalità impersonale era prevalentemente realizzata dai testi danesi e quella soggettiva dai testi italiani (cfr. Polito, 1999).
2. Ringrazio Davide Bozzoli e Karsten Buhl (Industrie Poretti -Varese), Anne Brønsted (Carlsberg International – DK), Mae Britt Rasmussen (Carlsbergs Marketing Afdeling – DK), Henrik Stahl Olesen (Tuborgs Marketing Afdeling – DK), Marco Reina (RSCG – Milano).
3. In it. "birra (bavarese) di neve", detta anche *Julebryg*: "couvée/produzione natalizia".
4. "La comunicazione cruciverbista" (1967), poi in Greimas 1970, qui ed. it. 1996, trad. di Stefano Agosti, pp. 299-319.
5. Greimas, nell'articolo citato, distingue tra **definizioni** "essenziali", in cui avviene una sostituzione a livello paradigmatico postulandosi identità sintattica come base alla differenziazione dei contenuti – ess.:

Bisogno arcaico // *Uopo*
Oggetto d'un celebre interrogativo // *Essere*
L'arte di sorvolare sulle cose // *Tatto*

e **definizioni** "evenemenziali", dove avviene una permutazione a livello sintagmatico postulandosi l'intercambiabilità degli elementi costitutivi dell'enunciato – ess.:

Stronca la vittima // *Attacco*
Gode d'un rilevante bacino // *Ossuto*
Ha preso i voti // *Eletto*

Questo secondo tipo di definizioni si presterebbe "alla costituzione di un effetto di senso che rimanda a un mondo di apparenze fortuite ed effimere".
6. Questi i testi di due *spot*, in cui i soggetti che dicono "io" sono rispettivamente una donna e un cane:

CARLO MI TELEFONA
TUTTI I GIORNI
CARLO MI TELEFONA
OGNI ORA
CARLO MI PERSEGUITA
DATEMI UNA
TUBORG
CHE RICOMINCIO
DACCAPO

CARLO NON MI LASCIA
UN MOMENTO
CARLO MI STA SEMPRE
ADDOSSO
CARLO MI SFINISCE
DATEGLI UNA
TUBORG
ALTRIMENTI RICOMINCIA
DACCAPO

7. Rodolfo Guarnieri, "La bionda, la rossa, la bianca." Intervista con Davide Bozzoli, responsabile dei marchi Tuborg, Devil's Kiss e Celis per Poretti (Induno, Varese). *Il mondo della birra*, a.XV, n.156, maggio 1997, pp.80-81.

Il discorso pubblicitario 261

8. Nell'analisi contrastiva condotta su testi argomentativi avevo rilevato il più ricorrente ricorso da parte italiana all'argomentazione in prima persona (cfr. Polito 1998).
9. Desidero ringraziare Gunver Skytte per il costante incoraggiamento allo studio testuale contrastivo, Erling Strudsholm per avermi fornito la chiave di alcuni riferimenti culturali danesi, Ole Jorn per le osservazioni e i commenti sempre preziosi.
10. Si veda Polito (in stampa).

Bibliografia

Bardin, Laurence (1970). *L'analyse de contenu*. Paris, puf.
Burli-Storz, Claudia (1980). *Deliberate ambiguity in advertising*. Bern, Francke Verlag.
Coirier, Pierre, Daniel Gaonac'h & Jean-Michel Passerault (1996). *Psycholinguistique textuelle. Approche cognitive de la compréhension et de la production des textes*. Paris, Armand Colin.
Dahl, Henrik (1990). *Some remarks on Persuasive Discourse and Advertising*. Working paper. 1990 November, 6. København, Institut for Afsætningsøkonomi, Handelshøjskolen i København.
Dyer, Gillian (1982 & 1987). *Advertising as communication*. London & New York, Methuen.
Eco, Umberto (1968 & 1980). *La struttura assente*. Milano, Bompiani.
Eco, Umberto (1997). *Kant e l'ornitorinco*. Milano, Bompiani.
Enkvist, Nils Erik (1973), *Linguistic Stylistics*, The Hague-Paris, Mouton.
Giaccardi, Chiara (1996). *I luoghi del quotidiano. Pubblicità e costruzione della realtà sociale*. Milano, Franco Angeli.
Greimas, Julien Algirdas (1970). *Du sens*. Paris, Seuil. Traduz. it. di Stefano Agosti, *Del senso* (1996). Milano, Bompiani.
Halliday, M.A.K. (1978). *Language as social semiotic: the social interpretation of language meaning*. London, Edward Arnold.
Jansen, Hanne et alii (1997). "Testi paralleli scritti e orali, in italiano e in danese. Strategie narrative." Cuadernos de Filología Italiana, 4. Madrid, Servicio de Publicaciones UCM, 41-63.
Leech, Geoffrey N. (1966). *English in Advertising*. London, Longman.
Perelman, Chaïm & Olbrechts-Tyteca, Lucie (1958). *Trattato dell'argomentazione. La nuova retorica*. Torino, Einaudi, 1966.
Polito, Paola (1998). "Un'indagine empirica comparativa dano-italiana. Testi argomentativi. Analisi contrastiva degli aspetti culturali." Atti del IV Convegno SILFI, Madrid 27/29 giugno 1996, Italica Matritensia, 439-455.
Polito, Paola (1999). "Il racconto del non detto. Fenomeni di voce e resa dell'implicito in due diverse strategie di resoconto. (Stemmerne i teksten og det usagte. To forskellige beskrivelsesstrategier)". In Skytte et alii, 55-117.
Polito, Paola (in stampa). "*Tuborg. Io secondo me*. Testi pubblicitari e specificità culturali." Atti del V Congresso degli italianisti scandinavi, Bergen 25-27 giugno 1998.

Skytte, Gunver, Iørn Korzen, Paola Polito, Erling Strudsholm (a cura di) (1999). *Tekststrukturering på italiensk og dansk/ Strutturazione testuale in italiano e danese. – Resultater af en komparativ undersøgelse/ Risultati di una indagine comparativa*. København, Museum Tusculanum.
Sperber Dan & Wilson, Deirdre (1986 & 1995). *Relevance. Communication & Cognition*. Oxford UK. Cambridge USA, Blackwell.
Søndergård, Birgit (ed. <og kommenteret af>) (1989). *Mass media 'reality': news, politics, advertising*. København.
van Dijk Teun A. & Kintsch, Walter (1983). *Strategies of Discourse Comprehension*. New York – London. Academic Press.
Vestergård, Torben & Schrøder, Kim (1985 & 1994). *The Language of Advertising*. Oxford UK & Cambridge USA, Blackwell.
Williamson, Judith (1978). *Decoding Advertisements*. London, Marion Boyars.
Wodak, Ruth (1996). *Disorders of Discourse*. London & New York, Longman.
Årup Hansen, Jørgen (1953). *Det danske reklamesprog: to afhandlinger om den specielle sprogbrug, der anvendes i reklametekster, og om det danske reklamesprogs udvikling*. København, Einar Harcks Forlag.

Processi di testualizzazione in italiano L1 e L2: aspetti della coesione e gerarchizzazione di testi narrativi

Marina Chini
Vercelli/Torino e Pavia

0. Il quadro della ricerca

I testi si configurano quali reti di nodi (o unità proposizionali) organizzati dal punto di vista tematico, logico e comunicativo, e caratterizzati dai tratti della sequenzialità e della gerarchia (Ferrari 1995: 41; Givón 1995: 345), ai quali corrispondono specifiche scelte formali confacenti alla "grammatica del discorso" (Mortara Garavelli 1993) delle singole lingue. Una frequente manifestazione della sequenzialità legata alla natura lineare del testo è la concatenazione fra unità adiacenti tramite proforme e connettivi, tipici fattori della coesione testuale (Conte 1989²a); la gerarchizzazione informativa si attua invece spesso per mezzo della dipendenza sintattica, in particolare con la subordinazione frasale (Ferrari 1995: 27). Un'indagine su tali fenomeni nei testi dovrebbe dunque consentire di individuare alcune importanti spie dei processi di testualizzazione.

Sposando tale ottica, questa comunicazione presenterà alcuni esiti di analisi svolte su testi narrativi prodotti in italiano L1 e L2, al fine di cogliere come si configura, per alcuni elementi, la "grammatica del discorso" di parlanti adulti nativi e apprendenti. Lo studio si inserisce inoltre nell'ampio dominio di una "tipologia testuale" (per quanto riguarda l'italiano, cfr. Mortara Garavelli 1988) intesa nel senso di tipologia delle lingue basata su fatti testuali, più che di 'tipologia dei testi' (Dressler 1984: 87). In tale campo, fra gli altri, si è recentemente delineato un filone interessato al confronto fra testi equivalenti, per lo più orali, prodotti in varie lingue europee, da parlanti nativi di varie età (Hickmann 1995; Berman / Slobin 1994) e da apprendenti di L2 (solitamente adulti; cfr. Carroll / von Stutterheim 1993; *Euroconference* di Espinho, settembre 1996; Chini / Giacalone Ramat 1998). Ne è spesso giunta una conferma all'idea secondo la quale i processi di concettualizzazione soggiacenti alla produzione di testi (ed enunciati) linguistici (per cui, cfr. Levelt 1989) non siano universalmente condivisi o *sprachfrei*, bensì risentano in qualche modo della strutturazione delle categorie concettuali propria della lingua del parlante (von Stutterheim 1995: 234; Slobin 1996)[1]. La lingua specifica in cui viene prodotto il testo fornirebbe dunque un quadro per schematizzare l'esperienza, una serie di preferenze quanto alla scelta e all'organizzazione delle informazioni da trasmettere e alla pertinentizzazione linguistica di categorie cognitive, spazio-temporali, modali e altre ancora. Questa nuova versione del relativismo linguistico debole propone, e in molti studi conferma, un *thinking for speaking* specifico ad ogni lingua (Slobin 1991, 1996; Berman / Slobin 1994).

Il nostro e altri lavori del suddetto filone condividono poi una visione comunicativo-funzionale del testo (e anche dell'apprendimento[2]), secondo cui ogni testo, quale espressione di una struttura informativa complessa (*Gesamtvorstellung*), obbedisce ad una serie di restrizioni globali e locali. Fra le prime, oltre ai concetti di *script*, macrostruttura e *story grammar*, già noti in letteratura (cfr. Vater 1992, cap. 3), si annovera un costrutto meno noto, ripreso dalla retorica antica: la cosiddetta *quaestio* (Klein / von Stutterheim 1987, 1992). Secondo tale modello il testo viene considerato come la risposta ad una domanda specifica, implicita o esplicita, la *quaestio* appunto (per una narrazione sarebbe del tipo: "Che cosa è accaduto a X, Y nel tempo/intervallo T?"). La *quaestio* condizionerebbe la macrostruttura del testo, la distinzione fra parti della struttura principale (*main structure* o *Hauptstruktur*), quelle cioè che rispondono direttamente alla *quaestio*, e parti della struttura secondaria o sfondo (*side structure* o *Nebenstruktur*), con informazioni supplementari rispetto alla *quaestio*; grosso modo, soprattutto per i testi narrativi, tale opposizione ricalca quella fra *foreground* e *background*. La *quaestio*, ancora, determinerebbe le condizioni per la distribuzione fra informazione topicale (nelle narrazioni, di solito, le indicazioni di persona e tempo) e informazione focalizzata (nei racconti tipicamente gli eventi che si susseguono sulla linea del tempo; Klein / von Stutterheim 1992: 69-72). Le restrizioni globali dettate dalla *quaestio* avrebbero un risvolto pure su quelle locali, riguardanti le forme della coesione e progressione tematica, i tipi di 'movimento referenziale', ossia gli spostamenti ammessi nei vari domini referenziali (persona, eventi e stati di cose, tempo, spazio, modalità; Klein / von Stutterheim 1992: 79-90).

Pur inserendosi in una corrente di studi testuali ben consolidata[3], il modello della *quaestio* ci pare fornire una chiave in parte nuova e utile per interpretare il rapporto fra il tipo di testo e la sua funzione comunicativa da un lato e le forme del riferimento, della coesione e della gerarchizzazione dall'altro. Ce ne serviremo pertanto per inquadrare alcuni aspetti dell'esplicitarsi e del divenire della competenza testuale, in L1 e in L2. Esamineremo in primo luogo fattori coesivi nell'ambito del coriferimento personale[4], in

Processi di testualizzazione in italiano L1 e L2 265

seguito due aspetti della gerarchizzazione del testo: il primo sintattico-strutturale, relativo alla presenza (o assenza) della subordinazione e di strutture laterali o di sfondo, il secondo di tipo lessicale-semantico, concernente l'utilizzo di connettivi. Oltre ad alcuni passaggi tratti da narrazioni in italiano prodotte da nativi e da apprendenti tedescofoni (e, tangenzialmente, da questi ultimi in tedesco L1), presenteremo dati quantitativi sul corpus al fine di:
- evidenziare alcuni meccanismi di testualizzazione tipici dell'italiano;
- scoprire se e come questi emergano in interlingue intermedio-avanzate di germanofoni;
- far emergere l'eventuale influsso di preferenze di testualizzazione legate a L1 su testi in italiano L2.

1. Dati e metodo

Analizzeremo le narrazioni elicitate utilizzando come *input* una videocassetta contenente una versione ridotta (di 21' 34") del film muto *Modern Times* (*Tempi moderni*) di Charlie Chaplin, già utilizzata dalle *équipes* del Progetto ESF (*European Science Foundation*) sull'acquisizione di L2 da parte di immigrati adulti (Klein / Perdue 1992; Perdue 1993); si tratta dunque del tipo testuale narrativo, con elementi descrittivi, del *film retelling* (Klein / Perdue 1992)[5], prodotto in forma orale.

I soggetti esaminati sono tutti studenti universitari, nella fattispecie:
- otto germanofoni con competenza da intermedia ad avanzata (testi in italiano L2 e riassunti in tedesco L1):
- tredici italofoni residenti in Lombardia (testi in italiano L1)[6].

Le narrazioni, raccolte con registratore visibile, sono state trascritte e segmentate in clausole[7] numerate e classificate in base alla loro appartenenza alla *Main* o alla *Side structure*. Per ogni clausola si sono codificati sistematicamente tutti i referenti umani secondo dimensioni pragmatico-testuali, semantiche, sintattiche e referenziali, rielaborando i suggerimenti di von Stutterheim e Klein (1989) e di Hickmann et al. (1990), relativi rispettivamente a narrazioni in L2 e in L1 (dettagli in Chini 1998a e in stampa). Nella seconda parte della narrazione, prodotta da tutti i soggetti, si sono inoltre evidenziati i connettivi paratattici o ipotattici e individuate e classificate le subordinate.

2. Sondaggio sulla coesione in un episodio

2.0. Nei testi narrativi un importante fattore coesivo consiste nelle catene anaforiche concernenti i referenti umani topicali, cioè i vari personaggi della storia, in primo luogo i protagonisti; questi, oltre ad essere comunicativamente salienti, in qualità di agenti, sono buoni candidati al ruolo sintattico di soggetto e si presentano quindi come antecedenti particolarmente facili da riprendere (diversamente da quanto vale per referenti inanimati; cfr. Berretta 1990, su testi non narrativi). Tali catene anaforiche possono entrare in particolari forme di "progressione tematica" (Daneš 1974). Vediamone un esempio da un brano del sintetico *film retelling* dell'italofono Massimiliano G. (= VP02); vi sono segnate in corsivo le forme coreferenziali riferite al protagonista, analizzate tra parentesi con alcune sigle[8]; sono in grassetto i connettivi interclausola (comprese forme di connessione debole quale la congiunzione copulativa *e*); a sinistra del testo si indica l'appartenenza della clausola in questione alla struttura principale (M = *Main*) o alla struttura laterale (S = *Side*), distinzione non sempre netta (la sigla M/S vale per le situazioni dubbie), a destra viene dato il suo statuto sintattico, di principale (PR) o di subordinata-secondaria (SEC; se implicita SECI; se ne segnala il grado se supera il primo):

(1) VP02: S ho visto   (PR)
           S **che* / dopo** *0* (ZERO) aver ricevuto la lettera   (SECI)
           M **il povero Chaplin* (NPRO) cerca di entrare nel mondo del lavoro   (SEC)
           M *0* (ZEROP) trova lavoro in un cantiere   (PR)
5   M **però** *0* (ZEROP) fa qualche danno   (PR)
           M *0* (ZEROP) perde il lavoro   (PR)
           S **e visto che** in prigione non si stava poi tanto male   (SEC)
           M *0* (ZEROP) decide   (PR)
           S **di** *0* (ZERO) ritornarci   (cc. 1-9)   (SECI)

Ci troviamo di fronte ad un tipico caso di "progressione tematica con tema costante" (Daneš 1974), o di "progressione parallela" (particolarmente facile anche in L2; Schneider / Connor 1990) dove il tema/topic del testo è sempre Charlot. Semplificando, la struttura informativa è del tipo:

(2)   T1 (ZERO$_C$ = Chaplin$_C$)   →   R1 (riceve la lettera)
       ↓
       T1 (NPRO$_C$)   →   R2 (cerca di entrare nel mondo del lavoro)
       ↓
       T1 (ZEROP$_C$)   →   R3 (trova lavoro in un cantiere) ecc.

La catena anaforica riferita al protagonista ha in (1) maglie molto fitte, in quanto quasi ogni clausola ne contiene un anello; a parte il capo-catena (*il povero Chaplin*), SN pieno e definito, le altre anafore (o catafore, c. 1) risultano estremamente esili, realizzate da elementi vuoti: ellissi di soggetto in clausole esplicite, anafore zero con valore di soggetto in subordinate con

Processi di testualizzazione in italiano L1 e L2 267

verbi non finiti. Notoriamente la valenza coesiva di questi tipi di ellissi cotestuali è superiore a quella di riprese esplicite (cfr. Conte 1989²a: 286-287 e riferimenti). Alla coesione contribuisce pure la tessitura dei connettivi. Altri testi di italofoni, meno sintetici e con più sequenze laterali (commenti, elementi di sfondo), presentano anche proforme più esplicite, come vedremo negli esempi successivi.

2.1. Riportiamo ora alcuni brani paralleli relativi ad un singolo episodio con Charlot unico protagonista[9]; vi studieremo il gioco di interrelazioni fra meccanismo coesivo anaforico e connessione interfrasale (alcune forme coreferenziali e di connessione sono evidenziate secondo le convenzioni riportate in 2.0). I primi due brani, (3) e (4), sono stati prodotti da due italofone, Maria Vittoria (VP10) e Laura (VP01); gli altri (5, 6, poi 7) da apprendenti tedescofoni di italiano L2 (Karen, Franz, poi Anton).

(3)	VP10:	M	*lui* va in questo cantiere	(PR)
		M	*0* dà la lettera al capo cantiere	(PR)
		M	questo *lo* fa spogliare	(PR)
		M/S	**nel senso** *gli* fa togliere la giacca	(PR)
		S	**così per** far*lo* cominciare a lavorare	(SECI)
	15	M	*gli* dice	(PR)
		S	**di** *0* portargli dei pezzi di legno	(SECI)
		M	**e** *lui* stacca un pezzo di legno	(PR)
		S	**che invece** serviva	(SEC 1°)
		S	**per** tenere su una barca	(SECI 2°)
	20	S	**che** stavano mettendo a posto	(SEC 3°)
		M	*0* la leva	(PR)
		M	questa barca scende	(PR)
		M	va in mare	(PR)
		S	eh **per cui** in questo modo si conclude il *suo* lavoro (cc. 10-24)	(PR)
(4)	VP01:	M	**allora** *lui* va in un cantiere navale	(PR)
		M	**e** in questo cantiere navale *lo* assumono	(PR)
		M	come prima cosa *gli* chiedono	(PR)
	10	S	**di** *0* trovare un ceppo di legno uguale a quello	(SECI 1°)
		S	**che** aveva il capo del cantiere no	(SEC 2°)
		M	*lui* si mette a cercarlo	(PR)
		M	**e** *0* trova questo pezzo di legno	(PR)
		S	**che** era sotto a un asse di legno	(SEC 1°)
	15	S	**che** serviva come eh struttura	(SEC 2°)

		S	**per** tenere ferma una nave grande	(SEC	3°)
		M	**allora** *lui* non se ne accorge	(PR)	
		M	*0* prende un martello	(PR)	
		M	*0* gli dà un paio di martellate	(PR)	
	20	M	*0* tira via il ceppo tutto contento	(PR)	
		M	**peccato che** la nave inizia ad andare	(SEC?)	
		M	**cioè** parte	(PR)	
		M	**e** va in mezzo al mare	(PR)	
		M	**allora** s'incazzano di brutto [... c. 25]	(PR)	
	26	M	**e** *lo* licenziano (cc. 7-26)	(PR)	
(5)	KAR:	M	**eh** *Charlie Chaplin* comincia a lavorare al porto	(PR)	
		M/S	ehm + *lui* deve ehm trovare un pezzo di legno	(PR)	
		S	**e** eh: + *0* forse non è molto usato a questo lavoro	(PR)	
		M	**ma** ehm eh *lui* prende un pezzo	(PR)	
		M	**ma** con questo ehm + c'è la ba/eh+ un barca ehm eh ++ parte del porto (PR)		
	75	M/S	**cioè** *lui* eh que/l'azione di Chaplin è/a causa della/ dell'azione di *Chaplin* la barca parte	(PR)	
		M	eh lui è ehm + *lui* va in – prigione ancora una volta	(PR)	
		M/S	**e** tutti gli altri che/eh operai al porto sono ehm eh sono + ehm "entsetzt"? (cc. 70-77)	(PR)	
(6)	FRA:	M	**e così** *0* riesce a trovare un lavoro da da un ars/arsenale [2 cc. di digressione metalinguistica sul 'cantiere navale', non conteggiate]	(PR)	
		M/S	**ma** con eh la/la *sua*: solita sfortuna eh la/quasi la prima cosa*	(PR)	
	100	M/S	**che** *0* fa	(SEC)	
			*è		
		M	**di** *0* distruggere un/un/eh una nave eh semipronta	(SECI)	
	INT:		mh mh – come mai? – come fa a distruggerla?		
	FRA:	S	**perché** eh +*0* deve cercare un/un certa/un pezzo di legno con una certa forma e	(SEC)	
		M	*0* la/la prende/prende un + prende questo	(PR)	
		S	**che** appoggia la n/la nave	(SEC	1°)
	105	S	**che:** ehm ehm non è/non è finita ancora	(SEC	2°)
		S	ancora/manca ancora la/la metà della/della nave	(PR)	
		M	**allora** *0* prende il pezzo di leno/legno	(PR)	
		S	**per questo** non/la nave non è più appoggiata	(PR)	
		M	**e** – eh va nell'acqua	(PR)	
	110	M	**e** af/af/affonda o? (cc. 98-110)	(PR)	

Un sommario confronto fra i brani rivela che, quanto alla coesione, a differenza degli italofoni gli apprendenti meno avanzati come KAR (in 5) puntano maggiormente su forme anaforiche lessicali o pronominali toniche, anche laddove un'ellissi di soggetto o un clitico basterebbero (c. 71: *(lui) deve trovare un pezzo di legno)*. Nei brani di apprendenti più avanzati come FRA (in 6) troviamo invece più spesso ellissi del soggetto topicale, come nei nativi italofoni (3-4), persino in casi di *shifting reference* (c. 107), dove cioè non si ha continuità referenziale dalla clausola precedente. Le proforme clitiche sono presenti solo nei brani di italofoni.

Una verifica quantitativa su tutti i passi relativi allo stesso episodio prodotti in italiano L1 (I1: 13 soggetti), italiano L2 (I2: 8 soggetti) e tedesco L1 (T1: 4 soggetti; gli altri hanno raccontato l'episodio troppo brevemente o l'hanno omesso) conferma le impressioni suscitate dagli esempi. Nella Tabella 1 troviamo le cifre assolute e le percentuali (in corsivo; sono in grassetto le più significative) relative ai riferimenti a Charlot, ai mezzi referenziali usati e al loro ruolo sintattico.

Tabella 1: Principali forme anaforiche concernenti Charlot e loro ruolo sintattico (brano del cuneo)

	No.rif. Charlot	Mezzi usati NPRO	PRO3	CLIT	REL	ZP	Z	Ruolo sintattico Sogg.	Ogg.	OInd.	altri
I1	121/180 cc.	6	20	27	1	48	20	93	14	12	2
%rif.	*67/100 cc.*	*5*	*16*	*21.6*	*1*	*38.4*	*16*	*77*	*11*	*10*	*2*
I2	77/129 cc.	13	28	1	1	25	8	70	2	2	3
%rif.	*60/100 cc.*	*17*	**36.3**	*1.3*	*1.3*	*32.4*	*10.4*	**91**	*2.6*	*2.6*	*4*
T1	29/40 cc.	4	13	-	-	8	4	27	1	1	-
%rif.	*72.5/100 cc.*	*14*	*45*	-	-	*27.6*	*14*	**93**	*3.5*	*3.5*	-

Se il personaggio di Charlot, in qualità di topic del testo e dell'episodio, risulta il principale fattore di coesione in tutti e tre i tre gruppi di dati (I1, I2, T1), in quanto è presente esplicitamente o implicitamente nella maggioranza delle clausole (cfr. prima colonna: 60-72% delle clausole), vale però che i tedescofoni gli affidano più spesso il ruolo più alto nella scala topicale, quello di soggetto (spesso legato al ruolo semantico di agente), sia nel brano in L1 che in quello in L2, nel 91-93% dei riferimenti, contro il 77% per gli italofoni; questi invece gli assegnano pure altri ruoli sintattici (nel 10-11% dei riferimenti contro il 2.6-3.5%), in particolare quello di oggetto diretto o indiretto (con valore di paziente o dativo), senza del resto che ciò pregiudichi la coesione.

Le divergenze appaiono evidenti pure nella scelta dei mezzi referenziali; si considerino la netta preferenza per proforme clitiche o vuote (CLIT+ZP+Z) in italiano L1 (76%) e la consistente presenza di forme di ripresa lessicali (NPRO) o pronominali piene (PRO3) nel tedesco L1 (59%) e nell'italiano L2 (53.3%), in parte già emerse dai brani citati. In proposito non va escluso per l'italiano L2 un influsso della lingua materna tedesca (che non ammette ellissi di soggetto se non in caso di soggetti coreferenziali di clausole adiacenti e dello stesso rango).

In conclusione, il mezzo coesivo preponderante nei testi in L1 e L2 di questi apprendenti tedescofoni è la continuità del soggetto, espresso per lo più con ripetizioni lessicali o proforme piene. Negli italofoni tale mezzo è importante, ma non l'unico; si accompagna all'opzione per proforme mediamente più leggere e più fortemente grammaticalizzate, quali le ellissi di soggetto e i clitici. Quanto alla coesione anaforica abbiamo dunque individuato due *pattern* almeno parzialmente diversi nei testi in italiano L2 e L1 (per ulteriori approfondimenti sul (co-)riferimento personale, anche a referenti diversi dal protagonista, si veda Chini in stampa a; su altri racconti, cfr. Chini 1998a).

3. Fra coesione e gerarchizzazione testuale: subordinazione e connettivi

Ulteriori elementi coesivi sono costituiti dai connettivi, semantici e testuali (cfr. Berretta 1984, 1994), e dalla presenza di subordinate, essenziali nel mettere a nudo i legami intratestuali e la struttura, lineare o gerarchica del testo (Ferrari 1995; Givón 1995). La subordinazione avverbiale, più precisamente, può addirittura essere letta come la grammaticalizzazione della struttura gerarchica del discorso (Matthiessen / Thompson 1988: 277). Al profilo gerarchico del testo attiene anche l'alternanza fra clausole di primo piano, sovraordinate, e clausole di sfondo, accessorie (par. 0; von Stutterheim 1995, cap. 8).

Già ad un primo esame la presenza dei connettivi e della subordinazione nei segmenti narrativi riportati appare più varia e abbondante per gli italofoni (1, 3, 4). Quanto agli apprendenti, il brano di KAR (in 5) presenta bassa gerarchizzazione (dominano infatti la paratassi e i connettivi coordinanti) e si limita a clausole principali appartenenti per lo più al primo piano (M), o ibride (siglate M/S). Apprendenti più avanzati come FRA (6) producono strutture narrative più mosse, arricchite da clausole laterali, di sfondo o commento (cc. 106-107), e da secondarie, e ricorrono a connettivi, anche subordinanti, di vario genere. Verifichiamo ora tali tendenze con dati quantitativi relativi a tutti i racconti dell'episodio del cuneo prodotti dai tre gruppi di informanti, analizzandovi:
- la distribuzione dell'informazione fra struttura principale (M = *Main structure*) e secondaria (S = *Side structure*), fra frasi principali (PR) e secondarie (SEC);

Processi di testualizzazione in italiano L1 e L2 271

- i connettivi semantici e testuali utilizzati, suddivisi in coordinanti e subordinanti[10].

Tabella 2: Distribuzione delle clausole fra *main* e *side structure*, principali e secondarie, presenza di connettivi (brano del cuneo nei tre gruppi di informanti)

	M	S	M/S	PR	SEC	(di cui SECI)	Conn. coord.	Conn. subord.
I1	102	69	9	110	70	(17)	66 (*e* 45%)	52 (REL 45%)
%/tot. cc.	56.6	38.3	5	*61*	*39*	*(24%)*	*36.6*	*29*
I2	58	62	8	87	41	(12)	64 (*e* 65%)	34 (REL 44%)
%/tot. cc.	45	48	6.2	*67*	*32*	*(29%)*	*50*	*26.3*
T1	22	15	3	29	11	(5)	19 (*und* 63%)	9 (REL 33.3%)
%/tot. cc.	55	37.5	7.5	*72.5*	*27.5*	*(45%)*	*47.5*	*22.5*

Le cifre complessive mostrano sia concordanze che divergenze, solo in parte attese. I brani in lingua nativa (tedesco L1 o italiano L1) paiono strutturati in modo simile quanto a proporzione di clausole di primo piano, ovviamente più numerose (55-56%), e clausole di sfondo (37.5-38%). I brani in italiano L2 sono invece mediamente più ricchi di sequenze laterali (48%) di quanto facevano supporre alcuni esempi visti. In effetti in parecchi apprendenti (GIS, ANT, WOL, ALE, FRA) il rapporto fra clausole di primo piano e di sfondo si rovescia o è quasi paritario, ma ciò non si traduce, a livello sintattico, nel prevalere delle subordinate sulle principali, né costituisce fattore di coesione e gerarchizzazione, bensì sfocia in una frammentazione del racconto, nella semplice giustapposizione del piano principale degli eventi a quello secondario di descrizioni di oggetti, persone e antefatti, discorsi diretti o indiretti, o indicazioni di cornice (quale è per es.: *la prossima scena si vede Charlie Chaplin*, ANT, c. 153), spesso senza una chiara codificazione del nesso logico-semantico tra le clausole. Ne consegue un ritmo narrativo lento e spezzato come quello che si riscontra in (7):

(7) ANT: M   *Charlie Chaplin* va – a cercare questo: pezzo di legno   (PR)
         M   e *lui*/lui eh la tro/lo trovo/lo trova   (PR)
165   S-   ma questo: eh: questo pezzo*   (PR)
         S   che *lui* – ha trovato   (SEC)
        -S   *eh eh stabilizzà un/un barca un/un[...]/eh una barca
         S   che non è ancora finito   (SEC)
         S   perché *lui* lavora nella una/una/una agenda [= ditta]   (SEC 1°)
         S   che costrui/costruisce – le/le barche -   (SEC 2°)
170   S   e questo legno: eh stabilizza e   (PR)
         S   e evit/ eh im/im [...]/impede impede [= impedisce]   (PR)
        S-   che/che una barca *   (SEC 1°)

S   che non è/che non è – ancora finito (SEC 2°)
-S   *non eh:: eh va nella/ne/nel/nel mare
S   *Charlie Chaplin* non/non l'ho visto questa situazione (PR)
M   e: *lui* prende questa/questa pez/questo – pezzo di legno (PR)
    (cc. 163-175)

Le precisazioni di sfondo (= S) di ANT rendono il suo racconto più circostanziato di quello di KAR (5), ma non ne incrementano granché la coesione. Solo la metà di esse è costituita da secondarie (cc. 166-169, 172), come sarebbe tipico delle frasi di sfondo (Tomlin 1987); il resto delle clausole di sfondo è costituito da principali (cc. 165, 170, 171, 174), introdotte da connettivi coordinanti quali *e* o *ma* o giustapposte, il cui ruolo testuale di *background* non è dunque segnalato in modo chiaro, con dispositivi più specifici[11]. La gerarchizzazione risulta debole e in parte implicita; manca per es. una causale esplicita o implicita che avrebbe potuto esprimere in forma più grammaticalizzata i nessi concettuali e testuali (ad es.: *siccome questo pezzo di legno stabilizza la barca e Ch. Ch. non se ne accorge...* oppure *non accorgendosi che questo pezzo di legno stabilizza la barca, Ch. Ch. lo prende*). Le riprese anaforiche piuttosto esplicite (pronomi tonici per il protagonista; SN pieni con dimostrativi per inanimati e stati di cose: *questo pezzo*, l'incapsulatore *questa situazione*) concorrono poi a questa testualità franta, piuttosto diversa da quella dell'italiano nativo (cfr. par. 2).

I dati complessivi della Tabella 2 confermano che la gerarchizzazione testuale e la connessione interclausola esibiscono tendenze in parte diverse nei tre gruppi: la porzione di principali è mediamente più alta in italiano L2 e tedesco L1 (67 e 72%) che negli italofoni (61%), mentre specularmente la presenza di subordinate e di connettivi subordinanti è un po' più ricca percentualmente nei brani in italiano L1 (rispettivamente in 40% e 30% circa delle clausole), che in quelli in italiano L2 (32% e 26%)[12]. Ciò induce a pensare che tali cifre, per L2, rimandino in prima istanza ad una competenza sintattica e testuale discreta, ma ancora imperfetta; stupisce però che subordinate e connettivi subordinanti siano ancora meno numerosi nei brani in tedesco L1 (27% e 22%); sia in L1 che in L2 i tedescofoni ricorrono poi ad una percentuale cospicua di connettivi generici e polisemici quali *e/und* (63-65% dei coordinanti, contro il 45% negli italofoni). Ciò ci induce a ritenere che per questi apprendenti non si tratti unicamente del problema di acquisire forme sintattiche e lessicali subordinanti di L2, ma piuttosto di un'opzione preferenziale per uno stile narrativo poco ipotattico, adottata tanto in L1 quanto in L2 (almeno in questi racconti; cfr. Chini 1998b). In realtà tale tendenza affiora anche in altri racconti in italiano L2 e tedesco L1 degli stessi soggetti (Chini 1997), come pure nelle *Frog stories* in tedesco L1 studiate in Berman / Slobin (1994: 632), che in proposito parlano di "stile narrativo analitico" (caratterizzato da scarso *backgrounding* e ridotto ricorso alle relative). È quanto si osserva qui anche nell'italiano L2 di apprendenti meno avanzati, come KAR, mentre in altri la complessificazione sintattica è più vicina a quella degli italofoni (cfr. l'uso di nessi relativi in FRA). A fronte di quelle dei tedescofoni, le scelte testuali degli italofoni ricordano piuttosto lo stile degli ispanofoni di Berman / Slobin (1994: 633-635), ricco di subordinazione e di *embedding*, di relative e, sul versante dell'anafora, di ellissi di soggetto e clitici.

Queste prime riflessioni sull'uso di connettivi e subordinate hanno permesso di cogliere le tracce di una seconda tendenza della testualità narrativa tipica degli apprendenti esaminati e diversa da quella preferita dai nativi italofoni: lo stile narrativo tendenzialmente analitico e (più) paratattico.

4. Conclusioni

La schematica analisi qualitativa e quantitativa qui svolta[13] ha messo in luce alcuni aspetti della coesione e gerarchizzazione di testi narrativi prodotti da nativi italofoni e da apprendenti tedescofoni in italiano L2 e, tangenzialmente, in tedesco L1. Nel complesso sono emerse poche differenze eclatanti e alcune scelte preferenziali abbastanza chiare, ma non esclusive, che tendono a filtrare da L1 in L2 e che confermano alcuni esiti di ricerche interlinguistiche condotte su narrazioni in altre lingue (nella fattispecie spagnolo L1 e tedesco L1; cfr. Berman / Slobin 1994).

In italiano L1 la coesione si attua soprattutto tramite mezzi coreferenziali leggeri (clitici, scarsi in L2) o al limite vuoti (ellissi o anafore zero, presenti, in misura minore, anche in varietà intermedie di italiano L2), richiedenti una maggiore competenza morfosintattica, una più spiccata "grammaticalizzazione", oltre che un più oneroso lavoro ricostruttivo dell'interprete. Nei testi in L2 si è notata per contro spesso la preferenza per forme coreferenziali più pesanti; oltre all'influsso della L1 a soggetto pronominale obbligatorio, è ipotizzabile una generale tendenza delle interlingue ad una maggiore esplicitezza, dettata dalla limitata padronanza dei mezzi morfosintattici (accordo verbale, clitici) o dal tentativo di evitare l'ambiguità, o, in termini chomskiani, ad un'opzione iniziale negativa del parametro *pro-drop*. Dati di sinofoni con un'analoga sovraesplicitezza in italiano L2 a fronte di una L1 *pro-drop* parlerebbero in tal senso (Valentini 1994).

Rispetto agli italofoni, i tedescofoni risultano inoltre ricorrere più spesso alla costanza di soggetto come elemento di coesione-coerenza, in L2 quanto in L1, il che riflette forse il carattere relativamente più *subject-oriented* del tedesco, lingua materna dei nostri apprendenti, a fronte del carattere più *topic-oriented* dell'italiano L1, emerso anche da altri studi (Bates / Devescovi 1989).

La strutturazione del testo e la sua gerarchizzazione risentono poi sia della competenza sintattica (subordinazione) e lessicale (connettivi) dei soggetti, sia di scelte stilistiche e di prospettiva, individuali (qui trascurate) o legate alla lingua materna. In questa sede si è solo abbozzata una prima analisi di alcuni di questi aspetti. Le sequenze laterali o di sfondo, che danno profondità ai racconti, figurano in tutti i tre gruppi, anzi nei testi in L2 degli apprendenti post-iniziali possono talora essere sorprendentemente più numerose di quelle di primo piano, ma spesso con esiti frammentari, negativi a livello della coesione. La loro abbondanza non pare esito di *transfer* dal tedesco L1 (dove in questi racconti e in quelli esaminati da Berman / Slobin 1994 il *background* non è ricco), ma forse testimonia un movimento di complessificazione in direzione del *target* italiano (ribadito anche dalla presenza di frasi relative, più abbondante in L2 che in tedesco L1: 44% contro 33% dei connettivi subordinanti), con esiti in parte però ancora inadeguati.

Un punto di contatto fra tedesco L1 e italiano L2 (e di possibile *transfer*) è invece costituito dal ridotto ricorso alla subordinazione sintattica e ai connettivi subordinanti e dall'abbondanza di connettivi coordinanti, anche monotoni (*und, e*), che contraddistingue questi racconti (in L1 e L2) di tedescofoni e conferisce loro un carattere più lineare, additivo e "analitico", meno gerarchizzato dei racconti in italiano.

Complessivamente coesione e gerarchizzazione testuali, per gli aspetti indagati, risultano dunque meno accentuate in italiano L2, e anche diversamente correlate. In italiano L1, per es., proforme anaforiche leggere, altamente coesive, compaiono in clausole adiacenti appartenenti allo stesso livello gerarchico e testuale (tipicamente principali coordinate del primo piano), mentre nei punti di passaggio da un piano all'altro, da un episodio al successivo, le riprese si fanno più pesanti e compaiono connettivi semanticamente specifici (cfr. brano 4), o, altrove, anche frasi avverbiali. Nell'italiano L2 di molti apprendenti, per contro, da un lato la scelta di proforme piene pare più generalizzata (cfr. 5), dunque poco sensibile alle frontiere fra episodi e alla gerarchizzazione testuale, come in (7) (talora è invece troppo condizionata da confini interproposizionali; Chini in stampa), dall'altro la gerarchizzazione testuale è meno esplicita. Ulteriori indagini, anche su altri tipi testuali o narrativi, potranno approfondire la complessa interrelazione fra gli aspetti trattati e confermare o smentire le preferenze di organizzazione e connessione testuale fin qui evidenziate.

Note

1. Facendo riferimento alle tre fasi di produzione discorsiva previste dal modello psicolinguistico di Levelt (1989), concettualizzazione, formulazione linguistica e articolazione, si direbbe che già il "messaggio preverbale" scatu-

rito dalla fase di concettualizzazione si configura in un modo che tiene conto della fase successiva della formulazione (comprendente scelta del lessico e delle strutture grammaticali).

2. Si vedano de Beaugrande / Dressler (1981) per l'idea di testo come "occorrenza comunicativa" e per un inquadramento (cfr. pure Conte 1989²b e Vater 1992); sull'apprendimento in ottica funzionale, rimandiamo a Pfaff (1987), Klein / Perdue (1992) e Perdue (1993) e relativi riferimenti.

3. Queste considerazioni riprendono analisi svolte da Halliday e Hasan (1976) sulle forme della coesione, da Daneš (1974) sulla progressione tematica, da Givón (1983) e altri studiosi del discorso in chiave tipologica (Myhill 1992) su principi e fattori che guidano la scelta di forme anaforiche nei testi (fra cui la *topic continuity*; per ulteriori indicazioni, cfr. Chini 1998a e in stampa).

4. Sulle forme di riferimento e coriferimento personale, temporale e spaziale rimandiamo ad alcune ricerche del Progetto di Nimega sulla "Struttura delle varietà di apprendimento", diretto da Wolfgang Klein, in cui si inseriscono il nostro lavoro e molti di quelli del filone citato (per es. Carroll / von Stutterheim 1993; Chini / Giacalone Ramat 1998). La nostra ricerca fa pure parte, per l'italiano L2, di un Progetto interuniversitario coordinato da Anna Giacalone Ramat (Università di Pavia) su "Strutture sintattiche e funzioni discorsive in varietà di apprendimento" e per l'italiano L1 di un Progetto 60% su "Linguaggio scritto e linguaggio parlato: le modalità della coesione", diretto da Giacomo Ferrari (Università di Vercelli/Torino).

5. Il tipo di testo è dunque analogo a quello del corpus di Mr. Bean su cui vertono altri contributi del volume (di Jansen / Strudsholm, Korzen, Lihn Jensen, Skytte). Nel nostro caso i soggetti hanno visionato la prima parte del film con l'intervistatrice (chi scrive), raccontandole, in italiano, dopo ogni episodio quanto capitato (situazione di conoscenza condivisa); la seconda metà del film è stata vista dai soggetti da soli, i quali alla fine la narravano alla stessa intervistatrice, sempre in italiano (situazione di conoscenza non condivisa). In seguito riassumevano, sempre oralmente, tutto il film nella lingua materna; qualcuno ha anche fornito un riassunto in italiano L2 (qui non considerato).

6. I tedescofoni studiati sono: KARen, CORnelia, FRAnz, ALExia (22-25 anni, studenti Erasmus, da 7/8 mesi a Pavia, hanno seguito corsi avanzati di italiano L2; solo KAR non ha contatti frequenti con italofoni); ANTon, GISela, WOLfgang, CHRistine (stessa età, studenti Erasmus, a Pavia da uno/due mesi, con competenza da media ad avanzata). Gli italofoni sono tre studenti di Pavia, LAVinia (20 anni), ROBerta (24 anni) e ARMando (28 anni), e dieci studenti di Milano (i testi trascritti di questi ultimi ci sono stati gentilmente forniti da Mary Carroll di Heidelberg, che ringraziamo; a differenza degli altri, contengono solo il racconto della seconda parte del film, dall'episodio del cantiere navale fino alla fine). Per ulteriori dettagli sui soggetti, cfr. Chini (1998a e in stampa).

7. Abbiamo considerato e segmentato come *clause* o clausola ogni unità proposizionale contenente un predicato, anche complesso (o una sua ellissi) e i suoi argomenti, oltre a determinazioni di spazio, tempo e modalità esterne al

nucleo proposizionale. Abbiamo evitato di segmentare i predicati complessi (introdotti da verbi modali, aspettuali o fasali, come *volere, stare per, cominciare a* + infinito, o semiservili, come *cercare di, riuscire a*) sia per evitare un'eccessiva proliferazione di anafore zero e subordinate implicite, sia perché dal punto di vista del contenuto narrativo e della *quaestio* le clausole che li contengono designano azioni o stati di cose riconducibili a singole unità comunicative, ulteriormente analizzabili dal punto di vista strettamente sintattico, con esiti però non congrui con un'interpretazione comunicativa del testo (cfr. von Stutterheim 1995: 64-67). In realtà l'integrazione di tali subordinate all'infinito nella reggente è più o meno forte e si può collocare su un *continuum*, in base a vari fattori (grado di controllo, identità dei partecipanti, ecc.; Lehmann 1988).

8. Ecco le principali sigle: NPRO = nome proprio; ZEROP o ZP = ellissi pronominale o *Zero Pronoun*; ZERO o Z = anafora zero, in frasi con verbo non finito; DEFNOM = SN introdotto da articolo definito; DEMNOM = SN introdotto da dimostrativo; PRO3 = pronome tonico di 3a persona; CLIT = pronome clitico; REL = pronome relativo.
9. Si tratta dell'episodio del cantiere navale, in cui Charlot, di fresca nomina, incaricato di trovare un cuneo, dopo vari tentativi ne trova uno e, togliendolo dall'impalcatura che esso reggeva, provoca il varo anticipato e disastroso della nave in costruzione, con disappunto dei suoi compagni di lavoro.
10. Le percentuali, in corsivo, si riferiscono alla presenza del tratto su tutte le clausole (%/tot. cc.).
11. Dal punto di vista della funzione testuale le clausole di sfondo di tipo relativo specificano referenti del primo piano (il pezzo di legno trovato, la barca, l'*agenda*, ossia la ditta); fra le strutture di sfondo troviamo pure una completiva retta da *impedire* (c. 172) e una causale del tipo "motivo di dire" che recupera un'informazione di *setting* in precedenza omessa (c. 168).
12. Sulla subordinazione e la connessione interproposizionale nell'italiano L2 di tedescofoni, in un'ottica di grammaticalizzazione, cfr. Giacalone Ramat (in stampa).
13. Essa andrebbe ulteriormente affinata studiando le funzioni testuali assunte dai mezzi qui trattati (anafore, subordinazione, connettivi), come in parte si è fatto rispettivamente in Chini (in stampa e 1998 b).

Bibliografia

Bates Elisabeth / Devescovi Antonella, 1989, *Crosslinguistic studies of sentence production*. In: B. MacWhinney / E. Bates (eds.), *The cross-linguistic study of sentence processing*, Cambridge, Cambridge University Press: 225-253.

de Beaugrande Robert-Alain / Dressler Wolfgang U., 1981, *Einführung in die Textlinguistik*, Tübingen, Niemeyer (ed. it. 1994². *Introduzione alla linguistica testuale*, Bologna, Il Mulino).

Berman Ruth A. / Slobin Dan I., 1994, *Relating events in narrative: A crosslinguistic developmental study*, Hillsdale NJ, Lawrence Erlbaum.

Berretta Monica, 1984, *Connettivi testuali in italiano e pianificazione del discorso.* In: L. Coveri (a cura di): 237-254.
Berretta Monica, 1990, *Catene anaforiche in prospettiva funzionale: antecedenti difficili.* "Rivista di Linguistica" 2/1: 91-120.
Berretta Monica, 1994, *Il parlato italiano contemporaneo.* In: L. Serianni / P. Trifone (a cura di), *Storia della lingua italiana.* Volume secondo: *Scritto e parlato,* Torino, Einaudi: 239-270.
Carroll Mary / von Stutterheim Christiane, 1993, *The representation of spatial configurations in English and German and the grammatical structure of locative and anaphoric expressions.* "Linguistics" 31: 1011-1041.
Chini Marina, 1997, *Expression lexicale et syntaxique des relations temporelles dans des récits de natifs italophones et d'apprenants germanophones d'italien: une première analyse,* Comunicazione al Gruppo di ricerca "The structure of learner varieties", Berlino, 5 aprile.
Chini Marina, 1998a, *Testualità e mezzi referenziali concernenti la persona in narrazioni in italiano L1 e L2.* In: M. Chini / A. Giacalone Ramat (a cura di): 153-181.
Chini Marina, 1998b, *La subordinazione in testi narrativi di apprendenti tedescofoni: forma e funzione.* "Linguistica e Filologia" (Università degli Studi di Bergamo) 7: 121-159.
Chini Marina, in stampa, *Riferimento personale e strutturazione di testi narrativi in italofoni e in apprendenti tedescofoni di italiano.* In: N. Dittmar / A. Giacalone Ramat (a cura di).
Chini Marina / Giacalone Ramat Anna (a cura di), 1998, *Strutture testuali e principi di organizzazione dell'informazione nell'apprendimento linguistico.* Numero monografico di "Studi Italiani di Linguistica Teorica e Applicata" XXVII, 1.
Conte Maria-Elisabeth, 1988, *Condizioni di coerenza. Ricerche di linguistica testuale,* Firenze, La Nuova Italia.
Conte Maria-Elisabeth, 1989²a, *Coesione testuale: recenti ricerche italiane.* In: M.E. Conte (a cura di): 272-295.
Conte Maria-Elisabeth (a cura di), 1977, 1989²b, *La linguistica testuale,* Milano, Feltrinelli.
Coveri Lorenzo (a cura di), 1984, *Linguistica testuale,* Roma, Bulzoni.
Daneš František (ed.), 1974, *Papers on Functional Sentence Perspective,* The Hague, Mouton.
Dittmar Norbert / Giacalone Ramat Anna (a cura di), in stampa, *Grammatica e discorso. Studi sull'acquisizione dell'italiano e del tedesco,* Tübingen, Stauffenburg.
Dressler Wolfgang U., 1984, *Tipologia dei testi e tipologia testuale.* In: L. Coveri (a cura di): 87-94.
Ferrari Angela, 1995, *Connessioni. Uno studio integrato della subordinazione avverbiale,* Genève, Editions Slatkine.
Fox Barbara (ed.), 1996, *Studies in anaphora,* Amsterdam, Benjamins.
Gernsbacher Morton A. / Givón Talmy (eds.), 1995, *Coherence in spontaneous text,* Amsterdam, Benjamins.

Giacalone Ramat Anna, in stampa, *Le strategie di collegamento tra proposizioni nell'italiano di germanofoni (Proposizioni avverbiali e completive)*. In: A. Giacalone Ramat / N. Dittmar (a cura di).
Givón Talmy, 1983, *Topic continuity in discourse: an introduction*. In: T. Givón (ed.), *Topic continuity in discourse: a quantitative cross-language study*, Amsterdam, Benjamins: 1-41.
Givón Talmy, 1995, *Functionalism and Grammar*, Amsterdam, Benjamins.
Haiman John / Thompson Sandra A. (eds.), 1988, *Clause combining in grammar and discourse*, Amsterdam, Benjamins.
Halliday Michael A.K. / Hasan Ruqaiya, 1976, *Cohesion in English*, London, Longman.
Hickmann Maya, 1995, *Discourse organization and the development of reference to person, space and time*. In: P. Fletcher / B. MacWhinney (eds.), *Handbook of child language*, Oxford, Basil Blackwell: 194-218.
Hickmann Maya / Hendriks Henriëtte / Roland Françoise / Liang James, 1990, *The development of discourse cohesion: A coding manual*, Nijmegen, Max Planck Institut für Psycholinguistik.
Klein Wolfgang / Perdue Clive, 1992, *Utterance structure. Developing grammars again*, Amsterdam, Benjamins.
Klein Wolfgang / von Stutterheim Christiane, 1987, Quaestio und referentielle Bewegung in Erzählungen. "Linguistische Berichte" 109: 163-183.
Klein Wolfgang / von Stutterheim Christiane, 1992, Textstruktur und referentielle Bewegung. "Zeitschrift für Literaturwissenschaft und Linguistik" 86: 67-92.
Lehmann Christian, 1988, *Towards a typology of clause linkage*. In: J. Haiman / S.A. Thompson (eds.): 181-225.
Levelt Willem J.M., 1989, *Speaking. From intention to articulation*, Cambridge MA, The MIT Press.
Mortara Garavelli Bice, 1988, *Textsorten/Tipologia dei testi*. In: G. Holtus / M. Metzeltin / C. Schmitt (a cura di), *Lexikon der romanistischen Linguistik*, vol. 4, Tübingen, Niemeyer: 157-168.
Mortara Garavelli Bice, 1993, *Strutture testuali e retoriche*. In: A. Sobrero (a cura di), *Introduzione all'italiano contemporaneo. Le strutture*, Bari, Laterza: 371-402.
Myhill John, 1992, *Typological discourse analysis. Quantitative approaches to the study of linguistic function*, Oxford, Blackwell.
Perdue Clive (ed.), 1993, *Adult language acquisition: cross-linguistic perspectives*. 2 voll., Cambridge, Cambridge University Press.
Pfaff Carol W., 1987, *Functional approaches to interlanguage*. In: C.W. Pfaff (ed.), *First and second language acquisition processes*, Cambridge MA, Newbury House: 81-102.
Renzi Lorenzo / Salvi Giampaolo (a cura di), 1988-91, *Grande grammatica italiana di consultazione*. Voll. I e II, Bologna, Il Mulino.
Schneider Melanie / Connor Ulla, 1990, *Analyzing topical structure in ESL essays*, "Studies in Second Language Acquisition" 12: 411-427.
Slobin Dan I., 1991, *Learning to think for speaking: Native language, cognition and rhetorical style*. "Pragmatics" 1: 7-25.

Slobin Dan I., 1996, *From "thought and language" to "thinking for speaking".* In: J.J. Gumperz / S.C. Levinson (eds.), *Rethinking linguistic relativity,* Cambridge, Cambridge University Press: 70-96.

von Stutterheim Christiane, 1995, *Einige Prinzipien des Textaufbaus. Empirische Untersuchungen zur Produktion mündlicher Texte,* Habilitationsschrift, Universität Heidelberg (poi uscito: 1997, Tübingen, Niemeyer).

von Stutterheim Christiane / Klein Wolfgang, 1989, *Referential movement in descriptive and narrative discourse.* In: R. Dietrich / C.F. Graumann (eds.), *Language processing in social context,* Amsterdam, North-Holland: 39-76.

Tomlin Russell S. (ed.), 1987, *Coherence and grounding in discourse,* Amsterdam, Benjamins.

Valentini Ada, 1994, *Soggetti pronominali nell'italiano L2 di sinofoni.* In: A. Giacalone Ramat / M. Vedovelli (a cura di), *Italiano: lingua seconda, lingua straniera,* Roma, Bulzoni: 297-318.

Vater Heinz, 1992, *Einführung in die Textlinguistik,* München, Fink.

Testi narrativi in apprendenti l'italiano come L2: *resoconto di una ricerca in corso*

Maria G. Lo Duca
Siena

1. La ricerca che qui si presenta riguarda la primissima fase dei lavori relativi alla costituzione di un corpus di dati raccolti da apprendenti l'italiano come L2 a diversi livelli di competenza. La sede di raccolta dei dati è l'Università per Stranieri di Siena, e i nostri informanti sono gli studenti dei corsi ordinari di lingua italiana (l'uso del pronome plurale è giustificato dall'esistenza di un gruppo di ricerca, di cui sono in un certo senso portavoce). Si darà conto di una prima rilevazione, cui è seguita la trascrizione su mezzo informatico dei testi prodotti dagli apprendenti. Si spera di integrare via via questa prima banca dati con la somministrazione di nuove prove e con il coinvolgimento di nuovi soggetti. Allo stato attuale il corpus 'Siena' si compone di 240 testi prodotti da 240 studenti di varia nazionalità.

Una prima domanda che ci potrebbe essere posta riguarda l'utilità scientifica di una simile impresa, che si presenta subito con delle caratteristiche peculiari, che la differenziano in modo sostanziale dal progetto più importante che è stato messo a punto in questi anni relativamente all'acquisizione dell'italiano come L2. Ci riferiamo naturalmente al cosiddetto 'progetto di Pavia' coordinato da Anna Giacalone Ramat, progetto che ha già prodotto una serie di ricerche empiriche di grande rilevanza anche teorica (per una rapida presentazione della metodologia della ricerca e di parte dei risultati v. rispettivamente Bernini 1994 e Giacalone Ramat 1993). Come è a tutti noto, i dati raccolti nell'ambito del progetto di Pavia sono il frutto di conversazioni che hanno avuto luogo, con modalità e tempi attentamente programmati, tra il singolo ricercatore e l'informante straniero, quasi sempre immigrato in Italia per motivi di lavoro e in situazione di apprendimento per lo più spontaneo.

Ora, il punto di più netta differenziazione sembra proprio questo: mentre pare subito evidente e pienamente giustificato l'interesse del linguista per l'apprendimento spontaneo, per come cioè "l'apprendente inferisce dall' input e ricostruisce le regole d'uso e la grammatica della lingua... prescindendo dall'intervento di fattori legati al metodo di insegnamento" (Giacalone Ramat 1993: 342), non è forse così immediatamente evidente e da tutti condivisa l'idea che anche dati provenienti da apprendenti guidati possano servire allo stesso scopo di studio e di ricerca. Si potrebbe infatti sostenere che le ragioni dell'interesse scientifico per l'iter 'naturale' di acquisizione – lo studio ad esempio della graduale comparsa delle strutture e il loro continuo assestarsi in sistemi transitori ma tendenzialmente sempre più vicini alla lingua obiettivo, l'analisi delle strategie di semplificazione e di evitamento, lo studio dei fenomeni di interferenza con la lingua materna e così via – vengano meno nel caso di apprendenti guidati, per i quali bisogna mettere in conto la pesante interferenza dell'insegnamento. Basti pensare, per fare solo degli esempi, a come possono essere diversi l'ordine e i tempi di presentazione in classe delle strutture rispetto alle modalità spontanee, o a quanto possa influire la scuola nell'orientare l'attenzione dei discenti su certi particolari frammenti di lingua.

Eppure, nonostante le differenze, noi pensiamo che anche i dati raccolti in contesto scolastico possano essere di qualche interesse, e questo per varie considerazioni. Intanto, come riconosce la stessa Giacalone Ramat "... numerose ricerche hanno mostrato che anche gli apprendenti guidati, quando devono usare la lingua in conversazioni naturali e non in esercizi scolastici, si comportano in maniera molto simile agli apprendenti spontanei" (1993: 342).

Inoltre va ricordato come la dicotomia apprendimento spontaneo vs. apprendimento guidato, utile per focalizzare le due situazioni estreme di contatto con una L2, non deve far dimenticare i numerosi casi di apprendimento misto, sicché giustamente Ceriana parla di continuum (1988: 275-276) in cui collocare le diverse esperienze di apprendimento, a seconda del peso relativo dell'istruzione formale da una parte, della pressione della lingua quale effettivo strumento di comunicazione dall'altra. Ora non c'è dubbio che i nostri dati, pur raccolti in contesto scolastico, fotografano competenze linguistiche costruite, in parte, attraverso l'interazione autonoma dello studente con i nativi, esperienze per lo più individuali, sulle quali la scuola non ha alcun controllo.

E c'è infine una terza buona ragione per continuare questo tipo di studi: a differenza dell'apprendimento spontaneo dell'italiano come L2, che diventato oggetto di ricerca sistematica può già contare su una tradizione di studi, breve ma molto ben strutturata, su una metodologia di ricerca consolidata, su risultati parziali ma ricchi di spunti e suggerimenti per ulteriori approfondimenti, non altrettanto può dirsi dell'apprendimento guidato dell'italiano come L2, nelle diverse situazioni (all'estero, in Italia) in cui tale esperienza educativa ha luogo. Rimane pertanto ancora tutto da studiare il peso dell'istruzione formale sull'acquisizione dell'italiano. Lo studio comparato tra dati provenienti da apprendenti spontanei e dati di apprendenti guidati potrebbe risultare assai utile a confermare certi percorsi acquisizionali, o viceversa potrebbe mettere in luce differenze sistematiche. In un caso come nell'altro potremmo arrivare a saperne di più sia su come procede l'acquisizione, sia su come e quanto l'insegnamento influisca sulla stessa.

A tutte queste motivazioni, dettate da esigenze di studio, si aggiunge un interesse 'pratico' di tutta evidenza. Una Università per Stranieri, istituzionalmente deputata all'insegnamento dell'italiano ad adulti scolarizzati, potrà attingere da un corpus ben strutturato una miriade di informazioni utili a orientare le scelte didattiche: dall'analisi degli errori ricorrenti, ad esempio, e dalle eventuali correlazioni con strutture della L1 degli apprendenti, o ancora dallo studio della persistenza degli errori o della loro eventuale evoluzione e/o scomparsa si potrebbero mettere a punto materiali e percorsi didattici finalizzati al superamento delle difficoltà e all'acquisizione delle strutture da parte del nostro particolare tipo di pubblico.

2. Il gruppo di ricerca, coordinato dalla sottoscritta, si è costituito nei primi mesi del 1997. Si compone di ricercatori, docenti dei corsi di lingua e tecnici laureati della Università per Stranieri di Siena[1].

Come è già stato detto, i nostri informanti sono tutti studenti frequentanti i corsi ordinari di lingua italiana, di durata trimestrale, tenuti presso la nostra Università. Questo vuol dire che sono tutti adulti con un background scolastico minimo comune, nel senso che tutti i nostri soggetti possiedono almeno i titoli validi, presi nei rispettivi paesi, per iscriversi all'Università. Talvolta sono già in possesso di titolo equivalente alla nostra laurea, o, più raramente, al nostro dottorato. Non manca neppure la figura del discente/docente di italiano, che viene a Siena per rinfrescare il contatto con la lingua, ma che già insegna l'italiano nel suo paese di residenza.

Il quadro esatto dei nostri informanti è dato dalla tavola riportata in appendice, in cui gli apprendenti sono suddivisi sulla base della lingua materna dichiarata e dei 4 livelli di corso previsti a Siena e da ciascuno frequentato al momento della somministrazione della prova. Il campione si presenta disomogeneo, sia rispetto alle lingue rappresentate e al numero di soggetti per lingua, sia rispetto al numero di soggetti per livello di corso[2]. Si tratta infatti di un campione casuale, costituito da tutti gli studenti presenti nelle diverse classi in un giorno specificamente programmato per la somministrazione del test. Date queste modalità di raccolta dei dati, non è escluso che si renda necessario integrare il campione stesso pescando dai nostri corsi nuovi soggetti, questa volta già preselezionati (per livello di corso e per lingua materna), allo scopo ovvio di rendere più omogenei, e confrontabili, i dati stessi.

Fig. 1

La prova è consistita in una richiesta, avanzata contemporaneamente a tutti gli studenti presenti in classe: a circa sei settimane dall'inizio delle lezioni tutti i docenti, opportunamente addestrati dal gruppo di ricerca, hanno chiesto ai loro studenti di raccontare per iscritto la favola di Cappuccetto Rosso, contando sul fatto, su cui torneremo tra poco, che la favola fosse nota alla quasi totalità degli studenti. Per evitare di interferire con le scelte retoriche e linguistiche degli studenti fornendo loro input o suggerimenti di qualsiasi genere, che sarebbero risultati comunque poco controllabili e troppo dipendenti dallo 'stile' dei diversi docenti, abbiamo dato a questi ultimi la consegna del silenzio. L'unico aiuto fornito a tutti gli studenti allo scopo di facilitare il ritrovamento della favola nella memoria è stata una immagine (fig. 1) tratta da un libro per bambini e raffigurante i due protagonisti della storia[3]. Sono stati dati dei limiti di tempo massimi per la durata della prova (2 ore), e si sono lasciati liberi coloro che non conoscevano la favola designata di raccontare per iscritto altre favole a loro scelta. E' inutile aggiungere che gli insegnanti, informati solo pochi giorni prima della natura e delle modalità del test, sono stati invitati a non modificare in alcun modo i loro programmi, per evitare che regole e strutture appena presentate falsassero la registrazione delle competenze linguistiche realmente possedute.

La prova, effettuata in classe secondo le modalità tipiche delle prove scolastiche, ha dovuto inserirsi in un rapporto educativo preesistente senza violentarlo. Per questo i docenti sono stati lasciati liberi di decidere se avvisare preventivamente gli studenti della data e della modalità della prova (ma senza ovviamente rivelare il tema prescelto). E per giustificare il rifiuto di qualsiasi forma di aiuto da parte degli insegnanti, evidentemente anomalo rispetto ai comportamenti più usuali, si è convenuto di esplicitare le finalità della prova stessa.

La risposta degli studenti è stata serena e collaborativa. Comunque siamo ben consapevoli del fatto che le situazioni di classe sono situazioni sperimentali particolari, che non condividono ad esempio l'ambientazione un po' asettica delle sedute sperimentali più usuali. Il rapporto tra il soggetto sottoposto a test e il soggetto che fornisce lo stimolo per la produzione linguistica è in questo caso un rapporto complesso preesistente alla prova, e nulla può assicurarci che esso non abbia influito sull'atteggiamento del discente nei confronti della prova proposta, e quindi sul tipo di prestazione raggiunta. E' una variabile, questa, assai poco controllabile, che Berman e Slobin (1994), autori e coordinatori, come vedremo tra poco, di una ricerca per molti versi esemplare sulla produzione di testi narrativi, porrebbero forse tra quelle che essi chiamano restrizioni di tipo comunicativo, presenti, sotto diverse spoglie, in ogni procedura sperimentale che chieda e registri prestazioni linguistiche.

In più, il nostro test somiglia troppo da vicino ad una prova scolastica, e dunque probabilmente ricorda riti ben noti che possono essere psicologicamente segnati in modo negativo. Nulla esclude dunque che emozioni non facilmente controllabili come la paura di sbagliare e il senso di inadeguatezza di fronte ad un compito sentito come troppo difficile (e non c'è dubbio che la prova fosse tale, specie per i principianti), abbiano potuto ingenerare fenomeni di ipercorrettismo da una parte, o di rinuncia e fuga dal compito dall'altra. Ma non c'è molto da fare, per ora, su questo terreno, tranne che essere pienamente consapevoli dei limiti, o se si vuole dei difetti, del nostro test, e nel contempo sottoscrivere con piena adesione le parole di Berman e Slobin: "Until much more detailed linguistic work is done... we can only remind the reader that our task -as any task- had particular communicative constraints, with as yet unknown effects on the use of linguistic forms in the texts that we elicited" (1994: 25).

3. La scelta della prova (produzione scritta di un testo narrativo) è stata determinata da varie considerazioni. La prima riguarda il bisogno, condiviso da tutti i membri del gruppo, di muoverci su un terreno già esplorato, e non c'è dubbio che in questi ultimi anni hanno avuto un grande sviluppo le ricerche sui mezzi linguistici che contraddistinguono la narratività, sia in prospettiva intralinguistica e testuale, con la descrizione dei mezzi linguistici di cui una certa lingua si serve per esprimere il tempo e connettere in sequenze degli eventi complessi (v. ad esempio per l'italiano Weinrich 1978, Bertinetto 1986); sia in prospettiva cross-linguistica e comparativa, con la descrizione delle somiglianze e delle differenze rintracciabili tra le lingue rispetto alle diverse possibili opzioni, retoriche e linguistiche, disponibili per codificare gli stessi 'eventi' (Chafe 1980, Skytte 1996); sia in prospettiva acquisizionale – prima e seconda lingua – (per l'italiano v. Bazzanella-Calleri 1991, Orletti 1995, Bazzanella 1997) e in prospettiva comparativo-acquisizionale, con un interesse mirato proprio ai modi e ai tempi di sviluppo delle capacità narrative, orali (Berman e Slobin 1994) e scritte (Ferreiro *et alii* 1996), di bambini, ragazzi e adulti appartenenti a lingue e culture diverse.

In particolare ha influito sulla nostra scelta la ricerca effettuata da Ferreiro, Pontecorvo, Moreira e García Hidalgo (1996), nella quale bambini di madre lingua italiana, spagnola e portoghese frequentanti le prime classi elementari sono stati invitati a mettere per iscritto la favola di Cappuccetto Rosso. Anche noi dunque abbiamo optato per una prova scritta, e questo fondamentalmente per motivi pratici e contingenti. I testi scritti hanno una loro concretezza e una loro definizione relativamente facili da riconoscere e isolare, il che rende meno problematiche le fasi di raccolta e di trascrizione dei dati, a differenza dei testi orali 'inquinati', tra l'altro, da tratti paralinguistici – quali ad esempio la gestualità, l'espressione del viso, la prosodia e così via – dei quali non volevamo essere costretti ad occuparci.

Quanto alla scelta della favola tradizionale usata come stimolo, devo dire che abbiamo avuto all'inizio qualche incertezza, sollecitati a scelte diverse da altri modelli interessanti cui potevamo ispirarci. Si è già accennato alla ricerca coordinata da Berman e Slobin (1994). Qui parlanti di varie fasce di età (bambini ed adulti) e di lingue madri diverse (inglese, tedesco, spagnolo, ebraico e turco) raccontano oralmente una storia, di cui viene fornito uno stimolo non linguistico comune: 24 vignette che rappresentano degli eventi che ruotano intorno ad un bambino, il suo cane ed una rana (a questa storia ci si riferisce nella letteratura sull'argomento con l'appellativo di *frog story*). La *frog story* è stata ed è usata da ricercatori di varie nazionalità aderenti a decine di progetti di ricerca, allo scopo di sollecitare e testare le abilità narrative di adulti e di bambini, nella prima come nella seconda lingua, con parlanti lingue tra loro diversissime, come risulta dall'elenco di tali progetti riportato in appendice nel già più volte citato volume di Berman e Slobin (1994: 665-678).

Analogamente i ricercatori danesi che aderiscono al progetto di ricerca di linguistica testuale comparativa italiano-danese coordinato da Gunver Skytte (Skytte *et alii*, 1999) hanno scelto di sollecitare la produzione di "racconti paralleli, scritti e orali, in danese e in italiano" (Jansen *et alii*, 1996: 18) attraverso il ricorso a un identico input non-linguistico: due brevi sequenze mute in cui accadono degli eventi di cui è protagonista il celebre Mister Bean.

Dunque avevamo almeno queste due possibilità (il video di Mister Bean ci era stato gentilmente fornito dalla collega Gunver Skytte) tra cui scegliere. Entrambe le soluzioni presentano l'innegabile vantaggio di fornire uno stimolo narrativo non linguistico, comune a tutti i soggetti sottoposti a studio. Ciò nonostante la nostra scelta è stata diversa. Prima di decidere circa la natura dello stimolo da proporre ai nostri studenti, è stato effettuato un test preparatorio, somministrato dagli insegnanti facenti parte del gruppo di ricerca nelle loro classi. Gli stimoli prescelti erano diversi (sequenza di vignette, video di Mister Bean, favola tradizionale), ed i risultati hanno confermato un sospetto: la ricorrente tendenza da parte di molti soggetti ad interpretare il loro compito in modo non del tutto corrispondente agli interessi di ricerca del gruppo. Nei casi infatti di stimoli 'per immagini', non importa se fisse o in movimento, più che narrare una storia articolata in eventi, i nostri soggetti hanno pensato di dover descrivere le vignette o le sequenze videoregistrate proposte.

Del resto, che questo fosse un punto estremamente delicato di questa particolare procedura sperimentale era già stato sottolineato dai ricercatori danesi, i quali a proposito dei testi prodotti dai loro soggetti hanno notato la problematicità della esatta individuazione della natura tipologica di tali testi, che oscillano, a seconda del tipo di atto linguistico che i parlanti pensavano di dover produrre ('raccontare', 'riferire', interpretare', 'descrivere', 'informare' e così via) tra due poli che essi designano come del 'riferire'/'presentare' da una parte, e del 'valutare'/'interpretare' dall'altra (Jansen *et alii*, 1997: 9-10, 16-17, 25-26), ponendosi molti testi in punti diversi di un ideale *continuum*.

Non solo: Berman e Slobin, presentando dettagliatamente le procedure adottate, dichiarano molto apertamente che la maggiore debolezza dello stimolo da loro proposto, la *frog story*, "is that we have not been able to control the subject's definition of the task: picture description, picture-supported narrative, colloquial storytelling, bookish storytelling, and so forth. Our texts show us that individual subjects have made different kinds of choices... all of our subjects are not performing 'the same task'" (1994: 17).

Naturalmente, al di là dei dubbi e delle prudenze dei ricercatori, questi esiti non infirmano affatto il valore delle ricerche effettuate sulla base di questi stimoli, e il materiale raccolto nei vari progetti risulta *comunque* di altissimo interesse. Tuttavia, noi abbiamo voluto evitare il rischio della ambiguità tipologica: volevamo che i nostri apprendenti non avessero dubbi sull'esatta definizione del compito loro richiesto e producessero testi ascrivibili all'universo narrativo.

Dunque abbiamo chiesto loro che ci raccontassero una favola. E per evitare di influenzare le loro scelte non è stato fornito alcun input. La soluzione di narrare noi stessi una favola, da far poi mettere per iscritto immediatamente o a distanza di qualche giorno, è stata scartata per non interferire in alcun modo con le scelte retoriche e linguistiche degli studenti, proponendo delle soluzioni narrative già preconfezionate. In più volevamo evitare fastidiose interferenze con variabili psicologiche (l'attenzione, la memoria) e linguistiche (grado di comprensione dello stimolo fornito). E' per questo che abbiamo chiesto agli studenti di mettere per iscritto una favola, la stessa, presumibilmente già nota, facendo appello alle loro conoscenze pregresse.

Giunti a questo punto la scelta della favola di Cappuccetto Rosso è stata quasi obbligata. Intanto, pur essendo una favola tipica della cultura occidentale (le versioni classiche si devono ai fratelli Grimm ed a Perrault, ma se ne conoscono svariate versioni) è una favola molto nota anche in culture diverse: un test preparatorio, somministrato in alcune classi poi escluse dalla ricerca vera e propria, ci aveva sorpreso, rivelando che anche i nostri studenti provenienti dai paesi e dalle culture più lontane (asiatici, africani) conoscevano nella quasi totalità la favola stessa[4]. In secondo luogo avevamo tra le mani un libro (del quale abbiamo già parlato), frutto di una ricerca interlinguistica sulla scrittura narrativa dei bambini (Ferreiro *et alii* 1996), che ci faceva intravvedere la possibilità di molti utili confronti tra i percorsi di bambini appena alfabetizzati ma alle prese con la loro lingua materna, e le scelte di adulti ben scolarizzati alle prese con lo stesso compito ma in una lingua seconda.

Certo si porrà subito il problema di una selezione contenutistica dei testi prodotti: bisognerà valutare ad esempio quali possano essere considerati versioni complete della favola, quali varianti possano essere accettate come tali, o vadano piuttosto considerate inserzioni da altre favole, o variazioni personali sul tema scaturite dalla fantasia o dalle diverse tradizioni interpretative (antropologiche, psicoanalitiche, mitologiche, femministe e così via) che sono fiorite intorno a questa favola, e che alcuni dei nostri studenti mostrano a volte chiaramente di conoscere. Ma questo lavoro è ancora tutto da fare, e riserverà, credo, non poche sorprese[5]. Per adesso basti dire che la gran parte dei nostri informanti hanno raccontato *più o meno* la stessa storia, anche se ciò non significa che abbiano interpretato il loro compito nello stesso *identico* modo. Le nostre prudenze, insomma, non ci hanno salvato da un rischio che non avevamo tenuto nella debita cosiderazione: le scelte culturali e ideologiche dei narratori interferiscono a volte pesantemente con la semplice sequenza di eventi consegnataci dalla tradizione. Anche di questo bisognerà alla fine tener conto.

4. Dopo la somministrazione della prova ci si è posti l'obiettivo di trasferire i dati su supporto informatico, onde poter procedere ad una codificazione dei testi secondo parametri e categorie che ci consentano una lettura 'fine' e contemporaneamente veloce di tutto il corpus. La prima fase del lavoro, consistita in una semplice operazione di riscrittura su dischetto dell'intero corpus[6] e di revisione delle trascrizioni, si è già conclusa. Il prossimo passo sarà quello di sottoporre l'intero corpus ad un programma di processazione dei testi che è stato già individuato[7], e che ci permetterà, tutte le volte che ci parrà necessario ai fini della ricerca, di procedere anche ad analisi di tipo quantitativo, con possibilità di selezionare sottoinsiemi significativi del corpus e di incrociare dati.

La prima decisione importante che dovremo prendere riguarda la scelta delle unità di analisi nelle quali sezionare i testi in frammenti significativi e confrontabili, e una modalità di segnalazione di tali unità, importante soprattutto per la ricerca automatica. Bisognerà scegliere tra unità di carattere semantico/ contenutistico (immagine, scena, episodio) o sintattico/formale (frase chiusa tra due punti fermi, clausola), oppure si potrebbe pervenire ad una soluzione mista, che a me personalmente sembra preferibile, del tipo di quella adottata da Ferreiro *et alii*, che dopo aver individuato nella favola di Cappuccetto Rosso una serie di episodi, identificati sulla base di alcuni criteri dichiarati come l'introduzione di un nuovo personaggio o il cambiamento di scenario, suddividono ciascun episodio in clausole definite come "un'unità organizzata intorno a una forma verbale" (1996: 17, 22)[8]. Oltre a ciò, bisognerà immagazzinare informazioni possibilmente dettagliate su tutti i fatti di lingua sui quali pensiamo di voler indagare: l'elenco potrebbe essere a questo punto lunghissimo e insieme inutile, perché dipenderà dagli interessi, didattici e di ricerca, che il gruppo nel suo complesso o singoli ricercatori decideranno di sviluppare. Comunque, poiché pensiamo che il procedere della ricerca possa far nascere nuove curiosità e bisogni investigativi, ci ripromettiamo di procedere ad una codificazione aperta a tutti i nuovi interventi che si rendessero via via necessari.

5. Traiamo alcune provvisorie conclusioni, e proviamo a delineare almeno l'obiettivo centrale della nostra ricerca. Abbiamo chiesto ai nostri studenti di narrare una storia, la stessa, ispirandoci alla tradizione occidentale. Dovremo per prima cosa verificare se essi hanno interpretato il loro compito nel senso da noi sperato, vale a dire se siamo davvero riusciti nell'intento di ottenere dei testi narrativi. Per questa indagine sarà indispensabile chiarire il concetto

di equivalenza testuale, su cui ha più volte giustamente richiamato l'attenzione la collega Gunver Skytte (1996, 1997), e verificare (ammesso che ciò sia possibile già con i pochi dati a nostra disposizione) fino a che punto le esigenze universali tipiche del 'narrare storie' si combinano con le opzioni particolari disponibili nelle diverse lingue, l'italiano come lingua d'arrivo da una parte, le lingue di partenza degli apprendenti dall'altra.

Tra queste 'esigenze universali' poniamo il bisogno di connettere eventi più o meno complessi in sequenze, segnalando con i mezzi opportuni relazioni temporali (contemporaneità, anteriorità e posteriorità relativa, atemporalità) e aspettuali (perfettività, imperfettività, iteratività, progressività). In particolare pare un meccanismo universale del discorso narrativo la distinzione tra eventi di primo piano, quelli cioè che fanno avanzare la storia, e sequenze di sfondo, o descrittive (Hopper 1979). Tuttavia le lingue assolvono a queste comuni e imprescindibili esigenze in modi diversi: attraverso la morfologia verbale; oppure col ricorso a mezzi lessicali (singoli *items* o perifrasi), o semantici (scelta di voci verbali appartenenti a determinate classi azionali), o sintattici (uso di preposizioni particolari, ordine delle parole, coordinazione e subordinazione). Dunque la scelta dei mezzi formali utili a codificare, in italiano, le diverse funzioni della narratività può avere presentato non poche difficoltà per i nostri studenti, specie se l'italiano possieda mezzi diversi, o molto diversi, rispetto alle lingue di partenza.

Non dovrebbero invece aver interferito difficoltà di ordine cognitivo, frequenti con i bambini più piccoli quando non riescono ad identificare né la sequenza narrativa centrale, né gli eventi 'di primo piano' rispetto agli eventi di sfondo (Bazzanella-Calleri 1991). Ugualmente non dovrebbero aver pesato difficoltà relative all'organizzazione testuale della favola la quale, a differenza di altri generi narrativi, rientra in quelle che Umberto Eco chiama "forme semplici" (1994: 42), vale a dire narrazioni nelle quali l'ordine degli eventi è di solito quello 'naturale'. Il narratore, chiunque egli sia, è normalmente affrancato dal compito di tradurre la 'fabula' in 'intreccio'[9].

In conclusione, ci interesserà capire se e fino a che punto l'acquisizione piena dei mezzi formali di cui l'italiano dispone per narrare storie sia influenzata dalla lingua materna dei nostri studenti; se nei meno competenti siano preferite le opzioni meno marcate del sistema verbale dell'italiano, quale ad esempio l'uso dell'imperfetto per la forma progressiva, come risulta dagli apprendenti studiati da Giacalone Ramat (1997); se, ed eventualmente quali, nostri soggetti optino per la scelta di narrare e porre in sequenza solo gli eventi centrali, eliminando le sequenze descrittive e commentative, come risulta da una analoga ricerca di Tomlin (1984); o se, al contrario, sia rintracciabile anche presso di loro la preoccupazione di codificare in qualche modo l'alternanza fra eventi di primo piano ed eventi di sfondo, come documentato nei soggetti studiati da Orletti (1995); se la conoscenza delle forme (ad esempio l'imperfetto, il passato prossimo e remoto) comporti sempre anche la conoscenza delle funzioni che queste forme assolvono in un testo narrativo e, viceversa, quali forme già padroneggiate (il presente? il participio passato?) vengano eventualmente prescelte per esprimere funzioni i cui mezzi formali risultino ancora inaccessibili, e così via.

Ma qui ci fermiamo. L'esplicitazione dei nostri principali obiettivi di ricerca, che non ha alcuna pretesa di esaustività, è stata fatta al solo scopo di giustificare la scelta iniziale, vale a dire lo stimolo prescelto per ottenere dai nostri studenti prestazioni linguistiche che potessero essere ascritte senza ambiguità all'universo narrativo.

Note

1. Sono, in ordine alfabetico, Antonella Benucci, Susanna Bruni, Marco Cassandro, Silvia Cesarini, Simonetta Losi, Massimo Palermo, Stefania Semplici, Ester Vannini.
2. E' doveroso avvertire che i numeri dati in questa sede sono provvisori: lo spoglio dei testi è ancora in corso, e ai fini della preparazione di questo intervento ho escluso dal computo i testi (una ventina) che presentavano qualche anomalia, come ad esempio la mancata indicazione della lingua materna o del livello di corso frequentato.
3. E' stato uno dei membri del gruppo, Stefania Semplici, a ritrovare fra i libri dei suoi figli l'immagine che ci è parsa più evocativa.
4. Si veda cosa scrive a tale riguardo uno studente giapponese di 32 anni (Masahiko, livello intermedio): *Quando ero bambino io ho fatto questo racconto. Però non mi ricordo tanto... Ma mi sono meravigliato quando sentivo che questo racconto è internazionale. Perché prima io credevo che questi tipi di racconto fossero fatto in Giappone...*
5. Pare che nei narratori adulti sia frequente la tendenza ad aggiungere alle storie inserti narrativi non ortodossi e inserti commentativi. Questi inserti sono invece rari nei bambini che raccontano storie ad adulti (Berman-Slobin 1994: 12-13).
6. Un intervento straordinario del Rettore dell'Università per Stranieri di Siena, prof. Pietro Trifone, ha accelerato e semplificato notevolmente tutto il lavoro, fornendo al gruppo di ricerca un valido e collaborativo aiuto nella persona della dott.ssa Mafalda Di Berardino. Li ringraziamo entrambi.
7. Si tratta di DBT 3, un programma di gestione e interrogazione di archivi testuali messo a punto dal prof. Eugenio Picchi presso l'Istituto di Linguistica Computazionale del CNR di Pisa.
8. Anche Berman e Slobin scelgono la clausola (in inglese *clause*) come unità di analisi, ma ne danno una definizione leggermente diversa: "For our purposes, a clause was any unit containing a unified predication, whether in the form of a verb or adjective" (1994: 26).
9. Come si ricorderà, sono stati i formalisti russi a introdurre la distinzione, ormai universalmente accettata, tra 'fabula' (= la storia di base, gli eventi da

raccontare) e 'intreccio' (= la storia raccontata, risultato dell'attività del narratore nel selezionare e connettere gli eventi ritenuti significativi).

Bibliografia

Bazzanella Carla, 1997, *Repetition in Pre-school Children's Narratives*. In E. Weigand (ed.), *Dialogue Analysis: Units, relations and strategies beyond the sentence*. Tübingen, Niemeyer: 29-42.

Bazzanella Carla – Calleri Daniela, 1991, *Tense Coherence and Grounding in Children's Narrative*. "Text" 11 (2): 175-187.

Berman Ruth A. – Slobin Dan Isaac, 1994, *Relating Events in Narrative. A Crosslinguistic Developmental Study*. Hillsdale (NJ), Lawrence Erlbaum Associates Publishers.

Bernini Giuliano, 1994, *La banca dati del 'Progetto di Pavia' sull'italiano lingua seconda*. "Studi Italiani di Linguistica Teorica e Applicata", XXIII: 221-236.

Bertinetto Pier Marco, 1986, *Tempo, aspetto e azione nel verbo italiano. Il sistema dell'indicativo*. Firenze, Accademia della Crusca.

Ceriana Paola, 1988, *Le interrogative inglesi: apprendenti guidati vs. apprendenti naturali*. In A. Giacalone Ramat (a cura di), *L'italiano tra le altre lingue: strategie di acquisizione*. Bologna, il Mulino: 275-300.

Chafe L. Wallace (ed.), 1980, *The Pear Stories. Cognitive, Cultural and Linguistic Aspects of Narrative Production*. Norwood New Jersey, Ablex Publishing Corporation.

Eco Umberto, 1994, *Sei passeggiate nei boschi narrativi*. Milano, Bompiani.

Ferreiro Emilia – Pontecorvo Clotilde – Moreira Nadja – García Hidalgo Isabel, 1996, *Cappuccetto Rosso impara a scrivere. Studi psicolinguistici in tre lingue romanze*. Firenze, La Nuova Italia.

Giacalone Ramat Anna, 1993, *Italiano di stranieri*. In A. A. Sobrero (a cura di). *Introduzione all'italiano contemporaneo. La variazione e gli usi*. Roma-Bari, Laterza: 341-410.

Giacalone Ramat Anna, 1997, *Progressive periphrases, markedness, and second-language data*. In S. Eliasson – E. Håkon Jahr (eds.), *Language and its Ecology. Essays in Memory of Einar Haugen*. Berlin-New York, Mouton de Gruyter: 261-285.

Hopper Paul J., 1979, *Aspect and foregrounding in discourse*. In T. Givón (ed.), *Discourse and Syntax, Syntax and Semantics*. 12, New York, Academic Press: 213-241.

Jansen Hanne – Jensen Bente Lihn – Jensen Eva Skafte – Korzen Iørn – Polito Paola – Skytte Gunver – Strudsholm Erling, 1996, *"Mr. Bean – på dansk og italiensk" "Mr. Bean – in danese e in italiano"*. København, Romansk Institut Københavns Universitet.

Jansen Hanne – Jensen Bente Lihn – Jensen Eva Skafte – Korzen Iørn – Polito Paola – Skytte Gunver – Strudsholm Erling (1997), *Testi paralleli scritti e orali, in italiano e in danese. Strategie narrative*. "Cuadernos de filología italiana", 4: 41-63.

Orletti Franca, 1995, *Figure and Ground in Second Language Narratives: Traces of Iconicity*. In R. Simone (ed.), *Iconicity in Language*, Amsterdam/Philadelphia, Benjamins Publishing Company: 171-195.

Skytte Gunver, 1996, *Il progetto contrastivo italiano-danese. Problematica e metodologia*. In B. L. Jensen (a cura di), *IV Congresso degli Italianisti Scandinavi. Copenaghen 8-10 giugno 1995*, København, Samfundslitteratur: 259-265.

Skytte Gunver, 1997, *L'apporto delle ricerche cognitive allo studio della testologia contrastiva*. In M. Carapezza – D. Gambarara – F. Lo Piparo (a cura di), *Linguaggio e cognizione*. Roma, Bulzoni: 155-159.

Skytte Gunver – Korzen Iørn – Polito Paola – Strudsholm Erling (a cura di) (1999). *Tekststrukturering på italiensk og dansk. Resultater af en komparativ undersøgelse. Strutturazione testuale in italiano e in danese. Risultati di una indagine comparativa*. København, Museum Tusculanum Press.

Tomlin Russell S., 1984, *The treatment of foreground-background information in the on-line descriptive discourse of second learners*. "Studies in Second Language Acquisition", 6: 115-142.

Weinrich Harald, 1978, *Tempus. Le funzioni dei tempi nel testo*. Bologna, il Mulino (*Tempus*, Kohlhammer, Stuttgart 1964)

Tavola n. 1

Livello di corso Lingue	Principianti	Elementare	Intermedio	Avanzato	Totale
albanese	1			1	2
arabo	2	3	1		6
armeno				1	1
bulgaro		1			1
cinese	2	1		1	4
coreano	17	7	5	4	33
farsi (persiano)	1				1
francese		3	2	1	6
giapponese	6	9	4	3	22
greco	2		8	4	14
inglese	27	32	24	10	93
lettone				1	1
norvegese		1		1	2
olandese/ fiammingo					2
portoghese	1			1	2
rumeno	1				1
russo			1		1
spagnolo	1	1	1	3	6
svedese	2	5	1	3	11
taiwanese				1	1
tedesco	4	5	8	2	19
thailandese	1	5		1	7
francese-inglese			1		
inglese-spagnolo			1		1
lettone-russo		1			1
Totale	**68**	**76**	**55**	**41**	**240**

"Mr. Bean in danese e in italiano"
Presentazione di una ricerca di linguistica testuale comparativa

Gunver Skytte
Copenaghen

1. Introduzione

Con questa comunicazione intendo presentare brevemente una ricerca di linguistica testuale comparativa, condotta da un'équipe di studiosi (Hanne Jansen, Eva Skafte Jensen, Paola Polito, Erling Strudsholm e Gunver Skytte, tutti dell'Università di Copenaghen, e Bente Lihn Jensen e Iørn Korzen, entrambi della Copenhagen Business School)[1]. I risultati dell'indagine sono pubblicati in Skytte et al. 1999[2].

2. Scopo

Lo scopo principale dell'indagine è stato di poter esaminare e confrontare la produzione linguistica e la strutturazione testuale in danese e in italiano in resoconti scritti e orali dello stesso input non-linguistico (film muto, raffigurante una scena in cui si svolge un'azione).
La ricerca partiva dall'ipotesi di una divergenza di strutturazione e complessità frasale di contenuti identici nelle due lingue (secondo le osservazioni provvisorie non sembrava esserci corrispondenza 1:1 tra le frasi nelle due lingue) nonché di strutturazione testuale tra *testi paralleli* (per cui intendiamo testi autentici nelle due lingue, prodotti in situazioni identiche e con contenuto equivalente, ma in modo indipendente). Inoltre, si ipotizzavano differenze di registro intralinguistiche tra scritto e orale in senso marcato per l'italiano e meno marcato per il danese.

3. L'indagine empirica

L'indagine empirica ha avuto luogo a Copenaghen il 26 ottobre '95 e a Torino (con la collaborazione di Carla Bazzanella) l'8 novembre '95. Hanno partecipato 18 studenti danesi dell'Università di Copenaghen e 27 studenti italiani dell'Università di Torino, scelti prevalentemente tra quelli iscritti al primo o al secondo anno, senza considerazioni di ordine sociale.

Nell'essere invitati a partecipare all'indagine, gli studenti non sono stati informati dello scopo dell'indagine. Al momento del test hanno ricevuto un'istruzione scritta in cui si chiedeva di raccontare il contenuto di due film brevi (Mr. Bean, *Il presepe*, di 3 minuti, e Mr. Bean, *La biblioteca*, di 9 minuti). Al fine di procurarci un materiale rappresentativo per la differenza tra scritto e parlato, abbiamo diviso i partecipanti di ogni gruppo linguistico in due sottogruppi allo scopo di ottenere una versione orale e una versione scritta di ciascuno dei due film. I video di *Mr. Bean* (episodi filmati, già fatti) si prestavano bene alla nostra indagine: senza parlato, con sequenze rappresentanti una successione di eventi, formavano un input ideale per una testualizzazione narrativa. Tali filmati offrivano inoltre il vantaggio di non essere decisamente marcati in senso culturale. I resoconti, tuttavia, testimoniano di una conoscenza più comune di Mr. Bean in Danimarca rispetto all'Italia.

Infine, abbiamo aggiunto un breve test sul modo di comporre un testo di tipo argomentativo in base ad un input linguistico di contenuto identico (quattro attribuzioni, attinenti a un dato tema, fornite in ordine casuale, in forma nominale). Per questo test è stato scelto l'argomento *il fumare*, perché dibattuto in modo equivalente presso le due civiltà.

Per il racconto scritto i partecipanti hanno avuto a disposizione il computer. Questo procedimento è stato dettato soprattutto da ragioni pratiche, per favorire un accesso immediato all'elaborazione del materiale, risparmiandoci il faticoso lavoro di trascrizione. Ma inoltre ci è parsa un'innovazione interessante e adatta ai tempi, dato che ormai assistiamo presso la giovane generazione alla sostituzione della penna con il computer (forse più comune in Danimarca che non in Italia). I test argomentativi sul *fumare*, tuttavia, per ragioni dipendenti dalle condizioni pratiche dell'indagine, sono stati scritti a mano.

I modelli principali per l'indagine empirica sono stati quelli di Chafe (1980) e di Folman & Sarig (1990). Una descrizione particolareggiata dell'indagine empirica si trova in Jansen et al. (1996).

Il corpus ricavato dall'indagine verrà stampato nella sua interezza in forma di *Appendice* in Skytte et al. (1999), in cui sono esposti anche i vari dati relativi all'indagine. I testi orali sono resi sia in trascrizione scritta sia in registrazioni in tre CD allegati alla pubblicazione.

4. Principi metodologici

L'oggetto della nostra ricerca, cioè lo studio di fenomeni linguistici in testi paralleli, scritti e orali, danesi e italiani, rappresenta una problematica complessa e di carattere eterogeneo, in quanto implica considerazioni sia di tipologia linguistica che di prospettiva discorsiva e di linguistica pragmatica, e comporta discussioni sull'equivalenza interlinguistica della tipologia testuale e sulla sua dipendenza da fattori dovuti al sistema linguistico e alle condizioni socio-culturali.

Nello scegliere come punto di partenza per la nostra indagine una produzione linguistica prodotta in base a un input identico non-linguistico ci siamo basati sull'ipotesi del livello cognitivo, ossia della rappresentazione mentale come *tertium comparationis* (ispirati teoricamente alla grammatica cognitiva di Langacker (1987) e (1991)). Nonostante approcci e concezioni individuali dei singoli membri dell'équipe, ci siamo tutti rapportati ai principi generali di un modello di tipo psicolinguistico (per cui ci siamo ispirati al lavoro di Coirier/Gaonac'h/Passerault (1996)) che saranno esposti nelle pagine seguenti.

Per la *testualizzazione di un dato contenuto* riteniamo essenziali le seguenti fasi:
1. Condizioni generali riguardanti i locutori
2. Input
3. Condizioni specifiche, in fase pre-produttiva immediata
4. Processo di testualizzazione: fase strategica, tra macrostruttura e microstruttura, microstruttura

L'ordine del modello in parte rispecchia l'ordine cronologico della *testualizzazione di un dato contenuto*, in parte rappresenta una *rete organizzativa interrelazionale della testualizzazione*, per cui p. es. un fenomeno di rilevanza per l'analisi al livello della microstruttura va interpretato in relazione a e in conseguenza di fenomeni al livello della macrostruttura o di condizioni di tipo contestuale o "pre-produttivo".

4.1. Condizioni generali riguardanti i locutori

Per condizioni generali intendiamo i tratti linguistici caratteristici dei singoli locutori, che sono stabili e inerenti, e che non dipendono da situazioni comunicative specifiche. Tali tratti riguardano p. es. il sistema linguistico, le variazioni regionali, le variazioni sociali, le variazioni di sesso e di età.

Nell'indagine concreta, i locutori si differenziano prima di tutto per quello che riguarda il sistema linguistico. Anzi, riteniamo importante rilevare le fondamentali differenze di tipologia linguistica tra l'italiano (lingua ricca di flessivi, ordine "libero" delle parole, intonazione distintiva) e il danese (lingua povera di flessivi, ordine fisso delle parole, intonazione non-distintiva). I locutori, nel caso concreto, non presentano differenze rilevanti per l'indagine di classe sociale (essendo tutti studenti universitari del primo o del secondo anno) o di età (giovani, intorno ai venti anni).

Invece, ci sono da supporre tra i due gruppi differenze riguardanti conoscenze enciclopediche e capacità cognitive, dipendenti dall'appartenenza a diverse tradizioni socioculturali (trasmesse tra l'altro, ma non esclusivamente, dai rispettivi sistemi scolastici, p.es. nel dare diversa importanza al parlato rispetto allo scritto)[3].

4.2. Input
Nel modello di analisi ideale, a questo punto sarebbe richiesta una presentazione oggettiva dell'input. Nel caso concreto invece dovremmo rimandare il lettore a prendere in visione i due film muti. Come già detto in precedenza, si tratta di film (di produzione inglese) che appartengono al genere comico, basati su una 'fabula' abbastanza semplice, in cui l'effetto comico (che provoca il riso del pubblico) viene trasmesso attraverso il comportamento buffo e infantile e soprattutto attraverso la forte carica mimica del protagonista[4].

4.3. Condizioni specifiche, in fase pre-produttiva immediata
Si tratta qui di delimitare fattori esterni decisivi per la ricezione dell'input, tra i quali sono ritenuti essenziali 1) la consapevolezza, o meno, di una seguente testualizzazione di esso – fattore che probabilmente potrà influire sull'attenzione e sulla rappresentazione mentale dell'input, 2) l'interpretazione di una eventuale istruzione intorno alla testualizzazione seguente, 3) la eventuale consapevolezza di un interlocutore specifico e le condizioni interazionali specifiche, 4) il campo referenziale attivato in rapporto all'input specifico, fattore decisivo per i fenomeni di presupposizione e inferenza in una eventuale testualizzazione successiva.

Nel caso specifico, per valutare la situazione e le condizioni della ricezione va prima di tutto considerato il carattere obbligato di una testualizzazione successiva, ciò che potrebbe spingere il locutore a considerare la produzione testuale come una "prova" o di abilità mnemonica (il che sembra prevalere per i partecipanti danesi) o di abilità interpretativa (il che sembra prevalere per molti partecipanti italiani). La consapevolezza della testualizzazione obbligata successiva sarà forse potuta servire ad acuire l'attenzione intorno alla divisione episodica o ai "paragrafi concettuali" dell'input.

L'istruzione danese al posto del verbo italiano '*raccontare*' usa il verbo '*fortælle*'. Pur trattandosi di verbi lessicalmente corrispondenti, ci si può interrogare sulla loro equivalenza rispetto alla successiva scelta di macroatto linguistico[5].

Per quanto riguarda il campo di referenza, riteniamo soprattutto decisiva la conoscenza o meno della figura comica di Mr. Bean: in pressoché tutti i testi danesi viene presupposta la conoscenza del protagonista, e di conseguenza anche il carattere comico del video riferito, mentre la maggior parte dei locutori italiani introduce e presenta come figura ignota il protagonista. Nella testualizzazione del *Presepe*, i locutori italiani usano subito il vocabolo '*presepio* (o '*presepe*'), in qualche caso nel senso generico. Nei testi danesi vengono usati vari modi per esprimere la sceneggiatura, p. es. '*krybbespil*' ('rappresentazione della Natività'), '*dukketeater*' ('teatro dei burattini'), '*juleudstilling*', ('esposizione di Natale'), '*en slags krybbe*' ('una specie di presepio')[6]. Nella scena della *Biblioteca* molti dei locutori italiani sentono il bisogno di spiegare il "cigolare del pavimento" aggiungendo che si tratta di un pavimento di legno, fatto che invece sembra troppo evidente per i danesi per essere esplicitato.

4.4. Il processo di testualizzazione
4.4.1. Fase strategica

Per il processo di testualizzazione di un dato contenuto e per le scelte o le strategie che guidano tale processo sono ritenuti decisivi in un primo momento la *situazione interazionale* e lo *scopo* della testualizzazione. L'interlocutore, chi è? È vicino o distante (p. es. un lettore ipotetico)? Quali sono i rapporti tra locutore e interlocutore? E con quali intenzioni viene presentato il contenuto del testo all'interlocutore?

Nell'indagine concreta i resoconti orali sono rivolti a un interlocutore ossia a un intervistatore il cui compito è stato esclusivamente di far iniziare il racconto, per cui la testualizzazione si manifesta come comunicazione unilaterale con interlocutore presente. Nonostante l'istruzione di "*raccontare a una persona che non ha visto...*", alcuni resoconti, attraverso l'uso dei segnali interazionali, sembrano presupporre conoscenze condivise con l'interlocutore. L'effetto della presenza fisica dell'interlocutore è tra i tratti che distinguono la testualizzazione orale da quella scritta.

Nella fase strategica distinguiamo tra *ancoraggio nel contesto situazionale, extralinguistico* (ossia contestualizzazione), scelta di *macroatto linguistico* e *pianificazione* (seguono le rispettive definizioni). Supponiamo tra queste fasi un rapporto interrelazionale (non gerarchico) dipendente dal compito specifico: comunicare un dato contenuto a un dato interlocutore con un dato scopo.

La durata della fase strategica va da un minimo (p.es. nel parlato, specie nei casi estremi di parlato spontaneo, non sorvegliato o pianificato, in cui la strategia si viene sviluppando nel corso della produzione) a un massimo (si pensi alle riflessioni che precedono la stesura scritta di una tesi per il dottorato).

Il medium o canale di comunicazione può essere imposto dalla situazione comunicativa, oppure la sua scelta fa parte della pianificazione strategica (p. es. scelta tra lettera, fax, telefono o e-mail per trasmettere un messaggio a un collega).

Per ancoraggio nel contesto situazionale, extralinguistico intendiamo l'ancoraggio referenziale e spazio-temporale che sarà d'importanza per la coesione anaforica e temporale della testualizzazione nonché per i rapporti interazionali[7].

Per macroatto linguistico intendiamo l'illocuzione esplicita o implicita ('*raccontare*', '*riferire*', '*interpretare*', '*descrivere*', '*informare*' ecc.) del testo intero, decisiva per la tipologia testuale. Segnaliamo a questo punto l'importanza e la problematicità di una determinazione esatta del macroatto (e cioè, della tipologia testuale) nella testualizzazione individuale. Trattandosi spesso di un elemento implicito, ci si può chiedere come si riveli nella testualizzazione il macroatto. Sono decisivi i segnali di apertura e/o l'eventuale titolo? Quali sono gli elementi testuali derivanti dal macroatto? Consapevoli della complessità teorica della questione (anche in considerazione della mole bibliografica relativa all'argomento), riteniamo tuttavia utile abbordarla in una prospettiva cognitivista, e rileviamo i vantaggi descrittivi ottenibili nello stabilire un rapporto tra la scelta del macroatto, da una parte, e, dall'altra, i vari fattori della fase pre-produttiva nonché certe modalità di codificazione linguistica di un dato contenuto.

I risultati dell'indagine, per quanto riguarda il macroatto scelto, dimostrano un'oscillazione tra due poli che definiamo in via provvisoria *riferire* e *interpretare*[8].

Per pianificazione intendiamo scelta di medium (se la scelta non è già imposta per ragioni situazionali), scelta di contenuto e forma (scelta che coinvolge tra l'altro lunghezza, divisione episodica, registro, punto di vista). Al livello della microstruttura, la struttura sintattica, le scelte lessicali e i fenomeni di controllo e regolazione del discorso sono tra le conseguenze della pianificazione a livello macrostrutturale.

Nei test eseguiti il medium è stato imposto attraverso le istruzioni. La divisione tra testi orali e scritti per entrambi i filmati offre una base per valutare le differenze condizionate dal medium.

Per quanto riguarda la selezione del contenuto, i testi si distribuiscono su una scala tra resoconto minuzioso di dettagli e elementi non-informazionali di carattere interazionale o metatestuale, ad un estremo, e riassunto degli eventi chiave con uso di un lessico generico, dall'altro[9].

4.4.2. Tra macrostruttura e microstruttura

A questo livello consideriamo la strutturazione tematica e formale del contenuto in unità testuali, ossia sequenze. Per sequenza testuale intendiamo una o più proposizioni che formano un insieme semantico indipendente con una funzione pragmatica indipendente. Nelle sequenze che possono essere strutturate gerarchicamente in macrosequenze, distinguiamo tra la parte centrale della sequenza, il nucleo, e la parte marginale o satellite (cfr. Matthiessen-Thompson 1988). Rispetto alla fase pre-produttiva e a quella strategica risulta interessante esaminare 1) quali sono gli elementi del contenuto scelti per formare le asserzioni centrali del nucleo, e 2) gerarchia sequenziale e demarcazione del cambiamento di sequenza[10].

4.4.3. Microstruttura

Al livello della microstruttura studieremo l'enunciato ossia l'unità linguistica concreta che corrisponde alla frase, unità astratta del sistema linguistico.

Gli elementi rilevanti per la nostra ricerca riguardano 1) tratti derivanti dal sistema linguistico specifico; 2) fattori che sono in interrelazione con fenomeni a livello macrostrutturale o fenomeni contestuali.

La differenza più vistosa tra i due gruppi di locutori, a questo livello, riguarda la complessità frasale che prima di tutto dipende da differenze tipologiche fra le due lingue. Il sistema linguistico italiano dispone di una serie di mezzi grammaticali (soprattutto forme verbali infinite e vari tipi di nominalizzazione) i quali formano la base per una sintassi ipotattica, dando così la possibilità di testualizzare il contenuto in una forma assai condensata. Il sistema danese, al confronto, con un sistema verbale povero di flessivi e di forme infinite, codifica il contenuto in una sintassi prevalentemente paratattica[11].

5. Prospettive

Per il suo carattere composto il corpus analizzato si è rivelato utile per un'indagine comparativa interlinguistica e intralinguistica in senso diamesico, anche se naturalmente con forti delimitazioni date sia dal numero di partecipanti che dalla rappresentatività del gruppo, dalla tipologia testuale come dal tipo di comunicazione orale ecc. Nel valutare i risultati concreti bisogna quindi considerare queste delimitazioni.

Tuttavia, il corpus offre ulteriori possibilità d'esame, sia per esami monolingui che comparativi. Per il nostro lavoro, il corpus è stato stimolante soprattutto per lo sviluppo di una metodologia per ricerche nel campo della linguistica testuale comparativa. Nel rilevare il carattere non-definitivo del modello adoperato, speriamo tuttavia di aver dimostrato i vantaggi dell'approccio cognitivo-psicolinguistico, vantaggi che secondo noi sono promettenti per ulteriori elaborazioni del modello.

Note

1. La ricerca fa parte del programma di ricerca contrastivo italo-danese (1993-98), che è stato avviato dal CNR danese (*Statens Humanistiske Forskningsråd*) come parte del programma *Linguistica e lingue straniere*. A questo progetto partecipano Bente Lihn Jensen, Iørn Korzen e Gunver Skytte (coordinatrice del progetto).
2. Si vedano inoltre i contributi nel presente volume di Bente Lihn Jensen, Iørn Korzen e di Jansen e Strudsholm, che tutti si basano sul corpus "Mr. Bean".
3. Nella sua analisi dei testi argomentativi, Paola Polito rileva la strutturazione testuale divergente dei testi argomentativi nelle due lingue, interpretandola in relazione a tradizioni retoriche differenti: *Testi argomentativi: un'analisi contrastiva degli aspetti culturali* (In: Skytte et al. 1999, pp. 35-53).
4. Le varie strategie attivate per testualizzare il carattere comico dei filmati vengono analizzate da Paola Polito nell'articolo *Il racconto del non detto. Fenomeni di voce e resa dell'implicito in due diverse strategie di resoconto* (In: Skytte et al. 1999, pp. 55-117).
5. Questa problematica è stata trattata da Paola Polito nell'articolo *Il racconto del non detto. Fenomeni di voce e resa dell'implicito in due diverse strategie di resoconto* (In: Skytte et al. 1999, pp. 55-117).
6. Questa problematica è stata trattata da Erling Strudsholm: *Leksikalsk variation (Varietà lessicale)* (In: Skytte et al. 1999, pp. 253-330).
7. Eva Skafte Jensen nel suo articolo *Ekstralingvistiske faktorer og sproglige udtryk (Fattori extralinguistici e codificazione linguistica)* (In: Skytte et al. 1999, pp. 119-52) dimostra il rapporto tra il carattere dialogico o monologico e i fattori contestuali nel corpus danese.
8. Nel suo contributo *Il racconto del non detto. Fenomeni di voce e resa dell'implicito in due diverse strategie di resoconto* (In: Skytte et al. 1999, pp. 55-117) Paola Polito dibatte questa problematica dimostrando che i testi si distribuiscono, seppure con intensità diversa, tra questi due poli illocutori, secondo l'appartenenza culturale e la varia interpretazione del compito dato (danesi – italiani), il medium (orale – scritto), la trama dell'input (*La Biblioteca* (avvenimenti, sviluppi nel tempo) – *Il Presepe* (la storia incastonata)), e che ad essi corrispondono anche due distinte modalità di testualizzazione dell'implicito (comunicazione non-verbale, pensiero, comicità).
9. La selezione del contenuto forma l'oggetto dell'articolo di Hanne Jansen *Da riassunto a ridondanza. Densità informativa* (In: Skytte et al. 1999, pp. 153-251). La frequenza lessicale e le variazioni di registro secondo il sistema linguistico e il canale di comunicazione sono state trattate da Erling Strudsholm nel suo articolo *Leksikalsk variation* (In: Skytte et al. 1999, pp. 253-330).
10. Questa tematica è esaminata in prospettiva comparativa e in relazione alle tendenze di grammaticalizzazione dipendenti dalla diversità tipologica dei

due sistemi linguistici, con particolare riguardo alla tipologia anaforica, nell'articolo *Tekststruktur og anafortypologi* (*Struttura testuale e tipologia anaforica*) di Iørn Korzen (In: Skytte et al. 1999, pp. 331-418). Gunver Skytte ha studiato le varie strategie attivate, tra l'altro dipendenti dal macroatto linguistico e dal canale di comunicazione, per demarcare la connessione a livello della macrostruttura e a livello interproposizionale, nonché i diversi segnali di demarcazione discorsiva, nell'articolo *Julekrybben. Diskursmarkering og konnexion/Il presepe. Demarcazione discorsiva e connessione* (In: Skytte et al. 1999, pp. 419-83).

11. Questo argomento è stato trattato da Bente Lihn Jensen: *Karakteristik af perioden* (*Il periodo*) (In: Skytte et al. 1999, pp. 485- 565).

Bibliografia

Chafe, Wallace, L. (ed.) (1980): *The Pear Stories. Cognitive, Cultural, and Linguistic Aspects of Narrative Production*. Norwood, New Jersey: Ablex.

Coirier, Pierre, Daniel Gaonac'h & Jean-Michel Passerault (1996): *Psycholinguistique textuelle. Approche cognitive de la compréhension et de la production des textes*. Paris: Armand Colin.

Folman, Shushana & Gissi Sarig (1990): Intercultural rhetorical differences in meaning construction. *Communication & Cognition*, 23, 1, pp. 45-92.

Jansen, Hanne et al. (1996): *Mr. Bean – på dansk og italiensk/ Mr. Bean – in danese e in italiano. Rapport om en empirisk undersøgelse/Rapporto su un'indagine empirica*. København: Romansk Institut.

Langacker, R. W.(1987): *Foundations of Cognitive Grammar*. Vol. I. Stanford: Stanford University Press.

Langacker, R. W. (1991): *Concept, Image, and Symbol. The Cognitive Basis of Grammar*. Berlin, New York: Mouton de Gruyter.

Matthiessen, Christian & Sandra A. Thompson (1988): The structure of discourse and 'subordination'. In: Haiman, John & Sandra A. Thompson (ed.): *Clause Combining in Grammar and Discourse*. Amsterdam/Philadelphia: John Benjamins, pp. 275-329.

Skytte, Gunver (1997): L'apporto delle ricerche cognitive allo studio della testologia contrastiva. In: Carapezza, Marco, Daniele Gambarara & Franco Lo Piparo (a c. di): *Linguaggio e cognizione*. Roma: Bulzoni, pp. 155-60.

Skytte, Gunver et al. (1999): *Tekststrukturering på italiensk og dansk. Resultater af en komparativ undersøgelse/Strutturazione testuale in italiano e in danese. Risultati di una indagine comparativa*. Copenhagen: Museum Tusculanum Press.

Clause combining in danese ed in italiano

Bente Lihn Jensen
Copenaghen

1. Introduzione

In danese la paratassi frasale, cioè la paratassi di predicazioni, è più frequente che in italiano: fatto provato ad esempio da un'indagine svolta dall'autrice sulla struttura del periodo nei testi raccolti su mr. Bean e presentata in Skytte et al. (1999) ed in Jensen (1998). Un altro dato di fatto è che la paratassi frasale è considerata di più immediata leggibilità/interpretazione rispetto all'ipotassi (si vedano per l'italiano il *Manuale di stile* (1997) e per il danese - *og uden omsvøb tak!* (1981)), anche se esiste il pregiudizio che un uso esteso della paratassi frasale starebbe ad indicare una 'rudimentalità ideale' da parte del parlante.

In questa sede vogliamo discutere il costrutto danese illustrato alla Fig. 1.: monolinguisticamente per mettere in forse l'idea tanto diffusa che la paratassi di per sé renda immediatamente leggibile/interpretabile un brano di testo; interlinguisticamente per paragonarlo ai tipici equivalenti in italiano, e in un secondo tempo per far vedere le sue somiglianze con il costrutto al gerundio in italiano e la sua natura paraipottattica (termine adoperato in Solarino (1992) e (1996)).

Fig. 1 Il costrutto 'verbo *og* verbo'

soggetto + predicato + *og* + predicato
Peter + synger + og + er glad
(Pietro + canta-$_{PRESENTE}$ + e + esse-$_{PRESENTE}$ contento

Tratti distintivi:
- i due predicati sono collegati tramite la congiunzione *og*
- identità temporale dei due verbi
- il soggetto del secondo predicato non è realizzato linguisticamente

In altre parole con questo contributo intendiamo sostenere le tesi che la sintassi non sia necessariamente specchio fedele della rappresentazione mentale o psicolinguistica, e che nel singolo periodo tale 'infedeltà' sia maggiore in danese che non in italiano.

Per l'analisi psicolinguistica sarà adoperato il modello di analisi presentato in Matthiessen & Thompson (1985), il quale serve per l'analisi delle unità linguistiche più complesse della frase semplice: frase complessa, periodo, paragrafo, unità testuale o testo che sia. L'obiettivo dell'analisi in questione riguarda dunque il tipo di relazione che in una data unità testuale intercorre fra due o più frasi (o unità). Secondo Matthiessen & Thompson nel testo (o in una parte più o meno estesa di esso) la 'frase'[1] entra nel cosiddetto *clause combining* "combinazione frasale" oppure fa da *embedding* "inciso", si veda Fig. 2:

Fig. 2 La funzione psicolinguistica della 'frase'

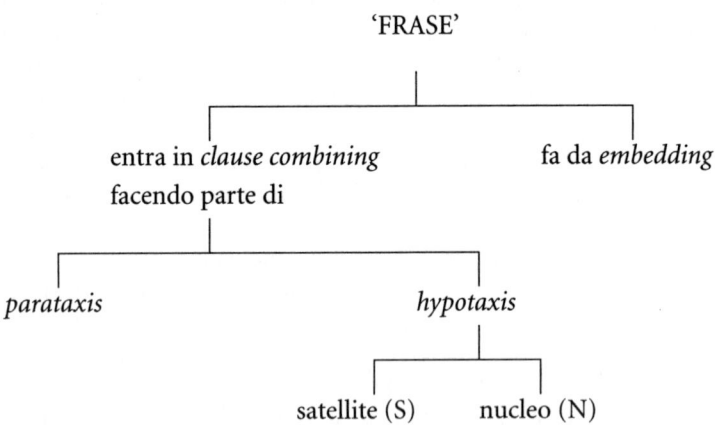

Nel *clause combining* la 'frase' fa parte o della cosiddetta *hypotaxis*[2], costituita da due componenti chiamati rispettivamente *nucleus* "nucleo" e *satellite* "satellite", oppure della cosiddetta *parataxis*[3], che sta ad indicare coordinazione, possibile con tutti e tre i componenti menzionati: nucleo con nucleo (si veda (I)4. e 9.), satellite con satellite, ed *embedding* con *embedding*.

Mentre la realizzazione prototipica del nucleo è una frase principale (o indipendente), quella del satellite è una frase ora secondaria (o subordinata) ora principale come illustrano gli esempi (I)1.-3. e (I)5.-8.

(I)   1.   Paolo non viene perché è raffreddato   (N – S)
        2.   Paolo non viene: è raffreddato.   (N – S)

Clause combining in danese ed in italiano 307

    3.   Paolo non viene. È raffreddato.   (N – S)
    4.   Paolo non viene. Ed è raffreddato.   (N – N)
    5.   Dato che è raffreddato, Paolo non viene.   (S – N)
    6.   Essendo raffreddato, Paolo non viene.   (S – N)
    7.   Paolo è raffreddato, perciò non viene.   (S – N)
    8.   Paolo è raffreddato. Non viene.   (S – N)
    9.   Paolo è raffreddato. E non viene.   (N – N)

2. Il costrutto danese: generalità
Illustrativi del costrutto danese presentato in Fig. 1. sono gli esempi (1)-(6)

(1)   *Peter er lægestuderende og arbejder på Kommunehospitalet.*
    Peter esse-$_{PRESENTE}$ medicostudente (= studente di medicina) e lavora-$_{PRESENTE}$ a Comuneospedale-il[4] (= all'Ospedale Comunale)

(2)   *Peter sang og spillede på guitar.*
    Peter canta-$_{PASSATO}$ e suona-$_{PASSATO}$ a chitarra (= suonare la chitarra)

(3)   *Peter skubbede bilen og fik den i gang.*
    Peter spinge-$_{PASSATO}$ macchina-la[5] e fac-$_{PASSATO}$ la ripartire

(4)   *Peter fulgte mit råd og holdt op med at ryge.*
    Peter segui-$_{PASSATO}$ mio consiglio e smette-$_{PASSATO}$ di fumare

(5)   *Peter rejste sig og tog sin guitar.*
    Peter alza-$_{PASSATO}$ si e prende-$_{PASSATO}$ sua chitarra

(6)   *Peter sad og spillede på guitar.*
    Peter sede-$_{PASSATO}$ e suona-$_{PASSATO}$ a chitarra (i.e. Peter stava suonando/ suonava la chitarra).

Come già accennato i tratti distintivi sono: 1. la presenza della congiunzione *og* "e", 2. l'identità temporale dei due verbi[6], e 3. la non-presenza del soggetto del secondo verbo.

C'è da notare che in danese la desinenza del verbo finito – a differenza di quella in italiano – indica soltanto il tempo (e il modo) non persona e numero (si vedano Jansen (1978:53) o Merolli (1977:65)). Per tale motivo pochi sono i casi in cui il soggetto di un verbo finito può essere 'omesso': tranne nel costrutto in questione l'"omissione" è permessa solo nel costrutto avversativo illustrato in (7) e nei casi di enumerazione di cui è un esempio (8) (in questi due esempi i verbi sono in neretto, sono sottolineati i soggetti, e Ø sta ad indicare soggetto non realizzato linguisticamente).

(7) Dernæst **prøver** <u>han</u> med slettelak, men Ø **bliver** nødt til at lukke bogen sammen, da <u>bibliotekaren</u> endnu en gang **passerer**. (DSA6, 24-25)
Poi prova-PRESENTE lui con cancellazione-inchiostro, ma diventa-PRESENTE costretto a chiudere libro-il, quando bibliotecario-il ancora una volta passa-PRESENTE

(8) <u>Mr. Bean</u> **bladrer** forsigtigt i bogen, Ø **tager** sit bogmærke, Ø **lægger** det i bogen og Ø **beundrer** illustrationerne. (DSA5, 14-15)
Mr Bean sfoglia-PRESENTE premurosamente in libro-il, prende-PRESENTE suo segnalibro, mette-PRESENTE lo in libro-il e ammira-PRESENTE illustrazioni-le.

Tornando ora agli esempi (1)-(6), constatiamo in base a test diversi presentati in seguito (v. Tab. 1), che gli esempi (1) e (6) si distinguono dagli altri in quanto essi non permettono l'analisi di *hypotaxis*: in (1) trattandosi della cosiddetta coordinazione di simmetria, la relazione fra i due componenti congiunti da *og* è quella di *parataxis*; in (6) invece abbiamo a che fare con una sola frase il cui verbo è formato dal verbo nucleo preceduto da un verbo semiausiliare di tipo aspettuale – o fasale come è chiamato in Jansen e Strudsholm (v. questo volume). Nel materiale raccolto su mr. Bean (per la presentazione dell'indagine empirica si veda Skytte in questo volume o Skytte et al. (1999)) il verbo semiausiliare è un verbo stativo tipo *stå* "essere/stare in piedi", *ligge* "essere sdraiato, giacere", *sidde* "essere/stare seduto, sedere"; di movimento non telico quale *gå*, *løbe*, "andare a piedi, correre" o di movimento direzionale telico come *komme* "venire", *gå/tage/komme ind/ud/hen/op/ned* "andare (a piedi)/venire/ entrare/uscire/salire/scendere"[7] (per la tipologia dei lessemi verbali si veda Durst-Andersen & Herslund (1996)).

I singoli esempi (2)-(5) possono invece essere interpretati come esempio ora di *hypotaxis* ora di *parataxis*. Nella lingua scritta le due interpretazioni non si distinguono – nemmeno nei casi in cui i due predicati sono divisi dalla virgola se non nell'esempio (5): in questo caso la virgola sta a segnalare che la parte che segue la virgola va interpretata come esempio di *parataxis*, interpretazione esplicitata in (5p), oppure come esempio di *hypotaxis* del costrutto temporale, interpretazione manifestata in (5h) – si vedano inoltre i commenti all'esempio (2) in seguito

(5p) Peter rejste sig, og tog (bagefter) sin guitar.

(5h) Peter rejste sig, og tog (samtidig) sin guitar. (Mens Peter rejste sig, tog han sin guitar).

Nella lingua parlata invece le due interpretazioni si distinguono più nettamente in quanto nell'interpretazione di *hypotaxis* i due predicati formano un solo gruppo tonale, mentre nell'interpretazione di *parataxis* essi ne formano due, separati da una breve pausa prima della pronuncia di *og* [ə].

Nell'interpretazione di *parataxis* dei singoli esempi (2)-(5) è possibile sostituire a *og* la congiunzione *samt* il cui significato equivale grosso modo all'it. *ed inoltre*: equivalenza che illustra in maniera eccellente il distacco delle due situazioni indicate dalle due parti del costrutto anche se in questo caso sono univocamente i due predicati ad essere coordinati visto che *samt* può coordinare sintagmi di qualsiasi tipo all'infuori della frase, come risulta dagli esempi di (II) in cui sono coordinati in 1. due aggettivi, in 2. due sostantivi, in 3. due predicati, in 4. due sintagmi preposizionali e in 5. due frasi, nella versione 5a. con lo stesso soggetto realizzato con *Peter* e il pronome personale *han* e in 5b. con due soggetti diversi: *Peter* e *Ib*

(II) 1. *Peter er tiltalende samt rig*
    Peter è simpatico samt ricco
2. *Peter købte brød samt vin*
    Peter comprò il pane samt il vino
3. *Peter skrev et brev samt sendte det*
    Peter scrisse una lettera samt la spedì
4. *Peter skal til Italien samt til Grækenland*
    Peter andrà in Italia samt in Grecia
5a. **Peter skrev et brev samt han sendte det*
    *Peter scrisse una lettera samt lui la spedì
5b. **Peter købte brød samt Ib købte vin*
    *Peter comprò il pane samt Ib comprò il vino

Nella versione di *hypotaxis*, invece, la modificazione con *samt* è esclusa. Nemmeno nella perifrasi verbale illustrata in (6) l'uso di *samt* è accettato.

In base a quanto detto finora riassumiamo che nella lingua scritta il costrutto di coordinazione 'verbo *og* verbo' è di tre tipi, il terzo dei quali non appartiene al *clause combining* in quanto forma una sola predicazione, non due (v. sopra)

1. costrutto univoco di *parataxis* (es. (1))
2. costrutto ambiguo: ora di *parataxis* ora di *hypotaxis* (ess. (2)-(5))
3. costrutto di perifrasi verbale (es. (6)) (cioè né di *parataxis* né di *hypotaxis*)

La suddivisione del costrutto ambiguo in quattro sottotipi è dovuta al tipo di relazione che nella lettura di *hypotaxis* intercorre fra le situazioni indicate dalle due parti del costrutto (nella interpretazione di *parataxis* invece la relazione è sempre temporale). La relazione è di tipo temporale, causale, esplicativo o finale-risultativo: perciò i sottotipi d'ora in poi saranno chiamati

1. costrutto temporale (es. (2))   (N – S/S – N)
2. costrutto causale (es. (3))   (S – N)
3. costrutto esplicativo (es. (4)) (N – S)
4. costrutto finale-risultativo (es. (5)) (N – S).

Le caratteristiche dei singoli costrutti saranno trattate nella prossima sezione.

3. I costrutti ambigui e i loro equivalenti in italiano
Nella lingua scritta, come già detto, i costrutti (2)-(5) sono ambigui in quanto isolatamente o fuori dal co-testo permettono un'analisi sia in termini di *parataxis* che di *hypotaxis*.

Per quanto riguarda la versione di *parataxis* in tutti i casi essa permette, oltre alla già menzionata possibilità di sostituire la congiunzione *samt* a *og*, questi due cambiamenti:

1. inserimento di uno dei connettivi *desuden* o *endvidere* "inoltre" nella seconda parte del costrutto

(2p) *Peter sang og spillede* **desuden** *på guitar.*

(3p) *Peter skubbede bilen og fik den* **desuden** *i gang.*

(4p) *Peter fulgte mit råd og holdt* **endvidere** *op med at ryge.*

(5p) *Peter rejste sig og tog* **desuden** *sin guitar.*

2. inserimento nella seconda parte del costrutto di un avverbiale temporale indicante il susseguirsi nel tempo, come *bagefter, derefter* "dopo", *så* "poi" o *senere* "più tardi"

(2p) *Peter sang og spillede* **bagefter/så/senere** *på guitar.*

(3p) *Peter skubbede bilen og fik den* **derefter** *i gang.*

(4p) *Peter fulgte mit råd og holdt* **senere** *op med at ryge.*

(5p) Peter rejste sig og tog **bagefter/så/senere** sin guitar.

Inoltre nell'esempio (5) (e probabilmente anche nell'esempio (4)), ma non negli esempi (2)-(3), l'inserimento del soggetto del secondo verbo disambigua il costrutto rendendolo univocamente costrutto di *parataxis*:

(5p) Peter rejste sig, og **han** tog sin guitar.

3.1.

Nel *costrutto temporale* (d'ora in poi abbreviato H-t), illustrato in (2), la relazione che intercorre fra le due situazioni indicate dai due predicati esprime contemporaneità. Come notato ad esempio in Solarino (1996:43ss) in riferimento al gerundio, la contemporaneità è di due tipi: coincidenza e inclusione. Di regola in caso di coincidenza sarà l'azione/l'attività menzionata per ultima a fare da satellite (v. (2h)) ma l'analisi non è obbligatoria, come vedremo fra poco (v. (2h')), probabilmente perché la coordinazione è, se non tutta simmetrica, quasi simmetrica.

In caso di inclusione invece sarà la situazione di durata più lunga ad essere analizzata in quel modo

(9) *Derpå bladrer han i bogen og opdager til sin rædsel at....* (DSA8,43-44)
     Poi sfoglia-PRESENTE lui in libro-il e scopri-PRESENTE per suo terrore che....
     (struttura: S – N)

Un modo di mettere in evidenza il satellite consiste nel sostituire a uno dei componenti del costrutto originario una frase secondaria con il verbo finito introdotta dalla congiunzione *mens* o dal connettivo *samtidig med at* "mentre". Come già detto, la sostituzione può essere praticata a ciascuno dei due componenti in caso di coincidenza, come illustrano i varianti (2h) e (2h') dell'esempio (2), mentre in caso di inclusione essa sembra applicabile solo a quell'elemento che indica la situazione di durata più lunga, come illustrano le due varianti (9h) e (9h')

(2h) Peter sang **mens han spillede på guitar**

(2h) Peter sang **samtidig med at han spillede på guitar.**

(2h') **Mens Peter sang,** spillede han på guitar.

(2h') **Samtidig med at Peter sang,** spillede han på guitar.

(9h) Derpå, **mens han bladrer i bogen,** opdager han til sin rædsel at....

(9h') *Derpå bladrer han i bogen **mens han til sin rædsel opdager at**.....

Un altro modo di esplicitare la relazione consiste nell'inserire nella seconda parte del costrutto l'avverbiale *samtidig* "allo stesso tempo", "contemporaneamente"

(2h)   *Peter sang og spillede **samtidig** på guitar.*

La struttura interna del costrutto temporale può essere N – S oppure S – N.

3.1.1.

Siccome il costrutto temporale non è molto frequente nel materiale raccolto su mr. Bean, qui facciamo ricorso a esempi di altra origine.

In italiano spesso la contemporaneità, sia di coincidenza (10)-(11) sia di inclusione (12), è espressa con il costrutto al gerundio:

(10)   Pietro cantava suonando la chitarra.

(11)   Pietro suonava la chitarra cantando.

(12)   Parlando con Pietro, Maria gli ha fatto vedere il modello della nuova casa.

3.2.

Nel *costrutto causale* (d'ora in poi abbreviato H-c), illustrato in (3), le due azioni/attività si susseguono. Il primo predicato sta ad indicare la causa dell'effetto espresso con il secondo predicato: la struttura interna è dunque sempre S – N.

Fra gli avverbiali che esplicitano tale relazione citiamo *således, dermed, derved* "così, in quel modo" o *derfor* "perciò" che possono essere inseriti nella seconda parte del costrutto

(3a)   *Peter skubbede bilen og fik den **derved/således** i gang.*

(13)   *Han.... ser at det bliver noget rod og forsøger sig (**derfor**) med en gang retteblæk.* (DSA8,29-30)
Lui... vede-$_{PRESENTE}$ che ciò diventa-$_{PRESENTE}$ qualcosa caotico e tenta-$_{PRESENTE}$ si (perciò) con una porzione correzione-inchiostro.

Clause combining in danese ed in italiano 313

(14) ... *indtil Mr. Bean sniger sig tilbage og snupper det bogmærke han havde lagt i bogen og dermed afslører sig selv.* (DSA9,33-34)
... finché Mr. Bean muove-di-nascosto-$_{PRESENTE}$ si indietro e aggrappa-$_{PRESENTE}$ il segnalibro lui mette-$_{PIUCCHEPPERFETTO}$ in libro-il, e così tradi-$_{PRESENTE}$ se stesso.

3.2.1.
Anche in questo caso l'equivalente prototipico in italiano è il costrutto al gerundio. In corrispondenza all'es. (14) troviamo nel materiale italiano queste realizzazioni linguistiche formate dalla frase principale preceduta in (15) e seguita in (16) dalla frase secondaria al gerundio. Siccome nel costrutto 'verbo *og* verbo' il procedere temporale è sempre cronologico, l'esempio (16) si distacca di più rispetto all'esempio (15) dal suo equivalente danese

(15) *(Ma ecco rientrare mr. Bean; ha dimenticato il segnalibro,) così* **recuperandolo** *si svela colpevole del danno.* (ISA14, 30-31)

(16) *..., ma si tradisce* **tornando** *a prendere il segnalibro che aveva dimenticato nel libro.* (ISA13,20-21).

3.3.
La struttura interna del *costrutto esplicativo* (in seguito abbreviato H-e), illustrato in (4), è sempre N – S in quanto la seconda parte del costrutto serve ad esplicitare il contenuto del primo predicato/di una parte del primo predicato

(17) .....*(han) begynder at lege med figurerne og opfører et skuespil med lyd og bevægelse* (DSB9,4-5)
... (lui) comincia-$_{PRESENTE}$ a giocare con figurine-le e da-$_{PRESENTE}$ una rappresentazione con suoni e movimenti.

Per evidenziare la relazione cognitiva che intercorre fra i due componenti è possibile inserire, sempre nella seconda parte del costrutto, l'avverbiale *således* "così"

(4a) *Peter fulgte mit råd og holdt* **således** *op med at ryge.*

Talvolta questo avverbiale può essere adoperato anche nell'H-c, ma il fatto che i due costrutti appartengano a due categorie diverse è provato dal test che prevede la sostituzione a uno dei predicati del corrispondente sintagma all'infinito introdotto da *ved at*: nell'H-c la sostituzione, che però non è sempre accettata, è applicabile al primo predicato (v.(3b)), mentre nell'H-e essa concerne il secondo predicato (v. (4b))

(3b) *Ved at skubbe bilen fik Peter den i gang.* /
 Peter fik bilen i gang ved at skubbe den.

(4b) *Peter fulgte mit råd ved at holde op med at ryge.*

Come risulta da (3b), il sintagma all'infinito dell'H-c può essere anche posposto. Se in (4b) invece il sintagma all'infinito sarà preposto alla frase col verbo finito, l'intero costrutto cambierà significato diventando esempio dell'H-c.

3.3.1.
Nel materiale italiano abbiamo trovato due realizzazioni diverse della rappresentazione mentale della relazione esplicativa: 1. l'uso dei due punti seguiti o da una frase col verbo finito (v. (18)) o dal sintagma all'infinito come in (19), e 2. la paratassi illustrata in (20)

(18) *[...] preso dal panico vede una via d'uscita quando l'altra persona seduta al tavolo si gira per mettersi la giacca: **scambia i libri**.* (ISA1/25-27)

(19) *Ecco che gli viene una brillante idea: sostituire al proprio libro quello del vicino [...].* (ISA8/27-28)

(20) *Quando e' ora di riconsegnare il libro, Mr. Bean escogita uno stratagemma e **scambia il suo libro con quello integro del severo signore**.* (ISA11/19-21)

L'*input* testualizzato nell'esempio danese (17) si ritrova più o meno identico nel materiale italiano illustrato in (21). In questo esempio non sappiamo però bene come interpretare il gerundio: è possibile interpretarlo come esplicativo e dunque equivalente all'esempio danese? o sta a segnalare il modo in cui gioca il signore?

(21) *Il protagonista è un buffo uomo che si diverte a **giocare** con i personaggi di un presepe **animandoli e inserendo animali e oggetti insoliti con lo scopo di provocare l'ilarità**.* (ISB9/2-3).

3.4.

Nel costrutto finale-risultativo (in seguito H-f) la congiunzione *og* deriva storicamente dalla parola *at* (v. Skautrup vol. IV (1970:151) che nel danese di oggi fa da congiunzione subordinante o da introduttore. In funzione di introduttore la sua pronuncia è identica a quella di *og* [ə], come risulta dalla trascrizione degli esempi (22) e (23) – equivalenti a "Peter va a comprare il gelato" in italiano

(22) *Peter skal hen at købe is.* [pe·də sga hœn ə kø·bə i·s]

(23) *Peter tager hen og køber is.* [pe·də ta' hœn ə kø·bə i·s]

Se invece la congiunzione deriva da *og*, il tipo di relazione è quello temporale illustrato in (24) che, come detto nella sez. 2., può essere ambiguo rispetto all'analisi del *clause combining*: fatto messo in evidenza dalle due versioni italiane dell'es. (24)

(24) *Peter rejste sig og tog sin guitar.* NB: *og* < *og*
   it. (24-h) *Alzandosi Peter ha preso la chitarra.*

   (24-p) *Peter si è alzato e ha preso la chitarra.*

Nel costrutto finale-risultativo la relazione che intercorre fra le due situazioni non è sempre finale-risultato come negli esempi finora citati: può essere solo finale. L'interpretazione dipende dal riferimento temporale dei verbi finiti: se indicano anteriorità rispetto al momento di enunciazione e/o di riferimento, l'azione indicata dal secondo predicato deve per forza essersi compiuta e la relazione sarà quella finale-risultativa: ciò spiega perché l'es. (26) non è accettato. Se invece l'azione espressa tramite il secondo predicato è posteriore rispetto al momento di enunciazione/riferimento, la sua realizzazione è facoltativa come risulta dall'es. (25) che grazie all'aggiunta *men da han kom tilbage havde han ikke købt nogen* ci fa capire che l'azione del comprare le sigarette non si è compiuta

(25) *Peter sagde: Jeg går hen på stationen og køber cigaretter; men da han kom tilbage havde han ikke købt nogen.*
   Peter dice-$_{PASSATO}$: Io anda-$_{PRESENTE}$ a stazione-la e compra-$_{PRESENTE}$ sigarette; ma quando lui torna-$_{PASSATO}$ ave-$_{PASSATO}$ lui non comprato alcuna

(26) **Peter gik hen på stationen og købte cigaretter; men da han kom tilbage havde han ikke købt nogen.*
   Peter anda-$_{PASSATO}$ a stazione-la e compra-$_{PASSATO}$ sigarette;...

Fra parentesi c'è da notare che la posizione del complemento locativo – in casu *på stationen* "alla stazione" – influisce sull'interpretazione cognitiva dell'intero costrutto: mentre in (25) abbiamo a che fare con un esempio di *hypotaxis*, con lo spostamento del complemento illustrato in (25)a il costrutto va analizzato come una sola frase del tipo illustrato in (6):

(25)a *Han gik hen og købte cigaretter på stationen.*

Questo fenomeno potrebbe essere paragonato, anche se non riguarda lo stesso componente, a quello italiano concernente la posizione dei pronomi atoni illustrato negli ess. (27)a e (27)b

(27)a *Gianni andrà a prenderla alla stazione*

(22)b *Gianni l'andrà a prendere alla stazione.*

Riprendendo il discorso di prima va notato che in danese lo spostamento del complemento locativo è inoltre possibile se a *og købte* è sostituito *for at købe* (v. (25)c): spostamento che però non influisce sull'analisi cognitiva

(25)c *Han gik hen for at købe cigaretter på stationen.*

Per rendere accettabile l'es. (25) la seconda parte del costrutto va sostituita con il corrispondente sintagma all'infinito introdotto da *for at* illustrato in (28)

(28) *Han gik hen på stationen for at købe cigaretter; men da han kom tilbage havde han ikke købt nogen.*

Nei costrutti finale-risultativi tale cambiamento è sempre possibile

(29) *(Da han opdager at bogens forfatning er slem,) finder han sin papirkniv frem og skærer resterne af de afrevne sider ud* (DSA8,42-43)
(Quando lui scopri-$_{\text{PRESENTE}}$ che libro-il-di[8] stato esse-$_{\text{PRESENTE}}$ brutto,) tira-$_{\text{PRESENTE}}$ lui suo tagliacarte fuori e taglia-$_{\text{PRESENTE}}$ rimasugli-i delle tolte pagine fuori (i.e. Quando vede in che modo è ridotto il libro, tira fuori il tagliacarte e taglia i rimasugli delle pagine tolte)

(29) a ... *finder han sin papirkniv frem for at skære resterne af de afrevne sider ud.*

3.4.1.
Uno degli *input* testualizzato da tutti gli studenti riguarda la fine dell'episodio della *Biblioteca*, in cui mr. Bean si rivela colpevole cioè, quando, dopo aver consegnato il libro del vicino e essersi così 'salvato', torna indietro per riprendersi il segnalibro dimenticato nel libro rovinato. Nella maggior parte dei testi scritti danesi si trova il costrutto finale-risultativo (v. (30)-(31)) al quale equivale nei testi scritti italiani prima di tutto il costrutto finale *per* + infinito (v. (33)-(34)) oppure *a* + infinito (illustrato in (35)). In danese si trova pure l'H-f formato dall'infinito introdotto da *for at* (v. (32))

(30) *I det samme kommer mr. Bean ind og tager sit bogmærke, som han havde glemt, ud af den ødelagte bog.* (DSA3, 25-27)

(31) ... *i det samme vender Mr. Bean tilbage og tager fat i sit eget bogmærke som jo sad i bogen* (DSA10,51-52)
... in quel momento torna-$_{PRESENTE}$ Mr. Bean indietro e aggrappa-$_{PRESENTE}$ in suo proprio segnalibro che esse-$_{PASSATO}$ in libro-il.

(32) ..., *vender han tilbage for at hente sit hæslige bogmærke, som han har glemt* (DSA4, 41-42)

(33) ..., *il buffo personaggio esce dalla biblioteca ma vi rientra subito* **per ritirare il suo segnalibro dimenticato** (ISA11,21-22)

(34) ..., *infatti torna dal bibliotecario, il quale si dimostrava (sic!) già indignato col poverino che si ritrovava col libro strappato,* **per riprendersi il segnalibro smarrito.** (ISA12, 13-15)

(35) ..., *l'altro ospite della biblioteca invece riporta la copia ridotta a pezzi e si troverebbe nei guai se il protagonista non tornasse indietro* **a riprendersi il segnalibro dimenticato nel testo.** (ISA5, 22-24)

Come equivalente alla parte dell'input messa in neretto negli esempi danesi (36) e (38), la quale costituisce la seconda parte del costrutto 'verbo *og* verbo', troviamo invece nel materiale italiano in più casi la frase relativa come illustrano gli esempi (37) e (39)

(36) (*Nu kommer også en dinosaurus ind, den går helt op i stalden, hvor den tilsyneladende angriber, Josef, Maria og Jesus,*) *men to tanks og robotten fra før kommer ind* **og skyder efter dinosauren.** (DSB9,20-22)
(per il significato si veda l'esempio seguente)

(37) *Spunta allora un dinosauro che cerca di impaurire la Madonna e Gesù bambino, ma arrivano dei carri armati (....)* **che sparano contro il dinosauro che fugge.** (ISB4, 12-15)

(38) *Endog flyver en engel, vedhængt en helikopter, henover julespillet og samler Jesu-barnet op ved hjælp af en magnet.* (DSB10,15-17)
Persino vola-PRESENTE un angelo, appeso-a un elicottero, su presepe-il e coglie-PRESENTE Gesù-bambino-il su con aiuto di una calamita.

(39) *Dal cielo compare anche un angelo, appeso a un elicottero militare, che per mezzo di una calamita sottrae il Bambino da quello che è ormai un campo di battaglia.* (ISB7,21-23)

Per il momento non siamo in grado di dare una spiegazione soddisfacente di tale differenza, ma vogliamo far notare che nella realizzazione italiana il verbo della predicazione principale è un verbo inaccusativo il cui soggetto è di forma indeterminata.

4. Conclusioni
Con questo articolo abbiamo voluto far vedere

A. monolinguisticamente
1. che il costrutto 'verbo *og* verbo' di per sé è estremamente opaco rispetto all'interpretazione psicolinguistica (sono state presentate ben otto analisi diverse)
2. che alla paratassi frasale corrisponde non soltanto la ben prevedibile *parataxis*, che può essere sia simmetrica (v. (1)) sia non-simmetrica (v. (2)-(5)), ma anche l'*hypotaxis*
3. che in caso di *hypotaxis* la relazione che intercorre fra nucleo e satellite è di diversi tipi non immediatamente distinguibili fra di loro
4. che per disambiguare il costrutto ci vuole l'inserimento di un avverbiale, la modificazione sintattica di una delle proposizioni, oppure la sostituzione di *samt* a *og*. Gli esiti di questi test sono illustrati nella Tabella 1

Tabella 1
Esiti dei test di disambiguazione applicati agli esempi (2)-(5)

	H-t	H-c	H-e	H-f	P
Inserimento del soggetto2	x	x	?		x
Sostituzione di *samt* a *og*					x
Sostituzione di *for at* + I a *og* + verbo				x	
Sostituzione di *ved at* + I a *og* + verbo			x		
Sostituzione di *ved at* + I al verbo1		(x)			
Inserimento di *samtidig*	x				
Inserimento di *således*		x	x		
Inserimento di *derfor*		x	x		
Inserimento di *desuden*					x
Inserimento di *bagefter*					x
Inserimento di virgola	x	x	x		x

Abbreviazioni:
H-t: costrutto di *hypotaxis* temporale
H-c: costrutto di *hypotaxis* causale
H-e: costrutto di *hypotaxis* esplicativo
H-f: costrutto di *hypotaxis* finale-risultativo
P: costrutto di *parataxis*
I: frase all'infinito
x: realizzazione possibile

B. interlinguisticamente
1. che la suddetta opacità del costrutto danese non si ritrova nella stessa misura in italiano visto che nei casi di *hypotaxis* l'italiano fa tipicamente ricorso all'ipotassi. In questa sede per motivi di spazio abbiamo dovuto tralasciare la descrizione dei costrutti di *parataxis* in italiano
2. che mentre in danese nel campo di *hypotaxis* le varie relazioni possono essere espresse tutte con lo stesso costrutto, ciò non è possibile in italiano. Come risulta dalla Tabella 2, che contiene le informazioni date nella sezione 3, in italiano i costrutti variano a seconda del contenuto.

Tabella 2
Tipici equivalenti italiani del costrutto danese in versione di *hypotaxis*

H-t	costrutto al gerundio	(v.(10)-(12))
H-c	costrutto al gerundio	(v. (15)-(16))
H-e	due punti + frase principale	(v. (18))
	due punti + frase all'infinito	(v. (19))
	costrutto di coordinazione	(v. (20))
	??costrutto al gerundio	(v. (21))
H-f	*a* + frase all'infinito	(v. (35))
	per + frase all'infinito	(v. (33)-(34))
	frase relativa	(v. (37) & (39))

Traendo le somme concludiamo che
1. il costrutto danese chiamato 'verbo *og* verbo', il quale morfosintatticamente è un costrutto paratattico, risulta di gran lunga più ambiguo o opaco di qualsiasi dei suoi equivalenti in italiano
2. il fatto che l'interpretazione del costrutto dipenda dal suo co-testo e/o dal suo contesto smentisce l'idea menzionata nell'Introduzione che la paratassi di per sé sarebbe di più immediata interpretazione rispetto al costrutto ipotattico.

Prima di chiudere vogliamo far notare che in italiano il costrutto più simile al costrutto 'verbo *og* verbo' in danese riteniamo sia il costrutto al gerundio.
Come il costrutto danese anche quello al gerundio in italiano entra nel *clause combining* oppure in una sola frase o *clause*. Nella frase il gerundio è costituente nelle perifrasi verbali formate dal gerundio preceduto dal semiausilare *stare, andare* o *venire*. Nel *clause combining* il costrutto al gerundio più frequentemente fa da satellite in un costrutto di *hypotaxis* ma non esclusivamente: nei costrutti di *parataxis* si trova il cosiddetto 'gerundio di coordinazione'[9].
In Solarino (1992) & (1996) il gerundio è chiamato forma **paraipotattica** in quanto esso prototipicamente (cioè nel *clause combining*) è ipotattico al livello morfosintattico, mentre al livello psicolinguistico è ora ipotattico (o con la terminologia di quest'articolo entra in una struttura di *hypotaxis* dove fa da satellite) di diverso tipo: causale, temporale, strumentale, condizionale, ora paratattico (o con l'attuale terminologia entra in una struttura di *parataxis*). Come il costrutto italiano anche quello danese può dirsi paraipotattico: contiene uno o due predicati (uno in (6) due in (1)-(5)), e nel secondo caso anche esso è univoco rispetto all'analisi morfosintattica ed ambiguo rispetto all'interpretazione psicolinguistica.

Clause combining in danese ed in italiano 321

Va notato però come illustrato alla Tabella 3, che pur essendo simili, i due costrutti non sono identici: al livello morfosintattico il costrutto con due predicati è ipotattico in italiano e in danese paratattico. Dal punto di vista tipologico si tratta di una delle differenze primarie fra le due lingue.

Tabella 3
Confronto del costrutto 'verbo *og* verbo' in danese con il costrutto al gerundio in italiano

		LIVELLO MORFOSINTATTICO	LIVELLO PSICOLINGUISTICO	
DANESE		paratassi	*parataxis*	(1)-(5)
			hypotaxis	(2)-(5)
		perifrasi verbale	*clause*	(6)
ITALIANO		ipotassi	*hypotaxis*	
			parataxis (gerundio di coordinazione)	
		perifrasi verbale	*clause*	

Note

1. Per 'frase' intendo frase semplice, frase principale, frase secondaria, frase complessa o unità linguistica di maggiore complessità che a un dato livello dell'analisi psicolinguistica costituisca un'unità.
2. Questo termine rimarrà inalterato per evitare di confondere i due livelli, cognitivo e sintattico. Il termine 'ipotassi' invece sarà usato esclusivamente nella descrizione sintattica.
3. Anche questo termine rimarrà inalterato per gli stessi motivi menzionati nella nota precedente. Il termine 'paratassi' verrà adoperato dunque solo nella descrizione sintattica.
4. *-il* sta ad indicare che la determinazione in danese è espressa tramite la desinenza (in questo caso *-et*). Per ulteriori informazioni si veda Jansen (1978:23) o Merolli (1977:23).
5. *-la* sta ad indicare che in danese l'articolo determinato' è una desinenza (in questo caso *-en*). Veda inoltre la nota 4.
6. Per questo motivo l'esempio (A) non appartiene al costrutto 'verbo *og* verbo' dato che le forme verbali sono diverse rispetto al tempo: il primo è al perfetto (*har rejst sig* "si è alzato"), il secondo al presente (*står* "è in piedi")
   (A) *Den anden mand har rejst sig og står med ryggen mod mr. Bean.*
   (DSA10,44)
7. In italiano le tre forme corrispondono grosso modo a queste perifrasi:
   - *stare* + gerundio (l'equivalente di verbo stativo + verbo nucleo)
   - *andare (in giro)* + gerundio (l'equivalente di verbo di movimento non telico + nucleo)
   - *andare/venire a* + infinito.

8. -*di* corrisponde alla desinenza -*s* in danese che indica il genitivo (v. Jansen (1978:25) o Merolli (1977:36)).
9. Citiamo dalla *GGIdC* vol II:588 l'esempio (B) contenente il gerundio coordinato
   (B)*Siamo partiti all'alba, arrivando solo a tarda sera.*
   Per la definizione del termine si veda *GGIdC* II:588ss oppure Solarino (1996:109ss).

Bibliografia

Durst-Andersen, Per & Michael Herslund, 1996, The syntax of Danish verbs: Lexical and syntactic transitivity. In: Engberg-Pedersen, Elisabeth et al. (eds), *Content, Expression and Structure. Studies in Danish functional grammar*, 65-102, Amsterdam/Philadelphia, John Benjamins Publishing Company.

Fioritto, Alfredo (a cura di), 1997, *Manuale di stile. Strumenti per semplificare il linguaggio delle amministrazioni pubbliche*, Bologna, Il Mulino.

GGIdC: v. Renzi et al., 1988-1995.

Jansen, Steen, 1978, *Lingua danese – elementi strutturali*, Roma, Bulzoni.

Jensen, Bente Lihn, 1998, Strutturazione dei periodi in italiano e in danese. In: Navarro Salazar, Maria Teresa (a cura di), *Italica Matritensia, Atti del IV Convegno SILFI (Madrid, 27-29 giugno 1996)*, Firenze, Franco Cesati Editore pp 259-278.

Jensen, Bente Lihn, 1999, Karakteristik af perioden/(Il periodo). In: Skytte, Gunver, Iørn Korzen, Paola Polito & Erling Strudsholm (red./a cura di).

Matthiessen, Christian & Sandra A. Thompson, 1988, The structure of discourse and 'subordination'. In: Haiman, John & Sandra A. Thompson (eds.), *Clause combining in grammar and discourse*, Amsterdam/Philadelphia, John Benjamins Publishing Company.

Merolli, Carlo, 1977, *Appunti di grammatica e lingua danesi*, Roma, Bulzoni.

-og uden omsvøb tak!, 1981, Bent Møller, Statens Informationstjeneste i samarbejde med Erik Hansen, Dansk Sprognævn, Statens Informationstjeneste.

Renzi, Lorenzo et al. 1988-1995, *Grande grammatica italiana di consultazione* I-III, Bologna, Il Mulino.

Skautrup, Peter, 1944-1970, *Det danske sprogs historie* I-V, København, Gyldendals boghandel, Nordisk Forlag.

Skytte, Gunver, Iørn Korzen, Paola Polito & Erling Strudsholm (red./a cura di), 1999, *Tekststrukturering på italiensk og dansk. Resultater af en komparativ undersøgelse. Strutturazione testuale in italiano e in danese. Risultati di una indagine comparativa*, København, Museum Tusculanum.

Solarino, Rosaria, 1992, Fra iconicità e paraipotassi: il gerundio nell'italiano contemporaneo. In: Moretti, B., D. Petrini, S. Bianconi (a cura di), *Linee di tendenza dell'italiano contemporaneo*. Atti del XXV congresso internazionale della SLI, 155-170, Roma, Bulzoni.

Solarino, Rosaria, 1996, *I tempi possibili. Le dimensioni del gerundio italiano.* Quaderni Patavini di Linguistica Monografie 15, Padova, Unipress.

Sintassi anaforica, deverbalizzazione e relazioni retoriche
Uno studio comparativo italo-danese

Iørn Korzen
Copenaghen

1. Introduzione. La codificazione anaforica

Che vi sia una relazione, o interazione, tra la strutturazione di un testo e il materiale delle espressioni anaforiche dello stesso testo non è una scoperta nuova, anzi diversi studiosi dell'ultimo ventennio – soprattutto nell'ambito della linguistica testuale americana – hanno dimostrato che c'è una chiara interdipendenza tra la struttura testuale e la sintassi anaforica interfrasale.

Uno dei primi ad interessarsi del materiale anaforico in prospettiva testuale è stato Talmy Givón, che ha esposto l'importante correlazione fra "accessibilità" topicale e codificazione, o marcatura, delle anafore: si può parlare di un principio iconico, secondo cui più testualmente accessibile, o prevedibile, è un elemento, e meno marcata è la sua ripresa, principio che Givón illustra nella seguente scala:

(1) *topic più accessibile*
   materiale anaforico:
   (a) anafora-Ø (di forme verbali infinite e nominalizzazioni)
   (b) pronomi clitici / accordo grammaticale (soggetto "zero" di verbi finiti)
   (c) pronomi personali liberi
   (d) SN dislocato a destra
   (e) SN con articolo determinativo
   (f) SN o pronome dislocato a sinistra
   (g) topicalizzazione contrastiva
   (h) costrutti scissi o focalizzati
   (i) sintagma nominale con articolo indeterminativo
   topic meno accessibile (cf. Givón 1983: 17)

Le anafore (a) e (b) possono dirsi **non marcate**, mentre (c)-(h) sono **anafore marcate**: (c) fonologicamente, (d), (e), (f) lessicalmente, (d), (f) e (h) posizionalmente e (g) prosodicamente.

2. Gerarchia topicale

Per **topic** intendiamo, seguendo la definizione di Givón, le entità testualmente ricorrenti di cui "parlano" (cioè su cui forniscono informazione) le singole proposizioni. Già nel 1976 Givón (1976: 152) aveva presentato una serie di gerarchie semantico-pragmatiche della probabilità che una data entità diventi topic di comunicazione umana:

(2)   a   [+ umano] > [÷ umano]
       b   [+ definito] > [÷ definito]
       c   partecipante più coinvolto > partecipante meno coinvolto
       d   1. persona > 2. persona > 3. persona

Tali gerarchie corrispondono normalmente alla gerarchia dei ruoli semantici, citata in (3):

(3)   agente > esperiente > oggetto > locativo

(gerarchia che può cambiare per esempio se una distribuzione particolare del *tema* e del *rema* comporta una costruzione al passivo o simile) e rispecchiano l'egocentrica visione del mondo che l'uomo ha: la sua tendenza antropocentrica di vedere se stesso come agente attivo e di parlare preferibilmente di se stesso o di individui con cui si può identificare.

Data la gerarchia di (3), il topic viene normalmente grammaticalizzato come soggetto della frase[1], ma può essere espresso per esempio anche nel complemento dativo (con il ruolo semantico di esperiente), cf. (4), o nel complemento oggetto, cf. (5), quando i ruoli semantici grammaticalizzati come tali complementi siano quelli gerarchicamente più alti della frase:

(4)   a   *Al nostro comico personaggio* va tutto bene, e fa per andarsene (ISA1)[2]
       b   Facendo così però *gli* si staccano tutte le altre pagine del libro, preso dal panico vede una via d'uscita quando l'altra persona seduta al tavolo si gira per mettersi la giacca: scambia i libri. (ISA1)

(5)   Entrando nell'aula, *mi* ha molto sorpreso vedere quanti studenti erano venuti[3].

Denominerò la posizione sintattica che ospita il topic della frase, la **posizione topicale**. Gli ess. (4b) e (5) contengono casi del cosiddetto **costrutto a continuità topicale inerente** (Berretta 1990; Korzen 1997, 1999) con catafore-Ø, cf. (1a): le forme verbali infinite *Facendo così; preso dal panico; Entrando nell'aula* rimandano al topic seguente e non permettono "topic-shift"; ma su questo torneremo in seguito.

Determinante per l'accessibilità topicale – e quindi per il materiale anaforico – è, secondo Givón, soprattutto la distanza lineare dall'antecedente, cioè il numero di confini di frase tra antecedente e anafora, e l'interferenza semantica, cioè la presenza di altri elementi testuali che rendono necessaria l'esplicitazione lessicale dell'anafora. Invece il modello di Givón non prende in considerazione la strutturazione del testo in unità, o sequenze testuali, un fattore che però risulta altrettanto importante, come è stato dimostrato in seguito per l'inglese da Fox (1987a, 1987b, 1987c) e da Tomlin (1985, 1987), e per l'italiano da Berretta (1990). Si può constatare una tendenza generale all'uso di anafora marcata in posizione iniziale di sequenza testuale e di anafora non marcata in posizione non iniziale di sequenza: mentre un sintagma nominale anaforico è lessicalmente indipendente dal testo precedente[4], e quindi più atto ad esprimere un certo distacco da esso, l'anafora non marcata ne è invece semanticamente dipendente ed esprime dunque in sé una coesione più forte nei confronti del testo precedente[5].

Nelle pagine seguenti presenterò e cercherò di spiegare, secondo un approccio psico-cognitivo, alcune differenze di distribuzione delle varie anafore in italiano e in danese alla luce della strutturazione delle varie unità testuali e alla luce di specifiche differenze tipologiche inter- ed intralinguistiche. Premetto subito che discutendo di materiale anaforico ci si muove in un ambito che raramente offre soluzioni e regole assolute; piuttosto bisogna parlare di forti tendenze, spesso dipendenti dalla tipologia e dal registro dei testi in questione, nonché dalla variante diamesica. Per il poco spazio concessomi in questa sede mi limiterò ai testi narrativi; più precisamente mi baserò sul corpus realizzato nell'indagine empirica di un progetto contrastivo italo-danese, avviato e finanziato dal CNR danese (per informazioni bibliografiche si veda la nota 2), e le pagine seguenti sono intese piuttosto come la descrizione di una metodologia che considero utile per esaminare e confrontare l'interdipendenza tra sintassi anaforica e strutturazione testuale in lingue diverse.

3. L'anafora marcata

La distribuzione tendenziale di anafore marcate e non marcate citata sopra viene confermata nel corpus usato: in Korzen (1997) e (1999) ho riportato ampia documentazione di uso di anafora marcata in posizione iniziale di sequenza testuale (indipendentemente dalla distanza dall'ultima menzione della stessa entità) e di uso di anafora non marcata in posizione non iniziale di sequenza; in (6)-(7) cito alcune parti di due testi "tipici":

(6) Videoen er med Mr. Bean og foregår på et bibliotek. Den starter med at Mr. Bean sniger sig ind på biblioteket og giver bibliotekaren en seddel med navnet på den bog, han gerne vil kigge i. Derefter sniger han sig hen til et bord og forsøger at sætte sig lydløst, men hans stol knirker. Den anden læser ved bordet kigger op.
Mr. Bean tager nogle ting op af sin taske. Han prøver at åbne sit penalhus uden at støje, men lynlåsen laver en lyd. [...] Mr. Bean forsøger at få hikken til at forsvinde ved at holde vejret, og laver de mærkeligste ansigter. Da han efter et stykke tid begynder at trække vejret igen, er hikken ikke forsvundet.
Mr. Bean tager et par hvide handsker på, og får den bog han har bestilt af bibliotekaren. Mr. Bean fjerner et støvkorn fra en side, og lægger sit bogmærke i. Derefter bladrer han to sider frem. Han tager et stykke kalkérpapir frem og lægger det over en side i bogen. [...] Mr. Bean river de ødelagte sider ud af bogen, idet han lader som om han pudser næse. Derefter tager han en hobbykniv op af sin taske for at skære resten af de afrevne sider væk. Da han har gjort det, opdager han at alle siderne i bogen er blevet løse.
Bibliotekaren kommer og giver tegn til, at det er ved at være lukketid. Den anden læser lukker sin bog, og rejser sig op for at strække ryggen. Mens han vender ryggen til, bytter Mr. Bean om på deres bøger, [...]
(DSA9)

(7) Il secondo video è costituito da una gag, come il primo. La situazione comica è ambientata in una biblioteca. Il protagonista vi si reca per prendere in visione un libro; si tratta di una biblioteca in cui sono conservati codici e libri antichi, di alto valore. Ciò contribuisce alla comicità della scena e viene abilmente sfruttata dal protagonista.
La comicità è data proprio grazie all'uso di ciò che costituisce l'essere in una biblioteca ed i suoi elementi sono sforzati in modo da arrivare alla paradossalità e suscitare il riso.
L'attore protagonista, in fatti, entra in biblioteca con molta circospezione, stando attento a non far rumore. Parla a gesti con il custode, gli indica il libro che vuole prendere in visione attraverso un bigliettino e lo ringrazia muovendo solamente la bocca, senza emettere suono alcuno.
Il pavimento [anafora indiretta o "sub-topic"] è di legno e come ogni pavimento del genere ha dei punti in cui cigola: ecco che allora l'attore incomincia a tastare con i piedi i punti su cui può passare per evitare rumori che possano disturbare gli studiosi. [...]

Sintassi anaforica, deverbalizzazione e relazioni retoriche 327

L'acme della scena si raggiunge quando il custode porta il libro al protagonista. Libro pregiato come si diceva. E la scena viene giocata tutta sulla preziosità del libro.
Il protagonista incomincia a sfogliare il libro e a segnare le pagine con un segnalibro gigante e con caratteristiche infantili. [...]
La biblioteca chiude. Il nostro protagonista verrà ad essere scoperto una volta effettuato il controllo sul libro da parte del custode. [...] (ISA4)

Come si vede, molte delle anafore marcate – ma non tutte – coincidono con il cambiamento di capoverso: infatti spesso – ma non sempre – il cambiamento di sequenza è indicato in testi scritti da un cambiamento di capoverso; vedi di seguito[6].

E' però importante premettere che qui si parla di anafore con **funzione topicale** nella data frase. Come ho dimostrato prima, cf. Korzen (1998b) e Korzen (1999), la ripresa marcata di un'entità non topicale è molto frequente anche in posizione interna di sequenza dato il suo rango basso nelle gerarchie di (2)-(3), soprattutto se l'antecedente è sintatticamente subordinato e/o se l'anafora sale di "rango"; in casi come (8)-(9) si verificano tutti e due questi fenomeni:

(8)   Anche in questo caso cerca di fare del suo meglio, ma si rivela estremamente maldestro: dopo aver appoggiato una velina su una pagina d*el libro*, starnutisce fragorosamente e sporca *il libro*. (IS13A)

(9)   [...] decide a questo punto di strappare il foglio celando il rumore provocato con un finto starnuto e rifilando quanto rimasto attaccato alla rilegatura de*l libro* con un taglierino riducendo in tal modo *il libro* in pezzi. (IS5A)[7]

Se l'entità sale fino a rango topicale, per cui si ha un cambiamento di topic, un **topic-shift**, ci vuole generalmente un'anafora marcata, pure in caso di brevissima distanza dall'antecedente:

(10) Un uomo entra in una biblioteca. Mostra un foglio al*la persona addetta$_i$, questo$_i$* gli fà segno di accomodarsi, mentre lui va a prendere il libro richiesto. (IS1A)

(11) Con passo felpato [...] si dirige al tavolo di lettura suscitando un principio di insofferenza ne*l suo vicino di posto$_i$*. Ma *l'ignaro signore$_i$* non sa ancora cosa dovrà aspettarsi dal suo vicino. (IS10A)[8]

L'anafora marcata in funzione topicale è interessante per uno studio testuale, sia per la sua qualità, cioè per il materiale linguistico e lessicale, sia per la sua quantità, cioè per la frequenza.

Lessicalmente si nota in alcuni testi, fra cui (6), la spiccata presenza di **anafore concrete di nome d'agente** (*Mr. Bean* e *il bibliotecario*), mentre in altri testi, fra cui (7)[9] risultano altrettanto frequenti le **anafore astratte** che incapsulano l'intera sequenza precedente valutandone qualitativamente il contenuto (per esempio *la comicità, la situazione comica, la gag*). Il contenuto semantico delle anafore marcate è indicativo fra l'altro del macroatto della sequenza in cui occorrono: le anafore concrete di nome d'agente sono tipiche di sequenze il cui macroatto è **il riferimento/la presentazione**, mentre le anafore astratte – che sono più frequenti nei testi italiani del corpus – sono tipiche di sequenze il cui macroatto è **la valutazione/l'interpretazione**; cf. anche Jansen et al. (1997: 52 sgg.). (Si noti infatti come i testi di (6) e (7) e di nota 9 comincino in modo quasi uguale per poi prendere due "strade" diverse).

La frequenza e la tipologia delle anafore sono invece, come accennato, indicative della strutturazione testuale e della grammaticalizzazione delle singole sequenze; inoltre, come vedremo in sez. 5 sotto, possono essere indicative anch'esse di una differenza tendenziale tra **il riferire** e **l'interpretare**.

4. La strutturazione testuale

Secondo l'approccio cognitivo, l'organizzazione di un testo (narrativo) in unità testuali dipende dall'interpretazione dell'andamento extralinguistico narrato e della sua divisione in "episodi" o "eventi". Tale interpretazione dipende a sua volta dalla cosiddetta "allocazione di attenzione" ("attention allocation") da parte dell'interpretante, la quale è guidata da processi psico-cognitivi: finché il flusso di informazione è ininterrotto, l'interpretante rimane nella stessa "immagine", nello stesso "frame". Invece un cambiamento del "fuoco di attenzione" – che può occorrere per vari motivi, per esempio per un cambiamento temporale, spaziale, di evento o di partecipanti – comporta una interruzione del flusso di informazione e crea nell'interpretante una divisione psicologica che determina la sensazione di confine tra due episodi (cf. Tomlin 1985 e 1987).

Un episodio, o "paragrafo concettuale", può quindi essere definito come un'unità semantica che consiste di proposizioni unite e guidate dallo stesso tema macroproposizionale. La relazione tra le varie proposizioni dell'unità può essere di subordinazione o di coordinazione a seconda dell'interpretazione di centralità o di marginalità rispetto all'episodio in questione: la struttura interna dell'unità può essere di natura gerarchica, cioè di **nucleo sovraordinato** e uno o più **satelliti subordinati**, o di natura coordinata con più parti di pari livello strutturale, la cosiddetta **relazione di lista** ("list-rela-

Sintassi anaforica, deverbalizzazione e relazioni retoriche 329

tion"). Un satellite subordinato può contenere varie informazioni di *background*, per esempio circostanza temporale o spaziale, causa, motivazione, conseguenza o altra elaborazione dell'evento nucleare, e tipicamente un satellite non ha un senso chiaro senza il nucleo sovraordinato[10].

Ogni episodio, o unità concettuale, viene grammaticalizzato come una sequenza testuale, che può essere di struttura paratattica o ipotattica; le singole proposizioni possono essere grammaticalizzate come frasi principali, come frasi subordinate a verbo finito, come frasi a verbo infinito, o come nominalizzazioni. Non vi è una relazione automatica tra coordinazione / subordinazione retorica e coordinazione / subordinazione sintattica; a livello sintattico bisogna distinguere soprattutto tra proposizioni in funzione di argomento di valenza (complementi soggetto, oggetto e predicativo), le quali svolgono un ruolo direttamente legato al verbo principale per cui non necessariamente possono dirsi retoricamente subordinate, e proposizioni in funzione di aggiunta libera/avverbiale, le quali invece modificano il resto della frase cui sono dunque retoricamente subordinate. (Più in dettaglio si veda Korzen 1999: sez. 2.3).

Come vedremo di seguito, narratori diversi possono interpretare diversamente lo stesso andamento narrato o, per esempio, collegare diversamente le singole parti dei vari episodi, così come si possono manifestare sequenze testuali a vari livelli del testo: dalla "sequenza dominante", che ingloba tutte le sequenze del testo incorporandone il valore illocutorio generale, a sequenze minime non ulteriormente suddivisibili, cf. anche Fox (1987b: 362), Conte (1991: 12) e Rigotti (1993: 51-52).

Il cambiamento di sequenza testuale, il trapasso cognitivo da una "immagine" ("frame") – o "spazio mentale" – ad un'altra dovuto ad un cambiamento del fuoco di attenzione, può essere grammaticalizzato in vari modi nella lingua: per esempio da avverbi di tempo o di spazio, da connettivi, da verbi perfettivi (transitivi o inaccusativi), da segnali discorsivi o commenti metatestuali, da cambiamenti da discorso indiretto a discorso diretto, ecc.[11] — oppure da anafore marcate. In testi scritti può essere segnalato inoltre da un semplice cambiamento di capoverso, in testi orali da un cambiamento di intonazione.

5. Differenze inter- ed intralinguistiche

L'anafora marcata in posizione topicale di frase può essere quindi segnale o di un semplice cambiamento di topic, cioè dello spostamento del fuoco di attenzione da un'entità ad un'altra all'interno dello stesso evento, cf. (10)-(11)[12], o di un cambiamento di evento e, con ciò, di sequenza testuale, cf. (6)-(7). Il cambiamento di topic coincide sempre con il cambiamento di unità testuale a un livello più o meno alto (sequenza o parte nucleare/satellite di sequenza): con la definizione di topic seguita qui, non si possono avere, nella stessa unità testuale minima (nucleo o satellite), due topic – eventualmente collettivi – diversi.

La frequenza statistica di tali anafore può dunque dirci qualcosa di fondamentale sulla strutturazione di un testo in unità. Nella figura seguente cito i risultati di un calcolo statistico su tutte le anafore marcate in posizione topicale di frase delle narrazioni del filmino con Mr. Bean, *La Biblioteca*:

(12) **Frequenza e tipologia delle anafore topicali, I** (numeri medi)

	anafore marcate	anafore non marcate
testi italiani scritti:	14,50 %	85,50 %
testi italiani orali:	19,07 %	80,93 %
testi danesi scritti:	28,37 %	71,63 %
testi danesi orali:	13,96 %	86,04 %

I numeri palesano delle differenze notevoli soprattutto fra i testi scritti italiani e i testi scritti danesi: questi ultimi scelgono, con una frequenza quasi doppia, di cambiare topic e/o sequenza testuale, fenomeno indicativo di una maggiore tendenza al cambiamento del fuoco di attenzione in danese scritto che in italiano.

Tali differenze vanno considerate alla luce della frequenza statistica di un'altra anafora che ci può dire di più sulle differenze fra strutturazione testuale in italiano e in danese: l'anafora "zero" delle **forme deverbalizzate** (verbi infiniti e nominalizzazioni), cf. (1a), ossia i costrutti a "continuità topicale inerente", cf. anche (4b)-(5):

(13) **Frequenza e tipologia delle anafore topicali, II** (numeri medi)

	anafore zero di forme deverbalizzate	altre
testi italiani scritti:	47,25 %	52,75 %
testi italiani orali:	27,19 %	72,81 %
testi danesi scritti:	12,25 %	87,75 %
testi danesi orali:	6,40 %	93,60 %

I numeri parlano da sé: anche se si verifica una certa oscillazione soprattutto nei testi scritti, possiamo dire che le anafore zero delle forme deverbalizzate occorrono mediamente circa quattro volte più spesso in italiano che in danese, e circa due volte più spesso nei testi scritti che nei testi orali.

La scelta tra costrutto con verbo finito e costrutto deverbalizzato dipende in parte da abitudini linguistiche e tradizioni retoriche e scolastiche[13], in parte da caratteristiche tipologiche delle lingue. **Intralinguisticamente**, più alto

Sintassi anaforica, deverbalizzazione e relazioni retoriche

è il registro e il livello di formalità e più frequenti sono i costrutti infiniti e le nominalizzazioni: nel nostro materiale abbiamo infatti notato un registro piuttosto alto in molti testi scritti italiani, e perfino in alcuni orali, mentre i testi danesi sono generalmente caratterizzati da uno stile informale e "parlato".

Interlinguisticamente si verifica, tra l'italiano e il danese, una serie di differenze sintattico-tipologiche che comportano appunto una più alta frequenza di costrutti infiniti in italiano che in danese; fra l'altro:

(14) a il gerundio non esiste in danese;
     b l'uso del participio in funzione di attributo e in funzione di predicativo libero è generalmente più raro in danese che in italiano;
     c l'uso del participio in costrutti assoluti non esiste in danese;
     d la nominalizzazione di eventi e di azioni è generalmente più rara in danese che in italiano (in dipendenza dalla tipologia e dal registro testuali).

Le differenze qui citate[14] operano tutte sulle **proposizioni satellite** – o meglio: sulle proposizioni **interpretate** dal parlante come satelliti – delle sequenze testuali. Il gerundio di frase esprime spesso causa, conseguenza, circostanza temporale, azione consecutiva o altra elaborazione dell'evento centrale, contenuti tipici, come abbiamo detto, delle proposizioni satellite. Il participio passato di verbi perfettivi esprime tipicamente il risultato o lo stato risultante di un'azione verbale, per cui l'azione stessa viene **presupposta** e dunque collocata in un *background* narrativo. In modo simile la nominalizzazione grammaticalizza un evento o un'azione come **entità** (di secondo ordine) **presupposta** rispetto agli eventi del primo piano, entità che può in sé fungere da argomento di un predicato.

La particolare subordinazione narrativa di un satellite infinito o nominalizzato – fenomeno dunque molto più frequente in italiano (soprattutto scritto) che in danese – è dovuta ad una particolare subordinazione pragmatica e semantica: di solito il satellite "desentenzializzato" non può esplicitare il proprio topic (per cui la denominazione "costrutto a continuità topicale inerente")[15], né esprime in se stesso un valore modale, temporale o aspettuale; la forma verbale infinita e la nominalizzazione possono dirsi **non marcate** rispetto a questi tratti, che invece vengono assunti dalla proposizione sovraordinata o comunque interpretati in base ad essa. Infatti, a seconda del **grado di deverbalizzazione** rispetto alla funzione di verbo di frase principale:

(15) 0. verbo finito di frase principale
 1. verbo finito di frase secondaria
 2. verbo infinito
 ↓ 3. nominalizzazione

si può proporre la seguente scala di perdita dei tratti verbali rispetto all'uso prototipico del verbo:

(16) 0. uso prototipico verbale
 1_a. perdita di un valore illocutorio e modale indipendente
 1_b. perdita del proprio valore temporale e/o aspettuale[16]
 2. perdita del soggetto/topic esplicito
 ↓ 3. riduzione di tutti gli argomenti di valenza a costituenti frasali secondari

Data la continuità topicale del costrutto "desentenzializzato" (corrispondente al 2. e 3. grado di deverbalizzazione), la "desentenzializzazione" di una proposizione satellite si ripercuote sul materiale anaforico soprattutto nel caso di più entità (individui) agenti della stessa sequenza testuale. Spesso una situazione satellite ha come agente attivo una persona o entità secondaria, la cui azione funge da sfondo all'azione principale del protagonista; conviene infatti distinguere fra **topic primario** (nel nostro caso *Mr. Bean*) e **topic secondari** (nel nostro caso *il bibliotecario* e *l'altro lettore*)[17]. Nel costrutto "desentenzializzato" viene mantenuto il fuoco di attenzione sul topic primario della sequenza, e l'andamento narrato viene visto e giudicato dal suo punto di vista; un eventuale personaggio secondario non arriva al rango topicale di frase. La "desentenzializzazione" significa dunque una sintetizzazione e un **downgrading**, una relegazione ad uno sfondo pragmanarrativo, non solo della proposizione in questione (con le riserve espresse in sez. 4 e in Korzen 1999: sez. 2.2), ma anche dei topic non primari di sequenza, vedi gli esempi seguenti.

Invece in danese le strutture citate in (14) corrispondono tipicamente a costruzioni paratattiche o comunque a verbo finito, costruzioni che permettono cambiamenti di topic e di punto di vista nel caso dell'apparizione di un altro agente, e che non sempre esplicitano una chiara relazione nucleo – satellite. Alcuni esempi:

Sintassi anaforica, deverbalizzazione e relazioni retoriche 333

Mr. Bean disturba l'altro lettore:
(17) Nel silenzio assoluto che qui regna, [Mr. Bean] inizia i suoi preparativi *infastidendo il vicino*, nonostante i suoi maldestri tentativi di evitare qualsiasi rumore. (ISA6) [GERUNDIO]

(18) Nell'attesa del prezioso libro, egli viene colto dal singhiozzo, *disturbando il suo vicino di tavolo, vistosamente irritato dal nuovo venuto*. (ISA14) [GERUNDIO + PARTICIPIO ATTRIBUTIVO]

(19) Proprio a causa del*le occhiate torve dell'altro lettore*, [Mr. Bean] si distrae (ISA6) [NOMINALIZZAZIONE]

(20) Derefter sniger han sig hen til et bord og forsøger at sætte sig lydløst, men hans stol knirker. *Den anden læser ved bordet kigger op.* (DSA9)
[Poi arriva in punta di piedi al tavolo e cerca di sedersi silenziosamente, ma la sua sedia scricchiola. *L'altro lettore al tavolo lo guarda*]
[FRASE PRINCIPALE]

(21) *Manden skuler til Mr. Bean* da han pludselig begynder at hikke. (DSA5)
[FRASE PRINCIPALE]
[*L'uomo guarda torvamente Mr. Bean* quando improvvisamente egli comincia a singhiozzare]

Mr. Bean riceve il libro:
(22) Il personaggio entrava nella sala di lettura e richiedeva all'addetto un tomo. *Ricevutolo* si avviava verso il tavolo di lettura [...] (ISA11) [PARTICIPIO ASSOLUTO]

(23) Han iklæder sig nogle fine, medbragte, hvide handsker, *bibliotikaren* [sic!] *kommer med den ønskede bog*, som han straks begynder at bladre i, meget stolt. (DSA8) [FRASE PRINCIPALE]
[si mette dei bei guanti bianchi, portati da casa, *il bibliotecario gli porta il libro desiderato*, che subito comincia a scorrere, molto fiero][18]

Il bibliotecario controlla Mr. Bean:
(24) finisce di mettere il bianchetto, si accorge dell'*arrivo del bibliotecario* quindi per non farsi scoprire in un certo senso, chiude il libro, eh provocando ancora maggior danno (IMB9) [NOMINALIZZAZIONE]

(25) Han pladrer herefter en ansegelig [sic!] mængde tipex ned i bogen, og *da biblitekaren* [sic!] *i samme øjeblik går forbi*, må han smække bogen sammen om den våde plet. (DSA4) [FRASE SECONDARIA]

[Mette un sacco di bianchetto nel libro, e *siccome il bibliotecario passa in quel momento*, deve chiudere il libro sulla macchia bagnata.][19]

La biblioteca sta per chiudere:
(26) Appare il bibliotecario che segnala ai lettori *la chiusura della biblioteca* [...] (ISA8) [NOMINALIZZAZIONE]

(27) Il responsabile della biblioteca *scaduto il termine per la consultazione* ritira i testi (ISA3) [PARTICIPIO ASSOLUTO]

(28) bibliotekaren kommer og siger at *tiden er løbet ud og biblioteket lukker, de skal aflevere deres bøger tilbage* (DMB10) [FRASE SECONDARIA]
[il bibliotecario viene e dice che *il tempo è scaduto e la biblioteca chiude*, essi devono riconsegnare i loro libri]

Mr. Bean scambia i libri:
(29) Non sapendo come fare, tenta un'ultima possibilità: approfittando di *una distrazione del vicino*, scambia i due libri. (ISA14) [NOMINALIZZAZIONE]

(30) sostituisce il suo testo con quello de*l vicino momentaneamente distratto* (ISA6) [PARTICIPIO ATTRIBUTIVO]

(31) Mr. Bean ser nu sit snit til at undgå at blive opdaget. *Mens hans sidemand vender ryggen til,* bytter han sin ødelagte bog ud [...] (DSA4) [FRASE SECONDARIA]
[Mr. Bean coglie l'occasione per evitare di essere scoperto. *Mentre il suo vicino gli volta le spalle* egli scambia i libri]

Per motivi di spazio mi permetto di rimandare ad una serie di esempi simili citati in Korzen (1999: 380-384).
Anche i costrutti a **participio predicativo libero,** cf. (14b), corrispondono spesso a satelliti a verbo finito in danese, qui però senza la presenza di un altro topic:

(32) Alla fine *stremato* espira, ma il singhiozzo ricomincia. (ISA3)

(33) *da han næsten kvæles* så-så slipper han vejret begynder og trække vejret igen, øh og så er hikken væk (DMB1)
[*quando è quasi stroncato*, ricomincia a respirare e poi il singhiozzo è sparito]

Sintassi anaforica, deverbalizzazione e relazioni retoriche   335

(34) *Soddisfatto* l'uomo gira le pagine e inizia a tracopiare un immagine che gli piace particolarmente (ISA8)

(35) Mr. Bean [...] skynder sig at hale et meget stort plastik bogmærke frem fra tasken lægger det i bogen og begynder at bladre. *Han fryder sig vældigt meget over det han ser.* (DSA10)
[Mr. Bean fa in fretta a tirare fuori un grande segnalibro di plastica, lo infila nel libro e comincia a girare le pagine. *Si rallegra moltissimo di quello che vede*]

6. Conclusione

La ricchezza flessiva di una lingua come l'italiano è una proprietà tipologica che in molti casi e a molti livelli permette la grammaticalizzazione morfologica di tratti non lessicali. Invece in una lingua come il danese, per la sua povertà flessiva, gli stessi tratti o sono lessicalizzati o non sono esplicitati (immediatamente) nella lingua, ma vanno interpretati con l'aiuto del co-testo o contesto generale.

A livello di frase ciò si verifica fra l'altro nell'opposizione aspettuale esprimibile in italiano con il passato remoto *vs.* l'imperfetto, e in certe opposizioni modali, per esempio la relazione fra parlante e proposizione esprimibile con l'indicativo *vs.* il futuro o il condizionale, e l'opposizione tra vicinanza e lontananza psicologica esprimibile con il passato prossimo *vs.* il passato remoto. Tali forme costringono e abituano gli italiani ad un alto grado di **interpretazione esplicita** di aspetti pragmatici (in senso lato) di un contenuto frasale, mentre in danese le stesse differenze o non vengono esplicitate, o vengono esplicitate lessicalmente[20].

Una cosa perfettamente parallela si verifica a livello testuale: le differenze strutturali tra l'italiano e il danese menzionate in (14) e dipendenti in parte da fattori linguistici tipologici, in parte da abitudini e tradizioni retoriche, riguardano l'interpretazione dello status di nucleo o di satellite delle varie unità di un testo e permettono in italiano la grammaticalizzazione morfologica della relazione retorica nucleo – satellite. Invece in danese tale relazione deve essere lessicalizzata con connettivi o avverbi, ma spesso non viene esplicitata.

Nei nostri testi italiani, soprattutto scritti, abbiamo infatti constatato la chiara tendenza generale ad **interpretare** l'andamento narrato: esso viene percepito e riportato come un numero – spesso piuttosto basso – di episodi giudicati essenziali[21], in cui viene chiaramente grammaticalizzata la distinzione tra nucleo e satellite (fra l'altro) con un grado elevato di "desentenzializzazione", in cui si mantiene il fuoco di attenzione su una persona (il protagonista), e gli eventi vengono visti e valutati dal suo punto di vista. Le persone secondarie appaiono invece in posizioni non topicali e perciò le anafore marcate sono poche. A volte viene inoltre lessicalizzata la relazione semantica tra nucleo e satellite, come in (17) *nonostante* e in (19) *a causa di*. Il testo tipico ha diversi "strati" narrativi e sequenze testuali piuttosto lunghe e complesse.

Invece nei testi danesi l'andamento viene **riferito**: si segue più fedelmente la trama e sono più frequenti le relazioni retoriche "di lista". Più episodi, anche brevi e meno importanti, vengono presentati allo stesso livello narrativo, in molti casi un eventuale legame tra singoli eventi non viene esplicitato, ma se ne lascia all'interlocutore l'interpretazione, cf. per es. (20), (28) e (35). In altri casi tale legame viene lessicalizzato, cf. per es. (25) *da / siccome*, (31) *mens / mentre* e (33) *da / quando*. Il testo tipico è lineare, con sequenze brevi e sintatticamente semplici, prevalentemente a verbo finito e con molti cambiamenti di fuoco d'attenzione. Per esempio l'arrivo sulla scena di un personaggio secondario corrisponde testualmente al cambiamento di topic e, spesso, di sequenza, e – con ciò – all'anafora marcata.

Nei testi italiani orali la tendenza al **riferimento** è più forte che nei testi scritti; questi testi sono meno retoricamente elaborati: presentano più *topic-shift*, cf. (12), e meno desentenzializzazione, cf. (13). Invece i testi orali danesi sono caratterizzati da un fuoco d'attenzione molto costante su *Mr. Bean*, cf. (12), insieme ad una spiccata linearità e paratassi, che in parte si rivela in (13)[22]: infatti questi testi appaiono generalmente piuttosto monotoni.

Altre indicazioni della tendenza all'interpretazione dei testi (soprattutto scritti) italiani *vs.* la tendenza al riferimento dei testi danesi sono la maggiore variazione lessicale delle anafore italiane, cf. nota 8 (con il nuovo materiale lessicale il parlante aggiunge una descrizione o una valutazione dell'antecedente, cf. anche Korzen (1999:386-390)) e l'uso più frequente nei testi italiani di incapsulatori valutativi, cf. la sez. 3 sopra.

Note

1. In Korzen (1997) e (1999) ho citato dei calcoli statistici che dimostrano che circa due terzi di tutte le riprese anaforiche dei testi realizzati in una indagine empirica contrastiva, cf. nota 2, avvengono in posizione di soggetto.
2. Tali numerazioni si riferiscono al corpus raccolto dal gruppo danese del progetto contrastivo italo-danese, *Mr. Bean;* cf. Jansen et al. (1996) e Skytte et al. (1999) e vedi di seguito. I = italiano, D = danese, S = scritto, M = orale; i partecipanti dell'indagine empirica furono divisi in due gruppi, A e B.
3. Salvi in Renzi (1988: 41) cita la frase *Appena arrivato a Lisbona, non lo ha ricevuto nessuno*, in cui gioca un ruolo anche la referenzialità del soggetto grammaticale: a causa della sua non-referenzialità il soggetto perde di peso topicale; cfr. anche le gerarchie presentate da Herslund (1996: 79).
4. Ma non referenzialmente indipendente: il SN anaforico dipende sempre dal suo antecedente per essere referenzialmente interpretato; nell'antecedente, e non nell'anafora, si esprime il legame tra testo e contesto, o "l'ancoraggio"

del testo nel contesto. L'anafora non esprime che un rimando al pre-testo; cf. Korzen (1996: 113-133) e la nota seguente.
5. In Korzen (1998a) e (1999) propongo di parlare di una **scala di coesione testuale** a seconda del materiale linguistico usato per riprendere elementi del co-testo precedente: oltre alle anafore marcate e non marcate, che verranno trattate nelle pagine seguenti, tale scala include anche i costrutti ellittici, i quali con la dipendenza co-testuale sia sintattica che semantica esprimono una coerenza più forte delle anafore non marcate (che sono solo semanticamente dipendenti), e i SN solo tematicamente coesivi, cioè i SN che non dipendono da un antecedente per essere referenzialmente interpretabili; tali SN esprimono una coerenza più debole di quella delle anafore marcate. Si veda anche Korzen (1996: 133-135) per la discussione di una restrizione dell'uso del termine "coreferenza" ai casi in cui più SN realizzano parallelamente lo stesso atto linguistico di ancoraggio del testo nel contesto, riferendosi cioè indipendentemente l'uno dall'altro allo stesso referente.
6. Una conferma a questi dati viene da un *corpus* molto diverso: libri inglesi per l'infanzia, analizzati nella tesi di Emanuela Corsi *Le riprese anaforiche nei libri inglesi per l'infanzia* (Università di Torino a.a. 1987-88). Anche in questi testi il tipo di ripresa anaforica dipende dall'organizzazione testuale delle narrazioni secondo il modello proposto da Fox; in particolare le riprese lessicali piene vengono tendenzialmente usate per demarcare l'inizio di ogni nuova unità narrativa. (Comunicazione personale di Carla Bazzanella).
7. Si vedano altri esempi italiani simili in Berretta (1990) e in Korzen (1998b: 293-294), e esempi simili italiani e danesi in Korzen (1999:362-365).
8. Si vedano altri esempi in Korzen (1998b:296) e (1999:367). L'es. (11) palesa un caso di variazione lessicale nell'anafora, fenomeno molto più frequente in italiano che in danese; in Korzen (1999: 388) ho citato e commentato il seguente calcolo statistico del materiale lessicale dei SN anaforici ("coreferenziali") dei testi del nostro corpus:
Identità lessicale (incl. il nome proprio *Mr. Bean*) *vs.* variazione lessicale:

Testi italiani scritti	59,55 % *vs.* 40,45 %
Testi italiani orali	81,84 % *vs.* 18,16 %
Testi danesi scritti	90,41 % *vs.* 9,59 %
Testi danesi orali	94,19 % *vs.* 5,80 %

9. Nonché un testo come il seguente:
La scenetta si svolge in una libreria. Il protagonista, cui viene richiesto di rispettare il massimo silenzio, entra in punta di piedi per non disturbare; il pavimento però è in legno e molto rumoroso. *La gag* prosegue facendo leva sulla serie di rumori e movimenti inopportuni provocati dal maldestro personaggio, come ad esempio l'oliatura alla cerniera del suo astuccio per non disturbare il vicino di banco o il suo improvviso attacco di singhiozzo. *L'apice della comicità* viene raggiunto nel momento in cui il nostro protagonista, volendo ricalcare un'illustrazione da un libro, danneggia le pagine del pregiato volume, prima con della vernice e in seguito

con un taglierino. In conclusione tenta di dare la colpa al suo vicino ma la cosa non riesce per un suo errore. (ISA2).
10. Cf. anche Matthiessen/Thompson (1988) e Fox (1987c), che denominano le relazioni fra le varie parti dell'unità semantica **rhetorical structures**. Ogni costituente retorico, nucleo o satellite che sia, può essere in sé di natura complessa: gerarchica o coordinata. Cf. anche Korzen (1999: sez. 2.2).
11. Cf. Jansen et al. (1997). Cf. anche la nozione di **space-builders**, che proviene dalla teoria sugli "spazi mentali" (Fauconnier 1994: 16-17, 31-33).
12. Vedi di seguito la distinzione fra "topic primario" e "topic secondario".
13. Mi permetto di non approfondire in questa sede i molti fattori storici e socioculturali in gioco qui; si veda per esempio Jansen et al. (1997: 49-50) e Polito (1998). Altro fattore di incertezza sono le istruzioni ai partecipanti: in italiano si usava il verbo *raccontare* e in danese il verbo *fortælle* ~ *dire, spiegare, informare*, cf. la discussione a questo proposito di Polito (1999).
14. Per un quadro un poco più completo, cf. Korzen (1999:380-384 e 412). Per la formazione del periodo, così come si manifesta statisticamente nel corpus della nostra indagine, si veda Jensen (1999).
15. Evidentemente, in un contesto che parla di anafore "zero", si eccettuano i costrutti assoluti di tipo gerundio/participio + soggetto.
16. Più precisamente: per tutte le frasi subordinate, tranne che per le relative non-restrittive, il contenuto illocutorio e modale è determinato dalla frase principale. Inoltre per le frasi completive ed interrogative il contenuto temporale è determinato dalla principale (la *consecutio temporum*), e nelle frasi non-reali, cioè a congiuntivo o a condizionale, è neutralizzata l'opposizione aspettuale. Anche rispetto al "2. e 3. grado" di deverbalizzazione (la desentenzializzazione vera e propria) ci sarebbero diverse precisazioni da fare, ma lo spazio concessomi qui non me lo permette. Invece rimando all'interessante studio di Lehmann (1988) e a Korzen (1999: sez. 2.3).
17. Tale differenza si manifesta anche nel materiale anaforico; come ho dimostrato in Korzen (1997), (1998b) e (1999), la ripresa di un topic primario avviene in genere con un'anafora meno marcata della ripresa di un topic secondario, cf. anche la gerarchia (2c); vedi esempi come:
    (a) Mr. Bean$_i$ è disperato! Ma [Ø]$_i$ ha una brillante intuizione: mentre *il suo vicino$_j$* è impegnato nel vestirsi, *[Ø]$_i$* scambia il suo testo con quello intonso dell'altro. (IS10A)
    (b) Facendo così però *gli$_i$* si staccano tutte le altre pagine del libro, preso dal panico [Ø]$_i$ vede una via d'uscita quando *l'altra persona seduta al tavolo$_j$* si gira per mettersi la giacca: *[Ø]$_i$* scambia i libri. (ISA1) (citato anche come (4b) sopra)
    (c) *Il responsabile della biblioteca$_k$* scaduto il termine per la consultazione ritira i testi, *egli$_i$* sembra averla scampata, ma si tradisce tornando indietro per recuperare il suo segnalibro rosso [...] (ISA3).
18. Altri modi di mantenere il fuoco d'attenzione sul protagonista sono per esempio costrutti al passivo o costrutti impersonali:
    (a) Finalmente *gli viene consegnato il volume*: la sua meticolosità nel maneggiarlo ha dell'incredibile; [...] (ISA9)

(b) Si infila meticolosamente un paio di guanti bianchi prima di ricevere il libro e non appena *glielo portano* comincia a sfogliarlo, mettere segnalibri e a ricopiare le immagini di suo interesse. (ISA5)
dove il topic è grammaticalizzato come dativo, cf. (4) sopra; anche questi tipi di costrutto sono frequenti nei testi italiani (ma non danesi) del nostro corpus; cf. Korzen (1997) e (1999).

19. In (24) si nota anche il costrutto all'infinito dopo preposizione *per non farsi scoprire*, equivalente al costrutto finito danese:
    han 'smækker bogen i *for at bibliotekaren ikke skal lægge mærke til det* (DMB5)
    [~ chiude di scatto il libro *perché il bibliotecario non lo noti*].
    Cf. similmente
    (a) Cerca di cancellare, *senza farsi vedere*, i segni di matita, ma è un tentativo vano. (ISA4)
    (b) Han har nu sat mappen op som skjold *så den anden ikke kan se hvad han laver* [...] (DSA10)
    [Adesso ha sistemato la borsa come uno scudo di modo che *l'altro non veda quello che fa*]
20. L'opposizione tra vicinanza e lontananza psicologica può però dirsi esprimibile morfologicamente in alcuni casi, ma non in modo generalizzato, anche in danese con la differenza tra il "passato del presente" (før nutid) e l'imperfetto (datid).
21. Cosa che comporta anche una generale compattezza narrativa nei testi italiani (soprattutto scritti), argomento trattato da Jansen (1999).
22. Per più particolari quanto ai tratti caratteristici dei testi orali (e scritti) del nostro corpus rimando, per questioni di spazio, a Skytte et al. (1999).

Bibliografia

Berretta, Monica, 1990, *Catene anaforiche in prospettiva funzionale: antecedenti difficili*. In: *Rivista di Linguistica* 2,1: 91-120.
Conte, Maria-Elisabeth, 1991, *Anaphores dans la dynamique textuelle*. In: *Cahiers de praxématique* 16: 11-33.
Fauconnier, Gilles, 1994, *Mental Spaces: Aspects of Meaning Construction in Natural Language*. Cambridge University Press.
Fox, Barbara A., 1987a, *Anaphora in Popular Written English Narratives*. In: Tomlin, Russell S. (ed.). *Coherence and Grounding in discourse*. Amsterdam/Philadelphia, John Benjamins: 157-174.
Fox, Barbara A., 1987b, *Morpho-syntactic Markedness and Discourse Structure*. In: *Journal of Pragmatics* 11: 359-375.
Fox, Barbara A., 1987c, *Discourse Structure and Anaphora. Written and conversational English*. Cambridge University Press.
Givón, Talmy, 1976, *Topic, Pronoun and Grammatical Agreement*. In: Li, Charles N. (ed.). *Subject and Topic*. New York/San Francisco/London, Academic Press: 149-188.

Givón, Talmy, 1983, *Topic Continuity in Discourse: An Introduction*. In: Givón, Talmy (ed.). *Topic Continuity in Discourse: A Quantitative Cross-language Study*. Amsterdam/Philadelphia, John Benjamins: 1-41.

Herslund, Michael (a cura di), 1996, *Det franske sprog. Kapitel III. Valens og transitivitet. Foreløbig version.* Handelshøjskolen i København.

Jansen, Hanne, 1999, *Da riassunto a ridondanza. Densità informativa*. In: Skytte et al., 1999: 153-251.

Jansen, Hanne, Bente Lihn Jensen, Eva Skafte Jensen, Iørn Korzen, Paola Polito, Gunver Skytte & Erling Strudsholm, 1996, *Mr. Bean – på dansk og italiensk / Mr. Bean – in danese e in italiano. Rapport om en empirisk undersøgelse / Rapporto su un'indagine empirica.* Copenaghen, Romansk Institut, Københavns Universitet.

Jansen, Hanne, Bente Lihn Jensen, Eva Skafte Jensen, Iørn Korzen, Paola Polito, Gunver Skytte & Erling Strudsholm, 1997, *Testi paralleli scritti e orali, in italiano e danese. Strategie narrative.* In: *Cuadernos de filología italiana*, Madrid, 4-1997, pp. 41-63.

Jensen, Bente Lihn, 1999, *Karakteristik af perioden. (Il periodo)*. In: Skytte et al., 1999: 485-566.

Korzen, Iørn, 1996, *L'articolo italiano fra concetto ed entità, I-II*. Etudes Romanes 36. København, Museum Tusculanum Press.

Korzen, Iørn, 1997, *Topisk kontinuitet og tekststrukturering på italiensk og dansk.* In: Jakobsen, Lisbeth Falster & Gunver Skytte (a cura di). *Ny forskning i grammatik. Igangsat af Statens Humanistiske Forskningsråd*, 4. Odense Universitetsforlag: 128-158.

Korzen, Iørn, 1998a, *Ellipsen i tekstgrammatisk perspektiv*. In: Colliander, Peter & Iørn Korzen (a cura di). *Ny forskning i grammatik. Fællespublikation 5.* Odense Universitetsforlag: 129-158.

Korzen, Iørn, 1998b, *Anafora e testo. Su codificazione anaforica e strutturazione testuale.* In: Navarro Salazar, María Teresa (a cura di). *Italica Matritensia. Atti del IV Convegno SILFI (Madrid, 27-29 giugno 1996)*. Firenze, Franco Cesati: 279-298.

Korzen, Iørn, 1999, *Tekststruktur og anafortypologi. (Struttura testuale e tipologia anaforica).* In: Skytte, Gunver et al., 1999: 331-418.

Lehmann, Christian, 1988, *Towards a typology of clause linkage.* In: Haiman, John & Sandra A. Thompson (ed.). *Clause Combining in Grammar and Discourse.* Amsterdam/Philadelphia, John Benjamins: 181-225.

Matthiessen, Christian & Sandra A. Thompson, 1988, *The structure of discourse and 'subordination'.* In: Haiman, John & Sandra A. Thompson (ed.). *Clause Combining in Grammar and Discourse.* Amsterdam/Philadelphia, John Benjamins: 275-329.

Polito, Paola, 1998, *Un'indagine empirica comparativa dano-italiana. Testi argomentativi. Analisi contrastiva degli aspetti culturali.* In: Navarro Salazar, María Teresa (a cura di). *Italica Matritensia. Atti del IV Convegno SILFI (Madrid, 27-29 giugno 1996)*. Firenze, Franco Cesati: 439-455.

Polito, Paola, 1999, *Il racconto del non detto. Fenomeni di voce e resa dell'implicito in due diverse strategie di resoconto.* In: Skytte et al., 1999: 55-117.

Sintassi anaforica, deverbalizzazione e relazioni retoriche 341

Renzi, Lorenzo (a cura di), 1988, *Grande grammatica italiana di consultazione*. *Vol. I*. Bologna, Il Mulino.
Rigotti, Eddo, 1993, *La sequenza testuale: definizione e procedimenti di analisi con esemplificazioni in lingue diverse*. In: *L'analisi linguistica e letteraria* 1: 43-148.
Skytte, Gunver, Iørn Korzen, Paola Polito & Erling Strudsholm (a cura di), 1999, *Tekststrukturering på italiensk og dansk. Resultater af en komparativ undersøgelse. Strutturazione testuale in italiano e in danese. Risultati di una indagine comparativa*. København. Museum Tusculanum Press.
Tomlin, Russell S., 1985, *Foreground-background information and the syntax of subordination*. In: *Text* 5-1/2: 85-122.
Tomlin, Russell S., 1987, *Linguistic Reflections of Cognitive Events*. In: Tomlin, Russell S. (ed.). *Coherence and grounding in discourse*. Amsterdam/Philadelphia, John Benjamins: 455-479.

La portée sémantique des connecteurs pragmatiques de contraste
Le cas de au contraire *et de* par contre[1]

Corinne Rossari
Genève

1. Présentation de la perspective d'analyse

Les connecteurs pragmatiques comme *donc, parce que, mais, par contre* font désormais l'objet d'une littérature riche et variée dans le domaine de la pragmatique. L'étude de la fonction de ces marqueurs a été conduite principalement dans deux courants: l'analyse conversationnelle et l'étude de l'énonciation. Les travaux représentant le mieux les études de connecteurs dans ces deux courants sont l'ouvrage de (Schiffrin 1987) pour les "discourse markers", dont l'auteur étudie les différentes fonctions de ces mots dans l'interaction en face à face et celui de (Ducrot et al. 1980) pour les "mots du discours", où les connecteurs sont décrits, dans une perspective de pragmatique intégrée, comme des indicateurs des relations argumentatives que sous-tendent les enchaînements de discours.

Les études sur le discours se sont également intéressées de près au fonctionnement des connecteurs pragmatiques. Une des études qui a intégré le plus nettement les travaux sur les connecteurs à un modèle général du discours est celle des auteurs de (Roulet et al. 1985). Dans cet ouvrage, les auteurs se fondent principalement sur les descriptions des connecteurs menées dans le courant de l'argumentation dans la langue pour élaborer une notion clé déterminant l'organisation du discours, celle de "fonction interactive". Ainsi, un segment de discours est dit avoir une fonction interactive d'argument ou de contre-argument par rapport à un autre segment, par exemple, selon qu'il est ou peut être marqué par un connecteur argumentatif comme *car, en effet* ou *d'ailleurs* ou contre-argumentatif comme *mais, cependant* ou *bien que*.

Plus récemment, des études centrées sur une typologie des relations de cohérence dans le discours ont également intégré à leurs analyses l'étude des connecteurs pragmatiques. Dans ce type d'étude, la "dynamique" qui s'établit entre les connecteurs et les relations de cohérence peut être caractérisée grossièrement de deux manières. Soit les auteurs adoptent comme primitives les relations de cohérence qu'ils considèrent comme étant en nombre limité et ils étudient ensuite la manière dont ces relations interagissent avec différents types de connecteurs pragmatiques, voir par exemple (Sanders et al. 1993) pour une taxinomie générale des relations de cohérence et (Foolen 1991 et 1997) pour les relations adversatives, soit ils se basent sur les moyens d'expression linguistique des relations de cohérence sans préjuger du nombre et de la nature de ces relations à un niveau conceptuel, voir (Knott 1996), qui propose une méthode de classification des connecteurs pragmatiques, afin d'établir une base empirique pour l'identification des différents types de relations de cohérence.[2]

Les points de vue adoptés dans ces études sur le sémantisme des connecteurs se situent en général par rapport à la traditionnelle dichotomie entre l'option maximaliste et l'option minimaliste.[3] La première privilégie un sémantisme riche: le noyau sémantique du connecteur contient des instructions intégrant des consignes énonciatives. Elles peuvent, par exemple, prendre la forme d'opérations énonciatives, chez Culioli[4], de procédures sur le type de conclusions argumentatives qu'il faut tirer des énoncés chez Anscombre et Ducrot[5]. La seconde préfère cantonner la signification d'un connecteur à sa contrepartie logique en laissant à des principes pragmatiques le soin de rendre compte des différentes valeurs qu'il peut prendre selon ses emplois. L'étude de *si* proposée par (De Cornulier 1985) associe à la sémantique du connecteur de la langue celle du connecteur logique d'implication matérielle et explique les différents emplois par des effets de sens liés au principe gricéen de "coopération". Les travaux prenant comme cadre de référence la théorie de la pertinence (cf. Sperber et Wilson 1989) réduisent le sémantisme des connecteurs à des instructions inférentielles minimales et prédéterminées (au sens où elles existent indépendamment du connecteur, le connecteur ne fait que sélectionner certaines d'entre elles), et rendent compte de leur valeur communicative par des règles pragmatiques basées sur le principe de pertinence.[6]

Le type d'analyse que nous conduisons sur les connecteurs peut être considéré comme une "variante" de l'approche maximaliste. Il s'agit d'une variante, car nous ne cherchons pas à attribuer aux connecteurs une signification sous forme de noyau instructionnel, comme le font en général les travaux revendiquant cet *a priori* théorique, mais nous admettons que les connecteurs ont une sémantique "riche", dans la mesure où ils imposent des contraintes sur le type syntactico-sémantique des suites linguistiques qu'ils articulent. Nous considérons en effet les connecteurs comme des "prédicats relationnels", susceptibles de sélectionner le type sémantique des entités (arguments) qu'ils mettent en relation. De même qu'un prédicat verbal ne peut être utilisé avec n'importe quel type d'argument, de même, un prédicat "relationnel", comme le sont les connecteurs, ne peut être utilisé avec n'importe quel type de configuration syntactico-sémantique. Notre propos est d'identifier la nature des contraintes qui sont à l'origine de cette sélection.

Par rapport aux études sur les relations de cohérence et leur interaction avec les relations marquées par les connecteurs, nous considérons les connecteurs comme des indicateurs de relations qui ne peuvent pas entièrement être assimilées à des relations de cohérence préexistantes, qu'elles soient sémantiques ou pragmatiques. Cela veut dire que la relation marquée par un connecteur comme le *donc* déductif, par exemple, n'est pas réductible à une relation de cohérence accessible sans marqueur. Si l'on reprend la classification des relations de cohérence de (Sanders *et al.* 1993), la relation de cohérence identifiée comme une relation "causal, pragmatic, basic order positive" désignée par la spécification "argument-claim" ne peut pas systématiquement être marquée par *donc*, qui est pourtant un des relateurs prototypiques de cette relation. L'exemple de Sanders est:

[1]a Nests or dead birds may clog up chimneys. **Therefore**, have your chimney checked once a year and swept when necessary

[1]b Des nids ou des oiseaux morts peuvent boucher les cheminées. **Donc** vérifiez une fois par an le conduit de la cheminée et nettoyez-le si nécessaire

Sur le même modèle de relation de cohérence, on peut effectivement construire l'enchaînement suivant, qui, lui, est incompatible avec l'emploi de *donc*.

[1]c Je n'ai pas encore lu le journal ce matin. Qui l'a finalement remporté, Chirac ou Jospin?

[1]d ?? Je n'ai pas encore lu le journal ce matin. **Donc** qui l'a finalement remporté, Chirac ou Jospin?

On ne peut pas par conséquent considérer les connecteurs uniquement comme des indices linguistiques permettant l'explicitation de relations de cohérence préexistantes. Nous ne cherchons toutefois pas à définir le type de relation de cohérence propres aux connecteurs. Notre analyse se centre uniquement sur les contraintes que les connecteurs imposent. En d'autres termes, dans l'exemple précité, ce n'est pas la spécificité de la relation en *donc* que nous souhaitons circonscrire, mais la nature de la contrainte qu'il impose et qui fait qu'il ne peut être employé dans ce contexte linguistique.[7]

Dans cet article, notre analyse concerne les contraintes que les connecteurs *au contraire* et *par contre* exercent sur le type syntactico-sémantique des entités linguistiques qu'ils articulent. Ces contraintes sont issues de ce que nous avons désigné dans nos travaux par le terme de "portée sémantique". Nous commencerons par une présentation de cette notion (sect. 2), avant de passer à l'analyse de ces contraintes pour les deux conjonctions (sect. 3). On verra que l'identification de la portée sémantique du connecteur permet, d'une part, de différencier les configurations syntactico-sémantiques compatibles avec *au contraire* et avec *par contre*, (sect. 3.1), et, d'autre part, de spécifier les propriétés sémantiques des prédications que *au contraire* est susceptible d'articuler (sect. 3.2).

2. Présentation de la notion de portée sémantique sur la base de l'analyse des connecteurs de conséquence

Parmi les connecteurs pragmatiques, certains ne peuvent articuler que des assertions, alors que d'autres sont combinables avec des suites non assertives, telles que des impératifs ou des questions. Dans plusieurs articles, (cf. Rossari & Jayez 1997, pour le plus récent), nous avons montré que les connecteurs de conséquence se partagent en deux groupes par rapport à cette propriété. *De ce fait, du coup, pour cette raison* sont des connecteurs qui ne peuvent être combinés qu'avec des assertions, alors que *donc, par conséquent, alors* acceptent des questions ou des impératifs, comme l'atteste le contraste entre les énoncés (a) et (b).

[2]a Ton père est fatigué, donc / par conséquent / alors ne le dérange pas!

[2]b ?? Ton père est fatigué, de ce fait / du coup / pour cette raison ne le dérange pas!

[3]a Marie n'est pas venue au cours de logique la semaine dernière, donc / par conséquent / alors est-ce qu'elle viendra cette semaine?

[3]b ?? Marie n'est pas venue au cours de logique la semaine dernière, de ce fait / du coup / pour cette raison est-ce qu'elle viendra cette semaine?

Pour rendre compte de ces données, il faut s'interroger sur le type d'objet sémantique que le connecteur sélectionne comme argument en tant que prédicat relationnel. L'hypothèse que nous avons adoptée consiste à admettre que les entités sémantiques qui servent d'arguments au connecteur ne sont

La portée sémantique des connecteurs pragmatiques de contraste   347

pas de la même nature. Un connecteur comme *donc* prend comme arguments des entités qui correspondent à des attitudes propositionnelles du locuteur (désirs, croyances, etc.) sur des états de choses (ét.ch.). En revanche, un connecteur comme *de ce fait* prend comme arguments des entités qui correspondent à de simples états de choses. Ainsi, la possibilité d'employer des connecteurs de conséquence de type *donc* et non de type *de ce fait* dans des configurations non assertives dépend de la nature sémantique des arguments que le connecteur prend dans sa portée. La relation de conséquence ne concerne par conséquent pas le même type d'objet selon le connecteur. On dira que la portée d'un connecteur comme *donc* est attitudinale tandis que la portée d'un connecteur comme *de ce fait* est propositionnelle.

Cette hypothèse se base sur des travaux menés dans une tradition de philosophie du langage, de pragmatique et de sémantique, (Searle & Vanderveken 1985; Bierwisch 1980; Sweetser 1990) qui s'accordent sur une structure tripartite de l'énoncé comprenant les éléments suivants:
- la composante illocutoire
- l'attitude propositionnelle
- le contenu propositionnel.

Les travaux qui s'inscrivent dans cette tradition conçoivent les connecteurs comme des relateurs opérant à différents niveaux de la structure de l'énoncé, (Roulet *et al.* 1985, Nølke 1994, Rossari 1994, Ferrari 1995, Knott 1996).

Les contraintes que les connecteurs de conséquence exercent sur le type de configuration syntactico-sémantique qu'ils articulent dépendent donc de la nature des entités sémantiques qu'ils prennent comme arguments. Un connecteur comme *de ce fait* met en relation des objets sémantiques qui correspondent à l'expression d'état de choses. Pour que son emploi soit approprié il faut qu'il soit "légitime" d'établir une relation de conséquence entre l'état de choses exprimé dans la proposition se trouvant à la gauche du connecteur et celui exprimé dans la proposition se trouvant à sa droite. Si le type de phrase suspend l'attribution d'une valeur de vérité à la proposition exprimant l'état de choses, ce qui est le cas des impératifs et des questions, la relation de conséquence entre états de choses est bloquée.

Les objets sémantiques mis en relation par *donc* consistent en des attitudes à propos d'états de choses. De la sorte la suspension de la valeur de vérité de la proposition par des types de phrases comme les impératifs ou les questions n'affecte pas la relation de conséquence instaurée par *donc*. Dans le cas des questions, cette relation s'établit entre l'attitude épistémique de croyance à propos de l'état de choses x et l'attitude épistémique de doute à propos de l'état de choses y. Dans le cas des impératifs, elle s'établit entre l'attitude épistémique de croyance à propos de x et l'attitude volitive de désir à propos de y.

Pour rendre l'exposé plus clair, on peut représenter ces différents objets sémantiques par des paraphrases explicitant l'attitude du locuteur.

[2']a *Je sais* que ton père est fatigué, donc / par conséquent / alors *je désire* que tu ne le déranges pas

[3']a *Je sais* que Marie n'est pas venue au cours de logique la semaine dernière, donc *je me demande* si elle viendra cette semaine

3. Analyse des contraintes de *au contraire* et *par contre*

Le connecteur *au contraire* a un emploi où, selon le cadre polyphonique fixé par (Ducrot 1984), il marque une opposition vis-à-vis d'un énonciateur *e1*, qui, dans un énoncé de type *il est faux que p*, soutient le point de vue *p*. Les contraintes qui seront analysées dans les sections suivantes ne concernent pas ce type d'emploi.

[4]a Il est faux que Marie est gentille. Au contraire elle est très méchante

[4]b Marie n'est pas gentille. Au contraire elle est très méchante

Nous n'analyserons pas non plus les contraintes de ces connecteurs dans des emplois dialogiques.[8]

[5]a A Luc arrive ce soir.
B Au contraire il n'arrive pas ce soir mais demain.

[5]b A Paul ne le lui a pas dit.
B Si au contraire.

Nous écartons ces emplois de notre analyse, pour des raisons uniquement méthodologiques: notre conception de portée n'étant basée que sur des emplois non polyphoniques des connecteurs. Il va de soi que ces emplois n'échappent pas pour autant à des contraintes liées à des facteurs contrôlables. Les variations suivantes dans les configurations [4] et [5] modifient légèrement les jugements d'acceptabilité de *au contraire*.

[4]c (?) On dit que Marie est gentille. Au contraire elle est très méchante

[5]c A Luc arrive ce soir.
? B Au contraire il arrive demain.
? B Au contraire.

3.1. Le type de portée sémantique et les configurations syntactico-sémantiques compatibles avec *au contraire* et avec *par contre*

Nous faisons l'hypothèse que les connecteurs *au contraire* (AC) et *par contre* (PC) ne partagent pas le même type de portée. A l'image d'un connecteur de type *donc*, PC a une portée attitudinale, alors que, de même qu'un connecteur de type *de ce fait*, AC a une portée propositionnelle. Ce parallélisme entre les connecteurs de conséquence et nos deux connecteurs de "contraste"[9] ne peut être valide que si l'on admet que, comme les connecteurs de conséquence, les connecteurs de contraste signalent fondamentalement le même type de relation sémantique. Pour spécifier cette relation, nous utilisons la définition de "comparaison contrastive", proposée par (Foolen 1991:85), cf. (α), à laquelle nous ajoutons une condition générale qui vaut pour tout connecteur de contraste, cf. (β).

(α) **Comparaison contrastive**
"Two comparable states of affairs are typically contrasted by taking two topics and predicating them to differ in some respect. (...) The construction of the contrast may take place on the pragmatic level, with the help of world knowledge (*John lives in Amsterdam, but Peter lives in Rotterdam*)."

(β) **Condition d'établissement de la relation de contraste**
La relation de contraste nécessite une double variation minimalement: l'une, entre deux éléments qui doivent être distincts; l'autre, entre deux propriétés qui doivent être opposables.

Les contraintes que ces deux connecteurs exercent sur le type de configuration syntactico-sémantique avec lesquelles ils peuvent se combiner dépend de leur portée sémantique.

La portée restreinte de AC à des arguments de type état de choses génère toute une série de contraintes sur les suites linguistiques qu'il peut articuler. A cet égard, son comportement se distingue systématiquement de celui de PC.

(i) AC n'est pas combinable avec des énoncés non assertifs.

[6]a Marie n'a pas travaillé cette semaine. Par contre est-ce qu'elle n'aurait pas travaillé toute la semaine dernière?

[6]b ?? Marie n'a pas travaillé cette semaine. Au contraire est-ce qu'elle n'aurait pas travaillé toute la semaine dernière?

[6]c Marie n'a pas travaillé cette semaine. Au contraire elle a travaillé toute la semaine dernière

[6]d   Marie n'a pas travaillé cette semaine. Par contre elle a travaillé toute la semaine dernière

[7]a   Il vaut mieux que tu le dises à Paul. Par contre ne le dis pas à Marie !

[7]b   ?? Il vaut mieux que tu le dises à Paul. Au contraire ne le dis pas à Marie!

[7]c   Il a bien voulu le dire à Paul. Au contraire il a refusé de le dire à Marie

[7]d   Il a bien voulu le dire à Paul. Par contre il a refusé de le dire à Marie

Dans les énoncés non assertifs, la couche attitudinale ne peut pas être ignorée par le connecteur, du moment où la valeur de vérité de la proposition est remise en cause. C'est donc l'ensemble qui doit être pris en compte: un connecteur de contraste ne peut signaler une relation de contraste avec un état de choses dont la valeur de vérité n'est pas établie.

(ii) Suivant la manière dont l'attitude épistémique du locuteur est communiquée, AC ne peut l'utiliser pour marquer un contraste. Il est envisageable seulement lorsque l'attitude est clairement constitutive de l'état de choses communiqué.

[8]a   Vraisemblablement Marie participera à la première réunion. Il est moins vraisemblable par contre qu'elle ait envie de continuer à venir

[8]b   ?? Vraisemblablement Marie participera à la première réunion. Il est moins vraisemblable au contraire qu'elle ait envie de continuer à venir

[8]c   (?) Je n'ai pas de doutes sur le fait que Marie participera à la première réunion. Je doute au contraire du fait qu'elle ait envie de continuer à venir

[8]d   Je n'ai pas de doutes sur le fait que Marie participera à la première réunion. Je doute par contre du fait qu'elle ait envie de continuer à venir

Aucun de ces enchaînements n'est complètement satisfaisant avec AC (à la différence de PC), mais on réussit à percevoir différents degrés d'insatisfaction. Le [8]b est plus insatisfaisant que le [8]c, parce que l'attitude ne fait pas l'objet d'une prédication en soi sur laquelle le contraste marqué par AC peut se greffer.

La portée sémantique des connecteurs pragmatiques de contraste 351

(iii) L'emploi de AC impose beaucoup plus de contraintes sur les prédicats que celui de PC. Avec AC, le contraste se situe au niveau du contenu propositionnel même, alors qu'avec PC, le contraste se situe au niveau de la perception que le locuteur a de tel ou tel état de choses. Il est plus global et n'a pas besoin de se focaliser sur un aspect particulier de la prédication.

[9]a Marie est intelligente. Sa sœur par contre est géniale

[9]b ? Marie est intelligente. Sa sœur au contraire est géniale

[10]a Luc veut arrêter de boire. Sa femme par contre veut arrêter de fumer

[10]b ? Luc veut arrêter de boire. Sa femme au contraire veut arrêter de fumer

La mise en contraste entre "être génial" et "être intelligent", "arrêter de fumer" et "arrêter de boire" ne dépend que de la perception que le locuteur a de ces qualités / activités. Ce ne sont pas des propriétés qui, en elles-mêmes, s'opposent.

[11]a ? Le premier chaton est mâle. Le second par contre est gris

[11]b ?? Le premier chaton est mâle. Le second au contraire est gris

Aucun contexte ne peut sauver l'emploi de AC, alors que l'emploi de PC est envisageable en tant que marque de changement de perspective. Après avoir envisagé les propriétés concernant le sexe du chaton, le locuteur envisage ses propriétés de couleur. Une telle lecture n'est accessible que si le contraste passe par l'attitude du locuteur sur le contenu.

[12]a Luc habite dans une banlieue sordide. Son frère par contre habite à Neuilly

[12]b ? Luc habite dans une banlieue sordide. Son frère au contraire habite à Neuilly

[12]c Luc habite dans un taudis. Son frère au contraire habite dans un vrai palace

[12]d Luc habite dans un taudis. Son frère par contre habite dans un vrai palace

Les propriétés "habiter dans une banlieue sordide" et "habiter à Neuilly" ne sont pas opposables intrinsèquement. Seule l'évaluation du locuteur sur ces propriétés peut légitimer leur opposition. Toutefois les connaissances du monde peuvent conventionnaliser la connotation positive ou négative d'un lieu. Pour cette raison certains locuteurs acceptent AC dans cet exemple. En revanche, les propriétés "habiter dans un taudis" et "habiter dans un vrai palace" sont lexicalement opposables. L'évaluation du locuteur n'est pas nécessaire pour leur mise en contraste.

La portée attitudinale de PC est aussi source de contraintes sur les suites linguistiques que le connecteur articule. On a vu que, dans ce cas, les entités sémantiques que le connecteur prend comme arguments consistent en des attitudes à propos d'états de choses. Comme ces attitudes concernent des états de choses, le connecteur ne peut se satisfaire d'un contraste entre les attitudes pour être utilisé. Il faut que ce contraste s'appuie aussi sur une opposition entre les états de choses.

[13]a ?? Est-ce que tu dois venir demain? Par contre viens ce soir!

Si PC se satisfaisait d'un contraste entre les attitudes, son emploi devrait être possible. En effet [13]a peut être paraphrasé par

[13']a Je ne sais pas si tu dois venir demain, par contre je désire que tu viennes ce soir

qui est parfaitement correct, puisque, dans ce cas, les attitudes sont exprimées propositionnellement. En revanche, à partir des contenus, il n'est pas possible d'envisager une opposition motivant la mise en contraste:

[13]b ?? Le destinataire doit venir demain, par contre il viendra ce soir

3.2. Les propriétés sémantiques des prédicats articulés par *au contraire*
Selon notre condition (β), un connecteur de contraste impose une double variation qui consiste respectivement en une distinction et une opposition. Comme avec AC le contraste concerne directement les prédications mises en relation, on peut spécifier la nature sémantique de l'opposition, cf. (γ) et les entités qui servent de base à la distinction, cf. (δ).

(γ) La nature sémantique de l'opposition
L'opposition doit concerner deux propriétés contraires (véri-conditionnellement), c'est-à-dire qui ne peuvent être vraies en même temps. Dans ce cadre, AC n'est acceptable que si ces propriétés peuvent être interprétées comme *complémentaires*, c'est-à-dire que non seulement elles sont contraires (pas

La portée sémantique des connecteurs pragmatiques de contraste 353

vraies en même temps), mais en plus elles obéissent à la loi du tiers exclu: l'une des deux est toujours nécessairement vraie. Autrement dit, elles découpent le monde en deux ensembles complémentaires.

(δ) Les entités sur lesquelles porte la distinction
La distinction peut concerner deux individus ou, si les propriétés sont attribuées au même individu, les moments auxquels les propriétés sont attribuées.

En prenant en compte ces deux spécifications, on peut envisager différentes configurations sémantiques compatibles avec AC. Les facteurs de variations concernent: (i) les entités auxquelles s'appliquent les propriétés complémentaires, (ii) les conditions dans lesquelles une interprétation complémentaire est accessible. Sur cette base, six configurations sémantiques sont envisageables.

Configuration 1

(i) Les propriétés sont attribuées à deux individus distincts.

(ii) L'interprétation complémentaire est assurée par des propriétés intrinsèquement contradictoires (les propriétés ne sont jamais vraies en même temps et l'une des deux est nécessairement vraie). Il s'agit de la situation non marquée: la contradiction impliquant la complémentarité.

[14]a Marie est mariée. Luc au contraire est célibataire

[14]b Le premier chaton est un mâle. Le second au contraire est une femelle

Les propriétés "marié" et "célibataire" / "mâle" et "femelle" sont intrinsèquement contradictoires. La lecture complémentaire est immédiate.

Configuration 2

(i) Les propriétés sont attribuées à deux individus distincts.

(ii) L'interprétation complémentaire est assurée par des propriétés qui peuvent dans certains contextes être perçues comme contradictoires.

[14]c ? Le premier chaton est noir. Le second au contraire est roux

Les propriétés "être roux" "être noir" peuvent être perçues comme contradictoires dans un contexte où le locuteur sait que la chatte ne fait que des chatons noirs ou roux.

[14]d Max est allé skier. Luc au contraire est resté à la maison

Ici ce sont des activités incompatibles qui constituent les propriétés, qui, dans une situation où seules ces deux possibilités sont envisageables, peuvent être perçues comme contradictoires.

[14]f (?) Max adore Chopin. Luc au contraire adore Rachmanivov

[14]g ?? Max adore Chopin. Luc au contraire aime aussi Rachmaninov

[14]h Max n'aime que Chopin. Luc au contraire aime aussi Rachmaninov

La différence d'acceptablité de ces trois exemples dépend de la facilité de reconstruction d'une interprétation où les propriétés "adorer / n'aimer que Chopin" et "adorer / aimer aussi Rachmaninov" sont comprises comme contradictoires. En (f), il faut comprendre l'extension de l'argument du prédicat *adorer* comme ne pouvant comprendre qu'un et qu'un seul élément. Dans ce cas, *adorer x* exclut *adorer y* et inversement. En (g) *aussi* exclut cette lecture, et l'emploi de AC est mauvais. En (h), le restrictif *ne que* impose cette lecture et alors le *aussi* permet une disjonction entre l'ensemble des individus qui n'aiment qu'un *x* et l'ensemble des individus qui aiment plus d'un *x*, ce qui rend naturelle une interprétation contradictoire des deux propriétés.

Configuration 3

(i) Les propriétés sont attribuées à un même individu.

(ii) L'interprétation complémentaire est assurée par des propriétés consistant en des activités qui sont ou qui peuvent dans certains contextes être conçues comme mutuellement exclusives et donc être considérées comme des propriétés contradictoires.

[15]a La semaine passée Marie n'a pas travaillé du tout. Cette semaine au contraire elle a travaillé à plein temps

[15]b La semaine passée Marie n'a pas travaillé. Cette semaine au contraire elle a travaillé

La portée sémantique des connecteurs pragmatiques de contraste 355

[15]c (?) La semaine passée Marie a travaillé à mi-temps. Cette semaine au contraire elle travaille à plein temps

La distinction concerne différents moments de l'axe temporel. Les connaissances du monde permettent de percevoir les activités "travailler à plein temps" et "travailler à mi-temps" comme mutuellement exclusives, d'où la possibilité d'envisager AC même en (c).

Configuration 4

(i) Les propriétés sont attribuées à deux individus distincts.

(ii) L'interprétation complémentaire est assurée par le fait de pouvoir disposer les propriétés contraires sur les deux pôles extrêmes d'une échelle. Dans ce cas, ces propriétés sont vues comme les représentants de deux classes uniques qui découpent la totalité du domaine.

[16]a Le premier chaton est blanc. Le second au contraire est noir

[16]b ?? Le premier chaton est gris. Le second au contraire est noir

[16]c ?? Marie est grande. Sa sœur au contraire est très grande

[16]d Marie est *très* grande. Sa sœur au contraire est *toute* petite

[16]e Toi, tu es *juste* malicieuse. Lui, au contraire est *très* malin

[16]f Le premier chaton est roux *clair*. Le second au contraire est noir *ébène*

[16]g Marie arrivera ce soir. Luc au contraire arrivera *seulement* demain

Les modificateurs rapportés en italique améliorent l'emploi de AC. En effet, ils permettent d'étendre l'écart entre les deux propriétés, ce qui facilite leur interprétation comme complémentaires (les autres degrés de l'échelle devenant non pertinents pour évaluer le rapport entre les deux propriétés). Ainsi, dans l'exemple (a), on fait comme si tout chaton ne pouvait être classé que comme appartenant à la classe "blanc" ou à la classe "noir".

Configuration 5

(i) Les propriétés sont attribuées à un même individu.

(ii) La lecture complémentaire est obtenue par les mêmes principes que dans les exemples de la série [16]. La différence est que les éléments qui sont distincts ne sont pas les individus objets de la prédication, mais les moments.

[17]a Parfois, Marie est gentille. Parfois, au contraire elle est très méchante

Configuration 6

(i) Une seule propriété est nécessairement attribuée à deux individus distincts.

(ii) L'interprétation complémentaire est assurée si on considère la propriété accompagnée d'une période de validité. Dans ce cas, ce sont les périodes de validité qui constituent les ensembles complémentaires. Elles doivent donc être mutuellement exclusives.

[18]a Parfois c'est Marie qui est maligne. Parfois c'est Luc au contraire qui est malin

Le corrélatif *parfois / parfois* ainsi que la clivée permettent une lecture disjonctive du type "quand Marie est maligne, Luc ne l'est pas" et vice versa.

[18]b ?? Marie est maligne. Paul au contraire est malin

Si cette lecture n'est pas imposée, il n'y a plus moyen de construire une opposition de quelque nature que ce soit entre les deux prédications. C'est donc la condition (β) sur l'usage de n'importe quel connecteur de contraste qui est violée. En [18]b, il y a une distinction entre deux individus, mais il n'y a aucune possibilité d'envisager une opposition entre les propriétés qui leur sont attribuées.

La discussion autour de ces données permet de se faire une idée de la nature sémantique de l'opposition qui est requise par AC. Les restrictions que la nature de cette opposition impose aux emplois de AC n'affectent pas systématiquement ceux de PC: dans la plupart des exemples où AC est peu naturel (cf. [14]c,f,g, [15]c, [16]b) l'emploi de PC n'est pas marqué. La différence de portée permet d'expliquer la non-sensibilité de PC au type sémantique de l'opposition inhérente aux prédicats articulés par le connecteur. Du moment où le contraste peut être instauré *via* l'attitude, le contenu propositionnel sert de motif à l'instauration du contraste; il ne doit pas en lui-même refléter une opposition sémantique forte.

La portée sémantique des connecteurs pragmatiques de contraste 357

Nous n'avons pas pris en considération les incidences de la position syntaxique du connecteur sur les contraintes que nous avons analysées. Pourtant, force est de constater, que, en tout cas en ce qui concerne AC, elle joue un rôle non négligeable. Des exemples "acceptables" avec AC en position médiane peuvent devenir moins bons avec AC en position initiale. C'est le cas des énoncés proposés dans la série [16], lorsque le premier élément de la suite X ou de la suite Y ne contient pas de marque de focalisation. L'énoncé [16]e, dont le premier élément est un pronom fort, permet un effet de focalisation sur le sujet, et l'emploi de AC en position initiale paraît du même coup plus naturel. Quoi qu'il en soit, en l'état, nous ne sommes pas en mesure de maîtriser ce facteur pour la détermination des contraintes qui caractérisent ces deux connecteurs.

4. Synthèse et développement

Partant de la notion de portée sémantique, qui a été opératoire pour déterminer les contraintes sur les configurations syntactico-sémantiques que les connecteurs de conséquence imposent, nous l'avons utilisée pour rendre compte des variations que l'on observe entre *par contre* et *au contraire* vis-à-vis de leur compatibilité avec certaines configurations. La portée propositionnelle de *au contraire* restreint les types de configurations possibles, par rapport à ceux compatibles avec un connecteur à portée attitudinale comme *par contre*. *Au contraire* requiert que les prédications qu'il articule soient directement opposables sémantiquement. La nature de cette opposition a été caractérisée ainsi :

- les propriétés relatives aux deux prédicats doivent être complémentaires ;
- la complémentarité peut être obtenue soit par la sélection de propriétés intrinsèquement contradictoires (cas non marqué) ou pouvant être dans certaines conditions perçues comme contradictoires, soit par la sélection de propriétés situées aux deux extrémités d'une échelle, soit encore par la sélection de deux moments découpant l'axe temporel en deux ensembles mutuellement exclusifs.

Ces conditions ne tiennent pas compte du paramètre de la position syntaxique du connecteur, qui, pourtant, semble exercer une influence sur les contraintes que AC exerce sur le type sémantique des prédicats. Il est donc possible qu'il faille envisager deux ensembles de conditions, l'un pour la position initiale, l'autre pour la position médiane.

Il reste encore plusieurs facteurs à maîtriser pour que le modèle d'analyse basé sur la notion de portée soit opératoire pour la détermination de l'ensemble des contraintes que le connecteur exerce.

Il faut définir formellement la relation de contraste et par voie de conséquence la relation de comparaison. Dans (Jayez & Rossari 1999) il est proposé une représentation de la relation de contraste et d'exemplification dans le cadre de la SDRT de (Asher 1993). Ce type de représentation peut permettre de poser les bases pour une définition formelle de ces relations.

Il faut tenir compte de l'ensemble des emplois de ces connecteurs et donc traiter les emplois polyphoniques et dialogiques. En l'état, nous ne sommes pas en mesure de dire si la notion de portée reste pertinente pour déterminer les contraintes dans ces deux cas.

Il faut étendre l'analyse aux autres membres de la classe des connecteurs de contraste pour voir si les disparités relevées entre AC et PC attribuées à une différence de portée sont généralisables.

Notes

1. Cette article présente une des perspectives d'analyse d'une étude sur les relations d'opposition et de contraste que nous avons menée conjointement avec Emilio Manzotti à l'occasion d'un séminaire de recherche donné en 1996 à l'Université de Genève.
2. Pour une présentation détaillée de ces différentes perspectives sur les relations de cohérence, voir (Foolen 1997).
3. Ces deux approches sont discutées dans (Foolen 1991).
4. Un exemple de ce type d'analyse est l'étude de *donc* conçu comme un opérateur susceptible de réaliser trois types d'opérations énonciatives qui sont la différenciation, l'identification et la reprise, cf. (Culioli 1990).
5. On citera, comme exemple canonique, leur travail sur *mais*, (Anscombre et Ducrot 1977).
6. Pour une illustration de ce type d'analyse voir (Blakemore 1987).
7. Pour l'étude de ce cas particulier, nous renvoyons à (Jayez & Rossari 1998).
8. Pour une analyse globale des emplois de *au contraire*, voir (Danjou-Flaux 1983).
9. A notre connaissance il n'existe pas d'étiquette précise pour désigner cette catégorie sémantique de marqueurs. Nous utiliserons par convention le label connecteurs de contraste pour désigner cette classe de connecteurs.

Bibliographie

Anscombre J.C. et Ducrot O. (1977): "Deux *mais* en français", Lingua 43, 23-40.
Asher N. (1993): *Reference to Abstract Objects in Discourse*, Dortrecht, Kluwer.

Bierwisch M. (1980): "Semantic Structure and Illocutionnary Force", dans J. R. Searle, F. Kiefer. & M. Bierwisch, *Speech Act Theory and Pragmatics*, Dordrecht/Boston/London, Reidel, 1-37.
Blakemore D. (1987): *Semantic Constraints on Relevance*, Oxford, Blackwel.
Culioli A. (1990): "Donc", in *Pour une linguistique de l'énonciation*, Paris, Ophrys, 169-176.
Danjou-Flaux N. (1983): "*Au contraire*, connecteur adversatif", Cahiers de linguistique française 5, 275-303.
De Cornulier B. (1985): "Treize *si* à la douzaine", in *Effets de sens*, Paris, Minuit, 56-94.
Ducrot O. et al. (1980): *Les mots du discours*, Paris, Minuit.
Ducrot O. (1984): *Le dire et le dit*, Paris, Minuit.
Ferrari A. (1995): *Connessioni. Uno studio integrato della subordinazione avverbiale*, Genève, Slatkine.
Foolen A. (1991): "Polyfunctionality and semantics of adversative conjunctions", Multilingua 10: 1 / 2, 79-92.
Foolen A. (1997): "Towards a theory of the concessive-adversative complex", article non publié.
Jayez J. & Rossari C. (1998): "Discourse Relations versus Discourse Markers Relations" in Proceedings of the ACC Workshop on Discourse Relations and Discourse Markers, Montreal, 72-78.
Jayez J. & Rossari C. (1999): "Pragmatic Connectives as Predicates", dans P. St-Dizier (ed), *Predicative Forms in Natural Language and Lexical Knowledge Bases*, Dordrecht, Kluwer 1999, 285-319.
Knott A. (1996): *A Data-Driven Methodology for Motivating a Set of Coherence Relations*, Ph.D. thesis, University of Edinburgh.
Nølke H. (1994): *Linguistique modulaire: de la forme au sens*, Louvain - Paris, Peeters.
Rossari C. & Jayez J. (1997): "Connecteurs de conséquence et portée sémantique", Cahiers de linguistique française 19, 233-265.
Rossari C. (1994): *Les opérations de reformulation. Analyse du processus et des marques dans une perspective contrastive français - italien*, Berne, Lang, 1997, 2ème édition.
Roulet E. et al. (1985): *L'articulation du discours en français contemporain*, Berne, Lang, 1991, 3ème édition.
Sanders T. J. M. et al. (1993): "Coherence relations in a cognitive theory of discourse representation", Cognitive Linguistics 4, 93-133.
Schiffrin D. (1987): *Discourse Markers*, Cambridge, Cambridge University Press, 2ème édition.
Searle J. R. & Vanderveken D. (1985): *Foundations of Illocutionary Logic*, Cambridge, Cambridge University Press.
Sperber D. & Wilson D. (1989): *La pertinence*, Paris, Minuit.
Sweetser E. (1990): *From Etymology to Pragmatics: Metaphorical and Cultural aspects of Semantic Structures*, Cambridge, Cambridge University Press.

Referenti testuali, specificità e disambiguazione

Gabriele Bersani Berselli
Pavia, Bologna

1. Referenti testuali

La nozione di *referente testuale* o *referente di discorso* (*discourse referent*) è d'importanza fondamentale per la linguistica del testo e, più in generale, per la semantica del linguaggio naturale. Come osservava Karttunen (1969, [trad. it.: 121-122]), in un saggio notissimo – "Discourse Referents", appunto –, l'interpretazione di un testo richiede, tra l'altro, la capacità di "riconoscere quando un nuovo individuo è menzionato nel testo-input ed immagazzinarlo (con la sua caratterizzazione) per il riferimento futuro".

Instaurazione di referenti testuali e successiva ripresa anaforica non sono in Karttunen concetti semplicemente correlati: la seconda occorre esplicitamente nelle clausole definitorie della prima: "La comparsa di un SN indefinito instaura un referente testuale solo nel caso in cui essa giustifica la posteriore ricorrenza nel testo di un pronome coreferenziale o di un SN definito" (Karttunen, 1969: [trad. it.: 124]). La definizione, come osserva giustamente Maria-Elisabeth Conte (1980, [in 1988: 32]) è caratteristicamente *disposizionale, condizionale*, piuttosto che nozionale e riflette sia un atteggiamento tipico dell'autore, scarsamente incline a complicazioni di ordine ontologico, sia l'impostazione rappresentazionalista largamente condivisa dalla linguistica teorica del periodo.

Allo stesso tempo, dobbiamo riconoscere che l'anafora risulta risorsa linguistica di gran lunga troppo potente per poter servire efficacemente come test circa l'instaurazione o meno di referenti testuali: virtualmente *ogni* esempio presentato da Karttunen, e tra questi quelli in cui è dichiaratamente esclusa la possibilità di instaurazione di referenti testuali, ammette l'occorrenza successiva di una forma anaforica: così nel caso della negazione:

(1a) Bill non ha un'automobile. *Essa è nera[1]

ma

(1b) Bill non ha un'automobile, ma *la* comprerà presto[2]

o, addirittura, nel caso di occorrenze *predicative* di indefiniti, come in

(2) Bill non è un linguista, mentre Noam *lo* è.

A fronte di questi ed altri problemi, Karttunen ha proposto, come è noto, di affiancare ai referenti testuali "stabili" referenti "provvisori" o "a breve termine", che giustificherebbero "la posteriore ricorrenza nel testo di un pronome coreferenziale o di un SN definito", ma solo entro un ambito linguistico limitato, o, se si preferisce, solo per il loro breve "tempo di vita". Così, in

(3a) John vuole prendere un pesce e mangiar*lo* per cena

che, del resto, non consentirebbe, sotto la lettura non-specifica, una continuazione

(3b) *Lo vedi laggiù?

La soluzione giustifica, comunque, più di una perplessità. Innanzi tutto, non sono definiti i limiti della sua applicabilità: Karttunen discute esempi in cui occorrono modali, quantificatori e poi ancora supposizioni, comandi e domande sì/no, ma altri autori, tra questi Heim (1983), ne hanno proposto, strumentalmente, un uso assai più generalizzato, con effetti negativi sulla naturalezza dell'analisi. Il secondo problema riguarda la definizione esplicita della "durata di vita" dei referenti a breve termine, questione che non sembra ancora aver trovato una risposta soddisfacente.

Credo che la nozione di referente provvisorio sia, di fatto, dispensabile e che una spiegazione più naturale di questa ed altra evidenza possa essere trovata in altra direzione.

2. Specificità e non-specificità

Un differente approccio all'analisi dei referenti testuali è, del resto, già presente nello stesso "Discourse Referents" e chiama in causa le nozioni di *specificità* e *non-specificità*: un sintagma nominale specifico instaurerebbe sempre un referente testuale. Più complessa la situazione dei sintagmi nominali non-specifici, che almeno per Karttunen (1968, 1969) potrebbero ancora, sotto condizioni purtroppo non precisamente determinate, instaurare referenti testuali. Non condivido la posizione di Karttunen, che credo frutto di un

Referenti testuali, specificità e disambiguazione 363

fraintendimento, reso più probabile dalla sovrabbondanza di analisi alternative di fatti di specificità e non-specificità,[3] analisi che non solo propongono caratterizzazioni potenzialmente incompatibili delle nozioni interessate, ma addirittura determinano una diversa delimitazione empirica della evidenza pertinente.

Nel quadro di un'analisi classica, che componga quali meccanismi esplicativi *scope* relativo degli operatori ed intensionalità – come, ad esempio, quella presentata in Montague (1973) –, la correlazione tra specificità/non-specificità ed instaurazione/non instaurazione di referenti testuali appare nel complesso regolare: un enunciato entro cui occorra un sintagma nominale che per le caratteristiche del contesto debba essere interpretato specificamente può essere usato da un parlante per instaurare un referente testuale; un enunciato entro cui occorra un sintagma nominale che per le caratteristiche del contesto debba essere interpretato non-specificamente non può essere usato per instaurare un referente testuale.

Il caso più interessante, e di gran lunga più studiato, è dato però da strutture tipicamente ambigue, caratterizzate dall'occorrenza di negazioni, verbi modali o di atteggiamento proposizionale o comunque "intensionali", da determinate selezioni di tempo, modo, aspetto verbale, che consentono entrambe le letture del sintagma nominale, come in

(4)   Gabriele intende acquistare un fox-terrier

che ammette, evidentemente, due distinte interpretazioni, una sola delle quali prevede l'instaurazione di un nuovo referente.

3. Specificità ed ambiguità

In generale, all'attenzione dimostrata in letteratura per la questione dell'ambiguità, con soluzioni che assegnano a simili forme (almeno) due analisi distinte, ha fatto riscontro un interesse non più che marginale per un altro aspetto del problema: il fatto, cioè, che *langue* e *parole* – o, se si preferisce, semantica e pragmatica – rendono, comunque, disponibili strategie diverse, alcune plausibilmente universali, altre idiosincratiche, per la disambiguazione di questi enunciati, quando essi si trovano ad essere usati in una concreta situazione comunicativa.

La questione ha del resto una valenza più generale. Un parlante, in una data situazione comunicativa, seleziona consapevolmente *una* interpretazione della sua enunciazione, desidera che il suo interlocutore selezioni, a sua volta *una* – in realtà, *quella* – interpretazione e giudica, evidentemente, che l'insieme ampio dell'informazione disponibile all'ascoltatore – l'identità dei partecipanti allo scambio comunicativo e le loro supposte finalità, le coordinate spazio-temporali dello scambio stesso, la conversazione precedente ed altre ancora che l'ascoltatore potrebbe avere presenti, le sue conoscenze specifiche o generali sulla lingua e sull'universo, le supposizioni, illazioni e congetture che egli possa almeno temporaneamente assumere ed altro ancora – sia sufficiente a selezionare, *una, quella* interpretazione.

Per una teoria pragmatica "di basso livello", che consideri, cioè, il suo oggetto assumendo una limitata idealizzazione dei dati, la nozione di ambiguità è, in definitiva, di scarso interesse. Ciò che essa deve, invece, spiegare è la *non*-ambiguità di un uso, il fatto che un parlante che intende comunicare un dato messaggio in un dato contesto adotta normalmente strategie che consentono all'ascoltatore di individuare il senso inteso anche quando la forma fisica del messaggio, in certa misura e sotto certi aspetti, possa eventualmente coincidere con quella associata ad un messaggio differente.

Su questo piano, sembra plausibile che la disambiguazione possa contare, in buona misura, su principi generalissimi di razionalità comunicativa, di cooperazione conversazionale, caratterizzabili entro un quadro teorico sostanzialmente griceano. Così, un ipotetico docente, che nel corso di una lezione si rivolgesse ai suoi studenti, dicendo:

(5)　Vorrei che uno di voi venisse alla lavagna per ripetere la dimostrazione che abbiamo discusso ieri.

difficilmente potrebbe pensare di essere interpretato specificamente. L'effetto più probabile di simili *performances* linguistiche è, come noto, un silenzio assoluto, accompagnato da vari tentativi di mimetizzazione ambientale. Nessuno, evidentemente, si ritiene chiamato personalmente in causa: altrimenti detto, nessuno seleziona l'interpretazione specifica della frase, che pure, in quanto ambigua, ammetterebbe, in teoria, una simile lettura accanto alla prescelta non-specifica. Ma sarebbe stato possibile – possiamo chiederci –, per il parlante, usare quella frase con un'intenzione referenziale *specifica*, intendendo, ad esempio, riferirsi alla ragazza con gli occhiali, il maglione rosso, seduta a sinistra, nel secondo banco? In breve, egli avrebbe potuto ragionare circa come segue: "Certo, 'Vorrei che uno di voi venisse ecc.' è una frase ambigua: può essere intesa specificamente o non-specificamente e i miei ascoltatori non hanno informazioni sufficienti per disambiguarla. Ma certamente essi *possono chiedere* e questa mossa conversazionale è del tutto consueta in situazioni di carenza informativa".

Evidentemente, non è questa la strategia intepretativa adottata dagli ascoltatori: interpretata specificamente, (5) avrebbe effettivamente violato la massima griceana della quantità e verificata l'impossibilità di determinare, eventualmente mediante un'implicatura conversazionale, un senso per il messaggio, essi avrebbero dovuto richiedere ulteriori informazioni. Ma l'esistenza di una seconda lettura, per la quale l'informazione disponibile è del tutto sufficiente, risolve la questione. È, quindi, un principio generale di razionalità comunicativa che esclude in una simile situazione l'interpretazione non-specifica. Ora, se questo principio è parte della competenza comunicativa condivisa da parlante ed ascoltatori, dovremo concludere che, nella situazione descritta, (5) *non è ambigua:* non può essere usata, né essere interpretata in senso specifico-referenziale.

Più rilevante nella prospettiva di una linguistica testuale comparativa è, forse, il fatto che le lingue stesse sembrano disporre di risorse genuinamente *strutturali,* alle volte altamente idiosincratiche, per la disambiguazione dei sintagmi nominali in relazione ai tratti di specificità e non-specificità. Una ricerca sistematica in questa direzione è ancora tra i *desiderata* della teoria linguistica: tra i fattori possibilmente rilevanti sono stati indicati la funzione grammaticale del sintagma nominale, il ruolo di alcuni determinatori – ad esempio i suffissi *-to* e *-nibud'* nel russo studiati, tra gli altri da Dahl (1970) – , o di modificatori aggettivali – "*a certain*" in Hintikka (1986) – oppure frasali del sintagma nominale. Enç (1991) presenta i dati del turco, che marca con il caso accusativo un indefinito in funzione d'oggetto se in occorrenza specifica, ma non se in occorrenza non-specifica.

4. Disambiguazione e predicazione

Un differente approccio ha privilegiato piuttosto il ruolo disambiguante della predicazione, considerata nei suoi diversi aspetti, o, più in generale, dell'enunciazione. Così, Kleiber (1981, 1987) introduce una distinzione tra *relative specificanti* e *relative non-specificanti* basata crucialmente sul *predicato,* rispettivamente, *specificante* e *non specificante,* che occorre nella relativa stessa. Esisterebbe, secondo Kleiber, una classe di predicati intrinsecamente specificanti, che qualora occorrano entro una costruzione relativa forzerebbero una lettura specifica della testa nominale modificata da questa.

A differenza dei predicati non specificanti uniti da una relazione inerente all'oggetto di riferimento,

> i predicati specificanti sono predicati *esterni,* le cui occorrenze particolari presentano un'azione, un avvenimento, una posizione obbligatoriamente localizzati in un dato momento, in un dato luogo, tali che il predicato può essere verificato senza che i referenti (responsabile dell'azione, beneficiario, oggetto ecc.) che semanticamente presuppone siano essi stessi già localizzati. (Kleiber, 1987: 37-38)

Diversamente, i predicati "interni" non-specificanti – *être gros/ être grand/ être gentil/...* - non implicherebbero alcuna localizzazione indipendente dall'identificazione e localizzazione dell'argomento.

Di qui la spiegazione dei fenomeni rilevanti. Poiché un'occorrenza particolare di un predicato specificante rimanderebbe ad un evento specifico, localizzato, spazio-temporalmente determinato, non potrebbe che applicarsi ad un individuo parimenti specifico e particolare: "la specificità del predicato comporta in questo caso necessariamente la specificità del referente" (*ibidem:* 40).

Alcuni aspetti dell'analisi di Kleiber giustificano più di un dubbio. Innanzi tutto, è evidente nel saggio una sistematica confusione tra la forma verbale priva di determinazioni – *être attrapé, rencontrer, être grand, être gentil* ecc. – che rimanderebbe, quindi, a proprietà generali riferibili alle classi semantico-lessicali d'appartenenza e una particolare occorrenza, caratterizzata da determinate selezioni di modo, tempo, aspetto, non meno che da un contesto complesso, entro cui importanza non marginale sembrano avere complementi circostanziali.

In secondo luogo, deve essere riconosciuta la possibilità che gli stessi predicati che Kleiber definisce come *non specificanti* abbiano, viceversa, funzione pienamente specificante:

(6) Maria vuole uscire con un ragazzo che *è molto gentile.*

In conclusione, come osserva Cornish (1986: 75),

le proprietà di proposizione e sintagma verbale referenzialmente rilevanti di voce, modo, aspetto, tempo, che sono tutte espresse dall'elemento predicativo, possono annullare le proprietà lessicali inerenti di un predicato nel determinare il suo carattere specificante o non-specificante.

L'osservazione di Cornish, pienamente condivisibile, suggerisce un approccio più flessibile, e più ricco, alla questione della disambiguazione, che riconosca sistematicamente una molteplicità di fattori e più ancora l'effetto della loro interazione nella determinazione del "valore referenziale" di un sintagma nominale, che riconosca, in altri termini *contesti specificanti* e *non-specificanti*. Una simile impostazione ha caratterizzato, del resto, già altre ricerche in campi affini: esemplare, ad esempio, quella ben nota di Dahl (1975), che dimostra una correlazione sistematica tra il valore generico di un sintagma nominale ed il carattere tipicamente *nomico* dell'enunciato in cui quello occorre.

5. La funzione disambiguante del modo verbale nelle lingue romanze

All'interno di questo approccio, potremmo segnalare una diversa strategia di riduzione delle possibili vie d'ambiguità, che correla specificità/non-specificità alla scelta del *modo* del verbo principale della relativa e merita qui una qualche considerazione. Il fenomeno, relativamente produttivo nelle lingue romanze, ma non nelle lingue germaniche, trova scarso riscontro in letteratura. Un accenno, relativo allo spagnolo, compare in Hopper e Thompson (1980: 277):

(7a) Busco a un empleado que habla inglés

(7b) Busco un empleado que hable inglés;

per il francese, un'indicazione può essere trovata già in Jespersen (1924: 319), Fauconnier (1985: 33) o, ancora, Kleiber (1987: 59):

(8a) Je cherche un étudiant qui sait quinze langues

(8b) Je cherche un étudiant qui sache quinze langues;

per l'italiano, ad esempio, in Lepschy e Lepschy (1981: 206)

(9a) Cerco una ragazza che sa il cinese

(9b) Cerco una ragazza che sappia il cinese,

In simili coppie, la disambiguazione è raggiunta: (9b), ad esempio, non può essere interpretata specificamente; (9a) non può essere interpretata non-specificamente. Incidentalmente, (9a,b) ammettono parafrasi paratattiche:

(10a) Cerco una ragazza. La ragazza sa il cinese

(10b) Cerco una ragazza. La ragazza *deve* sapere il cinese.

Il punto merita qualche attenzione perché evidenzia un elemento modale nelle occorrenze non-specifiche determinate dal verbo intensionale, ma non si tratterebbe, come sostiene Palmer (1986: 178 e ss.) di un valore *finale*, bensì piuttosto di una modalità *anankastica* – nei termini di M.-E. Conte (1995) – che esprimerebbe, cioè, una condizione necessaria, che in quanto tale deve essere soddisfatta.

In via generale, la scelta del modo congiuntivo in una relativa impone interpretazioni non specifiche dei sintagmi nominali che modifica. Il fenomeno si accorda con le caratterizzazioni della grammatica tradizionale che associa al modo congiuntivo nozioni di soggettività, desiderio, dubbio: in altri termini, le forme congiuntive renderebbero il modo della frase non-assunta, in opposizione all'indicativo, che è il modo della frase assunta.

Per quanto riguarda, in generale, il modo indicativo, va distinto, in prima analisi, il suo effetto su soggetto ed oggetto. Un verbo all'indicativo – con l'eccezione dell'indicativo futuro – ha un effetto specificante sul soggetto, effetto che nel caso delle relative risale pervasivamente sui costituenti N e SN complessi che eventualmente le dominano. Le forme al futuro, così come quelle introdotte dai modali non sembrano avere effetto disambiguante.

In relazione all'oggetto, la situazione riflette, semplicemente, la stessa complessità che governa, in via generale, le nozioni di specificità e non-specificità: qualora la posizione occorra nell'ambito di uno dei contesti intensionali che consentono l'ambiguità, questa permane, non si dà disambiguazione (retroattiva) di sorta:

(11) Mario vuole trovare un libro che Giovanna sta cercando.

5. Contesti specificanti e catene anaforiche

Una definizione precisa delle condizioni sotto le quali un sintagma verbale ha effetto specificante sulla posizione dell'oggetto che domina non è, come si è detto, cosa semplice: l'osservazione di Cornish riportata sopra coglie certamente nel segno, peccando forse per difetto. Se comunque, in via generale, l'ipotesi di un effetto specificante che determinate configurazioni di proprietà sintattico-semantiche associate alle predicazione avrebbero rispetto alle posizioni nominali della frase in cui occorrono può essere mantenuta, è plausibile che lungo questa linea di ricerca possa essere trovata, come si è detto, una soluzione per l'annoso problema dei *referenti a breve termine*. Osservava Karttunen (1969) che in alcuni contesti intensionali potevano occorrere sintagmi nominali non-specifici – che, conseguentemente, non instauravano referenti testuali –, che tuttavia consentivano riprese successive: ad esempio,

(12) You must write A LETTER to your parents. IT has to be sent by airmail. THE LETTER must get there by tomorrow

o

(13) Mary wants to marry A RICH MAN. HE must be a banker.

Assumendo, come sembra plausibile, che l'insieme dei dispositivi anaforici *non* richieda la referenzialità dell'antecedente, (12) e (13) non pongono, semplicemente, problemi di sorta, né sembrano richiedere l'introduzione di nozioni ontologicamente sospette come i referenti a breve termine: i testi potrebbero continuare con un numero teoricamente infinito di clausole non-specificanti. L'introduzione di una clausola specificante – la cosa non è senza interesse – avrebbe conseguenze differenti nei due casi: (12) *ha* implicazioni di non-specificità e di non-esistenza (attuale) di un referente-*lettera*: una continuazione

(14) [...] *THE LETTER is on the table

determinerebbe conseguentemente una contraddizione, marcando la sequenza come semanticamente anomala. Diversamente, (13) resta ambigua tra una lettura specifica ed una non-specifica di *a rich man,.. he:* la continuazione

(15) HE lives in New York

avrebbe semplicemente un effetto retroattivamente disambiguante e specificante sull'intera sequenza.

Ma dietro l'apparente semplicità della spiegazione, si nasconde fatalmente un'ultima complicazione: le lingue naturali ammettono riprese referenziali-specifiche di antecedenti non-referenziali-non-specifici:

(16) Mario voleva comprare *una macchina usata che non costasse assolutamente più di due milioni*. Purtroppo, *l'auto* vale esattamente quanto *l'*ha pagata

Il problema non ha, al momento, soluzione: nessuna delle teorie semantiche attualmente disponibili sembra in grado di trattare il possibile "salto di *suppositio*" tra antecedente e ripresa – antecedenti non-specifici con riprese specifiche – e, in generale, tutta la complessità e potenza implicita nei meccanismi anaforici. La classica analisi quantificazionale dei pronomi come variabili vincolate – e così le sue varianti "dinamiche" o DRT – non possono non assegnare la stessa lettura – specifica-specifica, non-specifica-non-specifica – ad antecedenti e riprese; teorie dei referenti (testuali) non possono evitare drammaticamente il paradosso di riprese che non riprendono letteralmente nulla, perché nessun appropriato referente testuale è stato instaurato prima della loro occorrenza.

Si dovrebbe notare che soluzioni basate sull'ormai classico *escamotage* dell'*accommodation*, che prevedano, cioè, l'inserzione di materiale non realizzato foneticamente, ma in grado di ricomporre possibili discrepanze nell'analisi, non risultano in questo caso applicabili: *qualunque* interpolazione testuale non potrà comunque evitare una coppia di segmenti consecutivi, il primo dei quali presenta un'occorrenza non-specifica, il secondo specifica.

Il grado massimo di complessità semantica della relazione anaforica che finora sembra essere stato recepito dalle teorie semantiche riguarda – credo – il caso ben noto delle *paycheck sentences*, che coinvolge non una relazione di primo grado di coreferenza tra entità, ma una relazione di secondo grado di coreferenza tra relazioni[4]. Questo potrebbe, eventualmente, rappresentare un buon punto di partenza per affrontare la questione in piena generalità. Almeno due spunti, disponibili in letteratura, potrebbero rivelarsi di qualche utilità. Da un lato, l'idea dello *storage* di denotazioni nominali proposta da Cooper (1975, 1983), in particolare nella sua applicazione all'analisi del controllo delle infinitive in Groenendijk e Stokhof (1979). In breve, il passo di interpretazione di un sintagma nominale potrebbe accompagnarsi al "deposito" di strutture semantiche complesse, che resterebbero disponibili per la risoluzione dinamica di dipendenze semantiche in successivi passi interpretativi. In secondo luogo, l'analisi dei pronomi, proposta in Cooper (1979), come descrizioni definite in cui occorre una variabile su relazioni libera, la cui interpretazione rimanda al parametro assegnazione-di-valore alle variabili del dispositivo semantico. In questo caso, la relazione rilevante sarebbe quella tra un'interpretazione nominale non-specifica ed una sua istanza esistenziale specifica[5]. Ma su questi temi la ricerca appare ancora nelle sue fasi iniziali[6].

Note

1. L'asterisco marca, qui e nel seguito, l'incoerenza testuale della sequenza sotto un'interpretazione anaforica della forma di ripresa.
2. Korzen (1996: 40) presenta esempi analoghi
    Adelheid non ha una bicicletta. I suoi non glie*l'*hanno comprata
    Adelheid non ha una bicicletta. I suoi glie*l'*hanno sempre rifiutata
3. Una ricognizione sommaria dello stato dell'arte dovrebbe riconoscere (almeno!) sette - la stima è sicuramente approssimata per difetto - diverse analisi dei fatti di specificità e non-specificità. Tra le analisi "a prevalenza semantica", quella classica di Russell (1905), che rimanda a fattori di *scope* relativo di operatori frasali nella forma logica; e la sua rielaborazione *intensionale* proposta tra gli altri da Montague (1973). Tra le analisi "a prevalenza pragmatica", specificità/non specificità come riflesso dell'atteggiamento cognitivo del parlante "avere/non avere in mente un referente" (Karttunen, 1968); specificità/non specificità come generalizzazione della distinzione di Donnellan tra usi referenziali ed attributivi (ad esempio, Partee, 1970); specificità/non specificità come correlato dell'instaurazione di un referente (testuale); specificità/non specificità come correlato all'instaurazione di un referente specifico o non-specifico (Ebert, 1973; Zeevat,1987); specificità/non specificità come riflesso dell'attribuzione di responsabilità dell'uso della descrizione, se al parlante o al soggetto dell'atteggiamento proposizionale (tra gli altri, Hellan, 1981).

4. L'analisi ricorrente delle *paycheck sentences* come casi di pronominalizzazione "pigra" non è, a mio giudizio, del tutto convincente. Ho presentato ragioni per un'analisi alternativa in Bersani Berselli (1995: soprattutto 179 e ss.).
5. Un problema simile era stato sollevato, in riferimento a generici e *bare plurals*, da Carlson (1980: 25) a proposito di coppie di frasi come
Bill trapped *eagles* last night even though he knows full well that *they* are on the verge of extinction
Even though Bill knows that *eagles* are on the verge of extinction, that didn't stop him from trapping *them* last night.
Qui, "l'antecedente del pronome [nella prima frase] è un'istanza esistenziale di un plurale nudo, anche se il pronome ha un'interpretazione generica. [Nella seconda frase] vediamo esattamente il caso opposto. Qui, il SN antecedente ha un'interpretazione generica e serve da antecedente per un pronome che ha ha un'interpretazione esistenziale." Una differenza tra questo ed il nostro caso è che mentre l'evidenza presentata da Carlson ammette riprese generiche da antecedenti esistenziali e riprese esistenziali da antecedenti generici, a proposito di specifici e non specifici sembrano possibili riprese specifiche da antecedenti non-specifici ma non viceversa.
6. Un'analisi di questi stessi problema, che pur sviluppandosi lungo un diverso percorso teorico raggiunge conclusioni non lontane da queste, proponendo spunti di notevole interesse, è stata presentata in Korzen (1996). Korzen, giustamente, rileva come il tratto di referenzialità/specificità non ha in sé alcuna conseguenza sulla distribuzione dei pronomi anaforici, che dipende, viceversa, dal contenuto - se estensivo o concettuale - che con questi si intende esprimere.

Bibliografia

Bersani Berselli, Gabriele, 1995, *Riferimento ed interpretazione nominale*, Milano, Franco Angeli.
Carlson, Greg, 1980, *Reference to Kinds in English*, New York, Garland.
Conte, Maria-Elisabeth, 1980, "Coerenza testuale", *Lingua e Stile*, 15, 135-154; anche in M.-E. Conte, 1988, *Condizioni di coerenza*, Firenze, La Nuova Italia, 29-44.
Conte, Maria-Elisabeth, 1995, "Epistemico, deontico, anankastico", in A. Giacalone Ramat, G. Crocco Galèas (eds.), *From Pragmatics to Syntax*, Tübingen, Gunter Narr Verlag, 3-9.
Cooper, Robin, 1975, *Montague's Semantic Theory and Transformational Syntax*, Ph. D., University of Massachusetts, Amherst.
Cooper, Robin, 1979, "The Interpretation of Pronouns", in F. Heny/H. Schnelle (eds.), *Syntax and Semantics vol. 10: Selections from the Third Gröningen Round Table*, New York, Academic Press, 61-92.
Cooper, Robin, 1983, *Quantification and Syntactic Theory*, Dordrecht, Reidel.
Cornish, Francis, 1986, *Anaphoric Relations in English and French*, London, Croom Helm.

Dahl, Östen, 1970, "Some Notes on Indefinites", *Language*, 46, 33-41.
Dahl, Östen, 1975, "On Generics", in E. Keenan (ed.), *Formal Semantics of Natural Language*, London-New York, Cambridge University Press, 99-111.
Ebert, Karen H., 1973, "Functions of Relative Clauses in Reference Acts", *Linguistiche Berichte*, 23, 1-11.
Enç, Mürvet, 1991, "The Semantics of Specificity", *Linquistic Inquiry*, 22/1, 1-25.
Fauconnier, Gilles, 1985, *Mental Spaces*, Cambridge, Ma., The MIT Press.
Groenendijk, Jeroen/ Stokhof, Martin, 1979, "Infinitives and Context in Montague Grammar", in S. Davis/M. Mithun (eds.), *Linguistics, Philosophy, and Montague Grammar*, Austin, University of Texas Press, 287-309.
Heim, Irene, 1983, "File Change Semantics and the Familiarity Theory of Definiteness", in R. Bäuerle/Chr. Schwarze/A. von Stechow (eds.), *Meaning, Use, and Interpretation of Language*, Berlin-New York, De Gruyter, 164-189.
Hellan, Lars, 1981, "On Semantic Scope", in F. Heny (ed.), *Ambiguities in Intensional Contexts*, Dordrecht, Reidel, 1981, 47-81.
Hintikka, Jaakko, 1986, "The Semantics of *A Certain*", *Linguistic Inquiry*, 17, 331-336.
Hopper, Paul J./Thompson, Sandra A., 1980, "Transitivity in Grammar and Discourse", *Language*, 56, 251-299.
Jespersen, Otto, 1924, *The Philosophy of Grammar*, London, Allen and Unwin.
Karttunen, Lauri, 1968, "What Do Referential Indices Refer To", RAND Corporation Report P3854.
Karttunen, Lauri, 1969, "Discourse Referents", preprint nr. 70, *International Conference on Computational Linguistics*, COLING, Sanga-Säby/Stockolm, 1-4/9/1969. Trad. it. Di F. Ravazzoli: "Referenti testuali", in M.-E. Conte (a cura di), *La linguistica testuale*, Milano, Feltrinelli, 1971, 1989², 121-147.
Kleiber, Georges, 1981, "Relatives spécifiantes et relatives non spécifiantes", *Le française moderne*, 49/3, 216-233.
Kleiber, Georges, 1987, *Relatives restrictives et relatives appositives: une opposition "introuvable"?*, Tübingen, Max Niemeyer Verlag.
Korzen, Iørn, 1996, *L'articolo italiano fra concetto ed entità*, Copenhagen, Museum Tusculanum Press.
Lepschy, Anna Laura/Lepschy Giulio C., 1981, *La lingua italiana: storia, varietà dell'uso*, Milano, Bompiani.
Montague, Richard, 1973, "The Proper Treatment of Quantification in Ordinary English", in J. Hintikka/J. Moravcsik/P. Suppes (eds.), *Approaches to Natural Language: Proceeding of the 1970 Stanford Workshop on Grammar and Semantics*, Dordrecht, Reidel, 1973, 221-242.
Palmer, F.R., 1986, *Mood and Modality*, Cambridge, Cambridge University Press.
Partee, Barbara, 1970, "Opacity, Coreference and Pronouns", *Synthese*, 21, 351-385.
Russell, Bertrand, 1905, "On Denoting", *Mind*, 14, 479-493.
Zeevat, Henk, 1987, "A Treatment of Belief Sentences in Discourse Representation Theory", in J. Groenendijk/D. de Jongh/M. Stokhof (eds.), *Studies in Discourse Representation Theory and the Theory of Generalized Quantifiers*, Dordrecht, Foris, 1987, 189-215.

Costrutti fasali e la loro funzione testuale

Hanne Jansen e Erling Strudsholm
Copenaghen

0. Presentazione

Il presente lavoro[1] parte da alcune osservazioni concrete fatte nello spoglio del corpus di Mr. Bean (cf. Jansen et al. 1996, Jansen et al. 1997, Skytte et al. in stampa). Abbiamo constatato una notevole frequenza di perifrasi verbali sia nei testi italiani che in quelli danesi, e ci è sembrato degna di nota in particolare la ricorrenza di un certo tipo di perifrasi, ossia le perifrasi spesso chiamate aspettuali, per cui noi invece adotteremo il termine di perifrasi **fasali**[2], ricorrenza che si rivela più marcata nei testi parlati che non in quelli scritti. Una prima parte del nostro lavoro propone l'inserimento di dette perifrasi in un raggruppamento più ampio di quello tradizionale che comprenda anche altri costrutti equivalenti (o simili) dal punto di vista funzionale; in una seconda parte, dopo alcune osservazioni riguardo alla tipologia testuale in cui si iscrive il corpus, saranno presentati diversi esempi concreti e saranno avanzate delle ipotesi che possano dare ragione della suddetta ricorrenza. Vorremmo inoltre mettere in rilievo una questione secondo noi molto pertinente, ma poco studiata, cioè la funzione che assolvono i costrutti fasali nell'organizzazione del testo.

1. Perifrasi verbali
Per circoscrivere il nostro oggetto di studio, siamo partiti da una lista di cinque criteri di "perifrasticità" presentata da Bertinetto (1991:129):
   A – integrazione semantica dei costituenti
   B – struttura morfologica
   C – natura dei modificatori
   D – generalizzazione lessicale
   E – rilevanza tempo-aspettuale.

Il punto di vista di Bertinetto è prevalentemente formale e abbiamo perciò ritenuto opportuno supplire con osservazioni di indirizzo più funzionale, tratte da lavori di Coseriu (1976), Halliday (1994), Heine (1993, 1994) e Jespersen (1924).

Per quanto riguarda l'**integrazione semantica dei costituenti**, una perifrasi verbale si può definire un'unità in cui una parte del costrutto mantiene il suo significato lessicale, mentre l'altra parte è soggetta invece ad un processo di desemantizzazione (più o meno compiuta) che la porta ad essere semanticamente subordinata alla parte lessicalmente piena. Questo processo di desemantizzazione porta verso la costituzione di un'unità lessicale, o come dice Coseriu (1976:119) "ein sprachliches materielle mehrgliedriges Zeichen, das einheitliche, eingliedrige Bedeutung hat".

Per quanto riguarda **la struttura morfologica**, la perifrasi verbale è un'unità grammaticale, composta da un verbo modificatore e un verbo nucleare, a cui si aggiunge spesso un elemento di raccordo, quale una preposizione o una congiunzione. Il verbo modificatore è portatore del modo/tempo/aspetto dell'intero costrutto; il verbo che designa il processo, ossia il verbo nucleare, è sintatticamente subordinato al verbo modificatore, e compare prototipicamente in una forma non-finita: l'infinito, il gerundio o uno dei participi. Prototipicamente, ma non sempre: in danese, per esempio, ci sono parecchi esempi di perifrasi copulative[3], in cui anche il verbo nucleare è coniugato, presentando le stesse categorie di modo, tempo e aspetto del verbo modificatore[4].

I punti C e D, **la natura dei modificatori** e **la generalizzazione lessicale**, riguardano entrambi l'inventario, da una parte, dei modificatori, dall'altra parte, dei verbi nucleari. Generalizzazione lessicale vuol dire – citiamo Bertinetto (1991:130) – che "una perifrasi idealmente dovrebbe potersi applicare a qualunque verbo del lessico". Sebbene questo nel parlato spontaneo sembri vero, è evidente anche che certe combinazioni fra modificatori e verbi nucleari risultino poco appropriate, quasi sempre a causa di incompatibilità di valori aspettuali e fasali. Queste restrizioni all'applicabilità generale spesso derivano dal fatto che il processo di desemantizzazione non sia ancora molto avanzato.

Per quanto concerne l'inventario dei modificatori, a volte si parla di "numero limitato" o "classe chiusa"; noi, invece, preferiamo parlare di un *continuum* che parte dai verbi ausiliari[5], procede con modificatori sempre meno grammaticalizzati, per finire con soluzioni chiaramente lessicali o fraseologiche. Un passaggio dalla morfologia al lessico, o, con le parole di Heine (1993:86) da "extremely grammaticalized structure" a "concrete, lexical structure".

All'interno dell'inventario tradizionale troviamo due gruppi di verbi modificatori: da una parte i verbi modificatori, chiamati spesso "lessicali", che nella perifrasi conservano il loro significato originario (it. *cominciare, iniziare, continuare, finire, smettere,* dan. *begynde, fortsætte, ende, holde op*); e dall'altra parte una serie di verbi di altissima frequenza con una semantica molto generica (e quindi facilmente soggetta a grammaticalizzazione), legata sempre, in qualche modo, alla nozione di locazione spaziale. La locazione spaziale può comprendere una singola entità (it. *andare, venire, stare, essere, rimanere, sedere, passare,* dan. *gå, komme, være, blive, sidde*), oppure una entità rispetto ad un'altra entità (it. *avere, tenere, prendere, dare, mettere, cogliere,* dan. *have, få, give, tage, sætte*), ed in entrambi i casi troviamo sia verbi "statici", indicanti permanenza o possesso, che verbi "dinamici", indicanti movimento o transizione. Sembra evidente che l'uso dei verbi di locazione spaziale nelle perifrasi implica sempre una trasposizione di significato dal dominio spaziale/fisico al dominio temporale[6], cf. anche Heine (1994:269): "It is well known that in many, if not all languages, spatial expressions are metaphorically employed to conceptualize temporal notions."

Questo ci porta all'ultimo criterio di Bertinetto, cioè la **rilevanza tempo-aspettuale**, criterio aggiunto in parte per controbilanciare il fatto che le perifrasi fasali non sempre soddisfano i criteri più formali, ma presentato anche come criterio funzionale valido per (praticamente) tutte le perifrasi da lui elencate.

2. Da perifrasi fasale a costrutto fasale

Prendendo spunto dal criterio di rilevanza tempo-aspettuale, vorremmo cercare di ampliare la portata del concetto di **fasalità** rispetto all'uso che ne fa Bertinetto. Le fasi proposte da lui – la fase *imminenziale, incoativa, continuativa* e *terminativa* – coprono le varie fasi di **realizzazione** concreta del processo designato dal verbo nucleare. Noi proponiamo di aggiungere, prima della fase imminenziale, una **fase di pre-realizzazione** in cui il processo "comincia" ad esistere, ma ancora solo a livello "mentale", come virtualità; vedi schema seguente:

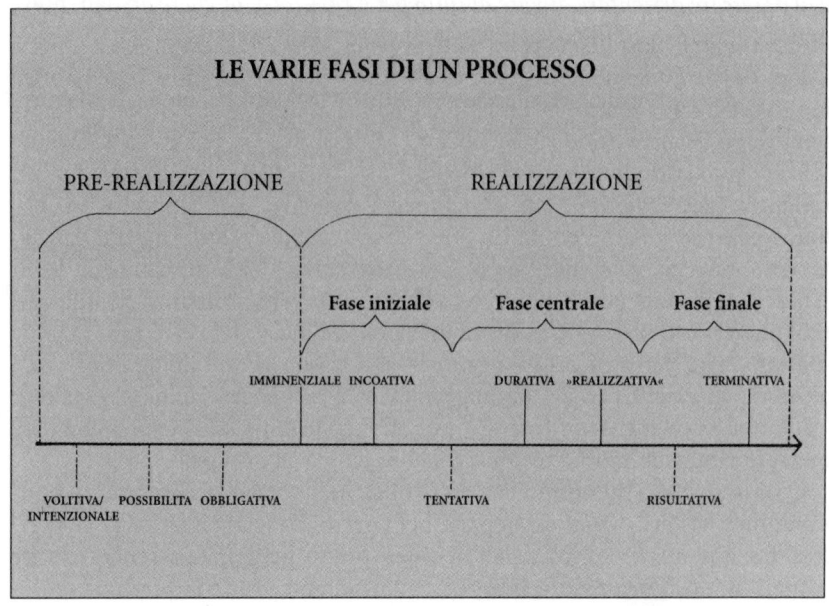

Il passaggio dalla fase di pre-realizzazione alla fase di realizzazione è un passaggio dallo statuto di processo **futuro** allo statuto di processo **presente**. Esistendo in ultima istanza solo come immaginazione, il futuro è sempre, intrinsecamente, più vago e più incerto del presente, e legato quindi sempre ad un qualche elemento di modalità, che può essere più o meno accentuato. Accettando questo tratto modale, proponiamo tre fasi pre-realizzative: una di **volizione/intenzione**, una di **possibilità**, e una di **obbligazione**. Questa tripartizione si ispira alle osservazioni di Jespersen (1924:260-261) sui costrutti usati in alternativa ad un futuro morfologico, sia perifrasi con verbi di locazione spaziale (it. *andare + part.pass.*), sia costrutti con i verbi modali (it. *volere, potere, dovere*; dan. *ville, kunne, skulle, måtte*)[7]. In base sempre all'idea di un *continuum*, abbiamo incluso tra i modificatori pre-realizzativi non solo i verbi modali, ma anche verbi che, nonostante siano meno integrati al verbo nucleare sia semanticamente che sintatticamente, adempiono a nostro avviso alle stesse funzioni nel testo, per quanto riguarda sia la designazione di una fase del processo, sia la strutturazione testuale.

Un ulteriore ampliamento del concetto di fasalità si ispira a Halliday (1994: 279-280) che nel trattare "the hypotactic verbal group complex" parla sia di costrutti fasali che di costrutti **conativi**. Proponiamo di includere fra le fasi di realizzazione anche una fase tentativa e una fase risultativa, di cui i correlati verbi modificatori sono prevalentemente (ma non sempre) "lessica-

Costrutti fasali e la loro funzione testuale 377

li" (it. *cercare di, tentare di, fare di tutto per* e *riuscire a, ottenere di*; dan. *prøve at, forsøge at, gøre alt for at* e *lykkes at, formå at, få + part.pass.*).

Per segnalare l'elemento modale presente sia nei costrutti pre-realizzativi che nei costrutti conativi, abbiamo scelto, nel nostro schema, di disporre queste fasi al di sotto dell'asse temporale. I trattini verticali che congiungono le varie fasi "modali" all'asse, vogliono indicare le difficoltà connesse ad una loro collocazione precisa. Le tre fasi pre-realizzative, infatti, più che susseguirsi l'una l'altra, si intrecciano e si alternano fra di loro, mentre i costrutti conativi a volte si sovrappongono a varie e a diverse fasi realizzative. Problema, comunque, condiviso anche da parecchie delle perifrasi fasali tradizionali, le quali, a seconda del verbo nucleare, possono acquisire varie sfumature di contenuto[8].

3. Narratività e fasalità

La ragione per cui abbiamo ritenuto proficuo ampliare la portata della nozione di "fasalità" fino a comprendere anche le fasi pre-realizzative e le fasi conative, va trovata innanzittutto, come detto sopra, nelle funzioni testuali che svolgono i detti costrutti.

Prima di mostrare come gli esempi concreti tratti dal corpus possano dare sostegno alla nostra ipotesi, aggiungiamo alcune osservazioni sui testi da noi usati. Essi riportano un piccolo filmato con il comico Mr. Bean[9], e sono caratterizzabili tutti – in maniera più o meno omogenea – quali testi narrativi. Soddisfano infatti due criteri a nostro avviso indispensabili per poter parlare di testo narrativo (o piuttosto, in senso più largo, di modalità narrativa): da una parte, e forse innanzittutto, **la sequenzialità**, e dall'altra l'**intenzionalità**.

Il primo requisito implica che il testo deve rappresentare – in qualche misura – un procedere nel tempo, un **corso degli eventi**; corso degli eventi sia come il susseguirsi di varie azioni nel tempo, ma anche come il procedere intrinseco dei singoli eventi, essendo la dinamicità del singolo evento un presupposto perché si possa passare all'evento seguente.

Il secondo criterio detta invece che il corso degli eventi deve avere – in qualche misura – una "**direzione**", una qualche motivazione, il che presuppone l'esistenza di un agente che metta in moto almeno parte degli eventi, e senza il quale è difficile immaginarsi la pertinenza del discorso narrativo.

Un modello generale che rende conto di questi requisiti e che al contempo ci ricollega allo schema presentato sopra, viene offerto dal narratologo Claude Bremond e dal suo **modello triadico dell'azione**, che introduce infatti il concetto di **sequenza elementare**[10], presentato qui con le parole di Marchese (1983:20):

– una situazione che 'apre' la possibilità di un'azione o di un comportamento;

- il passaggio all'atto di questa virtualità;
- la conclusione dell'azione, che 'chiude' il processo positivamente o negativamente."

La partizione in tre fasi è fondamentale nella strutturazione del testo narrativo, sia a livello globale, nell'allestimento della stessa *fabula*, che a livello locale, nella rappresentazione dei singoli eventi e del loro evolversi.

I paralleli evidenti fra la sequenza elementare di Bremond e le fasi che si susseguono lungo l'asse temporale presentato sopra non ci stupiscono, in quanto sia il modello narrativo che quello linguistico, a nostro avviso, si basano o derivano da un universale modello psicologico/cognitivo dell'agire umano. Nel discorso narrativo, che costituisce probabilmente la verbalizzazione per eccellenza dell'agire umano, dovrebbe quindi essere difficile – questa è la nostra ipotesi – non riscontrare un certo numero di costrutti fasali.

4. Fasi nel testo

Circa il 75% degli esempi rilevati nel nostro materiale è costituito da costrutti designanti le fasi pre-realizzative, imminenziali, incoative e tentative (particolarmente frequenti sono le perifrasi incoative e tentative). Questo conferma quanto sia importante, in un testo narrativo, la segnalazione dell'introduzione di un nuovo evento o un nuovo processo, cioè una nuova sequenza elementare.

Gli esempi 1-8[11] vogliono illustrare come i detti costrutti (a prescindere dalla loro semantica più specifica) svolgono tutti **la stessa funzione nel testo**. Si vede come, per introdurre lo stesso processo *trattenere il respiro/holde vejret*, siano utilizzati alternativamente, in italiano, 1-4, il verbo intenzionale tipico *decidere di*, gli incoativi tipici *cominciare a* e *iniziare a*, nonché una versione elaborata del verbo tentativo *sforzarsi di*; e in danese, 5-8, oltre alle perifrasi più comuni con i modificatori *begynde at*, *skynde sig at* e *prøve at*, anche una soluzione meno prototipica che combina – per così dire – i due modificatori *finde på at* e *kunne*.

1) eh dopo due singhiozzi, eh **decide di** di, di trattenere il fiato.. (**P**)

2) per cui, **comincia a** trattenere il respiro.. (**P**)

3) per cui **inizia a** trattenere il respiro.. (**P**)

4) fa (..) innumerevoli **sforzi, per** trattenere il respiro, cercando di farselo passare.. (**P**)

5) og **begynder** demonstrativt at holde vejret.. [comincia a] (**S**)

Costrutti fasali e la loro funzione testuale 379

6) der **skynder sig at** holde vejret.. [si affretta a] (**S**)

7) øh... så **prøver** han at holde vejret.. [cerca di] (**P**)

8) indtil han **finder på** jamen så **kan** han jo så holde vejret.. (**P**)
[finché gli viene in mente sì ma allora può trattenere il respiro]

I costrutti "introduttivi", oltre a alternarsi, sono utilizzati anche per designare fasi successive, prevalentemente una fase volitiva/intenzionale seguita da una fase o incoativa o tentativa, vedi gli esempi 9-11.

9) perché **vuole** appunto, ricopiare, con una carta velina, una figura di questo libro -> **cerca** di ricopiare la figura.. (**P**)

10) e **vorrebbe** tracopiarla [sic!] -> e **inizia, a** ricopiarla.. (**P**)

11) e lui, **il suo intento** è quello di copiare un disegno -> e **cerca** appunto **di-**, di di copiare il disegno.. (**P**)

L'esempio 12 può servire da passaggio ai costrutti che designano invece la fase centrale o la fase finale del processo. Il brano riportato illustra in modo esemplare come una piccola sequenza narrativa (Mr.Bean deve attraversare un pavimento di legno che cigola) viene racchiusa e scandita dai costrutti fasali: dalla fase volitiva, alla fase tentativa, alla fase di pura realizzazione, alla fase conclusiva.

12) Rowan Atkinson **beslutter sig** så **til at** gå lige frem -> han **prøver** forgæves **at** komme hen over det gulvbræt -> og det **gør** han så ved at gå, til venstre og til højre -> og til sidst så **ender** han **med at** så zigzagge sig fuldkommen vanvittigt hen til et bord..(**P**)
[R.A. decide di procedere dritto -> cerca invano di passare oltre un'asse del pavimento -> lo fa andando a sinistra e a destra -> alla fine finisce per zigzaggare in modo completamente assurdo fino ad un tavolo]

I verbi modificatori della fase centrale (vedi schema) segnalano la realizzazione in corso, enfatizzandone spesso la duratività, come negli esempi 13-15. In prospettiva contrastiva sono interessanti il costrutto gerundivale italiano in 14 e la perifrasi copulativa in 15, semanticamente equivalenti e denotanti inoltre la stessa sequenza del filmato; interessante anche, in 15, la ripetizione del verbo nucleare per segnalare ulteriormente la duratività – espediente assai diffuso in danese.

13) cercano di-, di mettersi a posto -> e mentre appunto anche l'altro signore è intento a mettere nella borsa.. (P)

14) e inizia con un foglio, a ric, a ricalcarlo -> mentre, sta ancora ricalcando.. (P)

15) som han så vil tegne over -> og sidder rigtig og tegner og tegner og tegner.. (P) [che poi vuole disegnare -> siede veramente e disegna e disegna e disegna]

Va fatto un breve accenno ad altri due modi di segnalare che un processo, dopo essere stato designato in una fase "introduttiva", poi, in effetti, viene messo in atto, senza indicare però né la durata, né la riuscita o la conclusione. Da una parte c'è l'impiego del semplice presente (vedi gli esempi 16-18), e dall'altra parte, specialmente in danese, l'impiego del verbo polifunzionale *gøre* (equivalente a *fare*) (vedi gli esempi 19-21 e la frase idiomatica in 22: *som tænkt, så gjort*, equivalente all'italiano *detto, fatto*). Sono individuabili diversi paralleli fra i modificatori fasali indicati sopra e il verbo *fare/gøre* (sebbene l'uso, sia in danese che in italiano, sia lungi dal grado di grammaticalizzazione raggiunta dall'inglese *do*), e questo ci ha portato ad aggiungerlo sull'asse temporale come verbo "realizzativo", benché fra virgolette.

16) e- alla fine decide di strappare questi due fogli -> chiaramente li strappa.. (P)

17) gli fa venire voglia di starnutire -> e quindi, eh starnutisce.. (P)

18) allora a questo punto, eh, questo signore decide di, di strappare drasticamente il foglio.. [..],.decide di mascherarlo dietro a una crisi di tosse e uno starnuto -> appunto starnutisce, tossisce, strappa le due pagine.. (P)

19) så får han pludselig en god ide og det er at bytte hans bog.. -> det gør han så.. (P)
[gli viene all'improvviso una buona idea ed è di scambiare il suo libro.. -> lo fa allora]

20) han prøver så at rive en side ud -> og det gør han så også.. (P)
[cerca allora di strappare -> e lo fa allora anche]

21) så lige pludselig så skal han så nyse -> det gør han så og- et kæmpenys.. (P)

[allora all'improvviso deve starnutire -> lo fa allora e- uno starnuto gigante]

22) og Mr. Bean **ser som eneste mulighed at** skære den væk -> Som tænkt, så **gjort** (S) [Mr. Bean vede come l'unica possibilità di tagliarlo. -> Come pensato, così fatto]

Esplicitare la stessa messa in atto del processo implica in molti casi un elemento di ridondanza, di cui, d'altronde, sono coscienti gli stessi autori del testo, vedi i segnali discorsivi sottolineati, in italiano *chiaramente, appunto* e *quindi*, in danese *så* e *så også*. La ridondanza deriva dal fatto che mentre, come detto prima, è cruciale in un testo narrativo segnalare l'introduzione di un nuovo processo, sembra meno determinante esplicitare la realizzazione e/o la conclusione. Normalmente, infatti, si presuppone che un evento o un processo presentato nel suo **a venire** (in fase pre-realizzativa, imminenziale, incoativa o tentativa) venga in seguito – *ceteris paribus* – portato a termine. Come spiegare, allora, i non pochi esempi sia di costrutti "realizzativi", che di perifrasi durative, risultative e terminative? Va detto innanzittutto che l'uso di questi costrutti è notevolmente più frequente nei testi parlati (spiccano per frequenza le perifrasi durative e risultative). Probabilmente la scelta di sottolineare la messa in atto, la riuscita o la conclusione – a rischio di essere ridondante – è dovuta alla tendenza, nel parlato, di rappresentare gli eventi con una certa dose di esplicitazione, esplicitando anche le varie fasi dei singoli eventi; strategia che da un lato dà all'interlocutore la possibilità di assaporare gli eventi raccontati, e al contempo facilita sia la codificazione che la decodificazione del discorso parlato.

Bisogna inoltre tenere in mente che non sempre abbiamo una condizione di *ceteris paribus*. Nei casi in cui un processo o un evento, contrariamente alle aspettative suscitate da un costrutto "introduttivo", non si realizza, o si realizza solo parzialmente o non riesce secondo l'intento, ovviamente è richiesta una esplicitazione che enfatizza non di rado l'elemento di "contrarietà", vedi i connettori sottolineati *invece, ma, anzi* e *solo che* in 23-28.

23) **vuole rifilare** questi fogli -> e invece **riesce a** strappare, cioè a tagliare, brutalmente anche tutti gli altri.. (**P**)

24) **cerca di** tagliarle con il tagliacarte -> ma [...] le pagine **rimangono** tagliate anche, anche sotto.. (**P**)

25) **decide allora di** tagliarle -> ma **finisce con il** rovinare totalmente il volume. (**S**)

26) **tenta di** cancellarlo -> <u>ma</u> **non ha successo**.. (P)

27) per **tentare di** cancellare -> **continua a** cancellare -> <u>ma</u> non **riesce, anzi**.. (P)

28) e **cerca di** cancellare-, eh il suo eh- malefatto -> eh <u>solo che</u>, **ottiene <u>solo</u> di** peggiorare la situazione (P)

Troviamo inoltre sequenze in cui la portata a termine del processo presenta difficoltà e quindi non è data in anticipo, oppure in cui viene annullata in seguito da altri fattori, vedi gli esempi 29-33:

29) che l'uomo **tenta**, e **riesce ad** ingannare. (S)

30) Ma un'**occasione** si presenta: **può** scambiare il libro,..-> E **ci riesce!** -> sembra fatta -> <u>Senonché</u>.. (S)

31) Ecco però che **gli viene** una brillante **idea**: sostituire al proprio libro.. -> **effettuata** l'operazione.. (S)

32) så **får** han pludselig **en god ide** og det er at bytte hans bog ud... -> det **gør** han så -> det ser det ud til det **går godt** nok -> <u>men</u>.. (P)
[gli <u>viene</u> all'improvviso <u>una buona idea</u> ed è di scambiare il suo libro.. -> lo <u>fa</u> allora -> sembra che **vada** tutto abbastanza **bene** -> <u>ma</u>]

33) for han **skal** jo helst af med den først -> og det **går** også meget **fint** -> <u>men</u>.. (P)
[perché prima in effetti **dovrebbe** liberarsene -> e **va** anche molto **bene** -> <u>ma</u>]

5. Costrutti fasali e grammaticalizzazione testuale
Torniamo ai costrutti "introduttivi" e al loro uso nel testo come segnali di introduzione di eventi, di apertura di sequenze; un uso così convenzionalizzato, che è lecito parlare quasi di **grammaticalizzazione testuale**. Infatti, non di rado, questi costrutti sono impiegati in maniera pressoché automatica: "scattano" dal solo fatto di passare ad un nuovo evento, e non dal bisogno di designare una specifica fase del processo, soprattutto nei testi parlati in cui non interviene l'elemento di controllo.

L'automaticità ci viene confermata da varie osservazioni, tra cui un alto numero di segnali di esitazione fra verbo modificatore e verbo nucleare (vedi gli esempi 34-41): pause piccole, vocale finale lunga, ripetizione del verbo

Costrutti fasali e la loro funzione testuale 383

modificatore e/o dell'elemento di raccordo, o inserzione di segnali discorsivi quale *appunto, insomma* e, in danese, *sådan* e *ligesom*.

34) lui cerca **di, ehm- eh-** camuffare, eh- il disturbo.. (P)

35) e- all'ultimo momento **decide di-**, decide di- sostituirlo con il libro.. (P)

36) e cerca **appunto di, di di** copiare il disegno.. (P)

37) mister Bean cerca **di insomma di** recuperare.. (P)

38) han-øh har travlt med **at-øh, at** undskylde med blikke.. (P)

39) og han er **sådan ved og, og sådan** kigge på.. (P)

40) da **han får** han får fjernet de her øh sider.. (P)

41) og begynder **og ligesom at** lave et skrabebillede.. (P)

Altra conferma sono gli esempi di riformulazione 42-47: il locutore parte da un costrutto "introduttivo", per poi riformularlo con una forma presente del verbo nucleare – di solito, sembra, per evitare un'incompatibilità fra il valore fasale del verbo modificatore e l'*Aktionsart* del verbo nucleare.

42) allora **comincia,** <u>combina</u> pasticci.. (P)

43) cer, <u>tracopia</u> [sic!] delle figure.. (P)

44) mm, quindi, **inizia** insomma lo <u>apre</u>.. (P)

45) og så **begynder** ha så <u>tager</u> han li noget olie.. (P)
    [e allora **comincia,** allora <u>prende</u> al volo dell'olio]

46) og-øh så så **skal** ha så <u>nyser</u> han.. (P)
    [e-ehm allora allora <u>deve</u> allora <u>starnutisce</u>]

47) og han **er ved og** kløj... altså han <u>kløjes</u> totalt i det.. (P)
    [e <u>sta per</u> strozz... cioè si <u>strozza</u> totalmente]

A volte, invece, il locutore **non** riformula dove sarebbe stato il caso; vedi i valori fasali e aspettuali un po' contrastanti negli esempi 48-51: *comincia* versus *ancora*, o in 49: *inizia* versus la semantica assai puntuale di *aprire* (cf. anche 44 sopra, in cui il locutore sceglie di riformulare).

48) **comincia-** <u>ancora</u> a girare le pagine.. (P)

49) **inizia ad** <u>aprire</u> questo libro.. (P)

50) han **begynder at-** tegne, <u>videre</u>.. (P)
    [<u>comincia a-</u> disegnare, <u>ancora</u>]

51) og lige pludselig **begynder** han **at**-<u>sidde</u> med korrekturlak.. (P)
    [e all'improvviso <u>comincia a</u> <u>sedere</u> con un bianchetto]

Un'ultima osservazione interessante riguarda la tendenza, sempre nel parlato, all'accumulo di più verbi fasali in uno stesso costrutto (vedi gli esempi 52 e 53).

52) quindi, eh il signore **deve cercare** in un modo o nell'altro **di riuscire a evitare-, di** essere scoperto.. (P)

53) så **vil** han jo **prøve at se om** han **kan** få det væk på den måde.. (P)
    [allora <u>vuole</u> <u>cercare di</u> <u>vedere</u> se <u>può</u> toglierlo così]

Spesso l'accumulo è costituito da verbi modificatori designanti o la stessa fase, o fasi adiacenti sull'asse temporale (vedi gli esempi 54-60). A nostro avviso, la grammaticalizzazione testuale dei costrutti fasali (e tra questi anche il folto gruppo di "vere" perifrasi) ha portato ad un indebolimento del significato originario, cioè la designazione di una specifica fase del processo, significato che perciò va rafforzato da un altro modificatore con pressappoco la stessa semantica.

54) **ha la balorda idea di voler** ovviare a questo inconveniente.. (S) (due volitivi)

55) **vuole cercare di di, di** strappare.. (P) (un volitivo + un tentativo)

56) **deve ripr, iniziare a** restaurare il libro.. (P) (un obbligativo + un incoativo)

57) nå.. så er der **ikke andet at gøre end at** han **må** fjerne de sider.. (P) (due obbligativi)

58) han er ved at være klart til at gå i gang.. (P) (due imminenziali + un incoativo)

59) som om han sidder og er ved at lakere negle.. (P) (due durativi)

60) Mr. Bean har held til at få, få byttet øh, sin egen bog.. (P) (due risultativi)

6. Conclusione

Con questo articolo abbiamo inteso dimostrare come, in una prospettiva testuale, possa essere proficuo operare con una nozione di fasalità più ampia di quella tradizionale, da una parte mettendo in rilievo l'aspetto fasale dei costrutti chiamati qui pre-realizzativi e conativi (senza con ciò mettere in dubbio il valore modale in essi presente), e dall'altra parte sviluppando ulteriormente la tendenza, vista in tutti gli autori citati sopra, a prendere in considerazione anche "casi limite" che adempiono solo parzialmente ai criteri di perifrasticità.

A giustificare la scelta di una categoria più ampia, costituita da **costrutti fasali** anziché perifrasi fasali, è, a nostro avviso, il parallelismo fra le funzioni testuali da essi svolte, già illustrato con gli esempi riportati sopra e riassumibile nelle seguenti tre funzioni:

- **dispiegare le varie fasi di uno stesso evento** (essendo, a quanto pare, i locutori dei testi parlati più attenti al riferimento e al dettaglio del corso degli eventi di quanto non lo siano i locutori dei testi scritti);
- **scandire e tenere coeso il testo, e garantire una certa dinamica nella presentazione degli eventi** (avendo spesso la funzione di introdurre o concludere nuovi eventi o nuovi episodi, e portando così avanti la narrazione a livello sia locale che globale);
- **rendere più facile e flessibile la stessa fase di produzione** (essendo la fase di pianificazione nel parlato praticamente identica alla fase di produzione, ed in tutti i casi ridotta rispetto a quella di un testo scritto).

Vorremmo sottolineare che il presente lavoro va visto come un punto di partenza per ulteriori studi che approfondiscano divergenze e similitudini nell'uso del costrutto fasale in testi rispettivamente parlati e scritti, nelle due lingue.

FASE	italiano	danese
VOLITIVA/ INTENZIONALE	volere decidere di risolversi a pensar bene di aver l'intento di venirgli l'idea di	ville beslutte sig til at finde på at have lyst til at
POSSIBILITÀ	potere essere possibile di avere occasione di	kunne
OBBLIGATIVA	dovere toccargli di essere costretto a bisognare essere ora di	skulle måtte være nødt til at være tid til at gælde om at ikke være andet at gøre end at
IMMINENZIALE	stare per essere sul punto di rischiare di accingersi a prepararsi a	være (lige ved) at skulle til at gøre sig klar til at skulle i gang med at
INCOATIVA	cominciare a iniziare a mettersi a venirgli da prendere a prendere e (*copul.*)	begynde at give sig til at komme til at gå i gang med at skynde sig at tage og (*copul.*)
TENTATIVA	cercare di tentare di provare a sforzarsi di fare di tutto per	prøve (på) at forsøge at gøre alt for at anstrenge sig for at se at (om)
DURATIVA	stare + *gerundio* essere intento a essere occupato a continuare a proseguire a	sidde/stå og (*copul.*) være ved at være i gang med at fortsætte med at blive ved med at
"REALIZZATIVA"	(fare)	(gøre)
RISULTATIVA	riuscire a ottenere di non fare che servire a (è inutile) (va bene)	få + *part.pass.* lykkes (ham) at formå at sluppe godt fra at have held til at (det går godt) (det duer ikke)
TERMINATIVA	finire di smettere di terminare di finire con finire per arrivare al punto di	holde op med at stoppe med at være færdig med at ende med at

Note

1. Ringraziamo, per i loro preziosi suggerimenti, Hanne Leth Andersen, Nigel Vincent e Gunver Skytte.
2. Termine proposto da Bertinetto (1991:129), "dato il loro riferirsi ad una particolare fase del processo verbale designato dal verbo principale".
3. Questi costrutti sono segnalati con (*copul.*) nell'elenco di costrutti fasali in allegato.
4. Cf. la relazione di Bente Lihn Jensen in questo volume.
5. Cf. Bertinetto (1991:130): "...forme perfettamente integrate nella struttura morfologica della lingua."
6. È interessante che molti modificatori lessicali etimologicamente derivino da un verbo di locazione spaziale.
7. Per i costrutti volitivi/intenzionali bisogna sottolineare che il soggetto del verbo modificatore deve essere identico a quello del verbo nucleare; restrizione superflua per quanto concerne gli altri costrutti finora menzionati (con verbi modificatori modali, "lessicali", di locazione spaziale) dove c'è sempre identità del soggetto.
8. Nello schema in allegato abbiamo elencato vari verbi modificatori, da quelli con lo statuto quasi morfologico, a quelli di carattere invece sempre più fraseologico. Per quanto riguarda i verbi modificatori elencati, bisogna sottolineare che sono presi esclusivamente dal nostro corpus, ma che ci sembrano comunque assai rappresentativi.
9. I testi, tratti dal corpus Mr. Bean (vedi bibliografia), sono una cinquantina in tutto, italiani e danesi, scritti e parlati, e riprendono tutti lo *sketch* intitolato "La biblioteca", a cui fanno riferimento anche, in questo volume, le relazioni di Gunver Skytte, Bente Lihn Jensen e Iørn Korzen.
10. Vedi Bremond (1973:131): "...une série élémentaire de trois termes correspondant aux trois temps qui marquent le développement d'un processus: virtualité, passage à l'acte, achèvement."
11. (P) e (S) indicano rispettivamente testo parlato e testo scritto. Fra parentesi quadre sono aggiunte traduzioni letterali italiane degli esempi danesi.

Bibliografia

Bertinetto, P.M. (1991): Le perifrasi verbali. In: Lorenzo Renzi & Giampaolo Salvi (a cura di): *Grande grammatica italiana di consultazione*. vol. II. Bologna: Il Mulino. p. 129-161.

Bremond, C. (1973): *Logique du récit*. Paris: Editions du Seuil.

Coseriu, E. (1976): *Das romanische Verbalsystem*. Tübingen: Gunter Narr.

Halliday, M.A.K. (1994): *An introduction to functional grammar*. 2. ed. London: Arnold.

Heine, B. (1993): *Auxiliaries. Cognitive forces and grammaticalization*. Oxford University Press.

Heine, B. (1994): Grammaticalization as an explanatory parameter. In: William Pagliuca (ed): *Perspectives on grammaticalization*. Amsterdam: John Benjamins. p. 255-287.

Jansen, H., B. Lihn Jensen, E. Skafte Jensen, I. Korzen, P. Polito, G. Skytte & E. Strudsholm (1996): *Mr. Bean – på dansk og italiensk. Rapport om en empirisk undersøgelse/ Mr. Bean – in danese e in italiano. Rapporto su un'indagine empirica*. Romansk Institut, Københavns Universitet.

Jansen, H., B. Lihn Jensen, E. Skafte Jensen, I. Korzen, P. Polito, G. Skytte & Erling Strudsholm (1997): Testi paralleli scritti e orali, in italiano e in danese. Strategie narrative. In: *Cuadernos de filología italiana* 4, 41-63.

Jespersen, O. (1924): *The philosophy of grammar*. London: George Allen & Unwin.

Marchese, A. (1983): *L'officina del racconto. Semiotica della narratività*. Milano: Mondadori.

Skytte, G., I. Korzen, P. Polito & E. Strudsholm (a cura di) (1999): *Tekststrukturering på italiensk og dansk. Resultater af en komparativ undersøgelse / Strutturazione testuale in italiano e danese. Risultati di una indagine comparativa*. København: Museum Tusculanum.